遊戲的療癒力量
20 個核心的改變機制

The Therapeutic Powers of Play:
20 Core Agents of Change
Second Edition

Charles E. Schaefer & Athena A. Drewes 主編

梁培勇  總校閱

羅訓哲 譯

The Therapeutic Powers of Play

20 Core Agents of Change

Second Edition

Charles E. Schaefer

Athena A. Drewes

本書獻給希望能更清晰、
更理解和更能有效應用遊戲療癒力量的每一個人

各方推薦

「本書第一章使用『療癒因子』的概念，創造出一個非常合乎邏輯的框架／理念，使個人能夠將理論和技術結合在一起，整合成為一種處方式的遊戲治療。這是非常有用的，因為它讓治療師得以用合乎邏輯和系統觀的方式，針對他們兒童案主的需要，量身定做他們的工作。其餘的章節則描述了其中的某些療癒因子和遊戲策略，處方取向的遊戲治療師可以從中用來創造個人化的治療取向。」

——Kevin O'Connor 博士
亞萊恩國際大學加州專業心理學院講座教授

「傑出遊戲治療師的特點是很清楚地了解為何遊戲介入是適切的，他們要如何工作才能促成有療癒的改變，以及以理論為基礎再加入同理心，選擇和促進適配於案主需求的遊戲治療歷程。《遊戲的療癒力量》為在探索治療歷程中所發揮之遊戲基本特徵提供了廣度與深度。書中每一章都描述了一個基本的遊戲療癒力量、它的實徵支持，以及它在改變方面所扮演的角色，並且用案例素材來呈現。本書是遊戲治療師認識自身技藝如何內在運作的重要途徑，因此，提升了治療師使用遊戲治療面對廣泛的案主的挑戰。」

——Risë VanFleet 博士，合格遊戲治療督導，認證犬類行為顧問
《兒童中心遊戲治療》、
《親子遊戲治療：與兒童、犬類和其他人的遊戲治療》作者
家庭提升和遊戲治療中心主席
美國遊戲治療學會前理事主席

CONTENTS

主編者簡介

Charles E. Schaefer　哲學博士，合格遊戲治療督導（RPT-S），是紐澤西州費爾里‧迪金生大學（Fairleigh Dickinson University）心理系榮譽退休教授，也是美國遊戲治療學會（Association for Play Therapy）的共同創立者和榮譽會長。他同時也創立了紐澤西遊戲治療訓練中心（Play Therapy Training Institute, PTTI）和每年在世界各地舉辦的國際遊戲治療學習團體（International Play Therapy Study Group）。

他的著作中和遊戲治療主題相關者有：《學齡前兒童遊戲治療》（*Play Therapy for Preschool Children*）、《給兒童的實證遊戲介入》（*Empirically-Based Play Interventions for Children*）、《當代遊戲治療》（*Contemporary Play Therapy*）、《給兒童的短期遊戲治療》（*Short-Term Play Therapy for Children*）、《遊戲的療癒：針對特定兒童問題的個人化遊戲治療》（*The Playing Cure: Individualized Play Therapy for Specific Childhood Problems*）、《對賽遊戲》（*Game Play*）、《遊戲治療 101》（*101 Favorite Play Therapy Techniques*）、《成人遊戲治療》（*Adult Play Therapy*）、《青少年遊戲治療》（*Adolescent Play Therapy*）、《給幼兒的遊戲治療》（*Play Therapy for Very Young Children*）和《遊戲的診斷與衡鑑》（*Play Diagnosis and Assessment*）。Schaefer 博士在 2006 年時獲頒美國遊戲治療學會終身成就獎。他常常擔任美國和國際遊戲治療研討會的主講者，並曾受邀上過「早安美國」（Good Morning America）、「今日」（Today）和「歐普拉秀」（Oprah Winfrey）等電視節目。他的私人兒童臨床心理診所位於紐澤西州的哈肯薩克（Hackensack）。

　　Athena A. Drewes　　心理學博士，合格遊戲治療督導，是一位執業兒童心理學家、合格學校心理學家，同時也是合格的遊戲治療師與遊戲治療督導。她是阿斯特兒童與家庭服務中心（Astor Services for Children & Families，一所位於紐約的非營利綜合心理健康服務機構）的主任，負責臨床訓練和美國心理學會（APA）認可之博士實習。她擁有超過三十年於學校、門診、住院單位裡，與受性侵害和心理創傷的兒童及青少年進行臨床工作的經驗。Drewes 博士與治療性安置機構的兒童一起工作也已經持續超過十七年的時間。她的專長是複雜性創傷、性虐待和依戀關係問題。

　　她是美國遊戲治療學會的前任會長（2001-2006），也是紐約遊戲治療學會（New York Association for Play Therapy）的創立者和前會長（1994-2000；2012-2016）。她在遊戲治療方面的著作相當廣泛，也是一位廣受歡迎的遊戲治療講者，足跡已遍及美國、英國、威爾斯、臺灣、澳洲、愛爾蘭、阿根廷、義大利、丹麥、墨西哥和加拿大。

作者群簡介

Kristin Bemis　教育碩士，有執照的諮商師（LPC）、合格遊戲治療師（RPT）。在達拉斯的兒童醫療中心（Children's Medical Center）許多職位上任職已超過十年，目前是精神醫療諮詢團隊的臨床治療師。她在團隊中為各類型診斷的家庭和兒童，提供遊戲治療和諮詢等醫療與心理健康服務。此外，她也在德州遊戲治療學會（Texas Association for Play Therapy）擔任理事，同時也積極參與本地、州和國家層級的活動。

Mary Morrison Bennett　哲學博士，有執照的諮商師督導（LPC-S）、合格遊戲治療督導，是德州州立大學聖馬科斯分校（Texas State University-San Marcos）專業諮商學程的副教授。Bennett 博士是德州遊戲治療機構（Texas State Institute for Play Therapy）的主任，也是德州遊戲治療學會的前會長。Bennett 博士在美國各地、英國、愛爾蘭和俄羅斯均進行過遊戲治療相關主題的發表。她為海地太子港孤兒院的兒童提供遊戲治療和心理健康諮詢的服務，研究興趣包括國際領養、創傷和遊戲治療歷程。

Angela M. Cavett　哲學博士，合格遊戲治療督導，是一位兒童青少年心理學家。她是北達科他州西法戈市畢肯行為健康服務和訓練中心（Beacon Behavioral Health Services and Training Center）的共同所有人，負責心理評估以及個人、家庭和遊戲治療。她是北達科他大學（University of North Dakota）的客座教授。她在國際上提供兒童心理病理學和治療的訓練，同時也是《運用結構和遊戲介入幫助兒童青少年融入治療》（*Structured Play-Based Interventions for Engaging Children and Adolescents in Therapy*）和《給兒童的遊戲認知行為技巧》（*Playful*

Cognitive Behavioral Techniques for Children）（付梓中）的作者。

David A. Crenshaw　哲學博士，美國職業心理學會（ABPP）理事，為紐約波啟浦夕兒童之家（Children's Home of Poughkeepsie）的臨床主任。Crenshaw 博士是紐約遊戲治療學會的前任會長、美國心理學會兒童與青少年心理學的會員，也是許多本遊戲治療、兒童創傷和兒童攻擊行為書籍的作者及主編。他最新的一本書是和 Cathy Malchiodi 共同主編的《創造性藝術和遊戲治療與依戀關係創傷》（*Creative Arts and Play Therapy for Attachment Problems*）（2015, Guilford Press）。

Athena A. Drewes　心理學博士，合格遊戲治療督導，為紐約阿斯特兒童與家庭服務中心的主任，負責臨床訓練和美國心理學會認可之博士實習，同時也是一位臨床工作者。她過去是美國遊戲治療學會的理事，以及紐約遊戲治療學會的創立者、創會會長和現任會長。擁有超過三十年的臨床經驗，她寫下許多關於遊戲治療的論文與專書章節，是一位多產的作者。她曾主編（或共同主編）六本遊戲治療的專書，包括《混合遊戲治療與認知行為治療》（*Blending Play Therapy with Cognitive Behavioral Therapy*）和《整合性遊戲治療》（*Integrative Play Therapy*），是一位在美國和國際間都相當有名望的遊戲治療講者。

Stephanie Eberts　哲學博士，為德州州立大學（Texas State University）專業諮商學程的助理教授。她在成為一位諮商教育者前，於 K-12 學校工作了十年。她的著作與發表主要是在遊戲、學校諮商和團體工作領域。

Lennis Echterling　哲學博士，為詹姆士麥迪遜大學（James Madison University）的諮商教授和主任。他在美國、拉丁美洲、歐洲、

中東和印度擁有超過三十年推廣心理韌性（resilience）的經驗，特別是危機和災難之後。他的著作包括《危機介入：在患難時提升韌性和堅毅》（*Crisis Intervention: Promoting Resilience and Resolution in Troubled Times*）和《成長茁壯！給助人專業學生的手冊》（*Thriving! A Manual for Students in the Helping Professions*）。Echterling 博士曾獲得詹姆士麥迪遜大學的傑出教師獎、維吉尼亞諮商員協會（Virginia Counselors Association）人道主義獎、國家諮商遠見創新獎和維吉尼亞傑出教師獎。

Theresa Fraser　藝術碩士，加拿大認證遊戲治療督導，為加拿大籍的遊戲治療師和國際講者，專長是與領養和寄養的兒童與家庭工作。她曾出版兩本著作：《比利要搬家》（*Billy Had to Move*）和《領養一個有創傷和依戀關係破壞成長史的孩子》（*Adopting a Child With a Trauma and Attachment Disruption History*）。Theresa 同時也是謝里丹學院（Sheridan College）的全職教授及加拿大兒童和遊戲治療學會（Canadian Association for Child and Play Therapy）的現任會長。她和她的丈夫從事針對養父母的治療已超過二十年。

Diane E. Frey　哲學博士，合格遊戲治療督導，為萊特州立大學（Wright State University）榮退教授、執業心理學家和個人診所工作者，在俄亥俄州執業有四十年的時間。Frey 博士擔任過美國遊戲治療學會的理事和《國際遊戲治療學報》（*International Journal of Play Therapy*）的編輯委員，曾獲得美國遊戲治療學會的終身成就獎。她擔任作者和共同作者的書有十七本，許多專書章節、期刊論文主要是與自尊、遊戲治療和資賦優異者的心理社會需求有關。Frey 博士曾受邀參加美國廣播公司 ABC 新聞「20/20」節目和全國公共廣播，討論自尊和成人遊戲治療。Frey 博士是一位在美國和國際上都相當受到肯定的遊戲治療講者。

Richard L. Gaskill　教育博士，合格臨床心理治療師（LCP）、合格遊戲治療督導。Gaskill 博士在心理健康領域工作已經超過三十八年之久，目前他擔任堪薩斯州威靈頓市薩姆納心理健康中心（Sumner Mental Health Center）的臨床主任，是一位心理治療師、諮商員和遊戲治療督導。Gaskill 博士在威奇塔州立大學（Wichita State University）教授遊戲治療課程，在 2004 年被指名擔任兒童創傷研究院（Child Trauma Academy）的研究員。他於 1997 年榮獲未來無限（Future's Unlimited）的主席獎，2005 年獲選堪薩斯啟蒙計畫（Head Start）年度最佳夥伴。Gaskill 博士發表了許多關於遊戲治療神經生物學的文章和專書章節，也在美國、加拿大和澳洲各地講學。

Terry Kottman　哲學博士，國家認證諮商師（NCC）、合格遊戲治療督導，為有執照的心理健康諮商師。創立了鼓勵區（Encouragement Zone），提供遊戲治療訓練、督導、生活教練、諮商和女力遊戲治療工作坊（"playshops" for women）。Kottman 博士發展出結合個體心理學（individual psychology）和遊戲治療之理念與技術的阿德勒取向遊戲治療。她經常帶領工作坊和進行寫作，包括的領域有：遊戲治療、活動為基礎的諮商、學校諮商和生活教練。她同時也是《遊戲中的夥伴》（*Partners in Play*）、《遊戲治療實務工作手冊》（*Play Therapy: Basics and Beyond*）和其他許多本書的作者。

Julie Nash　哲學博士，合格遊戲治療督導，是一位執業臨床心理學家。她在社區心理健康中心（Community Health Center, Inc.）擔任寄養照顧的臨床協調者和心理學博士後實習訓練課程的訓練指導者。因此，Nash 博士的工作為提供心理衡鑑、心理治療和督導博士後的受訓者。她同時也是美國郵政大學（Post University）的助理教師。她與人合撰了許多有關遊戲治療的專書章節，特別是遊戲治療如何幫助社交技能發展的主

題。Nash 博士目前是新英格蘭遊戲治療學會（New England Association for Play Therapy）的理事，也擔任《遊戲治療》（*Play Therapy*）雜誌的審稿人。

Jill Packman　哲學博士，合格遊戲治療督導，是一位執業心理學家和合格遊戲治療督導。她目前是內華達大學（University of Nevada）的助理教授。

Eileen Prendiville　在愛爾蘭的兒童治療中心（Children's Therapy Centre）擔任人本和整合心理治療、遊戲治療碩士課程（藝術碩士），以及兒童心理治療和遊戲治療深造文憑（postgraduate diploma）的主任。她是愛爾蘭危機兒童基金會（Children at Risk in Ireland Foundation）的創始會員，到 2004 年為止一直擔任臨床指導者。她是一位心理治療師、遊戲治療師、遊戲治療督導和教師，目前擔任愛爾蘭人文和整合心理治療學會（Irish Association of Humanistic & Integrative Psychotherapy）的主席。她的第一本共同主編著作《現今遊戲治療：與個人、團體和照顧者的工作現況》（*Play Therapy Today: Contemporary Practice With Individuals, Groups and Carers*）已由羅德里奇出版公司（Routledge）於 2014 年發行。

Siobhan Prendiville　教育碩士，擁有心理治療和遊戲治療文憑，是一位擅長運用遊戲於教育和治療中的教師、心理治療師與遊戲治療師。她目前於國小任教，也在愛爾蘭許多機構裡提供專門培訓。她在人本和整合遊戲治療及心理治療碩士課程中擔任講師，也參與愛爾蘭的教師教學實驗方案，訓練教師改進在小學中的教學方法。除了小學教職外，她也主持一間私人遊戲治療診所。

Sandra W. Russ　哲學博士，是凱斯西儲大學（Case Western Reserve University）心理系教授。她擔任人格衡鑑社群（Society for Personality Assessment），以及美國心理學會美學、創造力和藝術部門的主席。Russ 博士的研究重點主要在兒童的假扮遊戲、創造力和適應功能。她發展出評估假扮遊戲的「遊戲情緒量表」（Affect in Play Scale）。她的著作包括《遊戲與兒童發展和心理治療：實證支持的工作》（*Play in Child Development and Psychotherapy: Toward Empirically Supported Practice*）（2004, Erlbaum），以及 Russ 和 Niec 合編的《遊戲治療的臨床應用：實證支持取向》（*Play in Clinical Practice: Evidence-Based Approaches*）（2011, Guilford Press）。

Charles E. Schaefer　哲學博士，合格遊戲治療督導，是紐澤西州費爾里・迪金生大學心理系榮譽退休教授，也是美國遊戲治療學會的共同創立者和榮譽會長。他撰寫和編輯逾六十本書，其中包括《遊戲治療的基礎（第二版）》（*Foundations of Play Therapy, 2nd Edition*）、《給兒童的實證遊戲介入》和《給幼兒的遊戲治療》等。

John W. Seymour　哲學博士，有執照的婚姻和家族治療師，是明尼蘇達州立大學曼凱托校區（Minnesota State University, Mankato）的諮商系教授。他在該校教授家族治療、遊戲治療和臨床督導等研究所課程。Seymour 博士擔任家族治療師已經超過二十年的時間，曾在機構、住院醫療中心和私人診所等多元的場域工作。他的專業出版和發表內容的主題包括：諮商員倫理、臨床督導、心理韌性、面對慢性疾病的家庭和遊戲治療。教學之餘，他仍在曼凱托的療癒旅程諮商中心（Journeys Toward Healing Counseling Center）持續與兒童、青少年和他們的家庭工作。

Anne Stewart　哲學博士，為詹姆士麥迪遜大學的教授。她主持針對柬埔寨、約旦和越南的人為和天然災害相關計畫，曾擔任卡崔納颶風、911 攻擊事件、維吉尼亞理工大學校園槍擊案、桑迪‧胡克小學槍擊案和其他災難事件的諮詢人員。她撰寫多篇關於遊戲治療、危機介入、心理韌性和督導的專書章節與論文。Anne 是美國遊戲治療學會傑出服務獎和維吉尼亞傑出教師獎的得獎者，她創立了維吉尼亞遊戲治療學會（Virginia Association for Play Therapy），是個已有二十五年遊戲治療實務經驗、擅長遊戲的實務工作者。

Aideen Taylor de Faoite　是一位在健康和教育機構裡與兒童工作超過二十五年的教育心理學家和遊戲治療師。她出版過許多的著作，最近的一本書是《敘事遊戲治療：理論和實務》（*Narrative Play Therapy: Theory and Practice*）。Aideen 持續探索和發展運用遊戲支持兒童福祉的方法。

Kathleen S. Tillman　哲學博士，為紐約州立大學新帕爾茨校區（State University of New York at New Paltz）心理系的助理教授。她在該校教授與遊戲治療和兒童期心理疾患有關的未來學校和心理健康諮商員課程，也持續在住院治療機構與創傷和受虐待的倖存兒童工作。她共同撰寫了如何幫助受災兒童和家庭的臨床工作者治療手冊，最近的一本著作是《小學生的團體諮商》（*Group Counseling with Elementary Students*）。

Tammi Van Hollander　有執照的臨床社工師、合格遊戲治療師，是美國賓夕法尼亞州阿德莫爾心理服務中心（Center for Psychological Services in Ardmore）的工作夥伴。她與兒童、家庭和個人工作超過二十年的時間。她獨自或者與橫越全國教育（Cross Country Education）合作為全國各地的專業人員講課和帶領工作坊。

Claire Wallace　理學士，為凱斯西儲大學臨床心理博士班學生，專長是與兒童和家庭工作。她與 Sandra Russ 博士一起工作，專致於孩童的假扮遊戲和創造力。她近期的一項研究，也是她的碩士論文，是一個縱貫性研究測量兒童早期假扮遊戲中變項（包括日後的心理韌性、創造力和適應能力）的相關性。Claire 計畫持續研究假扮遊戲和它在幼童臨床治療上的可能角色。

William F. Whelan　心理學博士，是維吉尼亞州夏洛茨維爾瑪麗安斯沃斯親子依戀關係診所（Mary D. Ainsworth Child-Parent Attachment Clinic）的共同指導者。他曾擔任維吉尼亞大學醫學院（University of Virginia School of Medicine）的教師（在小兒科和精神科共十四年），目前主要為危機兒童和他們的照顧者提供衡鑑工具和實證介入的教學及諮詢服務。他持續獲得美國國家衛生研究院（NIH）研究經費支持，並撰寫關於高風險依戀關係和監控模式的衡鑑與治療論文及專書章節。

Daniel Yeager　有執照的臨床社工師，合格遊戲治療督導，為路易斯安那州拉法葉耶格爾兒童家庭中心（Yeager Center for Children and Families）的心理治療師和心理健康諮詢師。他在全美各地舉辦 ADHD、執行功能和遊戲治療的專業人員訓練，也是《執行功能和兒童發展》（*Executive Function and Child Development*）、《老師說專心：幫助 ADHD 兒童》（*Simon Says Pay Attention: Help for Children With ADHD*）兩本書的共同作者。

Marcie Fields Yeager　有執照的臨床社工師，為路易斯安那州拉法葉耶格爾兒童家庭中心的心理治療師。她同時也是得獎治療性遊戲——「想一想」（Think It Over）的設計者，以及《執行功能和兒童發展》、《老師說專心：幫助 ADHD 兒童》兩本書的共同作者。

總校閱者簡介

●● 梁培勇

現職：國立臺北教育大學心理與諮商學系教授

經歷：國立臺北教育大學心理與諮商學系教授兼主任

國立臺灣大學心理學系兼任副教授

中原大學心理學系主任（1998 年至 2000 年）

學歷：國立臺灣大學心理學博士

譯者簡介

●● 羅訓哲

現職：高雄市學生輔導諮商中心合作諮商心理師
　　　呂旭立紀念文教基金會高雄分會合作諮商心理師
　　　華遠兒童服務中心合作諮商心理師
經歷：新北市三芝區興華國小教師
學歷：美國印第安那大學（Indiana University）教育心理與諮商碩士
　　　國立臺北教育大學心理與諮商學系學士

主編者序

　　許多針對遊戲治療結果的研究探討已經指出遊戲治療是有效的，其效應值（effect size）的範圍大致上是介於中到大之間（Bratton, Ray, Rhine, & Jones, 2005）。然而，遊戲治療為何（why）且如何（how）有效的問題依然存在；因此，想要了解改變個案的具體力量是如何展現出來的，就得再研究遊戲治療更基層的改變機制。《遊戲的療癒力量：20個核心的改變機制》的出版，旨在說明遊戲中有哪些有效成分能夠產生治療性改變，期望能讓讀者有一個完整的了解。

　　心理治療的基本目的是為案主帶來改變。所以，辨識出遊戲中讓兒童和青少年產生改變的有效因子（agent），對實務工作者來說是相當重要的。我們相信這些遊戲的療癒力量構成了遊戲治療的核心，是精髓，也是心臟和靈魂！

　　諸如 Alan Kazdin（2003）和 Irvin Yalom（1985）等心理治療領域的先驅均提出療效因子的研究，並且認為這是加強臨床實務工作能力的最好方法。這些研究讓心理治療的過程更能聚焦且有效率地展現出來。明確來說，如果能更加了解兒童和青少年為何能夠在遊戲治療中產生改變的主動力量（active force），則不僅能夠幫助實務工作者在治療技巧上更多樣性地擴展，同時還能幫助他們更有能力為不同個案的不同需求，量身打造出客製化的治療策略。

　　Schaefer（1993）是第一位表列出遊戲療癒力量的學者，這些力量包含自我表達、關係提升、發洩和依戀形成。在逐漸累積的臨床經驗和研究發現下，《遊戲的療癒力量》原文書第二版，希望進一步釐清和深化我們對於遊戲療癒核心力量（表1）的認識。

表 1 ▪ 遊戲的主要療癒力量

第一章　導論

第一部　促進溝通
　第二章　自我表達
　第三章　潛意識的入口
　第四章　直接教導
　第五章　間接教導

第二部　促進情緒健康
　第六章　情感宣洩
　第七章　發洩
　第八章　正向情緒
　第九章　恐懼的反制約
　第十章　壓力免疫
　第十一章　壓力管理

第三部　提升社會關係
　第十二章　治療關係
　第十三章　依戀
　第十四章　社會能力
　第十五章　同理心

第四部　增加個人強度優勢
　第十六章　創造性問題解決
　第十七章　韌性
　第十八章　道德發展
　第十九章　加速心理發展
　第二十章　自我調節
　第二十一章　自尊

　　本書有一個很重要的前提，亦即遊戲並不只是一個應用其他介入方法的媒介（medium）或脈絡（context）而已，遊戲行為本身就存在著達到行為改變的主動力量。透過更了解這些改變的機制，希望能讓實務工作者能有更好的臨床介入，且研究者也更能在研究中，驗證各個遊戲治療因子「如何及為何會帶來改變」的有效性。

　　在閱讀本書時，讀者可以將重點放在更了解某種或某些組合的遊戲療癒力量「為何可以產生治療效果」；也可以完整閱讀全書，讓自己在實務工作中應用遊戲的療癒力量且發展出更全面的治療技巧。亦可將本書作為臨床實務上的參考架構，在處理不同議題的兒童和青少年時，可以辨識和應用最適切的遊戲療癒力量。

　　本書每一章都會提出實際的技巧和應用，同時也會有不同理論觀點的案例分享，來幫助讀者更了解該項療癒力量，以及如何將這個療癒力量的好處發揮得更淋漓盡致。希望本書所呈現的成果，能成為擁有不同經驗和運用不同理論取向的遊戲與兒童治療師的寶貴資源。

Charles E. Schaefer

Athena A. Drewes

❖ 參考書目

Bratton, S., Ray, D., Rhine, T., & Jones, L. (2005). The efficacy of play therapy with children: A meta-analytic review of treatment outcomes. *Professional Psychology: Research and Practice*, 36(4), 376–390.

Kazdin, A. (2003). Delineating mechanisms of change in child and adolescent therapy: Methodological issues and research recommendations. *Journal of Child Psychology and Psychiatry*, 44(8), 1116–1129.

Schaefer, C. E. (1993). *Therapeutic powers of play*. Northvale, NJ: Aronson.

Yalom, I. D. (1985). *The theory and practice of group psychotherapy*. New York, NY: Basic Books.

致謝

　　我們想要表達對編輯 Rachel Livsey 的感謝，因為有她持續不斷的鼓勵和引導才有本書的出版。我們同時也要感謝 John Wiley & Sons 出版公司的 Amanda Orenstein 從草稿到完稿的編輯協助。

總校閱者序

　　將玩具引進兒童的心理治療過程中，最早可以追溯到一百多年前的 Hug-Hellmuth（Freud 的學生）。有一次她在為兒童做心理分析治療時，因為案主幾乎都不開口講話，她突然想到自己的孩子在玩的時候話還滿多的，於是就想到以玩具為媒介，鼓勵個案開口說話。這樣一個無意之間的偶然，卻掀起爾後大家利用玩具進行兒童心理治療的風潮，甚至衍生出各種不同的觀點。後來 Melanie Klein 率先提出「遊戲治療」（play therapy）的概念來指稱這種做法，於是遊戲治療的發展就開始百家爭鳴；其中最具代表性的是 Melanie Klein、Anna Freud 和強調能量紓解等三大學派；然後，諸如阿德勒學派（Adlerian）、榮格學派（Jungian）、羅傑斯學派（Rogerian），甚至行為學派（Behaviorism）等其他各種心理學理論取向也紛紛加入遊戲治療的行列。其中由 Virginia Axline 以羅傑斯學派為依據的遊戲治療觀點最早被引進臺灣；再加上國內許多留學美國的大學老師，也都受到北德州大學 Garry Landreth 的影響，因此最為大家所熟悉。1990 年代各種不同理論的遊戲治療專書不斷出現，其中的遊戲治療觀點，大都仍然持續傳統，將遊戲視為是成人治療師與兒童案主之間的溝通媒介，認為真正能夠讓兒童個案產生療效的因素，是互動過程中所使用的心理學理論和方法。其中的例外是本書的編者之一 Charles Schaefer，他參考 Irvin Yalom 提出團體療效因子的做法，率先於本書（原文第一版）提出遊戲本身就具有療效的跨理論觀點。

　　1993 年，Schaefer 在本書的第一版提出了克服阻抗（overcoming resistance）、溝通（communication）、我能感（mastery）與發展能力（competence）、創造性思考（creative thinking）與問題解決（problem solving）、情感宣洩（catharsis）、發洩（abreaction）、角色扮演（role play）、幻想／視覺化（fantasy/visualization）、隱喻式教導

（metaphoric teaching）、形成依戀（attachment formation）、促進關係（relationship enhancement）、正向情緒（positive emotion）、克服發展恐懼（mastering developmental fears）和對賽遊戲（game play）等十四項遊戲的「療癒因子」（therapeutic power）。

二十一年後，本書的第二版中，Schaefer 和 Drewes 再進一步將這些療癒因子擴大到四大類共二十項，包括：(一) 促進溝通（facilitates communication），內含自我表達（self-expression）、潛意識的入口（access to the unconscious）、直接教導（direct teaching）和間接教導（indirect teaching）；(二) 促進情緒健康（foster emotional wellness），內含情感宣洩（catharsis）、發洩（abreaction）、正向情緒（positive emotions）、恐懼的反制約（counterconditioning fears）、壓力免疫（stress inoculation）和壓力管理（stress management）；(三) 提升社會關係（enhances social relationships），內含治療關係（therapeutic relationship）、依戀（attachment）、社會能力（social competence）和同理心（empathy）；以及 (四) 增加個人強度優勢（increases personal strengths），內含創造性問題解決（creative problem solving）、韌性（resiliency）、道德發展（moral development）、加速心理發展（accelerated psychological development）、自我調節（self-regulation）和自尊（self-esteem）。

這兩個版本所提及的療癒因子不論是十四項或二十項，其非常重要的前提，是強調遊戲並不只是一個讓各種介入方法得以展現的應用媒介（medium）或脈絡（context）而已；換言之，兒童的遊戲天生就存在著達到行為改變的主動力量。

我個人非常享受校閱這本書的過程，尤其編者所邀請的每一位主筆者，或多或少都會在文章中舉例說明他們認為的遊戲，然後說明為何此內涵會是一種療癒因子。但是，若再進一步用放大鏡檢視他們所認為的遊戲，不難發現其中包括了自發性（free，或稱自由性）遊戲、結構式

（structured）遊戲和對賽遊戲（game）。若以臺灣一般幼兒園、小學、公園，或以兒童為主的夏令營、冬令營的通俗說法，本書所謂的遊戲包括了扮家家酒、比手畫腳、大風吹、畫圖、樂高或積木造型創意、賽跑、老鷹捉小雞、桌遊（table game）、各種小隊團體之間的競賽和活動等等。於是，很合理的問題就出現了：「這些不同類型的遊戲都真的具備本書所強調的療癒功能嗎？」筆者經年累月身為遊戲治療執行者和督導者，又不得不苦口婆心的提醒和呼籲遊戲治療師，是否審慎的思考過遊戲到底是什麼？[1]

只要讀者好好思考這個遊戲治療最根本卻又很難有解答的基本問題，相信必能在這本書中獲益良多。

梁培勇

---

[1] 請參閱梁培勇、郭怡君（2013）。你在做遊戲治療嗎？。**台灣遊戲治療學報**，**3**，1-15。

譯者序

「你可不可以不要一直講話，很囉唆耶，來跟我玩嘛！」兒童對我說。

「小孩說你們都在玩，他真的很愛來找你，不過他還是很不乖，怎麼辦？」家長對我說。

「你用了什麼神奇的魔法？每次你要來學校的這一天，她都特別開心，跟平常差超級多。」老師對我說。

「我這樣玩對嗎？小孩怎麼還沒進步呢？我要怎麼繼續下去？」我對自己說。

在與遊戲治療實際接觸的頭幾年，這些問答對話很常出現在與兒童、家長和學校老師的工作中，我的心中總會有個理論技術與實務現場左手跟右手打架的畫面在上演。可惜的是，我實在沒有老頑童能分心二用的慧根，在前進的路途上始終少了一種篤定踏實的感覺。大概是因為知其然但不知其所以然，我常在不同的治療理論間周遊列國，也常在治療介入上舉棋不定。

翻譯本書是一回「知其然，也想盡辦法知其所以然」的旅程。誠摯地希望我的翻譯工作能帶給閱讀本書的讀者如同我所得到的「通曉解惑的快樂」。因而，每一個與遊戲治療師工作的兒童都能從他們身上獲得最好玩又最有效能的遊戲療癒力量。

此外，要特別感謝梁培勇老師多年來的指導，能獲得野戰派遊戲治療幫主的邀約，在畢業多年後與老師一同完成此書的翻譯，定是我前世有燒好香。

感謝妻子屆芳、蒂蒂、奇奇、岩岩和爸媽這些日子以來的鼓勵與支援，你們是我生命中最重要的療癒力量。

羅訓哲

導 論
遊戲如何達成治療性的改變

★ Athena A. Drewes、Charles E. Schaefer

🐿 療癒因子

　　Virgil（n.d.）曾寫道：「能知曉事物的起因是人之幸運」，對從事兒童與遊戲治療實務和研究工作的治療師們來說，這句話的確非常貼近真實。對遊戲治療如何進行有精確的了解才能達成改變，而這涉及到要一窺黑盒子的究竟，去辨識出讓治療產生效果的療癒因子（therapeutic factor）（Holmes & Kivlighan, 2000）。

　　療癒因子是影響個案改變的實際機制（Yalom, 1995）。它們是介於一般治療理論和具體治療技巧之間的一種中間層次的抽象歷程（a middle level of abstraction）。理論屬於最高的抽象層次，例如人本、心理動力、認知行為等學派，它們提供一種架構來理解問題行為的起源和治療，通常代表著一種看待人類生命本質的哲學觀。療癒因子是一種中間層次的抽象歷程，意指改變案主失功能行為的特定臨床策略，例如情感宣洩（catharsis）、反制約作用（counterconditioning）和後果管理（contingency management）。技術（technique）是最底層的抽象歷程，屬於被設計用來實行療癒因子的可觀察臨床程序，例如沙遊、用玩偶角色扮演和說故事。療癒因子曾被賦予許多不同的名稱，例如治癒力（therapeutic powers）、改變機制（change mechanisms）、改變中介（mediators of change）、因果因子（causal factors）、治療作用的原理

（principles of therapeutic action）。當治療理論有系統地說明它們依據理論所衍生的可觀察和內隱的治療活動，為何能夠創造出個案達成改變的結果時，這些名詞其實表現的是同一個概念，因而經常被交替使用。一個療癒的力量也許代表一種想法，例如洞察頓悟；一種感覺，例如正向情感；或者一種行為，例如角色扮演。它們相同的地方在於都對案主所呈現的問題產生正面的改變。雖然療癒的力量是超越文化、語言、年紀和性別的，但是在心理治療的領域中，它們被區隔成「共同」因素和「特殊」因素兩種（Barron & Kenny, 1986）。特殊因素意指專用於特定治療方法的改變因果因子。相對而言，共同因素意指所有理論取向都共通的改變因子，例如支持性的治療關係（supportive relationship），或者灌輸希望（instillation of hope）。

歷史背景

最初，療癒因子的相關文獻大多是軼事性的，內容是治療師各自描述他們在治療中所發現的有效改變原則。Corsini 與 Rosenberg（1955）被認為是最先提出心理治療療癒因子分類的學者。他們回顧了團體心理治療的文獻，找出那些可以反應出改變機制的觀察，並且表列出九個因子的清單。Irvin Yalom（1995）在他經典的團體心理治療教科書中將這份清單拓展至十一個因子。「其他成員是團體成員達成改變的重要資源」與他的信念一致，他的療癒因子包含了「普同感」（相信自己並不孤獨，其他人也掙扎於相同的問題之中）、「替代學習」（案主透過觀察其他團體成員的經驗而改變）、「情感宣洩」（在團體內釋放壓抑的情感）、「人際學習」（從與其他團體成員的個別互動中學習）。在諸如個別治療、伴侶治療、家庭治療等其他種類的心理治療領域中，在「辨認和研究出其特殊療癒力量的內涵為何」這方面，近年來已有長足的進步（Ablon, Levy, & Katzenstein, 2006; Holmes & Kivlighan, 2000; Spielman, Pasek, & McFall, 2007; Wark, 1994）。

遊戲的療癒力量

遊戲的療癒力量意指由遊戲啟動、催化和加強其治療影響力的特殊改變因子。這些遊戲的力量會帶來正面影響，成為案主達成所期望改變的**中介變項**（Barron & Kenny, 1986）。換句話說，遊戲真實地幫助改變產生，而不只是一個應用其他改變要素的**媒介**，也不只是**調節**治療力道強度和方向的作用。根據遊戲治療師們的文獻探討和臨床經驗，我們辨認出二十個遊戲的核心療癒力量，也就是本書接下來各章主要的焦點。在這些療癒力量之中有幫助案主改善依戀形成、自我表達、情緒調節、韌性（resiliency）、自尊、壓力管理等改變因子。在接下來的章節中，各章的作者將描述這些療癒力量的本質，以及其治療應用和臨床案例。

跨理論遊戲治療模式

倘若將處遇（treatment）定義成因為交叉原則（cross-cutting principles）而產生的治療性改變，則遊戲的療癒力量就能超越任何的特定遊戲治療模式（Castonguay & Beutler, 2005; Kazdin & Nock, 2003）。雖然有些遊戲治療師只想狹隘地探討某種他們比較偏好的治療理論的改變因子（如認知行為遊戲治療學派），但是有愈來愈多的遊戲治療師，冀望在他們的遊戲治療中可以了解和應用更多元的改變因子。藉由採用跨理論取向（Prochaska, 1995），遊戲治療師可以避免被侷限於單一理論之中，也可避免削足適履地讓案主遷就心理師的一體適用（one-size-fits-all）做法。更明確地說，目前沒有任何一個單一理論取向被證實有足夠能力解決案主的多樣化問題。實證研究明確地支持「差別治療」（differential therapeutics）的概念，意即對某些特定的疾患而言，某些改變因子的確比其他的改變因子更有效用（Frances, Clarkin, & Perry, 1984; Siev & Chambless, 2007）。

　　跨理論模式遊戲治療的概念意味著將各主要遊戲治療理論所主張的改變因子選擇並加入到你的本領（repertoire）之中。這種折衷且跨理論模式心理治療的基本前提包括：

- 各個遊戲治療主要理論中，皆含有實際造成改變且可增加個人臨床工作效能的改變因子（Prochaska, 1995）。
- 在個人的遊戲治療本領中有愈多的遊戲療癒因子，就可以更**折衷地**選擇最有實證研究支持的方式來處遇特定的疾患（Schaefer, 2011）。
- 個人能夠支配使用的改變因子愈多樣，就能選擇具有實證研究支持的方法，更**處方式地**量身訂做遊戲介入過程，以符合案主的需求和偏好，也符合個人的技術和判斷（Schaefer, 2001）。

　　處方式遊戲治療的宗旨是設計個別化治療計畫，期望能夠回答出 Gordon Paul 所提的大哉問：「什麼樣的治療？由誰來做？在什麼樣的情況下，對案主個人的特定問題能有最好的療效？而療效又是如何產生的？」（Paul, 1967, p. 111）

- 當案主的心理病理是複雜、多重因素或長期持續的時候，擁有多樣改變因子的治療師就能夠**整合**其中的某些改變因子，因而更強化遊戲介入的影響力。

　　理論整合的信念是認為綜合兩個或更多的改變因子，其整合結果能夠優於單一改變機制的影響力。在後期的遊戲治療領域中，治療師從信奉單一理論轉移到更寬廣取向之整合運動（integrative movement）逐漸變得強大（Drewes, Bratton, & Schaefer, 2011）。

　　本書的編者相信，透過跨理論取向遊戲治療的應用趨勢，會讓遊戲治療領域更加精進。雖然跨理論取向遊戲治療運動被冠上許多不同的名稱，例如：**處方式的、處方／折衷式的、整合式的遊戲治療**，但它們都有一個顯著的特徵，亦即對於單一學派取向的不滿意，同時渴望能超越學派界

線，自主取捨各種理論當中能被學習和納入治療師工作中的遊戲治療改變機制；如此做的終極目標，是為了要提升遊戲治療師的效能和效率。

未來方向

許多傑出的心理治療師呼籲，心理治療訓練應從著重廣泛心理治療理論的學習，轉換到聚焦於治療性的改變機制為何。遊戲治療師和其他臨床工作者，需要更了解改變因子的確至關重要的兩個主要理由是：

1. 透過處方式的配對（意即讓遊戲中的治療性因子和心理疾患的病因之間更加適配），提供更具針對性的、更有效率的治療，以改善臨床工作的效果（Shirk & Russell, 1996）。

    關於這方面，Kazdin（2001）建議治療計畫的第一步，是辨識與特定臨床問題的發展和維持有關的認知、情感和行為力量的內容為何，例如不安全依戀。一旦透過縝密的衡鑑發掘出心理疾患的主要原因，就可以針對造成（或維持）此疾患的因素，設計和應用這些特定的療癒力量以引發改變。

2. 希望能超越單一理論模式的框架，鼓勵大家發展出擁有更寬廣改變因子的治療法門（Goldfried & Wolfe, 1998）。

我們的看法認為，我們需要匯集遊戲的療癒力量，方能有效能和有效率地克服心理病理的影響。除了擴展培訓因果機制在遊戲治療的重要性和應用外，更需要大量發展遊戲治療的歷程研究，以便能更進一步辨別和確認特定的遊戲療癒因子。我們相信這些改變機制是精髓，是遊戲治療的核心與精神，因此值得更多遊戲治療師和研究者加以關注。

感謝為本書每一章獻出心力的作者，為我們能更深入了解和應用遊戲的療癒力量所付出的努力。

🐧 如何善用本書

　　理想上，讀者若能完整地讀完本書，可以得到最大的助益。不過，因為各章節是獨立的，所以讀者可以根據特定的議題，或感興趣的領域分別閱讀，你也可以依據所採用的處遇方法或所服務的個案性質，以彙整過的單元篇章為單位進行研讀。如前所述，採取處方式取向是最理想的，想想個案的需要、他們現在的狀態在哪裡，以及什麼是你在治療計畫中希望處理的症狀和達成的目標。你的個案正在應付**認知歷程、情緒歷程**或**人際歷程**中的哪個問題（O'Connor, 2010; Shirk & Russell, 1996）？或者，同時遭遇這些問題，抑或是在治療的不同階段分別遭遇到這些問題？

　　認知歷程牽涉到學習適應或補償之認知技巧，例如社交技巧、經驗的意義重組、增進自我覺察（O'Connor, 2010; Shirk & Russell, 1996）。例如，我們可以在受到創傷的孩子身上，發現他們看世界的觀點遭受到衝擊，產生了認知扭曲和誤解；在亞斯伯格症（Asperger's disorder）的孩子身上，看到缺少友誼技巧和無法恰當做出社會可接納的回應；還有，在注意力缺失症（attention deficit disorder）兒童身上，可發現執行功能方面的困難。

　　在這些個案類型當中，治療師也許會專注在直接或間接教導的改變因子上，例如社交和問題解決技巧；或教導補償或適應的技巧，藉此增進案主的認知發展、自尊和韌性（O'Connor, 2010）。

　　幫助認知歷程的章節包括：
直接教導（第 4 章）
間接教導（第 5 章）
創造性問題解決（第 16 章）
韌性（第 17 章）

加速心理發展（第 19 章）

自尊（第 21 章）

如果案主沒有表現出發展洞察的能力，需要幫助他對生命經驗進行意義重組（認知扭曲和錯誤歸因），並修正可能帶到療次中的假設和預期；以上可能在遊戲內容中（象徵性地）看見或直接從語言中表達，讀者可以細讀以下章節：

自我表達（第 2 章）

潛意識的入口（第 3 章）

案主所呈現的可能會是**情緒歷程**方面的困難（O'Connor, 2010; Shirk & Russell, 1996）。更具體來說，他們表現出情感識別、情緒表達、釋放負面情緒和整合情緒方面的缺陷。會造成這樣的問題或許導因於各式各樣的原因，從創傷（性虐待、身體虐待、家庭暴力）到系統和生理議題都有。針對這些案例，治療師可閱讀如何透過情感宣洩幫助情緒調節，以獲得主宰和控制的章節；教導案主如何辨認情緒，進而意識、命名和討論自己的情緒和別人的情緒；整合感覺和個人的情緒經驗；發展因應策略或心理防衛以避免情緒失調（O'Connor, 2010）。

幫助治療情緒歷程適應不良的章節包括：

情感宣洩（第 6 章）

發洩（第 7 章）

正向情緒（第 8 章）

壓力免疫（第 10 章）

壓力管理（第 11 章）

同理心（第 15 章）

假如案主因為創傷或其他發展議題而形成特定的害怕和畏懼症，希望讀者一定還要再讀第 9 章「恐懼的反制約」。

案主可能表現出人際歷程上的缺陷（O'Connor, 2010; Shirk & Russell, 1996），此時就會需要為了促進正向關係而設計的治療。依戀關係的困難會因為長期與父母分離而產生，例如兒童住院、被安置，也可能是因為親職照顧的疏忽、虐待、不參與或失落而產生。透過治療關係，案主能利用遊戲治療師作為輔助的依戀對象，修復過去的負面經驗並發展出信任與連結的替代性關係。同儕關係和建立友誼有困難的個案也有其對治療的需求，他們須獲得社會、情緒支持，還需有支持案主與環境（學校、課後活動、父母參與）互動功能的鷹架（O'Connor, 2010）。

幫助社會性困難的章節包括：
直接教導（第 4 章）
治療關係（第 12 章）
依戀（第 13 章）
正向同儕關係（第 14 章）
創造性問題解決（第 16 章）
道德發展（第 18 章）

我們希望讀者能將本書當作為案主的問題量身打造治療計畫的指引和資源。我們有信心更了解遊戲的療癒力量，不只能讓案主獲得更好的治療效果，還能獲致更清晰、更能被闡明的研究。為了將遊戲治療推向更主流的位置，我們需要透過研究設計，以呈現遊戲如何在治療性的改變上扮演有效成分。

❖ 參考書目

Ablon, J., Levy, R., & Katzenstein, T. (2006). Beyond brand names of psychotherapy: Identifying empirically supported change processes. *Psychotherapy: Theory, Research, Practice, & Training, 43*(2), 216–231.

Barron, R., & Kenny, D. (1986). The moderator-mediator variable distinction in social psychological research: Conceptual, strategic, and statistical considerations. *Journal of Personality & Social Psychology, 5*, 1173–1182.

Castonguay, L., & Beutler, L. E. (2005). *Principles of therapeutic change that work.* New York, NY: Oxford University Press.

Corsini, R., & Rosenberg, B. (1955). Mechanisms of group psychotherapy: Process and dynamics. *Journal of Abnormal and Social Psychology, 51*, 406–411.

Drewes, A., Bratton, S., & Schaefer, C. (2011). *Integrative play therapy.* Hoboken, NJ: Wiley.

Frances, A., Clarkin, J. F., & Perry, S. (1984). *Differential therapeutics in psychiatry: The art and science of treatment.* New York, NY: Brunner/Mazel.

Goldfried, M. R., & Wolfe, B. E. (1998). Toward a more clinically valid approach to therapy research. *Journal of Consulting and Clinical Psychology, 66*, 143–150.

Holmes, S. V., & Kivlighan, C. (2000). Comparison of therapeutic factors in group and individual treatment processes. *Journal of Counseling Psychology, 47*(4), 1–7.

Kazdin, A. (2001). Bridging the enormous gaps of theory with therapy, research, and practice. *Journal of Clinical Child Psychology, 30*, 59–66.

Kazdin, A., & Nock, M. (2003). Delineating mechanisms of change in child and adolescent therapy: Methodological issues and research recommendations. *Journal of Child Psychology and Psychiatry, 44*(8), 1116–1129.

O'Connor, K. (2010). *Beyond the power of play: Using therapeutic change processes in play therapy.* Presented at the Association for Play Therapy conference, Louisville, KY.

Paul, G. (1967). Strategy of outcome research in psychotherapy. *Journal of Consulting Psychology, 31*, 109–119.

Prochaska, J. O. (1995). An eclectic and integrative approach: Transtheoretical therapy. In A. S. Gurman & S. B. Messer (Eds.), *Essential psychotherapies: Theory and practice* (pp. 403–440). New York, NY: Guilford Press.

Schaefer, C. E. (2001). Prescriptive play therapy. *International Journal of Play Therapy, 10*(2), 57–73.

Schaefer, C. E. (2011). Prescriptive play therapy. In C. E. Schaefer (Ed.), *Foundations of play therapy.* Hoboken, NJ: Wiley.

Shirk, S. R., & Russell, R. L. (1996). *Change processes in child psychotherapy.* New York, NY: Guilford Press.

Siev, J., & Chambless, D. (2007). Specificity of treatment effects: Cognitive therapy and relaxation for generalized anxiety and panic disorders. *Journal of Consulting & Clinical Psychology, 75*, 513–527.

Spielman, G., Pasek, L., & McFall, J. (2007). What are the active ingredients in cognitive and behavioral psychotherapy for anxious and depressed children? A meta-analytic review. *Clinical Psychology Review, 27*, 642–654.

Virgil (n.d.). BrainyQuote.com. Retrieved February 9, 2013, from http://brainyquote.com/quotes/authors/v/virgil.html

Wark, L. (1994). Therapeutic change in couples therapy. *Contemporary Family Therapy*, *16*(1), 39–52.

Yalom, I. D. (1995). *The theory and practice of group psychotherapy* (4th ed.). New York, NY: Basic Books.

第一部

促進溝通

遊戲，是兒童自然的語言，也常是他們在有意識或無意識的狀態下用來表達困難的想法和感受的方式。此外，遊戲能把學習變成是享受的經驗，治療師就更能夠傳授案主需要的資訊，以幫助克服知識或技能上的缺陷。

- 自我表達
- 潛意識的入口
- 直接教導
- 間接教導

自我表達

★ Mary Morrison Bennett、Stephanie Eberts

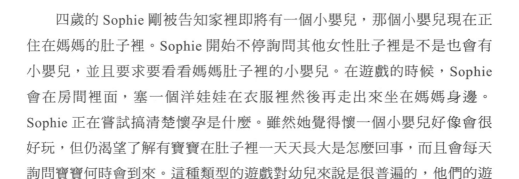

四歲的 Sophie 剛被告知家裡即將有一個小嬰兒，那個小嬰兒現在正住在媽媽的肚子裡。Sophie 開始不停詢問其他女性肚子裡是不是也會有小嬰兒，並且要求要看看媽媽肚子裡的小嬰兒。在遊戲的時候，Sophie 會在房間裡面，塞一個洋娃娃在衣服裡然後再走出來坐在媽媽身邊。Sophie 正在嘗試搞清楚懷孕是什麼。雖然她覺得懷一個小嬰兒好像會很好玩，但仍渴望了解有寶寶在肚子裡一天天長大是怎麼回事，而且會每天詢問寶寶何時會到來。這種類型的遊戲對幼兒來說是很普遍的，他們的遊戲說明了他們看世界的觀點。

自我表達是溝通、情緒釋放、精熟、獲得了解、創造力和其他更多東西的一部分。遊戲是兒童溝通的關鍵成分；遊戲允許兒童自由探索情緒、經驗和關係（Axline, 1947）。遊戲對兒童發展相當關鍵（Elkind, 2007）。在遊戲中如果沒有自我表達就不會產生療效。有人會認為所有的遊戲都是自我表達，兒童無法只出現遊戲卻沒有表達自我，就如同不可能要求成人談話卻沒有表達他們自己。Schaefer（1993）將自我表達納入遊戲治療的療癒力量之中。

🐦 為什麼自我表達有療效？

大部分人都會同意自我表達對我們人類的快樂至為關鍵。青少年和成人用語言和非語言的方式表達他們自己。然而，很少人考慮過或想過幼兒

如何表達自我。遊戲讓兒童能表達情感和想法，也讓他們有機會弄懂自己的經驗。

遊戲是兒童自然的語言

兒童沒有精準的詞彙來表達他們的情緒和對情境的了解。「遊戲治療即是根據遊戲是兒童自然的自我表達媒介這個事實，提供兒童在遊戲中『玩出』他的感受與困擾的機會，就如同在某些類型的成人治療中讓成人『說出』他的困擾一樣」（Axline, 1947, p. 9）。

玩具是兒童的詞彙，遊戲是他們的語言（Ginott, 1960）。Axline（1947）相信遊戲是最符合兒童發展原則的表達模式。遊戲使兒童感到安全，他們便能夠不帶有遲疑或恐懼，完整地表達自己（Landreth, Homeyer, & Morrison, 2006）。正如平常所知的，幼兒缺少詞彙和抽象思考能力去口語化地表達他們的內在世界。然而，透過「遊戲」這個自然表達的媒介，他們可以立即表達自己的想法、感覺和願望。

Piaget（1951）表示「對兒童來說，僅用集合式（collective）的語言來表達主觀感受不夠充分，透過遊戲才可能讓兒童即時的、動態的和個性化的表達自己」（p. 166）。他更進一步用認知發展研究來舉證，相對於使用抽象的口語來自我表達，對國中年紀以下的兒童而言，使用具體遊戲媒材和活動才是更合適的。在此必須特別提醒，對處於極度高壓力和焦慮的兒童，像是經歷創傷或高度焦慮的兒童而言，是不會發生自發性的自由遊戲和自我表達的（Landreth, 2012）。Erikson（1963）指出，讓兒童玩出他們的經驗是最好、也是最唾手可得的自我療癒方式。透過遊戲，兒童能將未知探索成為已知，促進他們對自己、他人和經驗的認識。Landreth（1993）提到：「遊戲促發了解，而了解也會促發兒童的自我表達。」（p. 45）

🌳 遊戲讓兒童能用第三者的立場說話

假扮遊戲（pretend play）讓兒童能用「第三者的立場」說話，意思是對兒童而言，某些想法、感受和行動，若是要很直接地表達出來，其實太過困難也太具威脅性，然而透過娃娃、玩偶和其他假扮的角色就比較能夠為兒童表達出這些（Schaefer, 2012）。兒童能將強烈的感受或情緒投射到遊戲的玩具上，為情緒表達創造一個安全且可控制的方式（Landreth, 1993）。Gil（2006）提到有些兒童會選擇刻意地避免談論一些困難的感受或情緒，透過有安全距離的象徵（玩具），他們便能重演這些創傷性的事件，讓他們有機會表達感受並且理解發生在他們身上的事情。這讓兒童對經驗和情緒獲得控制感，導致自我調節（self-regulation）能力的提升。Schaefer（1993）指出遊戲使兒童能表達潛意識（unconscious）以及意識的感受。了解兒童遊戲的成人能夠看見兒童的內在世界，對兒童內在的世界有一份獨特的認識。

遊戲讓不可控制的變成可控制的（Landreth, 2012）。成人能用兒童的觀點理解遊戲是很關鍵的，兒童的遊戲給我們一扇進入兒童世界的窗。成人常把兒童遊戲看成是童年一個簡單的、無聊的、無意義的活動。然而，當兒童在遊戲時，完整的自我表達會產生，包含過去經驗、面對那些經驗的反應和情緒、兒童的願望、匱乏和需要（Landreth et al., 2006）。

🌳 遊戲允許非真實生活狀況的「彷彿」（as if）能夠出現

假扮遊戲讓兒童與真實生活保持距離；在真實生活可能不會表達的情緒、想法、願望和幻想，在遊戲中能被表達出來。遊戲讓案主在面對不安的事情可以合理的否認；也就是，遊戲允許案主中止甚至可以對真實要賴，畢竟遊戲就是假裝或玩耍（Levy, 2008）。在遊戲治療中，被遊戲所引出的情緒變得太強烈時，兒童會需要短暫的休息；當兒童在遊戲中感受到需要從當前的情緒短暫休息時，就會出現所謂的遊戲中斷（play

disruption）（Findling, Bratton, & Henson, 2006）。假扮遊戲提供能夠自由嘗試新點子是否合宜的機會，而讓兒童樂在其中；一個十二歲的男孩曾經這樣描述，他說：「在真實生活中表達感受會讓人受傷或令人難堪，而玩偶遊戲是把我們的感受表達出來的安全好方法。玩偶替你表達感受，如果有人說：『為什麼你會有這樣的感覺？』你可以說我不知道，故事是我編出來的。你就可以很容易從那裡脫身。」（Schaefer, 2012, p. 6）

遊戲允許苦衷得以表達出來

有時我們不能適當地用語言表達內在狀態，但我們或許較能在某種創造性的藝術，例如繪畫、舞蹈和創作中描繪出來。例如，「一個沙盤創作能被轉譯成一個人內在具體的、立體的創作形式。就像是圖畫能比語言表達更多，沙景能夠表達出口頭語言沒能表達的感受和衝突。所以，在遊戲室中所構成的沙景能提供豐富且個人化的媒介，作為前語言和非語言的表達」（Schaefer, 2012, p. 7）。生活中總會有太複雜和太驚奇而無法用語言文字表達的經驗；基於兒童口語表達的有限，且這是常常發生的狀況，遊戲在促進兒童表達經驗上就至關重要。

遊戲提供安全感因而能促進表達

當兒童對環境和關係感到安全時，就能征服其自我意識，意指兒童能夠全神貫注在他們的遊戲之中，而不經意地就表達了他們可能平常不會去做的事情。在安全、令人愉悅的遊戲室環境中，兒童更有可能放下他們的防衛並表現出內在的自我。這個安全和放鬆的環境通常能讓兒童安心，允許他們邊玩邊說，也能透過遊戲表達自己（Schaefer, 2012）。

大多數的成人可能都同意，只有在少數的地方和少數的關係中，成人才能夠誠實地表達自己；所以治療師能提供一個促進表達的安全環境，讓成人案主能完整、明白地表達自己是非常重要的。對兒童而言，因為他們仍在發展中，因此在自我感覺、自信和表達自己的信心方面仍然有很大

的侷限；所以在面對被邀請進入一段關係時，對於安全和接納的需求會比成人來得更多。兒童通常被限制表達自我，很少有機會讓自己的感受完整地表現出來；理由是因為成人認為孩子是透過行為來展現其感受，但是這些行為卻經常違背成人的標準因而會被禁止。在治療的環境下，兒童處在一個配合他們發展程度的接納和真誠的關係中，且允許和歡迎他們表達自我，所以自我表達本身就具備療癒的效果。

Virginia Axline（1947）曾舉一位 22 個月大的案主 Mikie 的情況為例。小男孩的媽媽告訴 Axline 說 Mikie 不吃飯。在沙箱裡面玩遊戲的 Mikie 偷聽到媽媽的話，就離開沙箱，把玩具娃娃放到高腳椅上，將沙子放到玩具盤子裡，接著便把他吃東西的經驗玩出來。他將滿滿一湯匙的沙子送進娃娃的嘴巴裡說：「吃！吃！」然後他把裝滿沙子的湯匙丟到地上，用腳在上面踩，然後尖叫：「不！不！不！」這個劇情不斷重複了好幾遍，看得媽媽目瞪口呆。接著 Axline 說：「有人想要寶寶吃，但寶寶說不要。」媽媽意識到自己不斷要求孩子得要吃掉所有她放到他面前的東西；當她釋放了這個控制權，她告訴 Axline 說吃飯再也不是親子之間的戰爭了。

 ## 遊戲治療中自我表達具有療效的實證支持

兒童在遊戲治療中的自我表達是有治療性的，這似乎是可以被接受的事實；不過自我表達要成為一個療癒因子，仍是治療中需要被進一步研究的成分。幾位遊戲治療的先驅都曾寫到遊戲中自我表達的重要，他們都曾看到孩子在治療後的不同（Axline, 1947; Badenoch, 2008; Elkind, 2007; Kottman, 2003; Landreth, 1993, 2012; Piaget, 1951; Schaefer, 1993; Terr, 1981）。

創傷遊戲中的自我表達

Anna Freud 和 Dorothy Burlingham（1943）首次在他們的著作《戰爭與兒童》（*War and Children*）中，描述經歷過轟炸事件的幼童所進行的遊戲。他們描述了 Bertie 用紙飛機不斷轟炸床鋪的重複遊戲，但他們沒有特別比較 Bertie 的遊戲與其他正常發展兒童的遊戲有何不同。Terr（1990）首先注意到，比起不曾經歷過創傷的兒童，受創傷兒童在遊戲中所表現出來的「冷酷和單調」，顯現出他們更深層的情緒和經驗。Terr 研究了 12 位創傷兒童和 1 位創傷成人的遊戲行為和主題，他們分別都參與了三到四小時的遊戲治療。Terr 從研究的結果辨認出十一項兒童創傷後遊戲（posttraumatic play）的特色：強迫性重複、潛意識與創傷事件連結、生硬刻板、未能舒緩焦慮感、在不同年齡層的個案都會出現、創傷事件發生到創傷遊戲出現會有不同的延遲時間、影響會牽連至非受創傷兒童、傳染給新的世代、危險、詭計、以談話作為遊戲替代模式、能有效地從創傷後遊戲追蹤到更早期的創傷（Terr, 1981, p. 741）。

Gil（2006）認為，如果兒童是在治療過程中出現創傷後遊戲，通常可以得到最佳的療效；因為受過訓練的臨床工作者能夠提供恰當的回應和支持，處理兒童的強烈表達和充滿情緒的遊戲。

以 Terr 的創傷後遊戲特徵為基礎，Findling、Bratton 與 Henson（2006）設計了「創傷遊戲量表」（Trauma Play Scale, TPS），用以解析遊戲治療中的遊戲可否被判斷為創傷後遊戲。研究者在先導研究中，比較遭受創傷的兒童，以及因為其他臨床問題被轉介但非創傷的兒童，在接受兒童中心遊戲治療（child-centered play therapy, CCPT）時的表現。研究結果指出，這些兒童的遊戲有一個差異。兩組兒童參與遊戲治療都出現自我表達，但創傷兒童表達的品質卻有不同。Meyers、Bratton、Hagen 與 Findling（2011）完成一項追蹤研究，持續發展「創傷遊戲量表」（TPS）。研究結果指出，與沒有被轉介到治療的正常發展兒童相較，有

人際創傷歷史的兒童，在該量表的五項領域得分都較高。組間顯著差異指出，創傷歷史和參與者在「創傷遊戲量表」的分數有著高度正相關。雖然這些結果並沒有針對自我表達做特別的報告，但仍可以看到自我表達在遊戲中的重要性和價值。依據兒童個人生命歷史，表達上的差異會在遊戲室內很清楚地表現出來。

自我表達遊戲之於腦部發展

提供安全、開放的關係，讓兒童可以主導遊戲，能夠活化腦部邊緣系統（Badenoch, 2008）。神經科學似乎支持自由表達在活化腦部自癒性（self-healing）的重要性。

腦部邊緣系統包含我們的動機迴路，當兒童與成人有互動且在其中體驗到被關照、形成社會連結和有趣味性時，它會變得更活化。Badenoch（2008）指出，一旦這個系統被活化，多巴胺的釋放會帶來樂趣、專注和完成任務的動力。她進一步指出，在給予兒童支持的成人在場的情況下，兒童可以快速地找到進入系統的通路。隨著療癒關係發展，中前額區的迴路和與情緒有關的邊緣系統之間會達到平衡，最終給予兒童能夠自我調節的能力。Badenoch 警告，當成人主導遊戲的過程，特別是當成人變得過分堅持且偏離目標（off-target）時[1]，掌管憤怒的系統很容易就被活化。如果治療師能看到怒氣，並且退回到能讓兒童完整浮現自我的空間，這個問題很容易就會被修復。在治療關係中，治療師必須完全地信任兒童，採納並回應他（她）的信號以促進情緒表達。Badenoch 提醒，當治療師感受到必須「做出點什麼」的壓力時要特別小心；因為，當我們偏離了兒童遊戲的歷程時，通常治療很少會進展順利。因此，治療師必須運用臨床判斷，來決定促進兒童自我表達的最好方法會是什麼。

---

[1] 譯註：意指成人主導遊戲時，未考慮兒童本來要玩的企圖或目標，一味地要兒童依照自己的主導進行遊戲。

自我表達在促進改變上的角色

　　Miguel，五歲的男孩，空閒時喜愛玩「打壞蛋遊戲」（fighting the bad guys，這個年紀的男孩在發展上會出現的典型遊戲）。遊戲能幫助他獲得掌控世界的感覺、自我效能和自我調節。Miguel 在全家去滑雪度假時第一次上滑雪課，他變得異常的安靜；媽媽問他是否對滑雪課感到擔憂，他回答：「我不知道要如何在滑雪時拿著我的武器。」儘管這是假裝的（並沒有武器），但對 Miguel 卻是真實的憂慮。愈能感受到面對壞蛋時是裝備充足的，在滑雪學校就愈能感到安全和有控制感。對 Miguel 來說，在滑雪學校時想要拿著假扮武器，就像是他在遊戲中想要有假扮武器一樣。Miguel 在表達他需要安全和控制，比起訴說他對滑雪和滑雪學校的恐懼，假裝擁有正確的武器和打敗壞蛋是更可以控制、更舒坦的。大部分的成人可能會嘗試要兒童說出他的恐懼，或者對他想要帶著武器滑雪的重要性不屑一顧。幸好，Miguel 的媽媽了解他玩遊戲的意義和他隱喻性的語言。她向兒子擔保滑雪教練是專家，而且他真的知道如何在滑雪時把武器裝在身上。Miguel 感覺好多了，也準備好要帶著他的武器開始一段新的冒險。Piaget（1951）指出幻想遊戲「提供兒童生動的、動態的和個人化的語言，這在表達他的主觀感受上是不可或缺的，也是單用集合式語言所不足以達到的效果」（p. 166）。

　　如同在 Miguel 的例子裡所呈現的，兒童不具有表達自身情緒強度的複雜詞彙。幼童不是用成人的概念和分類類別在思考，也不能同時用許多不同的觀點面對生活。他們用意象（image）與具體思考理解經驗和情緒，而不是抽象言詞（Elkind, 2007）。Elkind 提到遊戲是療癒的，因為它允許兒童表達壓力、新經驗和感受。遊戲用現實不可能的方式探索概念和經驗，讓兒童能掌控（感受到安全），最終擴展自我的表達（Landreth, 1993）。透過遊戲的自我表達，兒童得以化解衝突，向外表達他們內在

所經驗到的（Erikson, 1977）。當兒童遊戲時，他們表達出內心深處的想法和感受，而表達自我提供兒童精熟與了解的契機，也是最終能療癒之所在（Landreth, 2012; Ray, 2011）。

 促進自我表達的策略和技巧

不論遊戲治療師的取向為何，遊戲治療的總體目標是給孩子機會表達他們自己。雖然每個遊戲治療師也許會用不同的方法達到此目標，但是還是有些關鍵因素能讓兒童感到可以安全地表達自己。

能形成安全環境的四個因素是：治療師的期望、核心條件、催化反應（facilitative response）和物理空間。

治療師的期望

治療師必須要常常留心他們對兒童的期望和遊戲治療的歷程，都可能會影響兒童的表達。兒童常會想要取悅成人，如果他們感受到成人想要從他們身上獲得些什麼，他們就會盡力去給予。雖然並非總是如此，但治療中的語調和節奏常常是由治療師設定，所以會影響結果。

關於案主的初始訊息／初談　兒童因為破壞行為而被轉介進入遊戲治療是很常見的。在為可能的新案主進行初次晤談（initial intake）和衡鑑（assessment）時，許多現有的個案資訊通常來自於家長、照顧者、老師或其他成人。這些資訊是經過成人的觀點加以過濾的，且是以成人偏頗的立場提供的訊息。在這些情況下，治療目標很可能會被誤導。以 George 的狀況為例，他被祖母帶來接受治療，他在父母過世後就一直由祖母照顧。因應哀傷，對他們祖孫而言已是一件困難的事，但是令祖母精疲力竭的是，George 會拿棍子毆打家裡的狗。治療師是一個愛護動物的人，她不確定自己是否能與這個幾乎要殺死狗的孩子建立關係；祖母甚至意識到

治療師有點害怕她的孫子。當 George 來治療時，他的表現充滿活力，也很愛玩耍。他的確因為失去父母而在生氣和憤怒裡掙扎，但他遠比那種只是單純傷害動物的孩子更複雜。治療師意識到她的期望差點就變成孩子與她之間的阻礙，且必然會擾亂兒童真實的自我表達。

因此，治療師先對照顧者進行完整的面談，並藉此獲取完整的資訊來了解兒童，這點反而是相當重要的；此時，Kottman（2003）所提供完整的發展性家長和教師面談方法，對治療師相當有幫助。此外，仔細觀察兒童用來自我表達的遊戲內容，也能提供治療師豐富的資訊，了解兒童對切身相關議題的觀點。能夠深刻地理解兒童，會使治療師的視野超越兒童的行為表現，而與他（她）真正地相遇。

文化上的考量　兒童發展語言來反映環境（Berk, 2003）。因此，他們所使用的表達會大量依賴他們看世界的觀點（worldview）。如果不考慮或者不看重案主的文化，會限制了案主的自我表達。具備跨文化能力以促進兒童生活的改變和在遊戲室裡的自我表達，是治療師極其重要的能力。Gil（2005）建議進行三個步驟，以幫助治療師具備跨文化能力：(1) 建立敏感度；(2) 負責任地取得知識；(3) 積極發展能力：從知識到行動。

建立敏感度不只是學習認識他人和他們的世界觀，同時也是自我檢視的歷程。在促進案主的自我表達上，認識自己擁有的偏見和假定（assumptions）是必要的。負責任地取得知識，意謂理解自我和知道自己的限制。治療師必須在自己劣勢的領域上尋求督導、諮詢或訓練。Gil 成長歷程的第三步驟，需要治療師將所學到關於自己和他人的全部新知識結合到實務中；她解釋這是一個複雜的歷程，且仰賴治療師在跨文化領域中持續行動（Gil, 2005）。

治療師對遊戲和遊戲主題的感受　治療師通常對健康兒童的所作所為和感覺感受會有比較詳盡的了解，但是許多被轉介到遊戲治療的兒童，卻飽受無法理解他們所處環境的困擾，這使得他們在人生路程中，發展出不

按照家庭、社區或學校規則的因應方法。兒童在遊戲室中會用不符合健康
典型的方式來表達自我，舉例來說，許多經歷過性虐待的兒童會在遊戲療
程中重演虐待。雖然見證這個重演是難捱的，但能讓兒童感到非常自由地
去處理（work through）這些經驗是重要的。治療師的畏縮或對表達設太
多限制，不僅會傷害了治療的同盟，也遏制了兒童在治療歷程中的表達。

　　治療師可能會對兒童的遊戲感到無聊或失去耐心。在治療中，兒童會
反覆呈現出有療癒功能的表達（healing expression），治療師也許會一遍
又一遍地觀察到相同的遊戲行為。如同前面所提到的，這種重複的表達對
兒童的療癒是有其必要的（Gil, 2006）；但是一個感到無聊的治療師會鼓
勵兒童轉移到一些不同的事情上，因此擾亂了兒童的自我表達。同樣地，
兒童會用自我指導的方式來處理他們的困擾，但此方式若是以治療師或生
活中其他成人所偏好的節奏來看，可能會顯得比較緩慢。此時，催促兒童
加快遊戲的速度來遷就成人強加的時間表，就如同在成人尚未擁有足夠
的自我強度（ego-strength）前，就施壓催促他們要盡快自我揭露（self-
disclosure）一般。這種急躁不只扼殺了兒童的自我表達，也可能傷害治
療關係和治療歷程。為了避免這些易犯的錯誤，治療師必須尋求督導和諮
詢。在有些情況下，治療師自己會需要尋求治療。

　　為了避免在家長施壓下對案主提供速成和特效的治療方法，有必要先
教育家長和照顧者，讓他們了解遊戲的歷程和自我表達需求的重要性。如
此，可以幫助成人管理自己的期望，同時成為治療歷程中的合作夥伴。

核心條件

　　Rogers（1957）提出了六個治療性改變的必要和充分條件：

1. 兩個人必須有心理上的接觸（案主和治療師）。
2. 案主處在不一致（incongruence）的狀態。
3. 治療師在關係上是一致的（congruent）。

4. 治療師要讓案主感受到無條件正向尊重。

5. 治療師要讓案主感受到同理心，了解案主的內在觀點，並用同理的方式與案主溝通。

6. 案主接受和接收來自治療師的無條件正向尊重和同理心。（p. 96）

　　Rogers 相信這些是必要也是充分條件。意指在讓改變發生的治療關係中，不再需要其他條件。

　　其他的治療取向也相信這些條件在治療關係中的重要性與價值。Ray（2011）闡述了在與兒童工作時，應該要如何才能達成這些條件。要與兒童在心理上有所接觸，你必須和兒童建立關係，讓兒童進入你的世界，就像你進入他的世界一樣。兒童透過非語言姿勢、臉部表情以及各種與治療師之間的互動來表達自己；因此，Ray 建議治療師，要盡量配合兒童的自我表達方式，來表現出治療師可以協調地（in tune）和他互動。第二個核心條件是案主處在不一致的狀態。兒童和成人在此條件的狀態會有所不同；多數兒童是因為成人認為兒童有此需要才來見治療師，而非如成人般是自己決定要來。通常成人會認為兒童需要治療的這個判斷是正確的，然而在某些狀況下，兒童常被成人錯誤地評估，將他們視為「代罪羔羊」（identified patient）而接受治療；因為，倘若是讓父母和照顧者接受治療，說不定得到的效果會更好。Ray 建議治療師可以透過兒童的問題行為判斷他們不一致的狀態。然而，並非所有經歷問題行為的兒童都處在不一致的狀態，有可能這些問題行為是兒童為了滿足需求而出現的因應技巧。Ray 提到 Rogers 用**脆弱性**（vulnerability）來描述不一致，而兒童的確是脆弱的，這一點符合了第二個核心條件，從而能協助其產生治療性改變。接下來三個條件都是來自治療師的觀點：一致、無條件正向尊重和同理心的理解，這些條件都在談治療師該當是個如何之人。重點在治療師要花時間認識自我，覺察自己的偏見，致力於讓自己一致、同理和了解兒童與他們的照顧者。最後一項條件的控制權幾乎不在治療師的手上，因為它是由

案主這端決定，究竟自己要接受多少治療師所提供的東西；而治療師這端最關鍵和重要的就是要有耐心。某些兒童對於新成人進入他們生活中需要更長的時間適應，尤其是當他不曾經驗過這樣接納和開放的關係。所以，治療師們必須有耐心，信任在這些條件下兒童如果準備好，他（她）會接受他們，而改變將會開始發生（Ray, 2011）。

🌳 催化反應

遊戲治療師會使用指導性、非指導性或整合性取向與兒童工作。不論治療師的指導性或非指導性如何，很重要的是治療師能用催化自我表達的方式回應兒童。為使兒童感到足夠安全而表達出自己，治療師在遊戲室中使用的語言最好是完整的（integral），才能透過催化反應而展現出對核心條件的理解（Landreth, 2012）。在各種不同類型的反應中，反映情感和內容、鼓勵以及設限，對兒童能夠自由表達自己的內在世界似乎格外有幫助。

反映情感和內容　Landreth（2012）描述「同在的態度」（be-with attitude）是治療師把從兒童身上看到的、聽到的回饋給他們。反映情感和遊戲內容讓兒童知道你在遊戲室裡和他（她）同在。治療師不會因遊戲室外那些來自世界的壓力而分神。這是一種獨一無二與兒童相處的方式。當治療師使用一個催化的語言回應（comment），例如「你對那個感到挫折」，這會讓兒童明白治療師了解他（她），且鼓勵自我表達。治療師與兒童同在，並且驗證了孩子的情感表達。溝通理解不是兒童工作者的獨家治療工具，它是與任何人建立治療關係的寶貴方法；大多數人與「懂他們」的人在一起時感到最舒服，治療師用溝通看見案主如何感受和行動，便是一座通往療癒的橋梁，並促進持續的自我表達。

鼓勵　許多人將鼓勵（encourage）與讚美（praise）混淆了。鼓勵的回應焦點在歷程，而讚美則是與結果有關（Kottman, 2003）。讓兒童知

道治療師認可他們所付出的努力，會讓他們擁有自由去探索環境，而不畏懼失敗。當兒童自我引導時，總是最有功效的，「你正在努力使它成為你想要的樣子！」是鼓勵談話的範例。然而，讚美談話則是把焦點放在結果：「做得好！你用積木蓋了一棟房子」。同樣地，藉由讚美兒童，治療師可能在不經意間給予兒童建議，表達治療師希望他們做這樣的事情。使用指導性取向的治療師會在治療的不同時機點使用鼓勵和讚美。能覺察到鼓勵催化了自我表達，會讓這類型的回應在使用時更傳達出治療師的意圖。

設限　在遊戲室中給予兒童界限（boundaries），能讓兒童在不害怕破壞規則下，感受到表達自我的自由。設限並不是給予兒童一長串必須遵守的規則，而是兒童在遊戲室中安全的確保（Kottman, 2003; Landreth, 2012）。界限幫助兒童做真實的決定，也練習自我控制和自我表達。如果完全都不能有負向行為，可能會侷限兒童的表達；適當的設限告訴兒童，治療師尊重他（她）有決定怎麼做的能力。限制為治療提供了結構，它讓兒童知道有安全性與可預測性（Bixler, 1982）。最重要的，它讓兒童知道，這個環境始終都是一個表達自我的安全場域。

🌳 物理空間

正如同限制讓兒童在遊戲室裡感到安全，遊戲室實際的物理空間也能幫助兒童感到舒適。空間的一致性對兒童能自在表達自己非常重要。空間的布置必須維持固定，玩具應該每次都相同，且能體現兒童的世界觀。會造成分心的東西，在可以的情況下應該盡可能避免（Kottman, 2003; Landreth, 2012）。

遊戲室的布置　許多兒童生活在難以預測，因而令他們感到驚恐的世界。體認到遊戲室的一切是可預期的，讓他們能不需要擔憂地自由表達自我。在兒童到來時，遊戲空間應該每次都布置成相同模樣。一致性的位置

為兒童在每次治療之間提供可預測性和結構，而能促進更多的自我表達（Kottman, 2003; Landreth, 2012）。

玩具 同理，玩具也應當要保持相同。治療師應該有充足的備用品去替換用完的、用舊的和壞掉的玩具。如果用品遺失或損壞，兒童的自我表達將會受到限制。兒童在每次治療可能會用相同的玩具或象徵來表達自我；所以，能即刻地替換玩具且保持玩具狀態穩定，在催化表達時至關重要。假如玩具是兒童的詞彙（words），那麼治療師手上若有各式各樣能促進表達的玩具就很關鍵。Kottman（2003）提出一些能幫助廣泛表達的玩具類別：家庭／養育（nurturing）玩具、恐怖玩具、攻擊玩具、表達性玩具和裝扮／想像玩具。

玩具需要提供諸如不同的膚色、體能、穿著和尺寸大小等物件，用以表現出兒童在文化和個人上的認同。如果兒童看不到代表他們環境的玩具，可能會產生被誤解和不被歡迎的感覺。當兒童能透過有連結感的玩具，更有自信地表達自我，那麼花費時間在遊戲室裡建立多元社會便是值得的（Kottman, 2003; Landreth, 2012）。

應用

與各個年齡層的案主工作時，自我表達都是心理健康照顧的關鍵要素。最符合發展且能催化兒童自我表達的方式即是透過遊戲，所以遊戲適合任何尋求心理健康照顧的兒童（Elkind, 2007; Piaget, 1951）。在有限的口語表達下，遊戲讓治療師能催化兒童自然的語言（Ginott, 1960），因而提供兒童安全又可靠的環境以表達他們的感受、心願、需求和期望。唯有透過看見兒童內在的世界，治療師才有可能同時讓兒童和家長，都達成他們對自己的理解和駕馭（mastery）（Landreth, 2012）。

....
🐨 臨床花絮
....

　　以下是作者提供曾處理過的案例，以說明遊戲治療中自我表達的實際情況。

🌳 Tyson

　　Tyson，八歲，男生。因為在家裡和學校出現爆發性情緒（violent outburst）而被轉介到遊戲治療。Tyson 因為老師問他為何沒有交回家作業而拿椅子丟老師。他的媽媽嚇壞了，她擔心 Tyson 會變得像他坐牢的父親一樣。他父親在酒吧裡與兩人爭吵而攻擊了對方，還差點殺死其中一人。媽媽獨力撫養 Tyson 和他妹妹。Tyson 與作者（Stephanie Eberts）每週一次在學校遊戲室會談已經有三個月之久。他的遊戲主題大多是攻擊本身和攻擊之後的控制性（control-focused）。接下來的內容是他在與作者12 次會談中表達和行為表現的概述說明。

　　到教室接 Tyson 去遊戲室時，他正靜靜地在教室裡坐著。當他看到治療師時他跳著離開自己的座位，對他的同學說：「待會見，笨蛋！」他似乎很開心，面帶微笑一路跳上跳下來到遊戲室。治療師用歡迎的口吻說：「Tyson，這裡是遊戲室，在這裡你可以用你喜歡的方式玩玩具。」Tyson 邊笑邊說：「你每次都這麼說，Eberts 小姐。」他的舉止是好玩而不敵對的。

　　他來到遊戲室的娃娃區，把其中三個娃娃排成半圓，然後說他們正準備要參加摔角比賽。他開始對三個娃娃摔角，把他們丟到地上，用拳頭打他們，用手臂鎖住他們的頭。他持續了大約 25 分鐘，治療師則在旁不斷追蹤（tracking）Tyson 的行為，並運用 Tyson 所用的隱喻，讓 Tyson 了解自己所表達出來的動機、意圖和感受。摔角時，他轉向治療師，臉上露出受到驚嚇的表情說警察已經來了。他說所有的人都要躲起來，他將三個

娃娃抱在胸前、躲到遊戲室的角落。他告訴我警察四處看了一下，找不到什麼東西就離開了。他起身放下娃娃說他愚弄了警察，他們好笨。他重新開始娃娃摔角。幾分鐘後，他說警察回來了，他們逮到他了。他坐在地板上開始重重地呼吸，他的臉變得很紅而且情緒激動。治療師決定嘗試以隱喻之外的談話來反映他的感受。治療師說：「你生氣了。」Tyson 開闔他的拳頭一遍又一遍地說：「忍住、忍住。」治療師選擇留在他的感受當中：「你在忍耐，有些事你想去做，但你在忍耐」、「你不想這麼做，但很困難，所以你告訴自己要忍住。」在他停止開闔拳頭告訴自己要忍住之後，他決定到藝術角畫一張給媽媽的圖畫。所剩的治療時間裡，他都在進行他的圖畫。當天遊戲時間結束時，他恢復到原來的狀態，跟著治療師一路回到教室。

這次治療呈現了在遊戲室中自我表達的多樣性。Tyson 因為有攻擊性而被轉介到治療。他能在安全的遊戲室環境裡表達這些感受。他沒有破壞任何遊戲室的媒材，所以治療師便允許他表達這些情緒。即便治療師對於暴力感到不舒服，她仍在遊戲中陪伴著 Tyson。在生活中其他地方，Tyson 表達挫折與憤怒會被懲罰，這又更深化了他的憤怒。他需要一個能夠表達感受，但不會被懲罰或醜化的地方。

雖然 Tyson 在遊戲室中表達他的憤怒，但在這次治療裡同時也表現出他有能力調節情緒的改變。他告訴自己要忍住，事實上那時治療師很擔心他是在要求自己，強忍住想去打治療師的衝動。治療師選擇相信歷程而陪伴著案主，且沒有對他未來可能的行為進行設限。她讓 Tyson 能夠承認當自己的身體想去做，卻要忍住不去做某些事情的衝動有多困難。最終，Tyson 在自己的新嘗試上成功了。他沒有打治療師，也沒有傷害自己。他能表達自己的渴望，藉由治療師的回饋，他與自己在忍耐上所做的努力相遇。這是治療中的轉捩點，因為本次治療之後，他從對娃娃進行身體攻擊，轉換到在玩沙的遊戲中呈現出英雄主題。他逐漸在學校獲得了更多的成功，也因為他的進步，更獲選為年度優良學生。

🌳 Malcolm

　　誠如之前提到，兒童有權在遊戲室裡保持沉默。沉默的兒童對新手治療師總是特別棘手，但沉默卻可以讓兒童用不同的方法表達自己。Malcolm 是一位七歲的非裔美籍男孩，正在適應寄養家庭的生活。Malcolm 低著頭行動緩慢，時常看起來很憂愁的樣子，他的情感也很單調。第一次進到遊戲室時，他直接走向畫架便開始畫圖。他小心翼翼地將顏料混合，調出想要的顏色。他創作的圖畫是一顆很大、看起來混濁，幾乎占據大部分圖畫紙的心型。接著他後退並檢查圖畫，確保圖畫是用他想要的方式完成。他對圖畫終於感到滿意，並在圖畫的右下角寫上了「愛」字。

　　Malcolm 在完全沉默狀態下創作的圖畫，是他悲傷和失落的表達。他創作圖畫時小心翼翼的舉動讓諮商師知道，他正在將很多的能量放入他的創作中，所以這張圖畫具備的影響力格外強大。假如 Malcolm 是向諮商師訴說他想念他的家人、他還在弄懂人生中一切的改變，那麼圖畫可能就沒辦法像現在這樣如此具表達性和栩栩如生了。他表達內心掙扎的方式，勝過千言萬語。

🐢 摘要

　　自我表達是遊戲力量的一種，是許多遊戲治療師已知的事，但整體上仍需要研究支持、呼應。為兒童提供安全和溫暖的環境，讓他們能自由地表達挑戰、受傷和渴望，足以成為一個有力的元素，它可以是具備治療功效的。單獨以療癒力量為主題進行的研究，能看見遊戲治療歷程以及它如何運作，也會進一步幫助驗證、支持遊戲治療的應用與價值。

❖ 參考書目

Axline, V. A. (1947). *Play therapy*. New York, NY: Ballantine Books.

Badenoch, B. (2008). *Being a brain-wise therapist*. New York, NY: Norton.

Berk, L. (2003). *Child development* (6th ed). Boston, MA: Allyn and Bacon.

Bixler, R. H. (1982). Limits are therapy. In G. L. Landreth (Ed), *Play therapy: Dynamics of the process of counseling with children* (pp. 173–118). Springfield, IL: Thomas.

Elkind, D. (2007). *The power of play*. Cambridge, MA: Da Capo Press.

Erikson, E. H. (1963). *Childhood and society*. New York, NY: Norton.

Erikson, E. H. (1977). *Toys and reason*. New York, NY: Norton.

Findling, J. H., Bratton, S. C., & Henson, R. K. (2006). Development of the Trauma Play Scale: An observation-based assessment of the impact of trauma on the play therapy behaviors of young children. *International Journal of Play Therapy, 15*(1), 7–36. doi:10.1037/h0088906.

Freud, A., & Burlingham, D. (1943). *War and children*. New York, NY: Medical War Books.

Gil, E. (2005). [electronic resource]. From sensitivity to competence in working across cultures. In E. Gil & A. A. Drewes (Eds.), *Cultural issues in play therapy* (pp. 3–25). New York, NY: Guilford Press.

Gil, E. (2006). *Helping abused and traumatized children*. New York, NY: Guilford Press.

Ginott, H. G. (1960). A rationale for selecting toys in play therapy. *Journal of Consulting Psychology, 24*, 243–246.

Kottman, T. (2003). *Partners in play: An Adlerian approach to play therapy* (2nd ed.). Alexandria, VA: American Counseling Association.

Landreth, G. L. (1993). Self-expressive communication. In C. E. Schaefer (Ed.), *The therapeutic powers of play* (pp. 41–64). Northvale, NJ: Aronson.

Landreth, G. L. (2012). *Play therapy: The art of the relationship* (3rd ed.). New York, NY: Brunner-Routledge.

Landreth, G. L., Homeyer, L. E., & Morrison, M. O. (2006). Play as the language of children's feelings. In D. Fromberg & D. Bergen (Eds.), *Play from birth to twelve* (2nd ed., pp. 47–52). New York, NY: Routledge.

Levy, A. J. (2008). The therapeutic action of play. *Clinical Social Work Journal, 36*, 281–291.

Meyers, C. E., Bratton, S. C., Hagen, C., & Findling, J. H. (2011). Development of the Trauma Play Scale: Comparison of children manifesting a history of interpersonal trauma with a normative sample. *International Journal of Play Therapy, 20*(2), 66–78. doi:10.1037/a0022667.

Piaget, J. (1951). *Play, dreams and imitation in childhood*. London, England: Routledge & Kegan Paul.

Ray, D. C. (2011). *Advanced play therapy*. New York, NY: Routledge.

Rogers, C. (1957). The necessary and sufficient conditions of therapeutic personality change. *Journal of Consulting Psychology, 21*(2), 95–103. doi:10.1037/h0045357.

Schaefer, C. E. (1993). What is play and why is it therapeutic? In C. E. Schaefer (Ed.), *The therapeutic powers of play* (pp. 1–15). Northvale, NJ: Aronson.

Schaefer, C. E. (2012). *The therapeutic powers of play*. Unpublished manuscript.

Terr, L. (1990). *Too scared to cry*. New York, NY: Basic Books.

Terr, L. C. (1981). Forbidden games. *American Academy of Child Psychiatry, 20*, 741–760. doi:10.1097/00004583–198102000–00006.

潛意識的入口

★ David Crenshaw、Kathleen Tillman

🐟 導論

Freud 在他的著作《日常生活的心理病理學》（*The Psychopathology of Everyday Life*）裡，說了一個有趣的故事，多少解釋了他為何會對潛意識（unconscious）[1] 產生興趣。那時他正待在家裡溫暖的壁爐前，電話突然響了，是一位病人打電話來緊急地想要見他。他離開溫暖、舒適的家，在雪地跋涉來到他的辦公室，結果鑰匙竟然無法打開辦公室的鎖。在許多次嘗試失敗且感到非常挫折後，Freud 突然發覺他用的是家裡的鑰匙，完全沒有覺察到他透過用家裡的鑰匙開辦公室的門，其實是在表現想要回到家中溫暖舒適火爐邊的強烈希望。

人無時無刻，即使在意識之外也有著浩大的動機、情感、信念，以及內心與感官的資料存在。這個情形在尚未如成人般發展出反思（reflection）、「心智化」（mentalization）（Fonagy, 2012）或自我觀察能力的兒童身上更是如此。遊戲是幼童天然的語言和溝通模式，即使是源自意識覺察之外，他們的某些動機、感受和信念，也會和感覺與內在經驗一樣，在遊戲中得到表達的機會。遊戲創造了安全的情緒氣氛，使得兒

---

[1] 譯註：1960 年代的習慣是翻譯成「潛意識」，但目前也有翻譯成「無意識」，本書統一翻譯為潛意識。

童能夠更廣泛地表達出包括在覺察範圍之外的內在經驗。

當代諸多心理分析取向的觀點認為，潛意識並沒有具體化的意涵，文化主義心理分析的觀點就是一個例子。Montague Ullman（1982）的解釋是：「我們其實並沒有注意到發生在我們生命中的許多事情，而這的確是一件令人驚訝的事實。使用『潛意識』這個詞來形容那些沒有被注意到的事情，幾乎是毫無爭議的用法。因為不論是在健康和神經質生活的幻影之後，潛意識有著許多可能的意涵；因此，我們無法假定它只有『一個』潛意識的實質意涵，因為它其實可能代表的是第二個意涵。事實就只是：它活在生活之中。」（p. x）Bonime（1982）提到他對於夢的看法是「在睡眠與意識清醒之間的連續性，介於覺察（awareness）與未覺察（unawareness）之間」（p. xxi）。Bonime 沒有採用「潛意識」的構念，他解釋「人有意識，它是在中樞神經系統內所累積的、動力的、創造的表達。人的意識有清醒和沉睡的狀態，具有各種各樣的程序並具有廣泛程度的覺察」（p. xxi-xxii）。

有趣的是神經科學研究同意心理分析，認為多數由大腦進行的心理歷程是在覺察之外發生的；此看法符合 Bonime 覺察與未覺察連續性的觀點。然而，神經科學偏愛使用**無意識**（nonconscious）一詞稱呼此一現象，而非古典心理分析所偏好的**潛意識**一詞（Tamietto & de Gelder, 2010）。相對於文化主義心理分析的觀點，自從 Freud 提出此概念之後，的確存在某種具體化的潛意識意涵，已經是古典心理分析理論家的核心看法。Freud 相信從事心理分析的目的，即是將潛意識意識化。

象徵（symbolism）被視為主要是在潛意識中構造而得，並且會表現在童話、夢和心理病理之中。被潛意識選中的症狀本身，可能就是表示出其真實意義的一種隱喻。Sarnoff（2002）認為因為在遊戲中有許多偽裝的象徵（masking symbols），因此才能讓兒童去處理那些充滿情緒和令人不安的意象；由於它們已經轉移成象徵的形式，因而可以提供處理的當下所需要的保護和安全，同時也能避免兒童本身被指認的可能性，於是可

以在遊戲過程中得到修通（work through）的機會。Sarnoff 點出，被闖入的記憶所連結到的情感強度愈強，將其象徵化的需要就會愈大。他更進一步解釋，「偽裝的象徵是記憶的一部分，它提供可以在意識中一再被重複的機會，目的是用來克服創傷的記憶」（Sarnoff, 2002, p. 16）。

Sarnoff 對我們了解象徵化歷程的重要貢獻，是他提出在夢境和遊戲中會出現所謂「情感滲透象徵」（affect porous symbols）的概念（Sarnoff, 2002, p. 19）。在情感滲透象徵裡，象徵和所指對象間的連結依然是被壓抑或潛意識的，因為在遊戲中無法維持足夠的距離，而感受到因情感外溢而產生的威脅或焦慮，所以會出現「瞬間切換」（switch moment）（Sarnoff, 1976）的現象；通常這就是兒童沒有理由地突然停止所進行的遊戲背後真正的原因。夢境和夢魘就如同兒童的象徵遊戲一般，在威脅或退化的狀況下，也會出現諸如暴風雨、洪水、颶風、龍捲風、鮮血和幽靈（shadow）等情感滲透象徵。

遊戲療癒的力量與潛意識的入口

Anna Freud 的理論是基於遊戲顯示出潛意識的事實；而當 Melanie Klein（1976）提到「用類似 Freud 夢的解析的方式來逼近兒童遊戲的意義，我就能夠接觸到兒童的潛意識」（p. 137）時，她其實也表達了類似的看法。然而，Anna Freud 對於 Klein 的某些看法提出非常嚴厲的批評，例如 Klein 對於遊戲治療所提出的心理分析觀點，是將遊戲的地位等同於成人的自由聯想，Anna Freud 對此相當不以為然（1976）。又如 Anna Freud 對於 Klein 認為每一個遊戲行動通常都帶有象徵的意義，因此必須頻繁地提出對於遊戲意義的解釋之看法也常常提出批評。Freud 相當重視進行兒童分析時，移情作用所扮演的角色。無論如何，Klein 和 Freud 兩人都把自由遊戲、想像遊戲看作潛意識最自然、最豐富的資料來源，也是最有效通往潛意識的方式。

🐿 實證支持

　　大腦右半球是由感覺動作知覺、運動和內臟知覺以及視覺影像所組成，而這些知覺和影像的代言人就是遊戲。Shore（2003a, 2003b）已證實大腦右半球在生命前三年是優勢半球，所以遊戲可以讓兒童碰觸那些存在於覺察之外的最早期生命經驗。Gainotti（2012）進行了研究回顧，結果顯示情感訊息的潛意識歷程，主要是經由某個大腦右半球皮質下的路徑，並藉此快速地到達杏仁核。

　　神經生物學研究也已經確認情緒並非經由意識的選擇而發生（van der Kolk, 2006）。大腦邊緣系統結構（例如杏仁核），會將傳入的刺激進行分類之後再決定該情緒的意涵（emotional significance）；情緒的意涵反過來也會決定該採取什麼行動。在強烈的情緒狀態下，神經影像研究顯示，皮質下大腦區域的活動量增加，而由於意識的情緒歷程是在額葉發生，這時流向額葉各個部位的血液會顯著地減少。遊戲治療能夠讓這些強烈情緒，以及在當時無法被意識覺察，或無法用語言表達的、與創傷事件有關的記憶再次被碰觸和再處理（reworking）。當一個創傷事件發生時，「左前端前額葉皮質會相對的去激化（deactivation），特別是在布洛卡區（Broca's area）；這是大腦的語言表現中樞，是個人溝通想法和感受的必要區域」（van der Kolk, 2006, p. 278）。

　　許多不同的治療取向已被證實在減低兒童情緒、行為和社會困擾上是有效的（Bratton, Ray, Rhine, & Jones, 2005; Casey & Berman, 1985; Weisz, Weiss, Han, Granger, & Morton, 1995）。在一項調查兒童治療取向效能的研究中，Casey 與 Berman（1985）得到一個結論：與完全沒有接受治療相較，接受兒童治療的確有效。此外，他們也得到另一個結論，以遊戲為基礎的介入和非以遊戲為基礎的介入效果相同。進一步來說，一項調查近 100 個兒童遊戲治療介入效能的研究發現，遊戲治療在處理兒童的

困擾上，的確在統計上是有效的方法（Bratton et al., 2005）。最後，在一份調查心理動力治療效能的里程碑研究中，作者 Shedler（2010）的結論是，心理動力治療的效果與其他諸如認知行為治療等具實證研究支持的學派效果相同。此外，更值得一提的是，心理動力治療的好處是即使在治療已經停止之後，所產生的治療效果仍然會持續。綜合這些發現（即兒童治療是有效的、遊戲治療是有效的、心理動力治療是有效的），邏輯上可以推論，兒童心理分析遊戲治療是處理兒童困擾一個可行的治療方案。

令人惋惜的是，特別針對心理分析遊戲治療效能的研究仍然相當稀少。基於心理分析遊戲治療研究上的不足，我們鼓勵遊戲治療師能在研究中找尋下列問題的答案：

- 心理分析遊戲治療能夠幫助兒童的情緒、行為和社會功能嗎？
- 心理分析遊戲治療如何帶給兒童幫助（即心理分析遊戲治療在哪些方面是有助益的）？
- 心理分析遊戲治療對兒童所呈現的哪些特定問題特別有幫助？
- 心理分析遊戲治療對兒童所呈現的哪些特定問題特別沒有幫助？或者哪些其他取向的遊戲治療對這些問題顯然會更有幫助？

 ## 潛意識的入口在達成改變上的角色

幻想是潛伏期早期兒童遊戲的核心，兒童的象徵遊戲是「與兒童祕密的和潛意識的世界溝通的主要手段」（Sarnoff, 2002, p. 47）。遊戲治療提供一座橋梁，進入兒童的宣洩行為（acting out behavior）和相關感受背後的潛意識動機。兒童在遊戲治療所使用的象徵，相當類似在夢境中所觀察到的象徵，Piaget（1945）將此稱為「頑皮有趣的玩」（ludic）。「頑皮有趣的玩」的象徵（ludic symbols）從 26 個月大開始成為最優勢的遊戲類型，到大約十一、十二歲左右，「頑皮有趣的玩」才開始逐漸終

止（ludic demise）（Sarnoff, 2002, p. 32），遊戲的象徵會趨於熄滅。出現在此時期的「頑皮有趣的玩」的象徵，是治療性遊戲單元中有關於潛意識動機的豐富資料來源。Freud視夢境為通往潛意識的康莊大道；心理動力遊戲治療師則視遊戲為進入兒童潛意識、無意識或覺察外經驗的門戶。

　　兒童經常使用投射、替代（displacement）、象徵（symbolization）等機制，在遊戲中安全地表達潛意識的衝動和希望。兒童當然不會使用這些專有名詞，如果你對一個幼童說：「鱷魚娃娃揍了青蛙娃娃，我看到你正在使用替代來安全地表達對弟弟的敵意」，這個方式可能讓兒童感到困惑，而且可能會匆忙地逃離治療室。這些防衛機制在意識之外持續著，但如果結合在兒童自然開展的遊戲中，就可被模仿（modeled）和被增強。例如，假使兒童在玩家庭屋時，突然因為屋子著火而中斷遊戲（一種在遊戲中的轉換時刻），可能是因為隱藏的敵意突破了防衛（火燒起來了），此時遊戲治療師可以說：「哇，那兒有消防車經過。我打賭他們可以幫我們滅火！」〔藉此示範抵銷（undoing）的意思〕。於是，防衛就可以在沒有過度焦慮的情況下，被凸顯、被增強和帶入兒童的覺察之中，因為它能被織入遊戲劇情的自然脈絡當中。將防衛帶入意識覺察的目的，是為了要讓防衛變得更有彈性、更合適，以及更能自由地被選擇，因而增進相信自己是有主權（personal agency）的意識。以上就是一個將潛意識使用的防衛運作帶入覺察之中，且可以用來促進改變的遊戲介入案例。

　　在創傷復原的治療工作中，以遊戲的方式進入潛意識至關重要。前語言期的創傷只有透過不必依賴語言的治療方式才能解決。創傷經驗與記憶通常是屬於內隱記憶，主要是在杏仁核中運作或儲存，它並非是意識的記憶，也無法恣意地憶起（Damasio, 2010; Kandel, 2012; Ledoux, 2002）。然而，當這些內隱記憶透過遊戲或藝術的描寫而獲得表達時，特別是在安全和信任的人（治療師）存在的情況下，這些記憶就能被重寫，並且轉化成外顯記憶。一旦可以將內隱記憶轉化成外顯記憶，它們就比較不令人困擾，也比較不會因為與創傷有關的提示物或侵入記憶而被觸發，例如生理

喚起（arousal）或興奮狀態類似於創傷事件發生時的內在狀態，內隱記憶就可能被喚起。Freud 觀察到，當人們在意識中沒有過去創傷事件的記憶時，他們會被迫（沒有覺察到）不斷重複地將過去的創傷事件當成是當下的經驗〔Freud 的說法是壓抑（repressed）創傷事件〕，而不是將它們視為已經發生過的過去記憶。所以，Freud 早在我們擁有神經生物學研究和知識基礎，以精確地定義用詞之前，就有先見之明地區分出內隱記憶和外顯記憶。一個臨床上的例子是一位八歲女孩將一個娃娃放在地上，用沉重的積木壓在娃娃的胸口上，然後不斷地堆疊積木好像要把娃娃壓碎一樣。她不斷重複這些極少有變化的遊戲治療場景，治療師問她：「你曾經跟娃娃一樣被壓倒在地上嗎？」女孩的情緒流露出來，開始啜泣。一邊流著眼淚一邊告訴我，她那很胖的哥哥曾將她壓倒在地，然後爬到她身上迫使她縮成一團。孩子能用娃娃重新演出創傷當下的場景，但是在意識上並未覺察到這與實際經驗的連結。透過遊戲，她可以繼續找出解決的方法；她躺在地上，要求我將積木放在她的胸口和身體中段，然後她站起身，帶著愉快的感受將積木丟向空中。當原始的創傷事件因恐懼和無能為力而動彈不得時，能在遊戲中採取有效的行動去面對，顯然對她而言是有賦能效果的。根據 van der Kolk 的說法，在當下沒有能力對引發恐怖的人事物採取有效的行動，是出現創傷後壓力症候群（PTSD）的關鍵要素。

策略與技巧

　　心理分析遊戲治療和兒童中心遊戲治療一樣，並非像許多其他典型的遊戲治療取向那般，是以多樣化的技術為人所知。由理論和自由遊戲與夢境發展出的技巧，提供了等同於成人心理分析中自由聯想和夢境解析的材料。然而在兒童工作中，夢境無法像成人心理分析中般扮演核心的角色，因為幼童詳細報告夢境內容的能力有限，幼童的自由遊戲則提供豐富和充足的資料，讓我們得以進入並探索兒童的內在世界，了解他們的心理動力。

🌳 基礎

　　遊戲治療師採用心理分析遊戲治療的主要功能，是幫助兒童減低他們的焦慮感和恐懼，以及減低害怕和衝突。心理分析遊戲治療師會完整地參與兒童的遊戲，摒棄任何可能會造成分心的外在想法，並且讓兒童來帶領。在心理分析遊戲治療的範疇裡，兒童與治療師的關係在本質上是非常重要的。心理分析遊戲治療師運用兒童的遊戲，在治療師和兒童之間發展穩固厚實的治療同盟（therapeutic alliance）（Freud, 1928）。與當代其他形式的遊戲治療類似，心理分析遊戲治療的目的，是提供兒童在身體和情感上免於受到傷害的環境，以及一個感到安全的地方；而這裡會有一個不會評斷兒童想法、感受和行為的治療師，陪著他（她）一起安全地探索自己。雖然這些條件是必須的，但是若要達到成功的心理分析遊戲治療，這仍然還不夠充分。當兒童被情緒壓垮時，心理分析遊戲治療師透過同理和傾聽，致力於提供兒童一個護持的環境（holding environment），並在此環境中指出（acknowledge）和確認（confirm）兒童的經驗；表彰（recognize）和讚揚（celebrate）兒童進展的腳步（Winnicott, 1945/1975）；讓潛意識意識化；解析兒童的遊戲行為和口語表達（Freud, 1928）。

🌳 技巧

　　有許多以幻想為基礎的技巧，能夠幫助兒童進入潛意識，修通他們未能解決的害怕和衝突。心理分析遊戲治療師使用沙遊（sand play）、玩偶遊戲（puppet play），以及演出、繪畫、雕塑、寫作、繪本故事來幫助兒童修通他們的擔憂和衝突。使用這些以幻想為基礎的技巧時，心理分析遊戲治療師有各種技能，可以透過遊戲幫助兒童表達他們的衝突和擔憂。心理分析的做法與兒童為中心的做法大多數是重疊相似的，要為兒童創造一個安全的場域，幫助他們表達自我；兩者主要的區別在心理分析遊戲治

療，意圖要增加兒童對潛意識素材的覺察。

心理分析遊戲治療技術

在心理分析遊戲治療中，遊戲治療師專注於描述與客觀觀察（Quackenbush, 2008）。舉例來說，心理分析遊戲治療師也許會說類似這樣的話「媽媽娃娃正抱著嬰兒娃娃」，來向兒童傳達你關注他正在做的事情，對他的遊戲感興趣，而且你不會對現在發生的事情給予評價。

在心理分析遊戲治療中，遊戲治療師接納兒童的感受，幫助兒童將他們內在的經驗轉換成語彙。舉例來說，有個兒童在討論與兄弟之間的關係時，用槌子重擊工具檯發出巨大的聲響，治療師可能會說兒童似乎生氣又沮喪。在幫助兒童以口語表達情緒的同時，心理分析遊戲治療師還希望達到諸如藉由對兒童的遊戲內容採取非主觀的立場，接納兒童的感受，重述兒童能夠辨別的情緒，以平靜和接納的方式揭露兒童還未能辨別的感情等目的。情感沒有對錯之分，在心理分析遊戲治療的範疇中，情感都是可被接納的；人怎麼受到情感力量的驅動才是重要的。心理分析遊戲治療師的目標，是增進兒童對潛意識素材的覺察，行為上的改變就能隨之產生。

在心理分析遊戲治療中，遊戲治療師建議可代替的選擇來幫助兒童解決衝突（Quackenbush, 2008）。例如，假如一個兒童重複地使用玩偶來演出貓咪長期受到霸凌的場景，心理分析遊戲治療師可能會在玩偶遊戲中，用另一個玩偶，建議貓咪可以嘗試一些新的方法（例如，告知成人、選擇走開）。

在心理分析遊戲治療中，遊戲治療師避免使用問句，特別是那些聽起來像是在攻擊兒童自我（ego）的問句（Quackenbush, 2008）。例如，「為什麼爸爸要對媽媽大吼大叫？」這樣的表達很可能會引發防衛反應，類似像「爸爸正對著媽媽大吼大叫」才有可能和兒童溝通，你注意到的是兒童的遊戲而且完全身處當下，你很小心謹慎，不會去評價大吼大叫的行為。

🌳 解析

在治療工作的關係與基礎建立後，心理分析遊戲治療師會持續運用上述的技巧維持關係，進而開始解析（interpretation）的歷程。Melanie Klein 將這個過程與成人在治療工作中的自由聯想視為是平行的技巧（Klein, 1932/1975）。在本質上，解析是對兒童意識之外的事情做出反映（reflection）。當治療師做出正確的解析，他們就能夠確定兒童生活中潛意識素材的意義，進而將這些被說出的素材帶入兒童的意識覺察裡。兒童的行為經常是令他們自己感到困惑的，當完成了細心且準確的解析，兒童就可以理解自己的行為。

Erikson（1940）曾就觀察者和解析者的角色討論，在分析師對兒童的遊戲進行解析形塑（formulating）時，他提出了三個不同的步驟。第一，治療師擔任觀察者的角色，他們觀看兒童的遊戲，並處理他們所觀察到的。在這個觀察和內省的歷程中，治療師發展出關於兒童遊戲可能之解析的假設。例如，兒童的遊戲可能象徵性地代表他們試圖要躲避的人或想法（比方說，兒童可能跟女性人偶能玩在一起，卻躲避男性人偶）。第二，遊戲治療師持續扮演觀察者的角色，還會密切關注兒童遊戲的口語表達和行為。治療師透過連續觀察的歷程，反思兒童的動力輪廓（configuration）或兒童生命歷史的典型特質。舉例來說，在遊戲室裡，兒童持續將男性人偶藏起來，而她大聲吆喝你們一起去躲起來的聲音充滿恐懼，這可能涉及她幼年由父親照顧時，所經驗到的身體虐待，以及想要將虐待說出來所伴隨的恐懼。第三，當時機適當，遊戲治療師提供兒童遊戲治療性的解析。例如，遊戲治療師可能會提到，很久以前，在男人身邊是危險的，因為男人會傷害她而她很害怕。

O'Connor（2002）提出一個綜合性的六步驟取向，來解析兒童的遊戲行為和口語表達。

1. 遊戲治療師發展出具有深度的個案概念化，內容包含兒童所呈現的問題是怎麼來，以及是什麼讓此問題可以持續維持的一系列假設。根據這些資訊，遊戲治療師得以從中提出可能的解析，來增進兒童對行為背後潛意識力量的認識。之後，心理分析遊戲治療師要選擇恰當的時機傳遞這些解析，同時小心地評估兒童對解析的反應，以評量解析的準確性。

2. 遊戲治療師在反映內容和動機的過程中，將兒童的潛意識帶入他們的覺察中。反映不只是簡單地如鸚鵡學舌般重複兒童說的話，而是將兒童的遊戲口語表達和行為加入某種程度的解析。例如，在反映內容時，假如兒童躲在遊戲室角落的一堆玩具底下，治療師可能會說：「你似乎在害怕。」在反映動機時，假如兒童持續往上跳，想要拿書架上層碰不到的對賽遊戲，但又拒絕接受幫助，當你試著想要幫忙，他還向你丟擲填充玩偶。治療師也許可以說：「我想你丟玩偶是想讓我知道，你不想要我幫忙，你自己能拿到那組對賽遊戲。」

3. 在解析的過程中，兒童可能同時會重複地畫或表現出他們的恐懼和衝突，以化解在學習生存的新方法時的抗拒之心。例如，目睹 2001 年 911 攻擊事件的兒童，可能重複畫出憤怒者炸掉他們親人所在的建築物。在作畫過程中，心理分析遊戲治療師可能會指出兒童已經畫了四次同樣的意象，接著解析藝術作品與他們的恐懼之間的關聯，因為在 911 事件目睹了可怕的事情，使他覺得世界不再安全。

4. 遊戲治療師在此階段會做出簡單的動力陳述。本質上，遊戲治療師的工作是為兒童的想法、感受和動機創造出連結的關聯性。為了使兒童自在地進入解析歷程，遊戲治療師應該從會談中所出現的遊戲和行為開始解析，接著針對貫穿多次會談都出現的內容進行解析，意即解析已被多次觀察到的遊戲和行為模式。由於兒童已經接受所反映出來的內容和動機，所以在這個階段中，他們就比較可能接受兩者之間的可能組合關係。

5. 本階段牽涉到遊戲治療師對治療時間以外的兒童想法、感受和行為的認識。將這些認識，與在會談時所觀察及辨識出的兒童想法、感受和行為結合，遊戲治療師就可以解析出兒童在遊戲治療室裡的世界，與他們的外在生活之間的連結是什麼。

6. 最後的階段牽涉到起源層次的解析。這個階段涉及兒童對自己的認識，以及兒童如何表現出自己的核心信念；這些信念通常會在多次會談中，經由遊戲主題顯現出來。例如，當治療師在適當的時間提供幫助，兒童卻仍持續地發怒或攻擊。這種拒絕接受幫助的表現，可能發生在遊戲治療會談之外，或許可以連結到當兒童真正需要幫助時，父母缺席或不可靠的早年經驗。

臨床應用與花絮

一般來說，兒童都會經驗到苦惱與恐懼；他們恐懼被照顧者遺棄、拒絕，沒有被愛和未受保護，因為他們本質上是缺乏自我保護能力，而且需要透過成人來滿足基本需求的。對於曾經被虐待、忽視和霸凌的兒童而言，這種恐懼會被放大。這些兒童經歷過升高的焦慮感，那是一種其他人想要傷害自己的常見潛意識的恐懼感。這個潛意識的恐懼常會驅使他們形成防衛而對抗他人，衝擊了他們與生活中值得信賴之人形成關係的能力。「心理分析遊戲治療有許多目標，包括讓兒童減少受苦（比方說，減輕焦慮或身體相關的症狀、解除抑鬱和化解複雜悲痛）；克服創傷；調適生活事件（例如離婚）；因應疾病和遵從治療；克服畏懼症；在學校能夠妥適地出席、學習和工作；管理個人怒氣和攻擊；與學習障礙和身體障礙共處」（Bromfield, 2003, p. 2）。

花絮一：Sarah

Sarah 是一個六歲的女孩，她在一個沒有結構、充滿著疏忽照顧和身

體虐待的世界裡長大。她和慈愛的養母來到作者（Kathleen Tillman）的諮商室，養母擔心的是 Sarah 拒絕與男性接觸、激烈的情緒爆發、作惡夢和睡眠困難。

Sarah 進入諮商室後的例行公事是關上門，用石塊覆蓋住門板與地板間的縫隙，讓光線不會從諮商室外面滲透到房間裡面。用石塊填滿空隙後，她將玩具魔杖放在石塊邊緣，然後將沙發的抱枕放在石塊上面。她邊做邊說不可以有光線跑進來。安全的堡壘建造完成後，她會透過關掉諮商室的燈來測試她的保護系統，她趴在門邊的地板上，試著檢查有沒有任何光線在門下面閃爍。她要再次確保安全，再次確保沒有外面世界的東西能傷害她，然後她通常就會打開燈，我們便如常地進行會談。這個例行公事給予 Sarah 自由去主導她的遊戲，降低她的焦慮和恐懼，減低她的防衛，以便更能夠參與當天的主題遊戲。

然而在某個特別的日子，燈光沒有被打開。我們有 45 分鐘一起在黑暗當中進行會談。當我們的治療時間開始時，Sarah 將我們為沙盤治療（sand-tray therapy）所準備的每一個動物寶寶物件就定位；她大概使用了將近 20 個動物寶寶。接著，她開始在沙子裡掩埋每一個寶寶。在過程中，她看不到東西，房間裡一點光線也沒有。她把沙盤旁邊櫃子上的每一個動物寶寶拿到沙盤旁邊，在完全黑暗的狀況下，一一將動物寶寶掩埋起來。為了要完成這件事，她用手扶著走過牆壁和櫃子的邊緣，越過每一個物件、地毯來到沙盤和沙盤的木框旁邊。就像她早年生活在原生家庭的黑暗中，Sarah 試圖要保護她的年幼手足，就如同當初年幼的她所做的一樣。在做完這些之後，她決定只要把家人埋起來，所以她就這麼做了。她口頭上持續向我報告，是為了要確保我在房間裡與她同在。她的聲音聽起來很焦慮，她聽到我的聲音後，便再回到她的工作。

Sarah：你在這兒嗎？

遊戲治療師：（注意到她的聲音流露驚慌，我想要表達我在治療室裡完全

與她同在，而且想要增加她對潛意識的覺察）妳的聲音聽起來很驚慌。

Sarah：嗯嗯……你在這兒嗎？

遊戲治療師：（想要降低她聲音中的驚恐，我表示自己在現場好讓她更放心）我就在妳的旁邊。

Sarah：（深呼吸）好的。

接著她把所有我所準備的家庭成員物件埋在沙盤裡，然後就到玩偶那裡（雖然我通常只會讓沙盤玩具進入沙盤裡，但她正在做的事情似乎是認真的、重要的、必須的，所以我並沒有阻止她）。她用手感覺了好多個玩偶直到她決定要用「媽媽」。她同樣把媽媽掩埋在沙盤裡面。她做得很完美，在沙盤裡什麼東西都看不到。任何看過沙盤的人都知道，要在這麼小的空間裡藏入這麼多和大的東西有多困難。當她完成時，她要我感覺一下沙子，要我用手摸過表面，確保沒辦法感覺到任何東西，一切是安全的。她想要讓所有的寶寶和家人（意味著她的手足和家人）都安全的。

治療師：（做出解析）這裡的每一個人似乎都害怕受傷，安全對他們來說很重要。

Sarah：是的，他們正在躲避壞人。

接著，在她的遊戲裡出現了防衛，她的活動很快地轉換，從有結構和有意圖的轉變而為有壓力和混亂的，她把大約 100 個動物物件倒在沙盤裡。恐懼重新回到遊戲之中，她說物件是「死的，但有呼吸」。她幾近瘋狂地繼續這個活動，直到我告訴她這次會談剩下最後五分鐘。此時，她沒有說任何的話，把沙盤蓋拿過來蓋住沙盤，走向門邊進行她在我們每次會談裡會做的第二個儀式：她一個一個移走抱枕，把魔杖放回原來的桌上，小心地移走每一個放在門邊的石塊。有趣的是，當她在每次會談這麼做時，她移開魔杖的方式看起來彷彿門被緩緩地打開。在放好東西之前，

她會讓我看看每一樣。然後她會牽起我的手，帶我走向接待室去找她的養母，給我一個擁抱後才離開。

隨著我繼續與 Sarah 工作，我們設法將潛意識（例如，她恐懼所有會帶給她傷害的男性）帶入意識層次。我們是透過沙遊，給予她表現內在恐懼的安全場所，來達成這個治療意圖。Sarah 能夠接受解析，把她對男性的恐懼連結到她的幼年經驗。她認可並接受這些解析，她的遊戲主題也從家人和寶寶躲避「壞男人」，轉換到「好男人」來幫助家人和寶寶。她的遊戲開始加入好的男性，她的養母回報說 Sarah 跟養父的相處開始變得融洽，甚至會要他唸睡前的床邊故事。Sarah 開始充分地透過遊戲表達感受，她對潛意識素材的覺察增加，行為戲劇性地改善，她的情緒爆發、惡夢和睡眠困難都減輕了。

🌳 花絮二：Colin

Colin 是一個在前語言期創傷中引人注目的案例，在他五歲時，創傷透過遊戲的力量被重演，前語言的記憶在安全狀況下得以表達，內隱（創傷）記憶被重組成連貫有組織的敘述。Colin 只有 14 個月大時，媽媽那個既酗酒又施虐的男朋友，在房間殘忍地毒打他不願上床睡覺的雙胞胎姊妹 Rebecca。Colin 的媽媽晚上在餐廳當服務生，事發時她並不在家。Rebecca 倖存下來，但腦部因為暴力的傷害有嚴重的創傷。媽媽回到家時，發現她已不省人事，Colin 則躲在廚房的雜物間裡面，當時媽媽的男朋友已經不知去向。三天後，男朋友被逮捕，最終他因令人難以置信的暴力行為被定罪，並且被送進監牢。

最初，Colin 被安置在寄養機構，一年之後媽媽完成了該地區兒童保護服務機構所有的要求，逐漸拿回雙胞胎子女的監護權，雖然那時 Rebecca 仍無法講話、右半邊身體局部癱瘓，反應也很微弱，因此必須由地區創傷中心照顧。媽媽一週會去探視她的女兒三次，Colin 則是在週末由媽媽和外祖父母陪同，探視他的雙胞胎姊妹。Colin 只能忍受探視

Rebecca 一小段時間，然後他會變得煩躁和不安，真誠關愛的外祖父母就會帶他回家；在等母親回來之前，先做些好玩的事情，例如吃冰淇淋或去遊樂場。

在對遊戲室和治療師（作者 Crenshaw）的安全和信任氣氛建立起來之前，Colin 的遊戲顯得相當混亂和失序。焦慮感對任何想像遊戲的嘗試都具破壞性，例如他會開始玩家庭屋或布置戰鬥士兵，但又突然地中止遊戲。在前八次的會談中，沒有什麼可以讓他維持興趣太久，他就跟注意力缺陷過動症（ADHD）的孩子一樣會不斷地變換遊戲活動，但很明顯在這個案例中，他的過度活動是由過量的焦慮所驅使的。

從第九次會談開始，Colin 的遊戲逐漸變得專注，遊戲的場景變得更有秩序也更寬廣。Colin 第十二次來會談時，他的行動已經不需由治療師指引，完全自發且令人著迷。Colin 過去會在吸引他最多注意的家庭屋短暫逗留，但接著就會突然離去，移動到諸如積木、車子或卡車等更中性的玩具那邊。

但這一次他留在家庭屋這裡，創作出一段跟他在 14 個月大、尚未有語言時一樣的創傷劇情，這顯然是一種象徵性的重演。Colin 聚焦在寶寶睡覺的臥房，嬰兒床上有一個寶寶正在睡覺，而四周全是許多肌肉強壯的男性。警察、戰士、樵夫和各種守衛（全部共 18 人）在嬰兒床邊環繞著寶寶。這是令人屏息的一幕。我問 Colin：「既然有這麼多守衛看守著寶寶，現在的他安全嗎？」他的回答直到今日仍令我背脊發涼，他用近乎聽不到的聲音回答：「我不知道。」

Colin 在無法使用語言描述的年齡所目睹的事件，戲劇性地擊垮他對世界的安全感和信任感；即便有 18 個強大的守衛在臥房裡圍繞著寶寶，他仍無法確定四年後的此時，寶寶能否確保自身的安全。在家庭屋裡，下一層樓有個小男孩躲在浴室的浴缸後面，就是象徵性地描繪了當下的恐懼。

自從 Colin 暴露在災難性創傷後，他所經驗到最令人困擾的症狀之一

是持續的惡夢，有時一晚會作兩個，甚至更多。他會在尖叫中醒來，因為他受到了很大的驚嚇，所以就無法再入睡。他僅能對媽媽描述惡夢的片段，但通常都是關於在黑暗的家中攻擊或追捕他的侵入者或掠食者。

在這次值得注意的會談後，我與他的母親商議，我們都同意 Colin 需要被告知 14 個月大時他曾在房間裡目睹過的事情，即使那可能會帶來相當的痛苦和困難。我們有共識，由媽媽來告訴他這個悲劇的故事格外重要，我們會在家庭會談的情況下處理，而且我會在場支持著他們。媽媽用充滿勇氣和憐憫的方式向 Colin 解釋了整件事和那個可怕的夜晚。他坐在媽媽大腿上哭泣，媽媽則是緊緊地抱著他。雖然敘說可能會很難過和傷心，但很明顯 Colin 感到某種程度的緩解，因為他可以理解每晚在惡夢裡搏鬥，造成他和媽媽無法入眠的惡魔為何會出現。

療癒的作用不可能在一、兩次戲劇性的會談就達成；仍然有大量的創傷需要被處理，尤其在他每次見到 Rebecca 的衰弱和痛苦時，創傷都會加劇。不過，在突破性的兩次會談後，有兩件事明顯改變了。他的惡夢開始減少，經過半年後已經完全停止。此外，他探視 Rebecca 時能夠忍受的時間增長了；而且在每次探視 Rebecca 時，都會主動為她製作禮物，通常是容易放在床上或床頭櫃的圖畫或樂高創作。藉由遊戲力量進入潛意識、前語言記憶，促進了治療過程，並將它們重新組織結合成有連貫性的敘事。

摘要

我們有一大部分的經驗是在覺察之外的。我們會受情緒的影響來分配注意力的資源，在威脅、危險或創傷的情況下壓力反應系統被啟動，這包括了杏仁核快速處理所傳入的刺激，因此會繞過前額葉皮質意識內的歷程。諾貝爾獎得主 Kandel（2006）勾勒出外顯和內隱記憶在大腦不同區域被處理和儲存的輪廓。意識記憶需要海馬迴，但是潛意識的記憶卻存在於海馬迴之外，收藏在杏仁核、小腦和紋狀體中。內隱記憶並非口語能

及，當然它們也不是可以任意召回的。

　　遊戲治療是一種不依靠語言表達的介入，也是一種與生俱來的力量，可以用來將內隱記憶重新改編，轉換成外顯的、意識的記憶。遊戲治療提供獨特的機會讓情緒的大腦（右半球）表達，因為遊戲是象徵、藝術、創作、直覺和整體的語言，是大腦右半球的語言。無法透過語言進入的內隱記憶，可以透過遊戲被表達、重修和轉換，通過在包容、安全和象徵的場域裡重演，成為連貫、相結合的敘事，進而促進轉變成外顯記憶。將潛意識意識化的龐大好處自 Freud 起就已經被認可，但今日的神經科學更能夠伴隨治療的突破，解釋大腦在結構和功能上的改變。當兒童能透過遊戲將潛意識意識化，或者將過去在覺察之外的動機、感受、衝突、不當的防衛或創傷經驗帶入覺察中，他們就能享受相信自己是有主權的感覺，因為他們能有意識地選擇行動方針和做出明智的決定。作為一個遊戲治療師，這是多麼令人心情為之一振的時刻！

❖ 參考書目

Bonime, W. (1982). *The clinical use of dreams*. New York: Da Capo Press.

Bratton, S. C., Ray, D., Rhine, T., & Jones, L. (2005). The efficacy of play therapy with children: A meta-analytic review of treatment outcomes. *Professional Psychology: Research and Practice*, *36*(4), 376–390.

Bromfield, R. (2003). Psychoanalytic play therapy. In C. Schaefer (Ed.), *Foundations of play therapy* (pp. 1–13). Hoboken, NJ: Wiley.

Casey, R., & Berman, J. (1985). The outcome of psychotherapy with children. *Psychological Bulletin*, *98*, 388–400.

Demasio, A. (2010). *Self comes to mind: Constructing the conscious brain*. New York, NY: Pantheon Press.

Erikson, A. (1940). Studies in the interpretation of play: Clinical observations of play disruption in young children. *Genetic Psychology Monographs*, *22*, 557–671.

Fonagy, P. (2012). The neuroscience of prevention. *Journal of the Royal Society of Medicine*, *105*, 97–100.

Freud, A. (1928). *Introduction to the technique of child analysis*. New York, NY: Nervous and Mental Disease.

Freud, A. (1976). The role of transference in the analysis of children. In C. E. Schaefer (Ed.), *Therapeutic use of child's play* (pp. 141–149). New York, NY: Aronson.

Gainotti, G. (2012). Unconscious processing of emotions and the right hemisphere. *Neuropsychologia*, *50*(2), 205–218.

Kandel, E. (2006). *In search of memory: The emergence of a new science of mind*. New York, NY: Norton.

Kandel, E. (2012). *The age of insight: The quest to understand the unconscious in art, mind, and brain, from Vienna 1900 to the present*. New York, NY: Random House.

Klein, M. (1932/1975). *The psycho-analysis of children*. New York, NY: Delacorte.

Klein, M. (1976). The psychoanalytic play technique. In C. E. Schaefer (Ed.), *Therapeutic use of child's play* (pp. 125–140). New York, NY: Aronson.

Ledoux, J. (2002). *Synaptic self: How our brains become who we are*. New York, NY: Viking.

O'Connor, K. (2002). The value and use of interpretation in play therapy. *Professional Psychology: Research and Practice, 33*(6), 523–528.

Piaget, J. (1945). *Play, dreams and imitation in childhood*. London, England: Heinemann.

Quackenbush, R. (2008). The use of modern psychoanalytic techniques in the treatment of children and adolescents. *Modern Psychoanalysis, 33*(2), 88–101.

Sarnoff, C. A. (1976). *Latency: Classical psychoanalysis and its applications*. New York, NY: Aronson.

Sarnoff, C. A. (2002). *Symbols in structure and function: Vol. 2: Symbols in psychotherapy*. New York, NY: Xlibris.

Schore, A. N. (2003a). *Affect dysregulation and disorders of the self*. New York: Norton.

Schore, A. N. (2003b). *Affect regulation and the repair of the self*. New York: Norton.

Shedler, J. (2010). The efficacy of psychodynamic psychotherapy. *American Psychologist, 65*(2), 98–109.

Tamietto, M., & de Gelder, B. (2010). Neural bases of the non-conscious perception of emotional signals. *Nature Reviews Neuroscience, 11*, 697–709.

Ullman, M. (1982). Foreword. In W. Bonime, *The clinical use of dreams* (p. x). New York: Da Capo Press.

van der Kolk, B. A. (2006). Clinical implications of neuroscience research in PTSD. *Annals of the New York Academy of Sciences, 1071*, 277–293.

Weisz, J., Weiss, B., Han, S., Granger, D., & Morton, T. (1995). Effects of psychotherapy with children revisited: A meta-analysis of treatment outcome studies. *Psychological Bulletin, 117*, 450–468.

Winnicott, D. W. (1945/1975). Primitive emotional development. In *Through pediatrics to psycho-analysis* (pp. 145–156). New York, NY: Basic Books.

4 直接教導

Chapter

★ Theresa Fraser

導論

「遊戲治療在過去一百年增加了許多不同理論取向的派別。遊戲本身所具備的治療性和發展性特質可以幫助兒童復原,以及達成最合宜的成長和發展」(Landreth, Ray, & Bratton, 2009, p. 282)。「然而,遊戲的形式和焦點會受到兒童的發展、社會文化和生態環境的影響;而這些因素也會孕育出兒童遊戲和發展的內涵,故因素之間彼此是會產生交互作用的」(Kernan, 2007, p. 4)。有一個重要的提醒,不論在什麼地方提供遊戲治療(就像是談話治療或成人治療),必須為案主提供保密和隱私。此外,還要確保案主有足夠的空間和工具,能夠幫助他(她)表達出那些需要被表達的東西(Landreth, 1993)。

遊戲的療癒力量或者「改變機制,可以幫助案主克服他們心理上的困難並達到正向的發展」(Nash & Schaefer, 2011),且是存在於遊戲之內的積極主動和有效的力量。「直接教導」是其中一種主要的遊戲療癒力量,意指治療師透過教導、示範、引導練習和正增強,傳授知識和技能的歷程。遊戲治療師使用嬉戲(fun)和對賽遊戲(game)抓住兒童的注意力,增加他們學習的動機(Drewes & Schaefer, 2011)。

接受教導、觀察他人示範技巧,以及在引導練習中演練(一個可以失敗再重來的情境),伴隨緊接在後的正增強,能提供案主需要加強的知

識、技能,以及隨之而來的自尊提升。直接教導亦適合用於遊戲治療師辨認出妨礙社交╱情緒正向成長的行為,幫助案主克服這些議題或缺陷(Drewes & Schaefer, 2011)。在教導時使用遊戲的方式,讓治療師、家庭成員或其他團體成員能夠玩得開心且彼此互動,也增加了技能的學習和發展。

在遊戲室得到的直接教導經驗,不同於兒童觀賞「羅傑斯先生」(Mr. Rogers)、「芝麻街」(Sesame Street)或「電力公司」(The Electric Company)[1]等節目時會得到的經驗,因為兒童在遊戲中是主動參與學習歷程的。「經驗能塑造的不僅是進入心智的知識,還能夠讓心智發展出處理資訊的能力」(Siegel, 1999, p. 16)。我們希望藉由提供案主遊戲的機會來獲得和處理資訊,以促進他們在遊戲室外運用能力學習和轉換所學習的新技能。「透過玩,我們可以想像其他可能性和存在方式」(Cattanach, 2008, p. 36)。

直接教導在達成改變上的角色

案主呈現的問題通常是知識或技能的缺陷,像是社交技巧或自我控制等缺陷。另一方面,「兒童治療師很早就已經了解,對兒童來說,有意識地表達通常是困難的,而心靈素材所帶來的痛苦可以藉由假扮遊戲的力量得到表達。故在治療裡,遊戲有時候就是語言表達、幻想表達或自由聯想的替代表現方式」(Schaefer & Reid, 2000, p. 1)。但這些促成改變的必要資訊或因應能力,是如何透過遊戲而促進其教導過程呢?下列是遊戲能提升教導歷程的一些特性。

---

[1]　譯註:以上是美國兒童常看的電視節目。

擄獲注意力

「兒童前來治療多半是非自願的，很少有例外。他們通常被家長帶來接受治療，而家長則是因為大家庭、學校或法庭的壓力而不得不這麼做」（Crenshaw, n.d., p. 1）。因為兒童鮮少自願進入治療，所以他們通常不認同或承認問題的存在，故他們與家長在治療的目標上常常是不一致的；因此，與青少年形成治療同盟會是個特別艱鉅的挑戰（Shirk & Russell, 1998；引自 Shirk & Karver, 2003, p. 452）。

這意味著一旦兒童進入會談，得由治療師幫助兒童參與治療的進行。治療師為了獲取兒童的注意，以激發兒童主動參與遊戲活動的動機，治療會談必須變成是有趣和愉快的。創造有趣的環境，不只是與空間有關，也與工具有關。遊戲中使用的工具，會隨著遊戲治療師所工作的族群、案主以及在什麼場域使用而有所調整。在個別或團體遊戲治療中，所使用的玩偶遊戲和對賽遊戲，是在與兒童、青少年、團體和家庭工作時，用來處理或發掘被轉介者的需求時常用的遊戲活動；它們都適合使用在家庭、學校或臨床門診的空間裡。

玩偶在直接教導上特別有助益。可以利用玩偶演出一個需要案主來協助解決手邊問題的場景；讓玩偶遇到危險且必須解決問題時，將案主視為是「專家」並向他尋求幫助，藉此機會再由專家建議一個新的或不同的問題解決策略。對於兒童生活空間裡的種種真實議題，都可以運用上述的歷程。在直接教導的過程中，也可以鼓勵兒童使用沙盤遊戲區的物件。沙遊物件的內容，可以事先選擇用來代表兒童內在或外在世界的特定個人。治療師使用這些沙遊物件，讓兒童有機會在其中化解與真實生活相關的衝突。

面對這些遊戲治療空間可能購置的各式各樣美術用品、沙遊物件、撫育玩具、玩偶和對賽遊戲，治療師們可能會變得有些力不從心和負荷過重。新手遊戲治療師必須學到，我們不是單純蒐集工具，而是「審慎

地挑選」治療工具（Landreth, 2002, p. 133）。所以我們鼓勵治療師使用對個人、家庭或團體有著持久遊戲價值的玩具，以激發出他們所工作族群的興趣，請牢記「遊戲室必須能夠反映出參與治療族群的文化規範」（Glover, 1999）。要抓住兒童的興趣，遊戲玩具和媒材必須是有趣的、色彩明亮的，也許還要是能夠滿足感官的。例如，有一份 2004 年發表的研究，是關於在個別和團體情境下，使用樂高（Lego）教導被診斷為廣泛性發展疾患的兒童社交技巧。樂高對案主而言，被形容成是「賦有趣味且具激勵性的。透過合作和互動的遊戲，創造出一個案主們認同且在乎社交認可的團體，其中尤其是同儕示範（peer modeling）的現象特別會得到認可，因而增進他們社交互動和能力的發展」（LeGoff, 2004, p. 569）。

主動參與

　　遊戲治療師必須念茲在茲的是，不論是個別或團體的介入，都必須要促進所有參與者能夠主動參與。例如，一個英國最近發布的研究發現「目睹嚴重親密伴侶暴力的學齡前兒童，處在情緒、行為、認知和健康的風險中」（Miller, Howell, Hunter, & Graham-Bermann, 2012, p. 67）。這些兒童參與內含 10 次結構式團體的兒童俱樂部方案（Kids Club Program），團體內容包含感覺辨識、安全計畫和結構式衝突解決活動。這些心理教育活動結合結構式介入，提供兒童有機會去練習和增強那些對調節情緒以及人際關係有幫助的技巧（Cook, Blaustein, Spinazzola, & van der Kolk, 2003; Fraser & Kenney-Noziska, 2010）。此外，Chu 與 Kendall（2004），以及 Karver 等人（2008）的研究，也都發現治療結果和兒童在治療過程中的參與程度有關聯。

鞏固技能

　　為使兒童能夠體會到技能被鞏固的經驗，他們可能需要重複地演練某項技能。在遊戲中兒童之所以能夠出現不斷重複一個活動的傾向，是因為

活動本身就具有源自內在的酬賞價值。兒童很可能在好幾次的會談中都要求玩同一個令他感到愉快的遊戲，例如「老師說」（Simon Says）[2]，或一樣是屬於自我控制遊戲的「媽媽我可以嗎？」（Mother May I?，類似「123 木頭人」遊戲），來重複幫助技能的獲得。重複在學習上的好處，通常引自當前所知大腦文獻所做的研究觀察「一起被激發的神經元，會連結在一起」（Spenrath, Clarke, & Kutcher, 2011, p. 299）；而「在個體的心智運作中，整合涉及到諸如想法與感受、身體感覺與邏輯等各方面心理歷程之間的連動」（Siegel, n.d.）。

🌳 實例學習

直接教導中，治療師或團體治療裡的同儕，可以為案主示範所期望的行為。這個具體的示範通常能協助危機中的案主採用或嘗試新的行為。一旦有了成功經驗，案主能在安全的治療會談中重複適應的行為，直到技巧結合到案主的本領之中。舉例來說，這個方法在社交技巧方案中相當有效。另一個例子是在兒童的如廁訓練中，由家長使用填充動物玩偶或擬真的尿濕娃娃（wetting doll），示範如何正確地使用便盆（Schaefer & DiGeronimo, 1989）。

🐦 策略與技巧

在治療中，有時遊戲替代了口語表達、幻想表達或自由聯想（Schaefer & Reid, 2000, p. 1）。兒童中心取向不依賴帶領或指導兒童將遊戲與真實生活連結；然而，相反地，直接教導則使用促進活動（facilitated activities）的根本宗旨，協助兒童獲得知識和技能，並且藉由此過程讓所學習的內容可以連結在一起。

---

[2] 譯註：雖英文是「西蒙說」，但類似台灣「老師說」遊戲，故譯為「老師說」。

因此，直接教導在遊戲治療的三個階段過程中都能被運用。在投契關係建立階段，向新案主介紹遊戲治療活動時，遊戲治療師會鼓勵，或者示範如何使用可取得的遊戲工具。這樣的示範通常在介紹新玩具給案主（們）時也會發生。

在工作處理階段，若是採取對賽遊戲，案主可能特別適合諸如教導或引導練習等策略。許多治療性對賽遊戲就是為了特定兒童問題所發展出來的，例如：「幫助兒童處理失落的好好哀悼遊戲」（The Good Mourning Game: To Help Children Deal with Loss）、「探索我的生氣」（Exploring My Anger）、「我的兩個家」（My Two Homes），以及幫助兒童因應家長離婚的「應付離婚」（Divorce Cope）；「停下來、放輕鬆和想一想」（Stop, Relax, & Think）則是強化 ADHD 兒童的因應技巧；「分享、感受和行動遊戲」（The Talking, Feeling, Doing Game）、「我在想什麼、我知道什麼、我如何感覺」（What I Think, What I Know and How I Feel）遊戲、「不比賽」（Ungame），這些則是適用於兒童、青少年和他們的家人，以促進其內在的想法、感受和願望得以表達出來的遊戲。

治療性的遊戲盤（board games）[3] 提供幾種不同層次的學習，包括教導（練習遊戲中的必要技能）、中介學習之一（催化者或治療師促進互動，幫助玩家練習附帶的技能，例如自我平靜策略），和中介學習之二（將對賽遊戲的所學類化到其他遊戲；Hromek & Roffey, 2009）。

普通的兒童對賽遊戲，例如「扭扭樂」（Twister）、「海盜桶」（Pop Up Pirate）和「蝴蝶和快樂象：抓蝴蝶比賽」（Butterflies and Elefun: The Butterfly Catching Game），除了可以獲得知識和技能之外，也同樣能夠應用在治療上。治療師選擇一個能讓兒童參與的對賽遊戲，然後將它調整成朝向明確治療目標的方向來玩。例如，在「海盜桶」遊戲裡，兒童可以找出曾經有過的各種情緒，並用不同的顏色標示出來

---

[3]　譯註：將圖文符號畫在硬板上作為記錄工具的一種桌遊，例如大富翁。

（Lubimiv, 2006），接著邀請兒童分享與其中一個特定情緒有關的故事。如果目標是幫助案主辨識他人的感受（同理心建立的第一階段），則邀請案主要特別指出是哪一個家庭成員或朋友，在哪一個情境之下經驗到該特定的感受。

有些卡片遊戲能夠將案主在思考或解決問題時的狀況，以描繪畫面或角色扮演的方式呈現出來。對於那些用非語言方式表達自己比較自在的案主，「猜猜畫畫」（Pictionary）是另一種可被用來幫助溝通感受和練習做決定的遊戲。

此外，還有很多研究和治療方案都希望將肌肉放鬆、音樂或想像等放鬆策略結合起來，意圖幫助治療師、醫師、教育者和家長，教導兒童和青少年在緊張時可以如何放鬆自己（Bath, 2008; Klein, 2008）。治療師可以教導兒童和家長放鬆技巧，並且在會談中練習這些技巧，當然，也可以指定為回家作業。家長的參與程度和學生能否成功學習放鬆有關，特別是當家庭和學校雙方彼此會交流訊息時（Adams, Womack, Shatzer, & Caldarella, 2010）。而治療師在治療過程中讓案主學會放鬆，也會增加案主在學校和家庭放鬆成功的機會。

與新安置寄養兒童工作時（特別是有複雜創傷歷史的兒童），治療師可以提供家長一份引導式想像（guided visualization）的腳本，或者協助寄養家長和兒童創造出一份能夠協助兒童完成旅程的故事，此旅程的終點會是一個舒緩、放鬆和得以自我照顧的神奇房間、城堡或大自然。然後寄養家長會拿到一個聲音紀錄器，故事會被製作成 MP3 檔案，讓兒童在就寢時間，或者如果有需要，全天都能反覆地聆聽此想像。寄養家長用感性的聲音，不斷傳達出我們會在這裡幫助你、讓你很安心的訊息給兒童；之後，鼓勵兒童用自己的聲音說出且錄下此故事，最終的目標是讓他們能夠在任何需要的時刻，在腦袋裡用自我對話（self talk）的方式接收到這段安心的想像。

在治療的結束階段，慶祝案主學習有成的歡樂派對，可以增強其所獲

得的知識／技能，並且讓遊戲治療過程中所得到的收穫，可以持續維持和類化到真實生活中。

　　直接教導常被整合到認知行為治療（CBT）、創傷焦點認知行為治療（TFCBT）、治療性遊戲（Theraplay）、社交技巧遊戲團體、家庭和遊戲治療等模式之中。「整合和多元的介入，反應出大多數的心理疾患都是複雜和多層面的事實，亦即它們是由生物、心理和社會因子的交互作用引起的」（Schaefer, 2011, p. 367）。

實證支持

　　在最近一項遊戲組和沒有遊戲組已經對抗平衡過的多因素設計研究（Neef, Perrin, Haberlin, & Rodrigues, 2011）中發現，俄亥俄州學生透過遊戲活動方式學習課程內容，比起沒有遊戲組，在隨後的課堂測驗中呈現出更顯著的進步。

　　大腦研究顯示重複使用的迴路會被增強，沒有使用的則會被刪除。人類的大腦可塑性很高，有能力針對遊戲中所出現的模式化、重複活化，產生相對應的改變（Perry, n.d., 2006）。

　　根據 Perry（2009）的研究：

　　　　一旦自我調節有進步，治療工作就可以使用傳統的遊戲治療或藝術治療，將治療重心轉移到與關係有關（relational-related）的問題上面（邊緣系統）；一旦基礎的雙人關係技能有進步，最終的目的，是可以使用諸如任何與認知行為治療取向或心理動力取向有關，且強調語言和頓悟導向（皮質）的派別所使用的治療技巧。（p. 252）

🐦 臨床應用

藉由模仿和「情緒感染」（emotional contagion）──意指透過複製與情緒相關的身體動作，尤其是複製他人的臉部表情──情緒狀態能夠從一個個體直接地轉換到另一個個體身上（Fowler & Christakas, 2008, p. 1）。在有相似議題的兒童所組成的遊戲團體中，經由上述的過程，這些議題就會被正常化；而這也是遊戲團體能夠有療效的其中一個原因。與這些議題有關的團體，包括常見的不知道如何交朋友的兒童社交技巧團體、經歷家庭成員死亡的哀傷失落團體，以及經歷父母離婚的兒童團體。對努力控制脾氣爆發的兒童而言，著重在自我調節策略的憤怒管理團體也是有幫助的。此外，「經由正念覺察（mindful awareness）所培養出的觀點改變，也能強化治療的過程」（Badenoch, 2008, p. 174）。再者，由自閉症兒童組成的整合性遊戲團體，在處理不知如何與他人適當遊戲方面也是有效的。這是因為直接教導提供自閉症兒童練習社交技巧的機會，而團體中其他高功能的兒童則可作為楷模和老師。

Hromek 與 Roffey（2009）認為，結合直接教導和對賽遊戲的「生活空間晤談法」（life-space interviewing）能夠有效改善：

- 反映性傾聽。
- 學習使用情緒急救（包括散步、喝點東西，或進行放鬆練習）。
- 專注在對賽遊戲時發生的事件。
- 辨識案主的感受或價值觀。
- 問題解決和可能的後續恢復（restitution）。
- 邁向成功的計畫，包括複誦、排練以及預期其他遊戲者的感受，然後是接受行為的後果。

Stokes 與 Baer（1977）發現，「許多兒童在單一情境教導中所學習

到的技巧，在類化方面會有困難」（Adams et al., 2010, p. 514）。所以家長需要學習增強的技巧，兒童才能練習和類化技巧到他們所有的生活空間中。

「治療性遊戲」是另一個與家長進行直接教導的例子。先教導家長如何根據目標領域（結構、滋養、挑戰或參與），啟動某個特定的遊戲活動。治療師在家長面前示範如何與兒童進行該特定的活動；然後，再教導家長在遊戲會談時間如何使用該活動與他們的孩子互動，最後則是要求在親子遊戲中，有一部分的時間必須進行該活動。以團體形式就開始直接教導家長的親子關係治療（child-parent relationship therapy, CPRT）是另一種親子方案；諸如事先教導在預告過的時間裡給予兒童完全的關注等特定的互動價值，而這些價值或新技巧接下來會被應用到親子遊戲時間中。家長與自己的孩子練習技巧，將遊戲時間錄影下來，然後把影片帶回團體中，由同儕和治療師給予回饋（Bratton, Landreth, Kellan, & Blackard, 2006）。

臨床花絮

以下的花絮描述一個與潛伏期年紀的男童和他的家長運用直接教導工作的經驗。因男童的拒學行為和只想獨自一個人玩，家長證實了他們的擔心，認為他們的兒子「有些地方非常不對勁」。

Xavier

Xavier 是一個十歲男孩，是家中兩個孩子裡的哥哥。他有一個七歲的妹妹，父母親都在上班；他的大家庭（extended family）住在離家至少六小時遠的城市裡。父母認為自己的婚姻狀態是健康的，對於兒子很容易受同儕的負面評論所影響感到很苦惱。Xavier 只有幾個朋友和一段不斷搬家所產生的困擾生活史。他的父母發現他會拒絕去上學或音樂課；當

事情不順利時會很容易變得十分激動焦慮，很可能就會選擇「放棄」。Xavier 被形容成「敏感」，遇到「挫折」而心情低落時會衝動地發洩出來，或者總是預期自己在運動、學業或社交互動上會失敗。

　　Xavier 提到自己是因為在學校裡被霸凌所以才會拒學。他的老師似乎沒有察覺到他必須保有情緒安全的需求，才能夠待在教室裡。他的父母被安排參加親師會談以便蒐集更多的資訊。Xavier 被注意到在白天不同時間哭了好幾次，他沒有辦法說出當下為何會促發出強烈的情緒狀態。為了要回家，他在學校聲稱他自己生病了。他的家長表示回到家半小時之後他就好多了（噁心和頭痛都不見了），但他不想要再回去學校。

　　Xavier 開始孤立自己，不與家人和住在同一條街的唯一一個朋友接觸。他想要玩單人電玩遊戲的需求增加，但父母限制他玩電玩讓他很失望。他談到自己總是感到疲倦，表示不太會覺得飢餓。但是，他在睡眠上沒有明顯的障礙。他的父母擔心這些逃避行為是想要迴避家庭互動和討論。治療師則是關注憂鬱以及焦慮問題。從所得到的家庭史〔包含家族遺傳的家庭圖（familial genogram）〕來看，憂鬱和焦慮都曾發生在雙方家族的成員身上。我們建議於治療開始前，先由小兒科醫生進行年度健康檢查，取得基本醫療評估。

　　Xavier 未曾經歷過任何已知的創傷，儘管他的祖父在介入的六個月前已經過世，全家人也都到很遠的城市參加葬禮。雖然 Xavier 與祖父有很好的情感連結，但是父母仍然認為所有家庭成員都已經妥善地處理失落的過程。Xavier 的父母在初談時就能很容易地討論韌性因子。他喜歡科學也熱愛閱讀科幻小說，喜歡電玩遊戲，對妹妹也很好；直到轉介來此之前，都還能夠與父母分享每天的生活經驗。父母描述他是一個想盡辦法取悅他人的模範兒子（這是一個有必要進一步與成人討論的部分）。Xavier 不喜歡競爭，以前會想在空閒時間與朋友交流。只要不用當守門員，Xavier 也喜歡室內足球。

　　治療同盟關係建立後，我們邀請 Xavier 玩「天空旅行者」（Sky

Travelers）。在這個遊戲中，玩家是墜毀在地球上的和平天空旅行者。
在母船前來接他們之前，他們必須以團隊運作的方式搜尋星球的不同位
置，以蒐集修復太空船所需的物件。在這個星球上有 UTOCS（英文 ugly
things that get out of control 的頭字語縮寫，意指醜陋且失控的事物）。
這些天空旅行者需要想辦法在 UTOCS 下生存且不能傷害它們，所以他們
必須團隊合作。UTOCS 包括水汙染、地震、瘋狂動物、武裝衝突、殺人
蜂、露天採礦。在治療師和兒童於兩次會談中玩此遊戲後，會讓他把遊戲
帶回家，這樣 Xavier 就可以跟他的父母親玩，父母親也能熟悉該遊戲的
語言，特別是「醜陋失控的事物」。

藉由這個遊戲，治療師希望透過直接教導來衡鑑 Xavier 是否具備以
下的能力：

- 玩耍。
- 處理挫折。
- 想像身處在其他情境和扮演不同角色。
- 辨識外在和內在的壓力源。
- 辨識外在和內在的韌性因子。
- 辨識支持系統。
- 辨識處理壓力源的策略。
- 辨識認知扭曲的出現。

在遊戲時，Xavier 先走，他提到他的朋友在玩遊戲時通常會先走。
所以他想要有一個機會第一次「先走」。Xavier 玩遊戲的風格很寬容慷
慨，相當令人喜愛。這個表現與父母在初談時所提供的訊息是一致的。
Xavier 很滿意這不是一個輸贏的比賽，他表示除了下棋之外，其他比賽
常常都會輸給同儕。

這似乎顯示 Xavier 可能會從增進自信的活動中獲得成長。兒童和治
療師都同意可以輪流使用任何我們找得到的「特別力量」，如此團隊就可

在母船抵達前修好太空船。看起來當 Xavier 感到不知所措、缺少能力自我主張（self-advocate）、不信任或不知如何使用他的內在資源時，就會表現出逃避行為。他也缺少尋求協助的能力。治療師告訴 Xavier，團隊成員唯有一起合作才能搭上母船。因此，強調我們擁有或想要發展的特別力量很重要，而且要意識到支持系統。

還有，必須常常強調和提醒，Xavier 的確擁有許多還沒有被發現的特別力量，如果我們需要幫助時就需要自我主張、為自己發聲。在遊戲之後，治療師和孩子製作一份 Xavier 生活中的 UTOCS 清單，連同他具備的特別力量。接著，我們列出他的支持系統，包括最好的朋友、家庭成員和老師。然後我們又列出他們存在於遊戲內和遊戲外的特別力量為何。

最後，Xavier 辨識出想要發展的特別力量。這個歷程直接地影響了他正在工作中的認知扭曲，包括「我是失敗者、大家不會想認識我、沒有人會為我挺身而出」。直接教導透過對賽遊戲運用在案主身上，讓玩家有機會練習將用在 UTOCS 上的特別力量連在一起，同時有機會討論特定力量如果能夠使用，在互動或情況上可能會有的不同。

LeGoff（1994）表示：「現存的治療文獻（Albanese, San Miguel, & Koegel, 1995; Harris & Weiss, 1998; Schopler, 1987）指出，心理教育的介入需要符合個別兒童和家庭的需要及優勢來量身打造。」（p. 558）所以，心理教育的內容成分最重要；職是之故，基於 Xavier 和他的父母都能了解 Xavier 需要被鼓勵才能主張自我，就特別針對此需求創造一個專屬他的計畫。Xavier 的父母仍然需要接受的直接教導，是允許自己代表兒子向老師提出某些主張時的自在感；因為他們不希望被視為過度干涉的父母。然而，治療師指出對 Xavier 而言，能看見父母在老師面前為自己辯護和爭取也許是有幫助的；同時這也可以是自己為自己辯護和爭取的行為楷模。Xavier 的父母認為很有道理，因為 Xavier 的老師原本不承認霸凌會發生在他的教室裡。一旦問題經過確認後，老師透過班級會議的運作，以具體的步驟處理了霸凌。

Xavier 的認知扭曲受到挑戰，然後在他玩了這些遊戲之後消失了。他的父母沒有察覺他的認知扭曲，但他們一發覺到，就藉由支持 Xavier 的優勢以及培養他和妹妹的韌性因子，在家庭環境中自行處理。Xavier 能夠想像在未來他可以如何使用「特別力量」，也表示他能在需要的時候，以言語的方式尋求其他團隊成員的幫助。Xavier 和他的父母都體驗到技能被鞏固的經驗，因為「天空旅行者」遊戲提供的是一個象徵性的經驗，使他們能夠理解並在生活空間中練習新技能。Xavier 在遊戲中因為能夠看到與生活經驗的連結而興奮。在對賽遊戲的玩要過程中所發生的直接教導，包含分享知識、教導、模仿和引導練習。治療結束後，在後續電話追蹤裡，Xavier 的母親提到他們不那麼擔憂 Xavier 的憂鬱和焦慮了。他們也同意每年持續接受小兒科檢查很重要，知道當有需要時可與治療師安排檢查確認會談。

🕊 摘要

直接教導是有效且有力的治療工具。在這個案例中，Xavier 感到孤立、孤單，不認為自己可以與生活中的 UTOCS 對抗。他能夠辨識自己創造了一些自身經歷到的 UTOCS，例如逃避引發焦慮的情境。透過直接教導，他的因應能力提升，同時他也明瞭不具支持性的同儕可能無法成為朋友。因此，他的社交互動方式變得較不羞怯拘謹。他的父母提到，懂得為自己「發聲」後，他變得不那麼討好他人。Xavier 也變得更能持續參與新活動，不輕易放棄，他願意在足球隊裡擔任守門員就是例證。使用對賽遊戲作為直接教導的工具，得到這個孩子很好的評價，特別他是個對科幻小說已經很感興趣，覺得自己對這類故事懂很多的人。

❖ 參考書目

Adams, M. B., Womack, S. A., Shatzer, R. H., & Caldarella, P. (2010). Parent involvement in school wide social skills instruction: Perceptions of a home note program. *Education*, *130*(3), 513–528.

Albanese, A. L., San Miguel, S. K., & Koegel, R. L. (1995). Social support for families. In R. L. Koegel & L. K. Koegel (Eds.), *Teaching children with autism: Strategies for initiating positive interactions and improving learning opportunities* (pp. 95–104). Baltimore, MD: Brookes.

Badenoch, B. (2008). *Becoming a brain-wise therapist: A practical guide to interpersonal neurobiology.* New York, NY: Norton.

Bath, H. (2008). The three pillars of trauma-informed care. *Reclaiming Children & Youth*, *17*(3), 17–21.

Bratton, S., Landreth, G., Kellan, T., & Blackard, S. R. (2006). CPRT Package: Child Parent Relationship Therapy (CPRT) Treatment Manual: A 10-session filial therapy model for training parents. New York, NY: Routledge Taylor & Francis.

Cattanach, A. (2008). *Creative interventions with traumatized children.* New York, NY: Guilford Press.

Chu, B., & Kendall, P. (2004). Positive association of child involvement and treatment outcome within a manual-based cognitive-behavioral treatment for children with anxiety. *Journal of Consulting and Clinical Psychology*, *72*, 821–829.

Cook, A., Blaustein, M., Spinazzola, J., & van der Kolk, B. (2003). Complex trauma in children and adolescents. Durham, NC: National Child Traumatic Stress Network.

Crenshaw, D. (n.d.). *Being creative when children clam up.* Retrieved from www.childtherapy techniques.com

Fowler, H., & Christakas, N. (2008). Dynamic spread of happiness in a large social network: Longitudinal study over 20 years in the Framingham heart study. *BMJ*, *337*, a2338.

Fraser, T., & Kenney-Noziska, S. (2010). *Integrating play in adolescent intervention.* Mining Report, Association for Play Therapy.

Glover, G. (1999). Multicultural considerations in group play therapy. In D. S. Sweeney & L. E. Homeyer (Eds.), *The handbook of group play therapy: How to do it, how it works, whom it's best for* (pp. 278–295) San Francisco, CA: Jossey-Bass.

Harris, S. L., & Weiss, M. J. (1998). *Right from the start: Behavioral intervention for young children with autism.* Bethesda, MD: Woodbine.

Hromek, R., & Roffey, S. (2009). Promoting social and emotional learning with games: "It's fun and we learn things." *Simulation & Gaming*, *40*(5), 626–644. doi: 10.1177/1046878109333793.

Karver, M., Shirk, S., Handelsman, J., Fields, S., Gudmundsen, G., McMakin, D., & Crisp, H. (2008). Relationship processes in youth psychotherapy: Measuring alliance, alliance-building behaviors, and client involvement. *Journal of Emotional and Behavioral Disorders*, *16*(1), 15–28.

Kernan, M. (2007). Play as a context for early learning and development: A research paper. Dublin, Ireland: National Council for Curriculum and Assessment.

Klein, R. (2008). *Ready set relax: Relaxation strategies for children and adolescents in creative interventions with traumatized children.* New York, NY: Guilford Press.

Landreth, G. L. (1993). Child-centered play therapy. *Elementary School Guidance and Counseling*, *28*(1), 17.

Landreth, G. L. (2002). *Play therapy: The art of the relationship* (2nd ed.). New York, NY: Brunner-Routledge.

Landreth, G. L., Ray, D. C., & Bratton, S. C. (2009). Play therapy in elementary schools. *Psychology in the Schools, 46*(3), 281–289.

LeGoff, D. B. (2004). Use of LEGO© as a therapeutic medium for improving social competence. *Journal of Autism & Developmental Disorders, 34*(5), 557–571.

Lubimiv, G. (2006). *Understanding and communicating with children through play* workshop. Brampton, Ontario.

Miller, L. E., Howell, K. H., Hunter, E. C., & Graham-Bermann, S. A. (2012). Enhancing safety planning through evidence-based interventions with preschoolers exposed to intimate partner violence. *Child Care in Practice, 18*(1), 67–82.

Nash, J., & Schaefer, C. (2011). Play therapy basic concepts and practices. In C. Schaefer (Ed.), *Foundations of play therapy* (2nd ed., p. 4). Hoboken, NJ: Wiley.

Neef, N. A., Perrin, C. J., Haberlin, A. T., & Rodrigues, L. C. (2011). Studying as fun and games: Effects on college students' quiz performance. *Journal of Applied Behavior Analysis, 44*(4), 897–901.

Perry, B. D. (n.d.). *The amazing human brain and human development. Lesson 5: Plasticity, memory and cortical modulation in the brain.* Retrieved May 20, 2012, from http://www .childtraumaacademy.com/amazing_brain/lesson05/page01.html

Perry, B. (2006). Applying principles of neurodevelopment to clinical work with maltreated and traumatized children. In N. Webb (Ed.), *Working with traumatized youth in child welfare* (pp. 27–52). New York, NY: Guilford Press.

Perry, B. D. (2009). Examining child maltreatment through a neurodevelopmental lens: Clinical applications of the neurosequential model of therapeutics. *Journal of Loss & Trauma, 14*(4), 240–255.

Russell, R. L., & Shirk, S. R. (1998). Child psychotherapy process research. *Advances in Clinical Child Psychology, 20*, 93–124.

Schaefer, C. (2011). *Foundations of play therapy* (2nd ed.). Hoboken, NJ: Wiley.

Schaefer, C. E., & DiGeronimo, T. (1989). *Toilet training without tears.* New York, NY: New American Library.

Schaefer, C. E., & Reid, S. E. (2000). *Game play: Therapeutic use of childhood games.* New York, NY: Health Press.

Schopler, E. (1987). Specific and nonspecific factors in the effectiveness of a treatment system. *American Psychologist, 42*, 376–383.

Shirk, S. R., & Karver, M. (2003). Prediction of treatment outcome from relationship variables in child and adolescent therapy: A meta-analytic review. *Journal of Consulting and Clinical Psychology, 71*(3), 452–464. doi: 10.1037/0022-006X.71.3.452

Siegel, D. J. (n.d.). *More about interpersonal neurobiology.* Retrieved May 20, 2012, from http:// drdansiegel.com/about/interpersonal_neurobiology/

Siegel, D. J. (1999). *The developing brain.* New York, NY: Guilford Press.

Spenrath, M. A., Clarke, M. E., & Kutcher, S. (2011). The science of brain and biological development: Implications for mental health research, practice and policy. *Journal of the Canadian Academy of Child & Adolescent Psychiatry, 20*(4), 298–230.

Stokes, T. F., & Baer, D. M. (1977). An implicit technology of generalization. *Journal of Applied Behavior Analysis, 10*(3), 349–367.

間接教導

★ Aideen Taylor de Faoite

 導論

　　在不同的文化和國家裡,以間接教導的方式傳遞訊息,並確保訊息的意義可以被理解,已經被使用了好幾個世代;許多傳說的故事,往往是用來解釋自然和人類發展的事件以及探索人類的處境。舉例來說,我的名字(Aideen)和 Etain 的傳說故事有關,Etain 是愛爾蘭傳說裡神仙的愛人;她在人間與仙境之間旅行,協助兩個世界了解彼此的差異。我常使用這個隱喻來解釋遊戲治療師的角色。治療師進入兒童的世界,在兒童外在生活世界與內在體驗世界之間,扮演訊息、意義和了解的輸送器。

　　我從小在許多故事環繞中長大,這些故事包含了文化的、宗教的和在家族內傳誦的故事。文化的故事包含梅芙女王(Queen Medb)的傳說,她是一個運用力量和智慧成功克服萬難的女戰士;愛爾蘭的守護神聖徒派翠克(St. Patrick),他因使用三葉草的隱喻來解釋天主教傳統聖三位一體而聞名於世。在我的家庭裡,故事是在床邊說的,且這些故事會將當天所發生一些煩惱整合進來,呈現出如何面對和克服這些煩惱以得到快樂的結局。這些故事會發生在不同的人物身上,例如漫畫角色小捲豬和西裝鵝(Curly Wee and Gussie Goose),這些角色的作用機制是拉開與真實的距離,如此小孩就不會發現故事與他們本身有關。

　　本章會探討間接教導在遊戲療癒力量上所扮演的角色,提出間接教

導的定義，也會探索它帶來改變的療癒力量；以及討論這些改變機制及療癒力量所涉及的心理學理論。同時也將呈現這些理論所提出來的策略與技巧，最後再呈現一系列臨床花絮的應用作為結束。

間接教導的描述

有一句古老的波斯諺語：「對著門說話，牆壁也會聽到」；這就是間接教導的本質，是以圖像、隱喻和故事的方式呈現資訊。**間接教導**的定義是「將訊息傳遞給聽者、且不會讓聽者在意識心靈中產生抗拒的有力方法」（Rowshan, 1997, p. 50）。作為遊戲療癒力量之一，口述和文字的故事常會被用來協助兒童認識自己的感受和經驗、擔憂與焦慮。Margot Sunderland（2000）談到為何兒童會對自己的感受感到困惑，是因為單單用一個名稱去形容這些感受，並非是兒童表達情緒的自然方式。她使用「消化系統」來隱喻，就如同食物需要先被咀嚼和消化才能讓身體吸收其營養；為了確保個體的福祉，感受和情緒也需要被想一想和處理過，才能成為個體的一部分。故事、圖畫或隱喻提供消化系統來了解這些議題。兒童使用故事作為載具來表達有創意的想像和感受，就如同成人是使用思考和語言來探索及表達他們的感受和經驗一樣。Sunderland 指出將困擾的感受「歷程化」對兒童的重要性。她對「**歷程化感受**」（processing feelings）的定義是：「完整地體驗痛苦和困難的感受，並且好好地思索它們，而非迴避體驗它們或不讓自己有時間去思考。」（Sunderland, 2000, p. xi）治療性說故事是間接教導的策略之一，可以讓兒童歷程化這些痛苦和困難的感受。Sunderland 認為故事是「兒童健康情緒消化系統的重要部分」（Sunderland, 2000, p. xi）。故事和隱喻的特定力量，是他們用想像力為語言，處理令人困擾的情感和經驗。想像力是兒童天然的語言，因為它的具體性，以及它可以避免直接與兒童討論議題所引起的抗拒。

在聽故事、看影片、欣賞畫作或聽音樂時會發生兩種歷程，即「未想到的已知」（unthought known）和「縱向搜尋」（transderivational searching）。Sunderland（2000）指出治療性故事能「談及兒童『未想到的已知』……那是一種我知道但我從未思考過的感覺」（p. 15）。當故事對兒童產生這種衝擊時，會帶給兒童一種被理解的深刻感受和寬慰。David McKee（1990）的著作《冬冬，等一下》（Not Now, Bernard）令我的一對雙胞胎案主非常著迷。他們因為疾病和住院而分開一整年。由於醫院與住家分隔兩地的緣故，雙親必須將照顧他們的時間區隔。孩子們分別在不同的時間進入遊戲室，我們觀察到他們都會在遊戲室琳琅滿目的書本中特別找到這本書，而且要求唸給他們聽。雙胞胎總是坐在他們能完全看到所有圖片，同時也能在治療師唸故事時與她保持著眼神接觸的位置。雙胞胎各自都聚精會神地看著圖片並且詢問，為何冬冬呼叫時爸媽從來都不抬頭。他們觀察到成人的閃失，不斷追問為什麼媽媽沒有注意到在床上的是怪獸而不是冬冬。這個故事在某種程度上來說似乎提供這對雙胞胎一種未想到的已知。透過故事進入未想到的已知，對兩位雙胞胎都提供了一個治療的轉折點。

第二種歷程是「縱向搜尋」，「這是指當兒童聽故事時，會持續將自身事件的經驗與故事裡的事件和角色做連結」（Rowshan, 1997, p. 34）。Bandler 與 Grinder（1975；引自 Mills & Crowley, 1986）提出隱喻的使用會經過三個階段：

1. 表面結構，隱喻在故事裡以實際的文字出現。
2. 意義的相關深層結構，會因為與聽者有間接的連結而被啟動。
3. 意義的復原深層結構，會因為與聽者有直接的連結而被啟動。

當隱喻使用的第三階段出現時，聽者的縱向搜尋才會被啟動。此案例作者在其他文章中也曾提過（Taylor de Faoite, 2011），在與一位曾被母親棄養而由父親照顧的女孩工作時，她被《寶寶再見：一個苦盡甘來

的故事》（*Bye Bye Baby: A Sad Story with a Happy Ending*）（Ahlberg & Ahlberg, 1991）深深吸引。她起初希望有人不斷唸這個故事給她聽，後來改成自己演出這個故事。在治療過程中，她一直以此故事為隱喻，因此很容易就注意到她的縱向搜尋歷程。在故事裡當那個媽媽找到孩子時，她要治療師所扮演的媽媽，表現出很殘忍地對待那個孩子的樣子。在治療師還沒有準備好在媽媽的角色裡表現出殘忍的一面時，那個孩子就在她想要追尋的無條件母愛，以及繼母所提供的有條件的愛之間創造出連結。第一階段的歷程似乎是藉由多次重讀故事，使兒童能了解故事的表面結構意義而達成。連結意義的深層結構的第二階段，則可以藉由她的角色扮演或上演這個故事而得知。藉由她開始連結故事裡創造的無條件的愛，以及家庭生活經驗所感受到的有條件的愛，可以知道兒童已經達到最後階段。隱喻的操作和縱向搜尋的歷程，對這位治療中的兒童似乎是治療性改變歷程的關鍵元素。

實證支持

　　一份針對間接教導、使用隱喻和說故事的文獻回顧顯示，將這些視為一種療癒力量或改變機制的直接實證很少。但這並不意味間接教導在協助改變上無用，反而是指出研究者們很少去思考，間接教導的確有可能是一種遊戲的療癒力量。

　　因此，這部分會截取某些理論的觀點和假設，討論間接教導在治療性改變上的角色。目前尚未有某個單一理論將間接教導和使用隱喻認定為一種改變機制；所以，作者利用諸如新近發展的心理分析思想和理論、敘事治療和大腦研究所得到的理論與發展上的知識等一系列理論所提出的看法，來驗證與間接教導、故事和隱喻有連結的改變機制。最後再加上閱讀治療（bibliotherapy）方面的研究，以求讓本段落更完整。

　　Mills 與 Crowley（1986）回顧了一系列東方傳統、西方心理學和

1980 年代新興的大腦研究，整理出使用隱喻的四個主要影響因素（Mills & Crowley, 1986, pp. 22-23）：

1. 隱喻是一種初級經驗（primary experience）。
2. 它的運作歷程是經由右腦斡旋。
3. 潛意識連結模式總合後，在意識層面出現新反應。
4. 這是經由縱向歷程完成的。

自那時候開始，若干理論觀點便逐漸發展出來，且隨著諸如功能性核磁造影掃描（fMRI）等研究工具的發展，我們對大腦知識的理解也隨之擴展開來。Schore（2001）從他對右腦及其對嬰兒心理健康、情感調節影響的大量研究工作中，得出了六個右腦與隱喻有關的關鍵歷程：

1. 處理社會情緒訊息。
2. 促進依戀功能。
3. 調節身體和情感狀態。
4. 控制維持生存的決定性功能。
5. 使有機體能主動和被動地應付壓力。
6. 自發性的情緒溝通系統位於大腦右半球。

從這個右腦功能研究和之前 Mills 與 Crowley（1986）的看法，可以合理地推斷，在說故事時，透過聲音語調、共享注意力，以及介於故事主題和故事對象之間的注意力流動，可以創造出最佳的社會情緒環境。同時，透過故事中的互動和所傳遞的共同經驗，而達到情感同步。

擴展中的理論

心理分析理論已經逐漸擴展到兼顧大腦發展的研究知識。Levy（2009）提出遊戲和心理分析兒童治療可以促進多樣化大腦歷程的整合，因而有助於治療性改變的發生。諸如說、聽和演出故事等隱喻的使

用，可以讓各種形式的經驗得到整合，也可以讓各種經驗在不同的大腦部位中加以儲存和建構（Levy, 2008；引自 Levy, 2009）。Levy 提出有兩種歷程涉及其中：內隱認知和外顯認知。遊戲整合了內隱和外顯的想法，並且促進神經結構重組，形成一個更複雜和整合的系統。

間接教導被概念化為內隱認知和外顯認知的整併，故事中出現的話語或隱喻所呈現的意象屬於外顯認知；故事的結構本身，以及說者與聽者當時的脈絡，則是屬於內隱〔非象徵的（asymbolic）〕認知。

心理分析取向對於「改變」的想法，已經從需要知識、覺察和洞察才能產生改變，轉移到改變是因為對關係行為和組織結構的內隱認識所致（Fosshage, 2004；引自 Levy, 2009）。因此，遊戲和隱喻能夠促進兒童反思功能的發展，也就是所謂的「心智化」（mentalization）。

綜合上面所述，基於隱喻、故事和間接教導的神經生物學知識，使得故事適用於許多層次：

- 外顯層次：文字、圖片和意象
  - 表層故事。
  - 故事是否有一個明確的治療訊息。
- 內隱層次：故事的結構
  - 故事的開始、中途和結束。
  - 聽者、觀眾和說故事者的角色。

間接教導的整合本質，讓大腦結構的改變、組織和重組，得以整併出新的關係行為、事件和情緒。

敘事遊戲理論和治療觀念相當重視故事，其改變的觀點也支持案主們說出他們的故事。在敘事遊戲治療中，間接教導和隱喻的改變機制是奠基於故事本身的流動性質，亦即故事的劇情會如何轉折，又會出現哪些可能的不同故事結局。《敘事遊戲治療：理論與實務》（Taylor de Faoite, 2011）一書中，提出以下與故事角色有關的五個敘事遊戲治療的假設：

1. 故事，不論是兒童在遊戲中自編或由兒童從一系列已經出版的故事（published story）中挑選，都可以提供兒童控制他們世界的機會。

2. 已經出版的故事的結構提供可預測性和一致性；在遊戲中創作的故事則讓兒童在遊戲中創造出（因此得以控制）他們的世界。

3. 兒童在遊戲中自編的故事主題，或他們所選擇的已經出版的故事主題，並不需要與他們生活中的主題相同，但通常會相似。

4. 在遊戲中分享已經出版的故事以及共同編造故事時，成人和兒童之間的關係就會得到發展和擴展。

5. 敘事遊戲治療假定自編故事以及擴展兒童喜歡的已經出版的故事種類，可提供機會讓兒童在不需要將他們帶進真實生活的情況下，去探索、轉移、擴大和嘗試各種不同故事、不同結局。

舉例來說，Jack 最喜歡的故事是《糖果屋》（*Hansel and Gretel*）。Jack 出身自一個社會剝奪的家庭背景，每週有一些時間他會接受喘息服務（respite care）。故事裡，繼母計畫在樹林裡拋棄孩子的部分特別引起他的興趣。在故事的結局說出來之前，他好幾次提出了重複唸這一段故事的要求。後來，Jack 雖然真的試著要去理解故事裡媽媽的角色，但這並不代表他以任何方式，傳達出他認為自己母親的失職與故事裡的繼母是一樣的。

得到的結論是，敘事遊戲治療認為故事之所以有療癒力量，是因為它給兒童支持的感覺，並對自己的處境有較為滿意的理解（Taylor do Faoite, 2011）。

Shechtman（2000）的研究將閱讀治療作為處理兒童和青少年攻擊行為的一種介入方式。在這個研究中使用電影和故事，並緊接著提供與故事和電影有關聯的建議活動，以處理其中所包含的隱喻。研究結果顯示介入提高了洞察、自我控制和同理心，增加了調適行為也減少了攻擊行為。Shechtman 找到的治療因子有情感宣洩、人際學習、社交技巧發展

和凝聚力。有趣的是，參與者都認為電影和故事是當中最有意義的活動（Shechtman, 2000）。

間接教導在達成改變上的角色

間接教導與使用隱喻和故事可以在遊戲和遊戲治療中以許多方式呈現出來，其一是引進治療故事。有各種已經出版的治療性故事，可用來協助兒童處理相關的主題和議題。這類故事可以藉由將劇情放進不同的結局脈絡，或者使用想像角色或生物，創造出一些安全距離。這樣做的目的是為了在處理議題時可以減低焦慮，或者降低防衛機制的出現。治療師會有自己偏好的作者，我就發現 Margot Sunderland 的書，對生活在和我一樣文化下的案主很有幫助。她的一些書會有特定的主題，可以促進對不同感受和經驗的思考。舉例來說，《蒂蒂的大世界》（*Teenie Weenie in a Too Big World*）是一個深受兒童喜愛，圖案和文字都相當美麗的故事。這個故事間接教導兒童如何處理感受，特別是恐懼的感受。故事描述渺小的蒂蒂在一個嚇人的巨大世界，如何經由他人的支持讓這個世界看起來不那麼可怕且可以管控。故事吸引著來自廣泛背景和有著不同議題的兒童。Sunderland 發行的其他故事主題涵蓋了霸凌、焦慮和強迫性思考、渴望有人愛，以及幫助兒童追尋希望和擁有夢想。

兒童文學提供間接教導另一條路。在每個文化、傳說和時代中，都會找出可能包含間接教導元素的故事。傳統的童話故事也可能被包含在這些故事的範圍裡；有人認為傳統形式的童話故事提供更多作為改變媒介的機會，在這些故事裡的主角們通常是多面向的（這與常出現在迪士尼版本裡、經過濃縮和淨化過的童話故事形成對比）。在此提供一些經證實在遊戲室內有幫助的兒童文學：

傳統童話故事《三隻小豬》（*The Three Little Pigs*）和另類版的《三隻小豬的真實故事！》（*The True Story of The Three Little Pigs*）

（Scieszka, 1989）：覺得受責備和總是惹麻煩的兒童，總是會被這個改編版本的故事所吸引，因為它代表了大野狼的觀點和牠常被誤解的動機；而處在過渡期的兒童則會被傳統版本所吸引。

《寶寶再見：一個苦盡甘來的故事》（Ahlberg & Ahlberg, 1991）是另一個已被證實對兒童有幫助的兒童文學作品。在臨床觀察中，我注意到在照顧系統中的兒童，特別是那些面臨照顧者出現轉換的兒童，似乎很容易被這個故事所吸引。Seuss 博士的《啊！你將去的地方》（Oh, the Places You'll Go）則對變成難民或接受跨文化收養的兒童，如何在生活轉變中找到自己很有幫助。

Cattanach（1992）在她的著作《受虐兒童的遊戲治療》（Play Therapy with Abused Children）中，列出諸如針對幼兒期、兒童行為和感受、對黑暗和惡夢的恐懼感等主題與事件有關的兒童文學書籍。我的孩子們在進行如廁訓練時，最喜歡的一個故事是 Tony Ross 的《我要便壺》（I Want My Potty），它的吸引力來自故事主角——小公主的無所不能。我們無需爭論或討論我的女兒是否需要便盆，而是以幽默的方式直接演出公主對便盆下指令的過程。

Oram 與 Kitamura（1984）的著作《生氣的亞瑟》（Angry Arthur），非常受我小女兒的青睞。她在二到三歲時脾氣非常糟糕，常會一發不可收拾；在一些特別難過的日子，她常會要求讀這個故事當作睡前故事。

如果目標是要對抗惡夢，《希望工廠》（The Wish Factory）（Riddell, 1990）在臨床工作中已被觀察到是一個實用的間接教導工具。當孩子有上床睡覺或作惡夢的困擾時，我會推薦這本書給他們的家長；家長讀完本書給孩子聽之後的回饋都是情況有進步。有次與治療中兒童的家長進行諮詢時，我對重複出現在案主畫作中的粉紅絨毛豬感到好奇。媽媽表示那是代表案主在希望工廠裡所蒐集到，用來讓夢境不那麼可怕的禮物。

以遊戲為基礎的故事是間接教導的另一種元素。例如，在遊戲室內，

兒童會在沙盤上用小物件或用玩偶來創作故事，在他開始闡述故事劇情的過程中我會幫忙錄下這個故事，且故事的內容會轉謄成文字記錄下來。在故事中出現的任何困惑，會根據兒童在遊戲中所提供的隱喻，用一系列的問題來加以釐清。然後再將這個故事讀給孩子聽，兒童所做的任何修改也會再被納入故事裡。採用這樣的方式支持兒童創作出一個在那一刻會感到滿意的故事。然後，在他（她）的遊戲時間內，隨時都能夠再聽到這些故事。

間接教導、故事和隱喻的使用，會在潛意識裡支持議題和事件的修通和化解（resolution），但並不保證一定會在意識層次出現。投射（projection）是間接教導的改變歷程中的一項元素；兒童會辨認出故事的角色並投射出該角色的可能感受和解決方法，而無須在他們真實生活的世界去試探這些。Schaefer（私人通信，2012）已經辨識出七個與間接教導有關係的改變歷程因素：

1. 教導適應行為。
2. 引發情感。
3. 喚起行動。
4. 教導問題解決的技巧。
5. 降低防衛機制的啟動。
6. 培養治療性的洞察。
7. 提供新的問題解決方法。

一般而言，故事和間接教導能從很多角度運作。故事沒有威脅性，它們包含了開頭、中段和結尾；故事會吸引兒童，他們經常要求再說一次或再讀一遍故事。如果兒童有融入到故事中，他們會注意到說故事者試圖要縮短或改變原來的故事，進而去糾正說故事者。在選擇要聽哪一個故事、要聽見哪一個故事中可能要傳達的關鍵訊息，以及想要故事出現哪一個可能結局和可能劇情的行動中，故事提供了兒童養成獨立的機會。在要

求聽《冬冬，等一下》故事的雙胞胎案例中，家長可能注意到的故事結論是，儘管他們是長相一模一樣的同卵雙胞胎，但我知道在床上的並不是原來在床上的那一個，而這是他們常常愚弄我的方式。在間接教導中，故事並沒有刻意要說教，所以兒童擁有用自己的方式去理解、選擇要聽的故事的空間，可以繞過防衛機制和抗拒改變的出現。間接教導能支持治療性的關係。藉由將故事帶入遊戲室，治療師能介紹「牢記在心」（being held in mind）的概念。我常常用「我在這一週裡經常想到你，也想到這個故事」來介紹故事，從而提供唸故事給兒童聽的機會。說者和聽者之間的關係就會得到一個安全的互動結構。可以預測故事一定會有開頭、中段和結尾的事實，提供了兒童一致性的感覺。間接教導的改變歷程可能與鏡像神經元（mirror-neurons）有關，因為它們會基於故事內的情緒感知而被啟動，但卻不必真的產生情緒或行動（Ramachandra, Depalma, & Lisiewski, 2009）。故事提供了一個可以維持前後文連貫的敘述，但又可以出現多個不同結局的模式。

綜上所述，間接教導在促使改變出現上有三重角色，亦即它提供學習新方法、適應行為和問題解決技巧的機會，還能同時降低焦慮，以及繞過直接教導行為或技巧時可能引發的防衛機制。間接教導使用發展上更適合兒童認知層次的意象和隱喻，讓兒童用對他們更有意義的語言來思考感受的意涵。間接教導在許多方面是有療效的，包括培養治療性洞察和提供解決當前問題的新方法。第三，說故事的結構支持治療性關係的發展，而治療性關係已被證實是促進改變的關鍵因子。

🐦 策略與技巧

在這一節裡，我會討論間接教導的四個主要技巧，以及在治療場域裡如何運用它們。下一節的花絮中會呈現這些技巧在不同兒童和不同情境下的運用。四個策略是：

1. 使用兒童文學和童話的內容來說故事。
2. 治療性說故事的使用。
3. 故事創作。
4. 以遊戲為基礎共同建構故事創作。

使用兒童文學和童話的內容來說故事

　　這個策略需要治療師或成人能夠廣泛地熟悉故事、繪本和詩歌等兒童文學的內涵。治療師在選擇或取得書籍時，對兒童的文化和生態系統必須是敏銳的。在選擇故事時，治療師必須小心注意故事裡的廣泛元素。Rossi（1985；引自 Mills & Crowley, 1986）指出共享現象經驗（shared phenomenological experience）的重要性，亦即隱喻的選擇必須與兒童的經驗有共鳴；在治療師、兒童和故事三者之間都要能夠相互同理。兒童所認同的角色和事件，必須能夠與故事裡的解決和化解之道有所連結。兒童需要能夠認同故事裡創造出的意象。選擇故事時，隱喻所創造的意象與兒童對意象的熟悉度和連結能力相結合，才會讓此故事產生療效。這可以用以下的方程式來呈現（改編自 Mills & Crowley, 1986）：

隱喻的意象 + 關聯的熟悉度 = 治療性故事

　　兒童需要能夠將主要角色和所呈現的意象連結在一起，才能進入該角色的隱喻世界，並且將解決方法帶回真實生活的世界。Mills 與 Crowley（1986）指出在經典童話故事中，能夠促進兒童共享現象經驗出現的六個主要特徵：

1. **隱喻式的衝突**：為主角設定一個隱喻式的衝突主題。
2. **潛意識歷程**（unconscious processes）：能力和資源會被人格化到主角或幫手身上，而恐懼和負向信念則會被置入故事中的壞人和障礙裡。

3. **平行式學習情境**（parallel learning situations）：故事會給主角一個
   獲得成功結果的平行式學習情境。

4. **隱喻式的危機**：會在主角克服障礙或化解問題的時候出現。

5. 一旦英雄得勝，會得到一個新的**身分**（identification）。

6. 彰顯英雄特別價值的**慶典**（celebration）。

如同早先討論過的，《寶寶再見》（Ahlberg & Ahlberg, 1991）是一本有益於兒童療癒的書。它成功的主因是因為兒童在故事中可以探索經驗和情緒，收穫是更加了解自己，進而提高促進共享的真實現象經驗。故事以主角雖然只是一個嬰兒，但卻有照顧自己的優勢能力開頭。然而，這也是悲劇出現的原因，並從中創造出需要媽媽的隱喻式衝突。他在尋找媽媽時，用貓咪、泰迪熊、發條母雞玩具和叔叔等形式，搜尋和匯集了身邊可能的幫助，在平行式學習情境中出現的是寶寶成功找到媽媽的結局。隱喻式的危機則呈現在寶寶「絆倒撞到鼻子」，和代表支持他的世界轟然倒下且整片落在地上，以及天空下起雨的情節之中。新的身分認同誕生於當寶寶呼叫媽媽，且媽媽推著嬰兒車出現時。慶典則表現在媽媽出現後無微不至地照顧寶寶，以及後來又成功找到爸爸。

藉由選擇具有這六個特徵的故事，可以促發兒童和主角之間的「共享現象真實」。這會加強兒童對主角的認同感，回過頭來也會加強兒童將故事內想像世界的解決方式帶到真實生活中的可能性。

🌳 治療性說故事的使用

在這個技巧中，治療師為兒童發展出一個能夠產生認同的故事，而非冒著升高防衛機制和增加焦慮感的風險直接指導兒童。使用治療性說故事為技巧的目的，是作為兒童對事件和感受的容器，同時在問題出現時提供解決方案。Platteuw（2011）改編了 Sutherland 的模式來創造治療性的故事，並指出需要以下的元素來創作故事：

- 建立兒童正在對抗的議題。
- 創造出來的角色、場域和情境，必須是模糊且難以辨認出實景、但又能讓隱喻得以展現的結構；其中的主角也必須與兒童要對抗的議題相同。
- 故事中主要角色對問題所使用的因應策略要與真實兒童所使用的相似；且劇情要表現出這些因應策略如何影響主角看待自己和他人的結果，因而讓主角陷入困境，導致最終的危機出現。
- 故事中要說明走出危機的問題解決途徑，通常是在劇情中安排某些人或某些事，以啟動不同的危機管理取向或方式；且改變了主角對自己和他人的感受。因著這樣的位移，會使世界成為一個更好的地方。（Platteuw, 2011, p. 221）

　　這個技巧在治療環境中可以用多樣化的方式呈現出來。當兒童在治療中遇到瓶頸，例如主題本身重複但是甚少獲得解決，或兒童選擇的解決方法效果不佳時，治療師可以選擇使用這個技巧；其目的是針對兒童治療中的主題提供替代的解決方法。治療性故事的使用也可能來自治療室之外，例如在兒童生活中的重要他人，提出他們持續遇到的困難或議題的時候。Platteuw 寫到她如何使用這個結構，與養父母共構出可以支持他們新收養的孩子的治療性故事；如此，養父母可以更清楚地將他們希望傳達給孩子的治療性訊息運用得更好。

治療性故事創作

　　這是個已被發展來與成人和青少年進行團體工作的技巧。Gersie（1997）定義治療性故事創作為「一種創意表達的團體工作形式，重點在恢復人們說故事的能力，和有意願同時也與別人的故事發展出有意義的互動，以減輕痛苦」（p. 41）。Cattanach（1994）已經在個別環境對兒童使用這個取向，她認為這個技巧提供兒童「一種以遊玩享受和探索故事的

方式」（p. 49）。在她的著作《遊戲治療：天堂與地獄相遇之處》（*Play Therapy: Where the Sky Meets the Underworld*）中，Cattanach 提供了此技術如何與《女巫和彩虹貓》（*The Witch and the Rainbow Cat*）故事一同使用的例子（Cattanach, 1994, pp. 45-49）。在這個技術中，整篇故事都使用感嘆的語調，採用包括寫作、藝術和演出等形式來開展各種創意活動。透過這個方式，兒童得到「試驗各種不同方式的存在（being），放掉過去以及在安全的治療空間中探索未來」的機會（Cattanach, 1994, p. 51）。在後面的臨床花絮章節，我會提供運用《獾的禮物》（*Badger's Parting Gifts*）一書來幫助喪親手足團體的例子。

🌳 共同建構故事創作

在兒童的遊戲中，無論是角色扮演、沙畫、擬真小物的使用，或者是藝術或繪畫上，不論兒童是否察覺到，他們都在創造故事。治療師的角色是幫助兒童發展他（她）的創意技巧「以便虛構的創作能幫助兒童轉換經驗」（Cattanach, 1994, p. 18）。隨著故事開始在兒童的遊戲中出現，治療師就要以文字將故事記錄下來。在這個共同建構故事創作的技巧中，治療師使用「問問題的方式來表現出對故事結構和順序的支持，以及澄清故事裡不同角色的行為意涵」（Taylor de Faoite, 2011, p. 45）。

🐿 臨床應用與花絮

間接教導的臨床應用方式，會以我遊戲治療工作中的一系列花絮加以呈現；包括四種不同間接教導策略和技巧的案例，以及如何在遊戲治療中引入這些策略和技巧，或者是如何從孩子的遊戲過程中順水推舟地使用出來。

🌳 使用兒童文學和童話故事來說故事

我第一次認識 Jonjoe 時他八歲，有罕見的遺傳疾病。儘管入院之前沒有明顯的病症，但他仍然需要藉由骨髓移植來確保青春期和成年期的最佳預後。骨髓移植前，病人需要接受化療去除他們原本的骨髓。在等待骨髓移植時，因為他們的免疫系統已經被破壞，所以是處在感染的高度風險中，因此必須被反向隔離（reverse isolation）；反向隔離的環境是高度無菌的，以確保不會有被感染的可能性，所以進入房間的任何人，第一件事就是必須披上長袍、戴上口罩。在住院之前大家對 Jonjoe 的形容是一個好動的小孩，很習慣開闊的空間、自由的遊戲和身體的活動。由於醫院到家裡的距離以及其他家裡的事情，一般他只有在週末才有訪客。

我在此刻被要求探望 Jonjoe 的主因是轉移治療（diversion therapy）[1]；因為當醫療團隊成員基於職責，必須向他說明醫療過程時，Jonjoe 會變得焦慮而且封閉，這是讓護理人員們擔憂的地方。基於無菌環境的高要求，只有少數玩具和媒材被允許放在房間裡。通常我會選擇諸如黏土、塑泥、軟泥等一系列感覺或具體化玩具，因為當兒童希望能象徵性地表達他們在化療之後當下的感受時，這些東西相當有助益。但這類材料完全超過了反向隔離環境允許的範圍，與一些醫療成員協商之後，可以帶新書、新開封的紙和蠟筆進去；在有限資源的條件下，我必須謹慎地挑選書本。

在這種情況下，我挑選了 Roald Dahl 的《喬治的神奇魔藥》（George's Marvellous Medicine）。由於醫療介入的時間無法預期，所以不可能如同一般治療一樣，可以固定安排在某個特定時間；書籍本身已有的章節分段，剛好可以提供短時間的工作時段，同時也賦予會談結構的可預測性。當我被要求去探望他時，腦海裡浮現出這本書，我使用這個取向

---

[1]　譯註：以遊戲或其他娛樂方式轉移案主的注意力。

所提供的技術，包括其中的建立關係。我以這是一個住在鄉下地方但跟他一樣是八歲男孩的故事來介紹這本書。我選擇不要以喬治跟 Jonjoe 一樣是社交孤立的事實來吸引他的注意，但是唸到故事的這個部分時，Jonjoe 表達出他們之間的相似性。在初始的每次會談中，我們花時間回憶故事到目前為止發生了什麼事；在會談快要結束時，我們會猜想接下來會怎樣。這樣可以提供每次會談之間的連續性和被「牢記在心」的感覺。當 Jonjoe 在聽故事時，他其實也可以拿蠟筆塗鴉和畫畫。當我們隨著會談次數而增加閱讀過的篇幅時，Jonjoe 很快地參與在故事中而忘記塗鴉。他從頭到尾都在問問題，問題的焦點則集中在角色們的動機，他不確定喬治製作魔藥的動機和為何會有用；喬治為何老是跟外婆發生爭執，外婆又為什麼那麼討厭喬治。在研究外婆動機的同時，我們也探索了生病這件事，生病可能給她什麼樣的感受，以及反過來她可能會如何對待他人。他喜歡外婆會變得很大的情節，當她的頭大到會穿過樓板時實在很有趣；他想知道她該如何吃東西。隨著故事的結束，Jonjoe 對喬治能擁有魔法毛刷感到很高興。

在介入中使用兒童文學，藉由開頭、中段和結尾提供了可預測性。它扮演了會談當中和會談之間的容器。因為孩子們熟悉說故事者和聽故事者（觀眾）的角色，因而催化了形成治療同盟的速度。此技巧提供一個空間，讓 Jonjoe 去探索與醫療和對人的衝擊有關的感受及動機。在缺少身體能力去玩這些感官素材的情況下，調和藥物的感官性質也可能啟動鏡像神經元的運作。它讓 Jonjoe 雖然是在無菌環境裡，但仍能身處幽默和樂趣之中，體會主角喬治安靜和謙遜的力量。隨著故事中以隱喻的情節顯現出藥物對外婆的影響，在提到藥物時他也沒有產生焦慮感。在說故事介入結束後，護理人員報告，整體上 Jonjoe 顯得不那麼焦慮，且開始詢問醫藥是如何幫助他的相關問題。

🌳 治療性說故事的使用

有一些人已經寫下他們如何使用治療性說故事的技巧，其中包括

Platteuw、Sunderland 與 Rowshan。Platteuw 在她所寫的〈與收養兒童的敘事遊戲治療〉章節中，呈現了對一位六歲的案主使用治療性故事工作的案例（Platteuw, 2011）。如同在前文中提到的，Sunderland（2000）針對兒童的各種感受、主題和議題已出版了一系列的治療性故事。Rowshan（1997）則寫到如何在一系列議題中使用治療性故事，以及父母可以如何使用治療性故事來支持他們的孩子。

在孩子面臨壓力的情況下，我一直都使用治療性故事的技巧來支持我的孩子。我記得當 Aoife 三歲時，有隻鳥從煙囪飛進我們的屋子裡；那時我們都在家，而我正懷胎七個月。我剛開始的反應方式是驚嚇和焦慮，恐慌於我怎樣才能夠把鳥趕出家門；這隻鳥也變得很苦惱，砰的一聲聲撞擊窗戶試圖要出去。我設法打開窗戶而鳥就飛走了。Aoife 立刻拿起有喙狀頂部的木製裝飾品，拿著它在房間裡到處飛還會對著它說話。我決定使用這個作為隱喻，說一個小鳥有多麼熱愛冒險的故事。

> 有一天，當小鳥坐在煙囪上時，他注意到長長的隧道盡頭有光線，他想要看看下面那裡有什麼。小鳥飛了下去，可是當他意識到不知道該如何回到媽媽身邊時，他很害怕。一個小女孩發現他並且告訴他會幫助他出去。當小女孩發現他無法從來的地方出去時，她找到了另一條路，他飛走了也找到了媽媽。小鳥仍然持續地探險，因為即使這有時是可怕的，他仍喜愛探險的刺激。

睡前故事變成了講述小鳥的冒險故事。逐漸地，Aoife 開始從她的藏書中選擇睡前故事，內心的平靜也被恢復了。

故事創作

故事創作的技巧被使用在與一個六歲到十一歲的兒童團體工作時，這些孩子全部都有手足死於癌症。會談是傷慟日（bereavement day）的一部分，由醫院裡曾經治療過他們手足的跨學科團隊運作。兒童因為他們去

醫院探視手足的緣故，所以有機會熟悉醫院裡的一些工作人員。在這些參加團體的兒童中，大多數都至少失去手足六個月，有些則是已經有一年之久。

　　以下概要說明故事創作技巧如何被使用來支持團體中的兒童思考有關手足死亡的感受，以及回憶他們與手足之間的關係。家長已經聽過關於死因、病程，和傷慟兒童對於死亡的一般性理解的簡報訊息；同時也蒐集整體而言，家庭是如何處理傷慟的意見。

　　所需媒材：

- 《獾的禮物》繪本（Varley, 1984；中文版由遠流出版）。
- 藝術媒材，包括不同大小顏色的紙（包括黑紙）、鉛筆、顏料、粉筆和蠟筆、羽毛、眼睛、絨毛球、棒棒糖棍以及各種拼貼材料和膠水。
- 感覺臉譜卡和感覺海報。
- 一批小玩具動物和填充動物玩偶。

　　程序如下：

　　兒童坐成一個半圓形，以便在說故事時他們能看到繪本。當故事唸到「牠唯一的擔憂是，如果牠死了牠朋友的感覺會是如何」時，會要求兒童使用感覺卡和海報，列出一張「獾會如何思考，當牠死後牠的朋友會如何感受」的清單。兒童使用這樣的結構分享他們的感覺清單（牠的朋友可能覺得……，因為……）。

　　當故事唸到「牠看著土撥鼠和青蛙很長一段時間，享受牠的朋友們所擁有的美好時光的畫面」時，治療師會插入一段與祖父母有關的話題，然後邀請兒童想一想以後跟祖父母一樣老的時候會是怎樣。在一段簡短的呼吸練習之後，兒童被吩咐要閉上眼睛或者向下看，然後想像他們自己成為祖父母的時候，會如何回顧和回憶自己年幼的時候。可以建議兒童回憶諸如假期、聖誕節、去海灘玩那天或星期天中午到祖父母家吃午餐等內容。

當兒童有了圖像，就邀請兒童將腦袋裡的圖像畫下來；接著再邀請他們展示他們的圖像，如果願意，也可以說說這個畫面的故事。他們被提示要與故事保持距離，藉由「很久以前，當我還小的時候……」作為故事的開端。

當故事接著唸到「獾吃完晚餐以後坐在書桌前寫一封信」時，就邀請兒童幫忙寫出獾要寫的信。成人在旁陪伴，依照兒童的請求擔任抄寫員，寫完後讓兒童把信放入信封裡。

在他們聽故事的時候，邀請每個兒童拿一張新的紙和一些蠟筆塗鴉，或者拿黏土出來把玩。當故事接著唸到「動物們常常互相串門子，並且聊著獾還活著的那些日子」時，會呈現出一張「所有的動物都圍坐在一起說話」的圖片，邀請兒童從圍坐成圈的動物圖片中挑選一隻，並且從事先準備好的小玩具動物和填充動物玩偶中拿出一隻來代表。再邀請每位兒童想一想，他手中的那隻動物可能會記得關於獾的哪些事，然後當牠們的朋友來訪時又會談些關於獾的什麼。接著讓這些動物們相遇，讓牠們說說牠們回憶中獾的故事。再一次，鼓勵孩子們使用「我是……（動物名字）……我記得……」作為故事的開端。

故事唸到結尾的時候，邀請兒童畫一張他們想要從獾那邊得到的臨別禮物的圖，並且要在他（她）的圖畫上簽名。將這些圖畫張貼在「彷彿」（as if）藝廊裡，邀請兒童觀看每一幅畫。

會談結束之前，邀請兒童將他們的所有創作聚集在身邊放在一起看。要求兒童選擇一張有顏色的卡片，寫下一段訊息給他們的手足，把卡片附在氦氣球上飛向天空。

這個故事創作的策略給兒童一個機會去探索和思索感受，使用故事的結構和故事裡的隱喻，來回憶過去和想像未來。其中會有傷感的時刻和安靜的時刻、忙碌的時刻和好玩的時刻貫穿著整個會談。令人驚喜的是，的確觀察到兒童多麼投入在歷程中，以及故事的隱喻所留下的效果。這能讓兒童有空間去探索沉痛的感受；而在融入感受的同時，也能預防兒童和成

人的情緒過度負荷。

🌳 共同建構故事創作

　　Sara-Jane 進到遊戲治療時只有三歲大，當她三十個月大時，爸爸死於在家附近那場悲劇般的道路意外，她的媽媽 Kate 於是來尋求遊戲治療。Kate 描述那時的 Sara-Jane 跟爸爸的關係是親密的；儘管那時爸爸經常出差，但當他在離家較近的地方工作時，晚上都會花時間與她在一起。Kate 對 Sara-Jane 的主要擔憂，是她思念與父親之間的親密，她覺得女兒對死亡的認識極少，她也不知道有這個意外發生。行為上，Sara-Jane 大致上很好，媽媽報告的唯一改變是她半夜會醒來找爸爸。一旦將她安置在媽媽的床上，Sara-Jane 幾乎沒有困難且安穩地睡著。隨著 Sara-Jane 開始探索遊戲室和玩具，她開始跟擬真小物玩。雖然她不玩娃娃屋，但卻觀察到她會有意地挑選娃娃屋家具。取而代之的是她會使用方形地毯（地板覆蓋物），可以從家具來辨識每個方形其實代表房屋裡不同的房間，例如：浴缸、臉盆和馬桶在浴室，餐桌和椅子在廚房。當房間設定完成之後，Sara-Jane 接著開始尋找玩具人偶。她挑出一個護理人員、一個消防員和一個小女孩。令人好奇的是，可以觀察到儘管有一系列相似尺寸的角色，被選到的消防員卻是明顯較大尺寸的不同系列人偶。車輛和紅綠燈出現在房屋的邊界之外，消防員和護理人員是在第三、四週的時候才出現。通常我會將兒童用小物件創作的畫面拍下來。在和家長一起回顧治療過程的會議之前，我會用合乎兒童年齡的方式，先告知兒童會有這個會議，並且讓他們知道我想要與他們的家長或監護人分享的資訊是哪些。當我告知 Sara-Jane 即將要與她的母親見面時，她要求要將這些照片展示給她看。當 Kate 看到這些照片時，她吃了一驚。她提到在意外發生那晚，曾有一位消防員敲門來告知這個意外；而且當時由於道路改善工程正在進行，所以有許多臨時交通號誌放在她家門之外的道路上；而在意外之前她自己是一位執業的護理師。根據這些照片 Kate 終於明白，因為當時 Sara-Jane 年

紀很小,所以她總以為女兒不曾看到、聽到或了解到這些和事故有關的事情。我建議我們需要將當晚所發生的事情,以一個連貫的故事情節告訴她。我們共同建構了一個故事,且我邀請由 Kate 說給 Sara-Jane 聽。然而,當時 Kate 不認為她有辦法說這個故事,所以我們決定,如果她在治療中,又再次用這些她所選擇的角色來搭建場景時,我就會說出這個故事。這在下一次的遊戲治療會談中就發生了;當故事說出來之後,Sara-Jane 似乎放鬆了。她意識到治療師和她母親,是從她遊戲的照片裡特別為她寫了這個故事。在故事裡,強調護理師是照顧嬰兒和保護她遠離壞消息的人,同時,也描述出消防員在意外期間是提供協助的角色。在接下來的幾次會談中,Sara-Jane 的遊戲改變了,她會探索更大範圍的玩具,會玩媽媽與寶寶,出現更多適齡(developmentally appropriate)的遊戲。Kate 回報 Sara-Jane 大多數的夜晚都能安睡,她經常要求看家庭相本且想要聽關於相片裡的故事,作為她睡前例行公事的一部分。在此刻,我們決定治療可以結束了。

使用 Sara-Jane 在遊戲中會用的物件和加入事實的資訊所共同建構出的這個故事,似乎是治療中的轉捩點,它提供了兒童關於父親意外當晚支離破碎的影像一個連貫的敘事。

結論

間接教導是遊戲和遊戲治療中的一個策略,能被用來支持兒童思考感受和議題。它支持改變的機制包括催化治療同盟的發展,同時減低引發防衛機制和焦慮感,示範問題解決和提供連貫敘事的模式,也提供讓大腦右半邊處理訊息的機會。它受到許多理論的影響,包括心理分析遊戲治療理論、敘事遊戲治療理論和依戀理論。許多技巧已被確認和探索過,包括治療性說故事、故事創作、使用兒童文學說故事,和以遊戲為基礎的共同建構故事創作。在選擇技巧時,可以考慮兒童在遊戲中呈現的,或是讓兒

童進入治療的主訴議題（presenting issues）的主題和隱喻。臨床觀察會
建議幫助兒童時，他們在這些技巧上的參與程度，是技巧有效性的最佳指
標。

❖ 參考書目

Ahlberg J., & Ahlberg, A. (1991). *Bye bye baby: A sad story with a happy ending*. London, England: Mammoth.

Cattanach, A. (1992). *Play therapy with abused children*. London, England: Kingsley.

Cattanach, A. (1994). *Play therapy: Where the sky meets the underworld*. London, England: Kingsley.

Dahl, R. (1994). *George's marvelous medicine*. London, England: Puffin Books.

Dr. Seuss. (1990). *Oh, the places you'll go!* London, England: Harper/Collins.

Fosshage, J. L. (2004). The explicit and implicit dance in psychoanalytic change. *Journal of Analytical Psychology, 49*(1), 49–65.

Gersie, A. (1997). *Reflections on therapeutic storymaking: The use of stories in groups*. London, England: Kingsley.

Levy, A. J. (2009). Neurobiology and the therapeutic action of psychoanalytic play therapy with children. *Clinical Social Work Journal, 39*, 50–60.

McKee, D. (1980). *Not now, Bernard*. London, England: Random House.

Mills, J. C., & Crowley, R. J. (1986). *Therapeutic metaphors for children and the child within*. New York, NY: Brunner/Mazel.

Oram, H., & Kitamura, S. (1984). *Angry Arthur*. London, England: Puffin Books.

Platteuw, C. (2011). Narrative play therapy with adopted children. In A. Taylor de Faoite (Ed.), *Narrative play therapy theory and practice* (pp. 214–229). London, England: Kingsley.

Ramachandra, V., Depalma, N., & Lisiewski, S. (2009). The role of mirror neurons in processing vocal emotions: Evidence from psychophysiological data. *International Journal of Neuroscience, 119*, 681–691.

Riddell, C. (1990). *The wish factory*. London, England: Walker Books.

Rowshan, A. (1997). *Telling tales, how to use stories to help children deal with the challenges of life*. Oxford, England: One World.

Schaefer, C. E. (2012). *The therapeutic powers of play*. Unpublished manuscript.

Schore, A. N. (2001). Effects of a secure attachment relationship on right brain development, affect regulation, and infant mental health. *Infant Mental Health Journal, 22*, 7–66.

Scieszka, J. (1989). *The true story of the three little pigs!* London, England: Penguin Books.

Shechtman, Z. (2000). An innovative intervention for treatment of child and adolescent aggression: An outcome study. *Psychology in the Schools, 37*(2), 157–167.

Sunderland, M. (2000). *Using story telling as a therapeutic tool with children*. Milton Keynes, England: Speechmark.

Taylor de Faoite, A. (2011). *Narrative play therapy theory and practice*. London, England: Kingsley.

Varley, S. (1984). *Badger's parting gifts*. London, England: Little Greats.

第二部
促進情緒健康

各種形式的治療性遊戲幫助案主對困擾的感受發展出更好的覺察和控制。此外，當遊戲強化了案主的情緒健康和福祉時，他們會經驗到許多正面的感受。

- 情感宣洩
- 發洩
- 正向情緒
- 恐懼的反制約
- 壓力免疫
- 壓力管理

6

情感宣洩

★ Athena A. Drewes、Charles E. Schaefer

導論

情感宣洩（catharsis）在歷史上被公認是一種療癒（healing）、淨化（cleansing）和轉化（transforming）的經驗，也已經被使用在文化的療癒實務、信仰、醫學、文學、戲劇和心理學中。情感宣洩涉及釋放被壓抑的負向情感，如憤怒或悲傷，然後得到減輕負向情感的效果，甚至還能導致正向情感的增加。儘管許多人認為它是心理治療中主要的改變機制，但近來也遇到了一些爭議。

情感宣洩的英文來自希臘文 *katharsis*，字面上的意思是淨化、純化或洗清（Bushman, 2002）。大多數的定義著重在情感宣洩的兩個治療性元素：情緒面（強烈情緒的表達和釋放）和認知面（洞察、新的認識和潛意識的意識化）。美國心理學會（APA, 2007）還認為情感宣洩的某種特殊形式與心埋動力理論有關，並定義為「先前與創傷性事件有關而被壓抑的情感，藉由將這些事件帶回到意識層次並重新經驗它們的過程，而排解出來」（p. 153）。

兩千多年前亞里斯多德（Aristotle, 2001）的《詩學》（*Poetics*），是第一個記錄情感宣洩的文獻；他教導人們用觀看或演出悲劇的戲劇讓情緒宣洩，以免於恐懼和可憐的感受，且認為對個人和社會雙方皆有益處（Bushman, Baumeister, & Stack, 1999）。一般咸信情感宣洩之所以能帶

來治療性的改變，不只是藉由排出被積存的深層情緒感受，也是增加個人意識的覺察和對它們的控制。透過刻意地表達一個強烈的情緒，個人會經驗到在它之上的力量，於是個體就會從外控切換到內控（Schaefer, 1993, 2012）。

兒童的情感宣洩遊戲提供降低壓力的可能性。情感宣洩給予兒童早先在自我表達上被限制或中斷而壓抑的情緒，能夠得到部分或全部紓解的滿足感。在安全的遊戲室裡，兒童能用一種安全、漸進和非破壞性的方式，運用口語或肢體的表達來釋放緊繃的情緒，而這也是在生活中遇到沮喪或挫敗時的自然反應（Nichols & Efran, 1985）；終止這種「未竟事務」，可以在未來避免這些情緒被再度激發出來。遊戲變成兒童用來表現不愉快的經驗，以及降低負面心理影響的一種手段（Freud, 1920）。情感宣洩的遊戲會導致遊戲滿足感（play satiation）的出現，而這正是 Erikson（1963, 1977）的觀點中所謂遊戲中斷（play disruption）的對立面。「出現在兒童身上的遊戲，就如同出現在睡眠者身上的夢境一樣，都有其作用」（1963, p. 229）。

情感宣洩的描述

藉由淨化個人的負向感受（例如，憤怒和攻擊），兒童或青少年能獲得一個平靜的心理狀態。潛抑的情緒會在個人身上積累，以及引起諸如歇斯底里或恐懼症的生理症狀，而 Freud 讓情感宣洩的概念再度受到重視（Wegman, 1985）；並且緊接著提出具有單純因果關係的水壓機模式（cause-effect hydraulic model）。因為挫折導致憤怒的出現，而憤怒接著會回過頭來在個人內在積聚，產生類似水壓機內部封閉環境中的液體壓力，直到它被以某些方式釋放為止。

情緒被釋放出來的比喻，可以與系統裡的液體流動做對照。情緒困擾如果被儲存沒有表達，就會在系統內造成壓力，所以「發洩」

（venting）情緒應該能降低緊張和必然的負向心理經驗和症狀。負向情緒的表達愈大，緩解也應愈大（APA, 2007）。

於是，攻擊的能量必須藉由表達出某些攻擊形式才可能被「排出」（drained off）——無論是透過行為或幻想——以減低後續攻擊表達的可能性。心理分析理論、動物行為學的本能理論和攻擊驅力理論，對憤怒和攻擊的矯正與控制有著相似的蘊涵。

一些晚近的研究者，持續挑戰傳統上已被接受的觀點（即發洩負向情緒的確能減低情緒），反而支持若僅僅只是釋放情緒沒有改變認知，並不足以產生正向心理治療結果的觀點（Bohart, 1980; Drewes, 2008; Kennedy-Moore & Watson, 1999; Nichols & Efran, 1985; Rachman, 2001）。倘若一位案主可以將高強度情感宣洩經驗整合進自我之中，並且以較低的情感強度，轉換和延伸至每天的生活中（Klopstech, 2005），則促進情感宣洩的介入和情感宣洩的經驗，在心理治療方面就有其必要和明確的角色。諸如心理劇、完形治療、深度導向短期治療的治療師，會使用技巧讓案主覺察到，導致其邏輯和理性驅力不想要的行為和想法出現的「情緒的真實」（emotional truths）內容是什麼（Ecker & Hulley, 1996）。對不想要的行為或想法所造成的後果進行認知衡鑑，並且明確地將此衡鑑結果與這些「情緒的真實」相互結合之後，改變因而產生。各種遊戲治療的物件和媒材，讓兒童可以更容易地發洩憤怒，以及更容易想到那些讓他們生氣的人。充氣「Bobo 玩偶」[1]就是兒童中心遊戲治療師經常使用的物品。

實證支持

關於情感宣洩可以達成正向治療性改變的現有科學證據是有爭議

---

[1] 譯註：與兒童體形接近的一種充氣玩具。

的。這種混亂之所以會發生，是因為缺少了情感宣洩的謹慎定義和共識（agreement）所致。

實證研究已經指出，單獨使用情感宣洩治療攻擊衝動並非總是有幫助，且可能反而增加了因為攻擊行為而被轉介的兒童在真實生活中的攻擊（Bushman, 2002; Drewes, 2008; Littrell, 1998; Schaefer & Mattei, 2005）。在進行多項憤怒的情感宣洩研究之後，Bohart（1980）總結，單純激發（simple arousal）和宣洩性的釋放憤怒，並無法降低和解決憤怒；相反地，它反而會導致攻擊的增加。單就被挑釁（provocation）和個人憤怒的原因理性分析也無法有幫助。真正能幫助解決憤怒的，是激發（arousal）和表達出憤怒的同時，還要與所探索之憤怒的認知意義相互結合。根據Bohart的說法，個人需要在認知上反思憤怒的原因和憤怒的後果，並且學習新的、更具適應性的策略去控制它。

研究已經顯示，假如個人在憤怒時，能讓自己想些其他與憤怒無關的事情（例如：日常事件、放鬆方法），憤怒通常就會及時消散（Bushman, 2002; Bushman et al., 1999; Rusting & Nolen-Hoeksema, 1998）。Geen 與 Quanty（1977）發現，倘若人們能夠直接對挑釁者表達出憤怒，發洩憤怒就的確能降低生理方面的激發。同時，人們也必須相信，挑釁者將不會報復。

Bemak 與 Young（1998）針對團體心理治療中情緒宣洩的效能，進行全面性的後設調查，發現基本上**情感宣洩對態度和行為的改變是有效的**。他們發現，有顯著的研究成果支持，情感宣洩是洞察、態度改變、創造認知失調和完成未竟行動的一種方法。他們還注意到**僅激發和將表達最大化，並無法充分地產生治療性改變**。他們總結認為認知洞察、重新框架（reframing）和教育（不論是在發洩之前或之後進行都可以，但尤其是在之後），最能夠產生最大化的治療性效果。單純情緒釋放所產生的療效，比因為情緒表達和自白（confession）所達成的新洞察和新學習經驗的療效要來得差（Bohart, 1980; Chefetz, 1997; Kraus, 1997; Mathe, 2001;

Pennebaker, 1990; Straton, 1990）。

認知新連結理論（cognitive neoassociation theory）的立場，認為與攻擊有關的想法會在記憶系統中被連結在一起，從而形成息息相關的網絡。一旦開始處理或被激發出攻擊的想法，攻擊訊息就會啟動且隨著網絡的連結擴散出去，還會繼續促發或活化出與攻擊有關的想法、情緒反應和行動（Bower, 1981; Bushman, 2002）。嫌惡事件（例如：挫折、挑釁、炎熱高溫）產生的負面感受，會回過頭來自動地激發出與「戰鬥或逃離」（fight and flight）兩個傾向有關之想法、記憶、動作表達反應和生理反應。這個理論預測發洩（venting）將會減低憤怒的感覺；而發洩的過程是針對無生命物體（例如：拳擊枕頭、重擊沙包或 Bobo 玩偶）出現攻擊行為，所以一定是「安全」的。

Rolfe（2000）關於神經生物方面的著作，支持情緒和發展的新模式，認為情緒在記憶的形成過程中扮演重要的「結合角色」（binding role）。Rolfe 假定經驗的重演可能是將意識之外的情緒結合進入意識覺察的一種方法。他進一步指出：

> 眼窩額葉皮質透過反應彈性（response flexibility），似乎可以在根深蒂固的心智狀態下，協調出改變的可能性。情緒改變似乎確實是經由眼窩額葉區域的認知催化來居中調解，憑藉著反應彈性歷程，透過工作記憶平台整合新資訊和心智早先的情緒經驗持久狀態，其結果創造了新的和更有彈性的心智狀態。

 ## 情感宣洩在達成改變上的角色

遊戲在多個方面都有助於情感宣洩的效能（Schaefer, 2012）：

・治療師在遊戲室提供一個有著清楚界限和限制，且具備安全和支持

的環境，讓案主能夠釋放出在生活中其他地方不被接受的負向情感。

• 象徵性的遊戲表達提供遊戲者充分的心理距離，能夠體驗且克服諸如憤怒和悲傷等痛苦感。

• 間接對充氣的 Bobo 玩偶表達憤怒和攻擊，可以保護遊戲者不被挑釁者報復，因為在真實生活中這樣的表達通常一定會被報復。

• 肢體遊戲活動，例如拍打黏土、用泡棉棒打牆壁和爆破氣球，可以讓肌肉緊繃和負向情感這**兩方面**都得到釋放（Schaefer, 2012）。

• 遊戲所引發的正向感受（力量、樂趣），可以幫助平衡被釋放出來的負向情緒，因而支持了遊戲者的心理健康（Schaefer, 2012）。

• 幽默（口語遊戲）所引發的由衷笑聲，可以釋放身體和心理的兩種緊張。可以將大笑想像成是一種內在慢跑的形式，會讓人放鬆和幫助釋放負向情感。

• 遊戲可以表達出負向情緒，並且和潛意識的內在焦慮達到調解的狀態（Freud, 1967/1920）。

Freud（1967/1920）注意到學步兒會把東西丟到諸如沙發和椅子等後面讓它們消失，然後再一遍又一遍地重新取回它們；Freud 解釋，其意義是兒童正在處理媽媽每次離開時的感受。就如同大多數的幼兒，學步兒無法控制媽媽的到來和離開，然而，他能夠控制所丟棄物品的來去。接著在遊戲裡，他就能夠主宰那些在遊戲外很難掌握的挫折和無助感。

Piaget（1951）指出遊戲以兩種作用各異卻又互補的形式幫助功能恢復：互補結合（compensatory combination）和清償結合（liquidating combination）。它們將真實生活事件修正成能夠符合兒童願望，以及將負向或壓力的經驗轉變成更愉快和滿意的經驗。互補遊戲指的是在真實生活中被禁止或得不到的，卻能夠在幻想中得到滿足。舉例來說，一個被禁止抱新生兒的幼兒，可能會假裝在手臂上搖晃著想像中的娃娃。在清償遊

戲中，兒童可能會將在真實生活中受到攻擊的自己，改演成自己是侵略者的情節。清償結合可以幫助兒童中和（neutralize）特定事件所引發的強烈情緒，並且在歷程中得到快樂。例如，一個兒童可能會打嬰兒娃娃的屁股，來釋放被家長打屁股時的憤怒和挫折感（Scarlett, Naudeau, Salonius-Pasternak, & Poute, 2005; Schaefer, 1993）。

Ginsberg（1993）指出遊戲治療中所出現的情緒釋放有四個階段：

> 第一階段傾向情感的總體釋放，其傾向是投射到他人……治療師透過遊戲治療過程中所表現出來的一致性接納、結構和限制，讓兒童更能感到安全並且承擔起自己的情感。

> （在下一個階段）兒童逐步升高負向情感的釋放，但更趨向於針對遊戲室中的物件而非治療師……當兒童開始在遊戲中出現表達正向情感的情節時，此階段就此產生。隨著兒童學習更接納自己的情感，在情緒釋放的過程中，開始會整合正向和負向的情感。當兒童以幻想和角色扮演的活動形式，在其幻想世界表達出已經整合過的情緒時，就代表下一個階段已經發生。在最後的階段，兒童開始與治療師分享（而不是投射）這個情緒釋放過程。一旦兒童能夠親密且開放地和他人分享感受，他就會感覺更安全並且得到更高層的主宰感。於是增加他將真實生活中的議題表達出來的意願，並開始會主動和成人玩對賽遊戲。（p. 135）

臨床應用

在一個稱為*釋放治療*（release therapy）的取向中，Levy（1939）透過使用情感宣洩的技巧，幫助兒童獲得負向情緒的宣洩釋放，他劃分了釋放治療在遊戲室裡的三種形式：(1) 單純釋放的攻擊行為，例如丟遊戲物件的行為；(2) 釋放由家庭情境所觸發的負向感受，例如手足競

爭；(3) 在一個重新安排設定，用來仿造真實生活壓力或創傷事件的遊戲劇本中，釋放負向的感受。最後這種釋放治療的形式通常被稱作發洩（abreaction）。發洩是情感宣洩的一種形式，是心理分析的一個策略（Waelder, 1933），意味著在遊戲室一再重溫壓力或創傷性的真實事件，從而逐步淨化其中的強烈負面情緒。本章的焦點在單純釋放負向情感，而發洩會在下一章討論。

閱讀治療可協助兒童認同或連結書中的人物和劇情，因此就可能會連結到個人的處境（Pehrsson, 2011）。遊戲治療師在遊戲室和治療關係中提供安全感，協助兒童以口語表達他的情緒、認知和所關心的事項。透過情緒、認知和關心事項的表達（藉由口語、遊戲，或兩個方法都使用），以及認同書中的人物和情緒，故事就可以變成有價值的工具，幫助治療師引導案主通往洞察。故事裡人物的問題、感受和反應，會是開啟與案主討論其關心事項，或者讓案主以角色扮演的場景來表達其情感的安全方式。

團體遊戲治療的情感宣洩效果，比個別遊戲治療有更多的優勢（Ginott, 1999）。Slavson（1951）寫道，除了「自由聯想情感宣洩」（free association catharsis）之外，團體也可以提供「替代的」（vicarious）和「被誘導」（induced）的情感宣洩。尤其，感到害怕的兒童在面對可能迫切需要但又覺得害怕的活動時，就能以觀眾的角色不著痕跡地參與。團體也可以加速讓兒童感覺到環境的寬容隨意；所以，當某個兒童開啟一個大膽的活動時，團體內的其他人會發現，緊接著加入並且做相同的事情其實相當容易。所以害怕自己啟動某種活動，或者害怕會釋放出強烈憤怒和攻擊感受的兒童，在他人的陪伴下會獲得敢於如此做的勇氣。「這就好像孩子們幫助彼此了解到，遊戲室是人生路上混亂中的安全區，是他們能休息與徜徉，而不用害怕權威者或粗心駕駛的地方」（Ginott, 1999, p. 19）。

🐨 技巧

氣球爆破 Levy（1959）創造了這個技巧，透過釋放受到壓抑的攻擊，來促進害羞、膽小孩子的自我肯定。遊戲物件由不同大小形狀的彩色氣球組成，治療師第一次先讓氣球只吹出一點點飽足度，如此在爆破時才不會發出嚇壞兒童的巨響。鼓勵兒童用他（她）想到的任何方式爆破第一顆氣球，例如踩、跳、坐在上面、用尖銳的物品刺或用飛鏢射。隨後，氣球會愈吹愈大顆。之後，如果兒童願意，他們可以自己吹氣球和綁氣球。

宣洩的幽默 笑聲、眼淚和憤怒大叫是人類天生的資源，用來清除自身焦慮的、悲傷的、壓力的和憤怒的感受。幽默治療涉及治療師使用笑聲來幫助案主成功地達成這些負向情感的宣洩（Falk & Hill, 1992; Grumet, 1989; Mahrer & Gervaize, 1984）。

除了氣球爆破和宣洩的幽默，還有其他廣泛的遊戲治療具體技巧（Cavett, 2010; Drewes, 2006; Goodyear-Brown, 2002, 2005; James, 1989; Kaduson & Schaefer, 1997, 2001, 2003; Kenny-Noziska, 2008; Lowenstein, 1999, 2002），可用來鼓勵強烈情感的單純釋放，包括拍打黏土、跺腳、打沙包或充氣塑膠娃娃、用軟泡棉球棒打擊物件和空椅。這些指導式的技巧在清除負向情感（特別是憤怒）上，對各年齡層的許多孩子都有幫助。

更進一步來說，「憤怒氣球」是一個被廣泛用來幫助兒童釋放憤怒情緒的遊戲治療技巧。憤怒氣球是由遊戲治療師 Tammy Horn（Kaduson & Schaefer, 1997, pp. 250-253）所發展出來的，用意是給兒童一個視覺方面的隱喻，以了解憤怒會如何在他們的內在積聚，以及如果沒有緩慢和安全地釋放出來，憤怒會如何爆發並且傷害他們自己或其他人。一開始先讓兒童吹氣球，然後治療師幫忙綁好氣球；接著治療師解釋氣球裡的空氣代表憤怒。再要求兒童在氣球上面跺腳直到它爆破，就彷彿是所有憤怒（空

氣）都釋放出來了。治療師接著解釋，如果氣球是一個人，氣球爆破可能
會導致攻擊和傷害行為的出現。接下來，兒童吹起另一個氣球，並且用捏
住的方式封住開口；治療師示範緩慢放出空氣的方式給兒童看。最後，治
療師討論真實生活中緩慢地和安全地釋放憤怒的方法。

Tammy Horn 發現，這個技巧不但對控制脾氣爆發有困難的攻擊兒童
有效，同時對已經將憤怒內化，而不是安全地表達和釋放的退縮兒童，也
同樣有效。

黏土炸彈 Beverly James（1989）發現，未聚焦的攻擊是沒有效果
的，且可能會造成孩子混亂和內疚的感覺。所以，與治療師有著安全夥伴
關係的兒童，藉由直接對重要的繪畫作品採取行動，用聚焦的方式釋放攻
擊的感覺。選擇與兒童本身所遭遇到的情況相似的場景，讓他在大張圖畫
紙上畫出虐待者、意外肇事者或引發疾病者的圖像或形狀。使用黏土塊、
濕面紙團、衛生紙或手巾，讓兒童對著圖畫丟出「炸彈」。給兒童的指導
語是：「今天我們要做黏土炸彈。幾乎每個小朋友都很喜歡做黏土炸彈，
它可以幫助我們用安全的方法釋放抓狂的感覺，也會幫助我們手臂的大肌
肉活動，就像是棒球投手一樣。而且，我們可以像真的在棒球賽一樣，
彼此歡呼加油和發出『Yahoo』的叫喊聲。」（p. 165）然後鼓勵兒童做
出 10 個炸彈（可以回收再用），並且朝著放在地上或釘在牆上的圖畫作
品丟出炸彈，也鼓勵兒童自己配音、發出爆炸的聲音。第一次先由治療師
示範丟擲炸彈，並且說：「玩的規則是，你得站在房間的一端，當你把其
中一顆炸彈扔在 Fred（案主剛才圖畫作品中人物的名字）身上的同時，
你也必須對他說些話。然後輪到我，但這次我會先做。『你對 Jenny（某
個虛擬的名字）做的事讓我很憤怒！』」（p. 165）然後在治療師鼓勵表
達感受的氛圍下，輪到兒童丟炸彈；同時要確保感受是來自孩子，而非來
自治療師（例如，「我希望你去坐牢！我恨你的手！我希望你像我一樣做
可怕的惡夢！」）。作者（Athena）發現在幫助兒童以安全和滿意的方式

清除憤怒時，這個技巧非常好用。她在憤怒表達這部分後面加入了另一部分，目的是幫助認知的重新框架（reframing）和處理（processing）。在清除憤怒大約 5 到 10 分鐘之後，接著鼓勵兒童一邊丟炸彈，一邊用正向的方式重新框架自己的陳述，或者想出關於自己正向的事情。舉例來說，治療師示範邊投擲炸彈邊說「Jenny 有神奇的笑容」或「Jenny 是強壯的，她能夠表達她的感受」。鼓勵兒童想想他們自己的正向特徵；倘若兒童在想這些項目時有困難，治療師可以在旁邊提供建議。兒童在家長或照顧者在場的情況下做這個活動，也會是有幫助的。透過家長的見證來確認兒童的感受，他們的參與為兒童創造了一個有力支持的記憶。

禁忌

兒童是否能夠處理憤怒的釋放，且不會在真實生活中失去控制，或得到傷害的可能後果，應該要在事先慎重考慮。

有些作者已經探討了關於不當使用情感宣洩方法所造成的潛在危害（Corey & Corey, 1992; Lieberman, Yalom, & Miles, 1983; Peebles, 1989）。他們發現為了確保對案主使用情感宣洩方法是安全而且可以有效率的讓療效出現，應該要先有實施的指導準則。尤其是要評估案主對於情感發洩經驗的內容、形式和強度是否能夠有控制感。在情感宣洩經驗之前和之後，應該要有能讓案主達到洞察、整合、重新框架和再教育目標的情緒及認知支持。臨床工作者在使用情緒宣洩經驗之前，特別需要評估案主的自我強度和情緒控制機制，並且在使用情緒宣洩經驗期間和之後都要監察他們的情況。在情緒宣洩活動中，應該給予案主和其他參與者身體安全特別的照顧（Mathe, 2001）。

Bushman（2002）主張「發洩憤怒」（venting anger）對於減少憤怒沒有幫助，不應該在治療中被使用。Jemmer（2006）認為創傷的經驗，如果在情感宣洩中不斷地重現，會再重複學習到那些創傷經驗，同時變得

更具有傷害性。Scheff（2001）點出情感宣洩的有效性，強烈地取決於能否藉由當下的安全感和支持感，平衡過去的困擾，從而讓案主以觀察者也是參與者的方式，達到與創傷事件之間的最佳「距離」。在適當的距離和支持之下，重複排放身體—情緒的悲傷、恐懼和憤怒，是達到成功必需的要素（Powell, 2012）。

　　情感宣洩的方法並非適合所有案主。Bemak 與 Young（1998）提到，遊戲室內情感宣洩的憤怒釋放，實際上可能鼓勵反社會的年輕人在現實生活中表現得更具攻擊性。再者，和那些已經能表達、但在情緒爆發強度的控制方面有困難的人相比較，有表達情緒困難的個人，實際上可能從情緒激發表達裡得到更多幫助。他們在表達性和經驗性治療中發現，諸如邊緣性人格疾患、解離疾患和暴怒人格疾患等情緒控制不良的案主，如果沒有在個別治療中加強案主的自我強度、情緒控制技巧和支持網絡，就不適合接受情感宣洩治療。

臨床花絮

　　Axline（1969）描述了一位年幼女孩做了一個跛行黏土人的案例，她會以在他身上打洞、把他撕成碎片等方式來釋放憤怒。她持續了好幾週，在每次遊戲治療時都是製作和摧毀黏土人。結案之後，Axline 才得知她媽媽當時正考慮與一位殘障人士結婚（Schaefer, 2012）。

　　本文主要作者（Charles）處理的一位案主 Jay，八歲，進到治療室交叉雙臂坐著，一臉悶悶不樂的樣子。問他為什麼看起來心煩，他回答他的老師很愚蠢，他再也不要回去上學了。治療師（Athena）請他說說發生什麼事。他起初不想要談那些經驗，就說他不記得了，但他的確回答說他被送到校長室。治療師鼓勵 Jay 用倒敘回推的方法說故事（因為心煩時要記住一開始的細節往往是困難的），詢問到校長室之前發生什麼事。他回答他丟了桌子和椅子。治療師複述了被說出來的故事片段（「你丟了桌子和

椅子，然後老師送你到校長室」）。「好的，」她回應：「所以在你開始丟桌子和椅子之前發生了什麼事？」Jay 回答：「小朋友們笑我！」治療師再次用正確的順序複述了他說的話（「小朋友們嘲笑你，然後你丟了桌子和椅子，之後就被你的老師送到校長室」）。「那麼在他們開始嘲笑你之前呢？」治療師問。此時 Jay 能夠從起頭開始講。當時他起身去削鉛筆以繼續原本的工作，然後在他回到座位正要坐下的時候，一個他當作是朋友的男孩從下面把他的椅子拉走。他跌坐在地上，教室裡的小朋友們開始嘲笑他，導致他的憤怒爆發和紀律處分。我們接著使用「管理你的憤怒」（Managing Your Anger）海報（Creative Therapy Associates, 2000），看看隱藏在憤怒情緒下的確實是些什麼感受。Jay 拿起一個小沙包反覆地將它投擲在海報上，並且辨識出難堪、悲傷、受傷、失望、焦慮、擔憂和恐懼（關於被他的養父母處分）等諸多感受，也描述了造成這些感受的情境是什麼。由於他的朋友這樣對待他的方式，讓他洞察到自己的心裡是多麼難過，也覺得自己再也不能將這個人視為朋友。在此任務結束時，Jay 表現出明確的情感宣洩釋放，變得更平靜，不再悶悶不樂，甚至多次微笑。他能夠坐下來運用口語、認知來處理，以及和治療師運用肢體角色扮演當煩亂時丟椅子和桌子以外的其他選項。他也能夠處理，如何告訴他的朋友自己的難過和對他的失望，以及如何嘗試修復他們的友誼。

❖ 參考書目

American Psychological Association. (2007). *Dictionary of psychology*. Washington, DC: Author.

Aristotle. (2001). *The basic works of Aristotle*. McKeon, R. (Ed.). New York, NY: Modern Library.

Axline, V. (1969). *Play therapy* (rev. ed.). New York, NY: Ballantine Books.

Bemak, F., & Young, M. E. (1998). Role of catharsis in group psychotherapy. *International Journal of Action Methods, 50*(4), 166–184.

Bohart, A. (1980). Toward a cognitive theory of catharsis. *Psychotherapy: Theory, research and practice, 17*, 92–201.

Bower, G. J. (1981). Mood and memory. *American Psychologist, 36*, 129–148

Bushman, B. (2002). Does venting anger feed or extinguish the flames? *Personality and Social Psychology Bulletin, 28*, 724–731.

Bushman, B. J., Baumeister, R. F., & Stack, A. D. (1999). Catharsis, aggression, and persuasive influence: Self-fulfilling or self-defeating prophecies? *Journal of Personality and Social Psychology, 76*(3), 367–376.

Cavett, A. M. (2010). *Structured play-based interventions for engaging children and adolescents in therapy*. West Conshohocken, PA: Infinity Press.

Chefetz, R. A. (1997). Abreaction: Baby or bathwater? *Dissociation: Progress in the Dissociative Disorders, 10*(4), 203–213.

Corey, M. S., & Corey, G. (1992). *Groups: Process and practice*. Pacific Grove, CA: Brooks/Cole.

Creative Therapy Associates. (2000). *Managing your anger. What's behind it?* Cincinnati, OH: Creative Therapy.

Drewes, A. A. (2006). Play-based interventions. *Journal of Early Childhood and Infant Psychology, 2*, 139–156.

Drewes, A. A. (2008). Bobo revisited: What the research says. *International Journal of Play Therapy, 17*(1), 52–65.

Ecker, B., & Hulley, L. (1996). *Depth-oriented brief therapy: How to be brief when you were trained to be deep—and vice versa* (1st ed.) San Francisco, CA: Jossey-Bass.

Erikson, E. H. (1963). *Childhood and society* (2nd ed.). New York, NY: Norton.

Erikson, E. H. (1977). *Toys and reasons*. New York, NY: Norton.

Falk, D., & Hill, C. (1992). Counselor interventions preceding client laughter in brief therapy. *Journal of Counseling Psychology, 39*(10), 39–45.

Freud, S. (1967). *Beyond the pleasure principle*. London, England: Routledge. (First published 1920)

Geen, R. G., & Quanty, M. B. (1977). The catharsis of aggression: An evaluation of hypothesis. In L. Berkowitz (Ed.), *Advances in Experimental Social Psychology* (pp. 1–37). New York, NY: Academic Press.

Ginott, H. G. (1999). Play group therapy. A theoretical framework. In D. S. Sweeney & L. E. Homeyer (Eds.), *The handbook of group play therapy* (pp. 15–35). San Francisco, CA: Jossey-Bass.

Ginsberg, B. G. (1993). Catharsis. In C. E. Schaefer (Ed.), *The therapeutic powers of play* (pp. 107–114). Northvale, NJ: Aronson.

Goodyear-Brown, P. (2002). *Digging for buried treasure: 52 prop-based playtherapy interventions for treating the problems of childhood*. Nashville, TN: Paris Goodyear-Brown.

Goodyear-Brown, P. (2005). *Digging for buried treasure 2: Another 52 prop-based play therapy interventions for treating the problems of childhood*. Nashville, TN: Paris Goodyear-Brown.

Grumet, G. (1989). Laughter: Nature's epileptoid catharsis. *Psychological Reports, 65*, 1059–1078.

James, B. (1989). *Treating traumatized children: New insights and creative interventions*. New York, NY: Free Press.

Jemmer, P. (2006). Abreaction-catharsis: Stirring dull roots with spring rain. *European Journal of Clinical Hypnosis, 7*(1), 26–36.

Kaduson, H. G., & Schaefer, C. E. (1997). *101 favorite play therapy techniques*. Northvale, NJ: Aronson.

Kaduson, H. G., & Schaefer, C. E. (2001). *101 more favorite play therapy techniques*, Northvale, NJ: Aronson.

Kaduson, H. G., & Schaefer, C. E. (2003). *101 favorite play therapy techniques* (Vol. III). Northvale, NJ: Aronson.

Kennedy-Moore, E., & Wastson, J. C. (1999). *Expressing emotion.* New York, NY: Guilford Press.

Kenney-Noziska, S. (2008). *Techniques, techniques, techniques: Play-based activities for children, adolescents and families.* West Conshohocken, PA: Infinity Press.

Klopstech, A. (2005). Catharsis and self-regulation revised. *Bioenergetic Analysis, 15,* 101–133.

Kraus, G. (1997). The psychodynamics of constructive aggression in small groups. *Small Group Research, 28*(1), 122–145.

Levy, D. M. (1959). Release therapy. *American Journal of Orthopsychiatry, 9,* 713–736.

Lieberman, M. A., Yalom, I. D., & Miles, M. B. (1983). *Encounter groups: First facts.* New York, NY: Basic Books.

Littrell, J. (1998). Is the re-experience of painful emotion therapeutic? *Clinical Psychology Review, 18*(1), 71–102.

Lowenstein, L. (1999). *Creative interventions for troubled children and youth.* Toronto, Canada: Champion Press.

Lowenstein, L. (2002). *More creative interventions for troubled children and youth.* Toronto, Canada: Champion Press.

Mahrer, A., & Gervaize, P. (1984). An integrative review of strong laughter in psychotherapy: What it is and how it works. *Psychotherapy: Theory, Research, Practice, Training, 21*(4), 510–516.

Mathe, C. (2001). The history of catharsis in psychological theory and practice. Catharsis in groups. *Small Group Research, 28*(1), 122–145.

Nichols, M., & Efran, J. (1985). Catharsis in psychotherapy: A new perspective. *Psychotherapy, 22,* 46–58.

Peebles, M. J. (1989). Post traumatic stress disorder: A historical perspective on diagnosis and treatment. *Bulletin of the Menninger Clinic, 53,* 274–286.

Pehrsson, D-E. (2011). Utilizing bibliotherapy with play therapy for children with anxieties and fears. In A. A. Drewes, S. C. Bratton, & C. E. Schaefer (Eds.), *Integrative play therapy* (pp. 207–223). Hoboken, NJ: Wiley.

Pennebaker, J. W. (1990). *Opening up: The healing power of confiding in others.* New York, NY: Morrow.

Piaget, J. (1951). *Play, dreams and imitation in childhood.* London, England: Heinemann.

Powell, E. (2012). *Catharsis in psychology and beyond: A historic overview.* Retrieved from http://primal-page.com/cathar.htm

Rachman, S. (2001). Emotional processing, with special reference to post-traumatic stress disorders. *International Review of Psychiatry, 13,* 164–171.

Rolfe, W. (2000). Rethinking feelings: Integrating the biology of emotion with redecision therapy. *Journal of Redecision Therapy, 2*(1).

Rusting, C. L., & Nolen-Hoeksema, S. (1998). Regulating responses to anger: Effects of rumination and distraction on angry mood. *Journal of Personality and Social Psychology, 74*(3), 790–803.

Scarlett, G., Naudeau, S., Salonius-Pasternak, D., & Poute, I. (2005). *Children's play.* Thousand Oaks, CA: Sage.

Schaefer, C. E. (2012). *The therapeutic powers of play.* Unpublished manuscript.

Schaefer, C. E. (Ed.). (1993). *The therapeutic powers of play.* New York, NY: Aronson.

Schaefer, C. E., & Mattei, D. (2005). Catharsis: Effectiveness in children's aggression. *International Journal of Play Therapy, 14*(2), 103–109.

Scheff, T. J. (2001). *Catharsis in healing, ritual, and drama*. Lincoln, NE: iUniverse.com.

Slavson, S. R. (1951). Catharsis in group psychotherapy. *Psychoanalytic Review, 38*, 39–52.

Straton, D. (1990). Catharsis reconsidered. *Australian & New Zealand Journal of Psychiatry, 24*(4), 543–551.

Waelder, R. (1933). The psychoanalytic theory of play. *Psychoanalytic Quarterly, 2*, 208–224.

Wegman, C. (1985). *Psychoanalysis and cognitive psychology*. Orlando, FL: Academic Press.

Chapter

7

發洩

★ Eileen Prendiville

 導論

　　發洩（abreaction）的字源是翻譯自德文 *abreagieran*，意思是「反應以遠離……」；因此，這個專有名詞與我們對創傷衝擊的認識，有如此緊密的相關也就不足為奇了。經驗再創（re-creating experiences）通常被理解成，我們嘗試同化讓我們感到混淆、不知所措和導致力量被剝奪（disempowered）的非預期與不可控制的經驗。這個概念與常用的創傷反應和創傷復原兩者都有關聯，以強調其發洩機制可能會讓創傷再現（Kaduson, 2011; Terr, 1981），或透過促進主宰感（mastery）而產生療癒（Ekstein, 1966; Erikson, 1950; Freud, 1920; Piaget, 1962; Van der Hart & Brown, 1992）。

　　Comstock（1986, 1988）區分出「症狀性經驗重現」和「治療性的創傷再度經驗」；同樣地，「零歲到三歲」（Zero to Three, 2005）組織也區別了創傷後遊戲和適應性遊戲重演（adaptive play reenactment）（p. 16）。Steele 與 Colrain（1990）把經驗重現（flashback）和不相關現象（unrelated phenomena）視為自發性的「發洩」，他們的定義是「在潛意識中所發生之反射性的、未完成的、不受控的和破碎的創傷再度經驗」（p. 19）。由於這些現象並沒有提供任何情緒釋放或洞察，所以真的能夠被認為是發洩嗎？Schaefer（1993, p. 8）認為發洩「是一個比情

感宣洩更高層次的歷程，其情感的釋放比情感宣洩更加巨大」。Nader 與 Pynoos（1991）強調透過控制感與合適的認知處理能力，才能夠提升因應能力。根據 Colrain 與 Steele（1991）的說法，由於經驗重現（或相關現象）的不完全性，以及缺少伴隨的認知架構，因而會妨礙它得到解決的可能性（Van der Hart & Brown, 1992, p. 5）。

在本章中，我會為發洩做一個簡短的歷史概述、與情感宣洩之間的連結，以及在成人和兒童兩方面的應用。我會回顧一些有關創傷後遊戲的文獻資料，探索當發洩遊戲被應用在遊戲治療時會發生的治療歷程，並且將之連結到神經心理學方面的證據，包括發生在兒童期的創傷可能存在的傷害，以及當情緒釋放和整合發生時可能的復原。在探討遊戲治療中的發洩歷程如何催化療癒效果時，我會描述和檢驗其相關機制和介入的適當性，並且提供相關的兒童案例。

自古以來，發洩和情感宣洩兩者的本質，已經在醫學上和哲學上被連結到汙染、純化和淨化等主題（Jackson, 1994; Jemmer, 2006）。發洩和情感宣洩在心理治療的文獻中也經常被連結在一起（Jemmer, 2006）。然而，並不太清楚第一個出現的是哪個概念，或者它們在本質上是否真的有連結關係存在。發洩，普遍認為包括情緒釋放／排出，以及增加和提取與先前被壓抑的記憶有關的洞察（Schaefer, 1993; Van der Hart & Brown, 1992）。「強調情感宣洩的發洩治療，最早的資料出現在 Breuer 與 Freud（1895/1974）的工作中，特別是 1880 年代初期 Breuer 非常有名的個案 Anna O.」（Van der Hart & Brown, 1992, p. 5）。最初的重點是放在口語表達，而非情緒和身體的釋放；後來，基於能量守恆原理（constancy），深信透過釋放與創傷經驗有關的過剩興奮感的發洩，可以達到平衡。通常會選擇催眠狀態作為介入的選項，以用來協助發洩有關創傷和（或）解離的記憶。發洩本身會將這些記憶帶入意識，並以此作為治療的目標；並沒有把重點放在整合恢復／揭露的記憶。但這樣的觀點後來就出現了爭議。

隨著時間推移，情感宣洩變成與情緒淨化有關的概念；而發洩則被視為是對創傷的某種概念化過程，創傷是會被儲存的經驗，為了要讓復原發生，就需要將這些已經陳舊的創傷經驗釋放出來。清除（purging）本身就是一種療癒的要素。Breuer 和 Freud 認為帶來強烈刺激的事件，因為衝擊太大而無法用平常的方法處理，於是產生了心靈創傷（psychic trauma）。

關於發洩為何對於成人案主有治療上的幫助，某些理論傾向的信念是，成人比較有能力去應付那些令兒童感到不堪負荷的經驗。其他人（Grof, 1988; McGee, Browne, Kenny, & McGennis, 1984）則認為兒童無法充分體會，以及無法在心理上消化這種「大規模心理震撼」的事件；因此透過採取諸如遊戲治療的過程去重新體會，會是對這個事件第一個完整且有意識的經驗。

在「心靈創傷」之後，兒童常常會深陷在可能是再經驗創傷（retraumatizing），或者具有適應性的重演遊戲之中（Gil, 2006; Nader & Pynoos, 1991）。Dripchak（2007）描述了正向和負向兩種形式的創傷後遊戲，類似 Gil（1999, 2006）所稱的動態的和靜態的形式。靜態的、中毒性的和負向的形式是指卡住且沒有緩減或解決意義的遊戲；而動態的或正向的形式描述的是精熟、控制和正向的情緒。至關重要的是，遊戲治療師要能夠精確區別再創傷遊戲和復原遊戲，並且能夠促進兒童表達感受和達成緩減、賦能、滿意的結局與認知的重新評估。Chazan 與 Cohen（2010）分析了 23 個兒童的創傷後遊戲，並且描述了三種非常有用的適應性—防衛性策略模式：舒緩的重演、缺少舒緩的重演與壓倒性再經驗。他們進行了三種形式的分析，描述適應性、焦慮減低策略；辨識因應策略和遊戲類型；並且針對「兒童透過遊戲能力所傳達的動力和個人意義」進行質性分析。他們發現，能夠自我舒緩的兒童更有遠慮和可以事先計畫，對他們所參與的遊戲有更多覺察，更能夠使用遊戲象徵而不是文字的重演，對他們的能力有更高的自我效能感和自豪（pride）水平，以及與治

療師形成正向關係，建立安全感和包容感。

　　「創傷遊戲量表」（TPS）（Findling, Bratton, & Henson, 2006; Myers, Bratton, Hagen, & Findling, 2011）是一個以觀察為基礎、用來鑑別有創傷經歷和無創傷經歷兒童的遊戲行為是否有差異的衡鑑工具。被衡鑑的五個領域為強烈遊戲、重複遊戲、遊戲中斷、迴避遊戲和負向情感。當比較創傷兒童的遊戲與正常發展兒童的遊戲時發現，「創傷遊戲量表」在五個領域都明顯支持兩者是有差異的（Myers et al., 2011）。然而，當創傷兒童的遊戲與因為非創傷的其他原因來接受遊戲治療的兒童相較，在重複遊戲領域方面並沒有發現強而有力的支持。

　　若創傷之後的兒童遊戲場景（Terr, 1983）以刻板的方式一直重現，可能會加重其創傷（van der Kolk, McFarlane, & Weisaeth, 1996）。Terr（1983）率先列出了 11 個「創傷後遊戲」的特徵；「創傷後遊戲」的概念來自她對 23 位遭遇加州 Chowchilla 綁架事件兒童的觀察（Terr, 1979, 1981）。Terr（1983）描述創傷後遊戲是自發性的、固定的、重複的和潛意識的重演先前沒有得到緩解的那些經驗。這種類型的遊戲被視為是再度經驗創傷，而不是達成主宰感和解決。Terr 將她認為是創傷後遊戲的例子連結到 Erikson（1950）、Freud 與 Burlington（1942），以及 Gardner（1971）的文獻中。這種強迫遊戲會提高兒童的焦慮和無助感，甚至會引發恐懼，而且會被規律地重複許多年（Terr, 1990）。Terr（2003）認為治療師不太可能在治療室裡看到創傷後遊戲，因為它通常會在特定的地點（location-specific），以及每次都會用相同的媒材進行。她認為創傷後遊戲的價值表現在衡鑑方面，它刻板的特性意味著兒童能直接複製一個真實事件的呈現過程，甚至不必在意識中記住它。支持「創傷後遊戲」的資料，有一部分是來自遊戲的表徵，因為相對於透過遊戲進行發洩，「創傷後遊戲」雖然有時候是令人激動的，但看起來卻是嚴肅和無趣的。

發洩的描述

Steele 與 Colrain（1990）對發洩的描述是「過去經驗的還原，會伴隨被束縛情緒的釋放以及部分壓抑和解離事件的記憶恢復……它提供了一個精神上的創傷改造，辨識、釋放和同化部分未解決的虐待，允許心理和生理兩個層次的解決與整合」（p. 1）。Fine（1991）指出發洩的目的是告知、教育和再教育、釋放壓抑的情感、達成記憶內容的連續、釋放被封進體內的創傷，以及重新形成認知基模和信念（p. 672）。

Gil（2006）認為發洩遊戲是一種「強加於自己但又漸進暴露的自然形式」（p. 157）。所以，遊戲重演（reenactive play）的治癒力量獲得有力的支持（Ekstein, 1966; Erikson, 1950; Freud, 1920; Gil, 2006; Goodyear-Brown, 2010; Piaget, 1962; Schaefer, 1994; Terr, 1990; Van der Hart & Brown, 1992; Waelder, 1932）。遊戲重演啟動了以身體形式儲存的創傷記憶歷程的處理，促進人格的重組，也常是治療創傷兒童的介入選項之一。自我啟動的遊戲重演，在不需要治療師主導的介入下，對那些經驗到輕度壓力事件的兒童會有所助益；至於那些有顯著創傷歷史的案主，則需要更仔細且定時聚焦的介入來促進釋放和復原。發洩工作在成人同樣也有效，條件是治療師要同時支持釋放與同化兩者。Putnam（1989）覺得還需要加入情緒和生理元素；Norton、Ferriegal 與 Norton（2011）對於兒童的經驗性遊戲治療，也是採取相似的立場。

為何發洩遊戲能協助整合創傷的事件呢？在遊戲的假扮世界中，想像新現實的能力會被活化，與記憶相關聯的情緒基調會被改變。試圖同化學習或適應新狀況的兒童會發展出主宰感，那些被無助感困擾者會變得有力量，那些曾被壓迫者會重拾控制，還有那些曾被羞辱或感到羞愧者也能重新找回個人尊嚴和自我效能。

對於許多人來說，發洩遊戲會從靜態轉變成動態（Gil, 2006），以及

案主能夠健康地適應現在是安全（now-safe）的世界，治療關係的脈絡和治療師的介入是不可或缺的。治療師不是支持就是阻礙了兒童參與遊戲。治療師「表現出缺乏反應、興趣或同理心」（Chazan, 2002, p. 35）可能會破壞兒童的遊戲。治療師因為任何原因（例如，缺乏經驗、反移情）不能包容創傷兒童的發洩遊戲，可能在兒童最需要他們協助找到重複遊戲順序的解決方法時，無意中拋棄了兒童。

　　遊戲使複雜的想法、感受、概念和感知成為關注的焦點。重複、重演的遊戲主體可被視為兒童企圖去工作先前未解決的素材（Erikson, 1950; Gil, 1991; Terr, 1990）。重複遊戲與兒童的創傷和其他臨床議題兩者都有關係（Findling et al., 2006）。當緊張度或情緒強度上升，妨礙了兒童的行為留在遊戲領域時，遊戲就可能隨之中斷、干擾和破碎（Erikson, 1950; Chazan, 2002; Yasenik & Gardner, 2004, 2012）。「當活動和相關的感受不再被包含在遊戲架構的安全之內」（Chazan, 2002, p. 34），「源自自己的內在，或源自與遊戲治療師的互動而上升的壓力，可能會使他藉由離開房間而讓中斷遊戲，以迴避來減輕他的痛苦」（p. 35）。

　　若我們將發洩視為是一種機制，則此機制就是將未消化的心理創傷經驗，透過重演而加以同化，同時我們還要牢記兒童有被保護、免於不堪負荷之情緒和記憶的需求，那麼就可以了解遊戲過程中，藉由使用隱喻和投射所提供的心理距離會提供額外的安全感，促使發洩成為一個有效的療效因子。當重大事件是發生在遊戲角色而非自己身上，遊戲者會獲得超越可怕記憶的主宰感。遊戲的「彷彿」（as if）特性，允許事物的真實和非真實同時間並存，讓兒童能利用情緒的距離和運用象徵及隱喻帶來安全感。

　　創造性表達提供「兒童可以表達他們可能無法放入語言當中的經驗、記憶和情緒」（Eaton, Doherty, & Widrick, 2007, p. 261）的手段。將混亂的內在經驗，以主動的遊戲歷程外顯化，能夠促使遊戲者的故事情節更有邏輯順序、充分參與感官和身體的經驗、對自己的身體感受變得更有覺察，以及發展對於如何處理情緒的洞察。治療師提供的評論

（commentary）會豐富兒童的情緒詞彙，將先前因為所經驗到的創傷事件而鏡射（mirror）所得的狀態，發展成更有連貫性的遊戲敘說和對於結局的掌握。遊戲特性中的假扮「彷彿」（as if），看似矛盾地成為此歷程的中心，促使遊戲者能夠更靠近真實事件和先前受阻的想法與情緒。象徵遊戲和隱喻的使用，可以使兒童感受到對情緒過度負荷主題的控制，而不是侷限於與靜態創傷後遊戲有關的強迫和強索的經驗重複。透過這些方法，以及遊戲所引發的正向情緒之協助，發洩遊戲提供一個組織架構以促進對創傷事件的主宰感。

實證支持

大地震摧毀了義大利六個村莊的半年後，Galante 與 Foa（1986）為受到最嚴重衝擊的兩個村莊之其中一個村莊的兒童，提供了發洩遊戲治療的機會。在每個月一次、共進行了七次的團體會談期間，一年級到四年級的兒童有機會在他們的遊戲中重演地震經驗，以及表達他們對地震經驗的感受。他們以搖晃桌子和推翻玩具屋來重演地震；接著，他們假扮成消防隊員或救難人員幫助倖存者並重建村莊。與另一個受災嚴重村莊但未接受發洩遊戲治療處遇的兒童比較，接受發洩遊戲治療兒童的焦慮症狀顯著地降低了，且在為期 18 個月的追蹤中仍然維持治療效果。

Chemtob、Nakashima 與 Hamada（2002）在颱風之後為兒童進行了一項以學校為基礎、有指引手冊的四次會談治療。治療結合了遊戲、表達性藝術和談話。兒童被隨機分配到三個組別：個別治療、團體治療或等待名單控制組。比起控制組兒童，發現接受治療的兒童明顯減低了創傷後壓力症候群的症狀。團體和個別治療模式在效能上沒有區別，但團體治療達到較好的治療完成率。經過一年的追蹤治療效果仍然維持。

在 Saylor、Swenson 與 Powell（1992）的質性研究報告中提到，在 Hugo 颱風之後，學齡前兒童傾向於自行主動玩出有關颱風的主題。舉例

來說，颶風八週之後，一位母親報告她的四歲兒子用各種可用的媒材重複地重演 Hugo 暴風，包括用餐桌上的花椰菜葉代表被時速 175 哩的風一遍遍蹂躪的樹木。

Maqwaza、Kilian、Petersen 與 Pillay（1993）發現學齡前兒童能夠表達出愈多他們在長期暴力背景下的生活經驗，他們遭受到的創傷後壓力症候群症狀會愈少。

大腦的神經生物學證據已經由 van der Kolk（1996a）所提出，發現創傷兒童的情感和感覺動作記憶會儲存在「更原始的」身體和視覺區域。當面對難以負荷的經驗，我們陳述性記憶的能力降低，情境化能力也減少（van der Kolk, 1996b）。這會活化邊緣系統以及去活化布洛卡皮質區（van der Kolk, 1996c），造成一種「無法言語的恐懼」形式，使得我們無法敘說我們的立即經驗。反之，我們只剩下更原始的知覺和身體層次之歷程，而這個歷程無法促進連貫地了解也無法將經驗傳遞至長期記憶。Harris（2009）提出「人腦對創傷記憶的儲存破壞了語言表達」（p. 94）。他強調「結構遊戲的非凡力量」和遊戲重演的好處，是在促進兒童進入「對他們復原很關鍵的重建幻想（reconstructive fantasies）」（p. 99）。

近來，Hogberg、Nardo、Hallstrom 與 Pagani（2011）提出記憶不只儲存在大腦的單一位置，而是遍布在許多與 PRM 複合物（PRM complex）有關的區域，包括感覺的、身體的和動作的元素，意味著侵入性記憶會在行動導向的發洩遊戲裡上演。由於記憶的情緒基調在固化之前，能在遊戲的、安全的環境裡啟動且順勢改變，我們可以推測發洩遊戲的療癒力量會有助於大腦網絡裡有關創傷反應的改變。遊戲重演有助於將「重現的入侵性記憶變成較遙遠的情節記憶」（p. 92）。透過切斷因為遊戲者早先能力不足，而被病態保存且無法完全處理的恐懼記憶反應，可以減低負面情感被綁在特定的情節記憶。「彷彿」（as if）這個假扮遊戲的特性，也有助於將正向幻想整合進入記憶，以提升正向的轉移和產出情

緒困擾較少的記憶。Gantt 與 Tinnin（2009）以「研究發現和臨床觀察」的創傷神經生物觀點提出，創傷後疾患包括跳脫或超越語言思維的非語言心理活動（p. 148）。他們描述支持這種立場的三個部分，第一個是「本能創傷反應」期間（Gantt & Tinnin, 2007），人類展現出哺乳動物的反射反應，在此期間語言處理能力會失去作用，「非語言的心智會失去敘事記憶能力」（p. 150）導致知覺和想法被以片段形式儲存。第二個部分的證據是神經影像研究，顯示出大腦語言處理區域的不活動。第三個部分是有關述情障礙（alexithymia），一種在理解、處理或標籤情緒狀態的缺陷，可能會使個體在閱讀身體線索方面出現困難，以及（或）大腦半球之間的溝通減少。「我們的假設是情緒非語言大腦和理性語言大腦之間的慣常整合減少了」（Gantt & Tinnin, 2009, p. 150）。他們提出充分的理由是「創傷是非語言的問題，所以非語言的解決會有用」（p. 151）。不過，他們主張光是釋放情緒並不足以讓復原產生；相對地，他們提出了一個應用影像創造和藝術治療的方案，目的在透過發展一個（視覺的）依照時間順序、重構片段、將非語言記憶與語言描述相結合，以及促進記憶與過去記憶互相連貫的敘事。透過運用遊戲重演作為發洩的機制，很有可能達成相同的結果。

關於改變理論，特別是對照創造性治療（creative therapy）與包括創傷焦點認知行為治療模式（Cohen, Mannarino, & Deblinger, 2006）的認知行為治療取向（CBT），Johnson（2009）表示：「CBT 主張案主要去調適（accommodate）一個外部設定的『健康狀況』，他們的『認知扭曲』被視為是創傷基模的產物，需要被挑戰和位移。」（p. 117）根據 Piaget 的看法，「創造性治療和遊戲被視為是同化（assimilation），鼓勵案主透過藝術歷程玩出他們的內在基模」。然而，Johnson 認為兩種取向之間有許多相似性，事實上有許多 CBT 技巧源自創造的源頭：「創造性藝術治療應用了想像暴露法、認知／敘事重建、壓力管理技巧、韌性提升，和心理教育方法等實證支持的治療因子是合理的主張。」（2009,

p. 118）

 發洩在達成改變上的角色

　　Panskepp（2005）將遊戲視為核心情緒行動系統的前鋒。他認為遊戲整合了大腦動作、視覺、聽覺和其他感官區域，支持皮質與皮質下組織，促進大腦發展，提升認知能力，以及促進長期情緒的改變（1998, 2003）。遊戲可以改變內隱和外顯思考（Levy, 2008）。Smith（2009）在討論遊戲治療中情感宣洩和發洩的使用時，提出「發洩是把被壓抑的情緒困擾帶入意識，接著利用機會去發展因應方法或減低這些感受帶來的衝擊」（p. 209）。發洩遊戲利用了許多和療癒有關的機制，包括透過小玩具的使用將壓力的經驗微型化、對經驗的主動控制和精熟，以及透過重複遊戲將經驗片段加以同化（Ekstein, 1966）。如此，遊戲者會達成認知同化和情緒釋放的發洩目標（Schaefer, 2012）。兒童必須從被動迴避切換到積極對抗（Schaefer, 1994, p. 309）。Schaefer（1994）指出遊戲的四種屬性：象徵、「彷彿」特性、投射、替代，在提供心理距離上有重要的意義，所以能夠讓兒童在參與創傷相關的發洩／精熟遊戲時感受到安全。

　　當兒童能夠在微型世界或角色扮演的劇本中，改變創傷後故事的互動和結局，他們就開始能夠同化經驗，並且得以超越早先記憶中的負向激發狀態而獲得力量。在實質上，朝向解決的重複遊戲，會促進兒童在情緒和心理上消化創傷和其他困擾的經驗，產生更統整和有組織的記憶。很明顯地，歡樂的遊戲重複可以協助減低負向情感，提升主宰感和促進漸進同化。在治療關係下，遊戲交互式的參與行動也讓治療師有機會幫助兒童矯正認知扭曲和重構創傷反應。

　　在確認兒童使用想像遊戲可以緩解焦慮之後，Levy（1938, 1939, 1976）根據 Freud 的重複強迫理論（repetition compulsion theory）發展出「釋放治療」，協助兒童用他們「自己的方法」，也就是遊戲，來克服

遭遇困難經驗之後的焦慮。一般來說，適用於十歲以下的兒童，且是在相對穩定的家庭中成長，而其焦慮可以明確地追蹤至最近所發生的特定、不複雜的事件。目標是在遊戲中重新創造原始的壓力情境，透過發洩幫助兒童釋放因為這個事件而被壓抑的感受。治療師在治療關係建立之後才會使用此技巧，而且通常不會提供解析，因為並不認為洞察是必要的——這個方法特別對「釋放破壞性行為、混亂遊戲、單純只是頑皮」的兒童有效（Levy, 1976, p. 178）。當兒童在重新創造生活事件的遊戲時，治療師使用技巧「讓行動繼續下去」（p. 179）。Soloman（1938）則提倡一個更指導性的取向，以微型化版本的創傷場景有力地面質兒童。相似的技巧也被使用在創傷減壓介入（trauma debriefing interventions）與諸如兒童會被要求玩或畫相關事件的衡鑑過程（Lipovsky, 1991; Nader & Pynoos, 1991）。

雖然 Levy（1938, 1939）認為透過遊戲的情緒釋放，無需口語交談，就足以治癒兒童，Terr（2003）卻不同意。她相信對具備一切創傷後壓力症候群（PTSD）特徵的兒童，為了要治癒，發洩遊戲必須伴隨著情緒和隨後的語言表達以提供脈絡。不過，她指出這些強烈的感受可能已經歸因到兒童遊戲中的人物，而不必然由孩子直接擁有。她認為兒童對創傷經驗完整的情緒表達是復原歷程的基本要素。「我已經把這類經驗重新命名為『發洩』」（Terr, 2003, p. 1403）。Kaduson（2011）把發洩描述成釋放遊戲治療中最顯著的遊戲力量，並且討論了特定的釋放遊戲治療應用於過去經驗到創傷的兒童。

Oremland（1993）注意到，兒童發洩的遊戲歷程與兒童意識到的事件以及潛意識的經驗都有關。他表示「意識和潛意識不像成年人那樣是二分的」（p. 145）。

Mann 與 McDermott（1983）提出階段模式來概念化創傷兒童的遊戲治療歷程。四階段中的第二階段稱為「創傷的回歸（regression）和發洩」。在此階段案主的遊戲被認為是透過象徵形式，重演困難經驗以試圖

獲得能力來克服困難情緒。治療師透過延伸遊戲協助兒童，可能是介紹其他的角色或辨識兒童遊戲中角色的感受狀態。此階段是在投契關係建立和發展遊戲技巧階段之後，以及探索真實關係、自尊提升和控制衝動能力發展階段之前，最後才是結束階段。

　　Irwin（1983）描述如何在治療中讓兒童演出的故事組織成一個劇本，這個故事由過去和現在、真實和想像的事件所組成；這個行動方法是由 Erikson（1950）提出，希望藉此替代單純由回憶（recollection）提供的資料。Irwin（p. 149）提醒我們 Woltmann（1964）曾經提出遊戲「提供機會給兒童去『表現』出對他而言混亂的、衝突的和困惑的情況」（p. 21）。

　　最能和創傷重演（或其他未解決或困惑的素材）視為一體的遊戲形式是假扮遊戲。Stagnitti（1998）論述假扮遊戲包含象徵和更傳統的想像遊戲兩者，且允許兒童使用替代物件（object substitution），將屬性歸因到物件上，以及用象徵行動指涉提及的缺席物件或行動。Ariel（1992）解釋，假裝遊戲「主要是一種複雜的心理活動，外顯行為只是次要的」（p. 37）。如果遊戲者在從事此活動時表現出實體化（realification）、認同和娛樂性（playfulness）的宣告，通常遊戲者就會將口語和非口語行為轉換成假扮遊戲。實體化是某種心像會從長期記憶裡被提取，並且就像是現在才發生。認同是發生在遊戲空間的某事，被視為剛從回憶中被提取的意象。娛樂性則是使遊戲者仍然意識到他們只不過是在假裝而已（Ariel, 1992）。我們可以將在訊息處理框架內所進行的假扮遊戲，看成是發生改變的歷程，目的是能夠對自己過去和現在的經驗，以及所儲存的感官要素，達到更成熟和漸進的理解與參與。這可以讓回憶再做更進一步的處理，「在治療裡，遊戲活動會促進過去經驗的修正和新因應策略的創新。在治療期間，兒童的遊戲活動能夠轉換對重要關係，以及對周遭環境適應的觀點」（Chazan, 2002, p. 23）。

　　Ariel（1992, pp. 40-41）認為在敏感主題所滿載的情緒中，假扮遊戲

在其周圍充當調節激發程度的一種設備。他認為工作的發生與許多歷程都有關聯，包括透過重複遊戲而習慣、透過新的想法和理解而重組認知、透過連結愉快的刺激而去制約，以及透過遊戲主題產生能力處理情緒而精熟。在治療中重新處理舊的記憶，使依附在困難記憶的情緒基調能夠被修正，也使兒童能夠經驗到更多的自我效能感（Hogberg et al., 2011; Stern, 1985）。「在治療裡，遊戲活動催化了舊經驗的修正和新因應策略的創新」（Chazan, 2002, p. 23）。Loewald（1980）強調假扮遊戲能夠建立兒童的反思技能，讓原始的行動能夠被重組和重新解釋。治療關係的脈絡能夠支持這樣的重組歷程（Levy, 2008）。

　　Ramussen 與 Cunningham（1995）在為經歷過性虐待的兒童選擇合適的遊戲治療介入方式時，提出「一種處方性的取向……亦即建立在非指導遊戲治療投契關係之下，將聚焦技術（即認知行為治療、隱喻、閱讀治療和藝術治療）結合進來」。1997 年，Kaduson、Cangelosi 與 Schaefer 擴大辯論：治療師如何以一個處方式的方法，配合某種特定類型問題的案主來提供介入，而不是維持一體適用的取向。今日有許多（或至少大多數的）遊戲治療師，是朝向使用多重模式取向回應個別兒童需求的目標前進。整合取向（Drewes, 2011; Drewes, Bratton, & Schaefer, 2011）能合併混合兩種或更多的模式，這些模式可以是受到他人影響而認為合宜的某種單一理論模式，或者也可以是治療師應用他們認為在特定的情況下最適切的模式。這個處方式取向（Schaefer, 2003, 2011）通常是參考兒童的轉介議題、診斷、處遇相關的實證基礎而啟動。「處方遊戲治療師用來搭配處遇某種疾患的首要標準是科學證據」（Schaefer, 2003, p. 308）。Yasenik 與 Gardner（2004, 2012）描述了所謂彈性整合取向的做法，通常是在概念化的框架內，針對兒童在遊戲治療系列的每次會談，甚至只是在單次會談，都能直覺地回應其不斷改變的需求。

🐾 策略與技巧

　　現在讓我們來看一些已經被發現有助益的策略和技巧，能讓遊戲者在成功的遊戲治療之後，從被動經驗創傷事件移動到賦能、主動掌控的位置。

　　希望主動且有效地使用遊戲重現工作的遊戲治療師，可以有效地運用一系列架構和取向，包括 Norton 等人的四個 S（C. Norton & Norton, 2006; Norton et al., 2011）、Jennings 的 EPR（1990, 1998, 1999, 2004, 2005, 2011）、Gil（2006）的「創傷聚焦的遊戲治療」（trauma-focused play therapy, TF-PT）、Yasenik 與 Gardner 的四向度（2004, 2012）、Terr 的三原則（2003），以及 Goodyear-Brown（2010）的「連續彈性遊戲治療」（flexibly sequential play therapy, FSPT）都可以指引如何在臨床上做決定和協助概念化的復原歷程。

　　我自己的介入方式是「療癒試金石」（Therapeutic Touchstone）（Prendiville, 2009），這是在保持心理距離之下，用合乎兒童年齡的恰當語言，運用玩偶遊戲來為兒童自身生命故事進行故事創作的取向，也可以促進其轉換為發洩遊戲。我的經驗是應用敘事建立（narrative building）的介入，幫助兒童在治療歷程的早期，經驗到治療師是值得信任的，以建立安全感並催化治療同盟的建立，使兒童能夠表現出重要的遊戲內容。

　　Terr（1983）討論到使用在 PTSD 兒童的遊戲治療類型。她聚焦在兒童自發性發生的和治療師引入的發洩遊戲，包括釋放治療／發洩療法（Levy, 1938）、應用自發性遊戲的心理治療（Erikson, 1950）、控制遊戲（Levy, 1939），以及由 Terr 新創的矯正結局遊戲。每一種取向皆有部分是以發洩遊戲的療癒力量為基礎，其工作的過程包括使用治療師啟動的某種特定遊戲、兒童自發產生的遊戲，或邀請兒童參加的創傷相關遊

戲。以下描述不同程度的解析，以及如何在意識層次上工作。自發性的重複遊戲被預期可以支持同化和減低焦慮；然而，現今所要求的更好做法是，治療師要仔細地監控任何出現再度創傷訊號的狀況，以及思考此介入是否已經出現諸如：不斷打轉；重複的遊戲中斷；焦慮、恐懼或無助等無法釋放的顯著負向情緒；或遊戲是否變為強迫性，不是促進主宰感，以及在一段適當時間過去後並未朝向解決的方向移動。有時候，兒童會需要治療師成為「主動中間人」（active mediator）指導遊戲，以便兒童透過經驗控制、滿意地結束遊戲、表達和釋放負向情感，以及在認知上重新評估事件等達成對於創傷的主宰感（Schaefer, 1994）。Kaduson（2011）請求治療師在進行發洩遊戲的過程中，要同時運用知識和直覺。一致（congruent）的治療師會反思自己的內在歷程，注意自身對兒童的所作所為所產生的情緒和身體反應。不論是安全地結束遊戲治療，或者轉介到不同工作向度，一致的治療師會使用自己對兒童的知識，包括兒童的遊戲技巧、創傷歷史和呈現的問題、治療階段（C. Norton & Norton, 2006, 2008, 2011）、治療關係，以及他們與兒童一起工作時的共享歷史（Yasenik & Gardner, 2004, 2012）。他們會透過引進新角色或將某些事情帶入意識覺察，用心地製作或延伸拓展原來的遊戲。其他有用的治療介入，還包括和兒童共同建構新結局；治療師以遊戲中的角色描述出該角色的感受、情緒或想法；或者只是單純地透過角色扮演放大感覺和身體經驗。治療師會使用任何機會來促進洞察的出現，使兒童能夠從無法以言語形容的恐懼狀態，轉移到能夠完全地深入其中，且在認知上可以重新評估所創造出來的遊戲場景。這些可能包括重新框架角色對當時自身處境的反應——也許那是當時他們所能採取的最好方式，而不是只有無助而已。其他的可能性包括用言語表達所察覺到的幻想或恐懼、表達希望（即使只是幻想的希望），以及釋放被阻塞的動作和言語。也可以利用某個角色說話或者擔任敘述者角色的機會，提升覺察、增加洞察或影響遊戲者的世界觀或認知扭曲。

創傷是一個身體的經驗，無法透過談話催化復原，必須透過活動才能得到重獲尊嚴、賦與能力和控制的結果（C. Norton & Norton, 2006）。兒童不論是將治療師歸為主動或被動角色，治療師都會透過語言和強調身體元素，傳達出想要理解兒童的企圖（p. 43）。為了用全然同理的方式展現其理解兒童，治療師「會玩出他被分配到的情緒經驗」（C. Norton & Norton, 2011, p. 193），重演感受和身體元素（包括臉部表情和聲音），且強調這是合乎兒童發展階段的情緒表達方式。

Gil（1991）建議「**為創傷工作設定脈絡，可以促發兒童的創傷後遊戲或行為的重演**」（p. 24）；如果遊戲依然太刻板，沒有緩解焦慮，或者沒有提供矯正性情緒經驗，治療師可視需要打斷或是參與兒童的遊戲。如果遊戲內容經過 8 到 10 次仍然維持不變，那些以促進控制感為目標的介入就會被引入，其中包含引入肢體動作；評論遊戲以中斷自我陷入；透過要求兒童使用不同的角色來打斷原來的遊戲次序；操縱角色和要求兒童回答「如果是這樣，接下來會發生什麼」的問題；強調對於事件的記憶和當前安全感之間的差異；錄下遊戲並重新播放討論（p. 74）。Gil（1991）強調確保兒童在工作之後適當地放鬆的重要性，或許可以使用放鬆技巧或引導式心像法達到此目的（p. 76）。Gil（2010）提供我們關於她邀請創傷後遊戲，和催化兒童開啟漸進暴露之敏銳方法的細節。她引用 Herman（1997）的見解提出她的指導方針：「雖然治療上最常見的錯誤是迴避創傷素材，但第二常見的治療錯誤可能就是未成熟，或者在建立安全感和安全治療同盟的任務未達成之前，突如其來地進行探索工作。」（p. 173）所以 Gil 總是以非指導式作為起點（Axline, 1947; Landreth, 2002），然後再應用多重模式取向，讓兒童「使用任何他們所擁有的復原方式，包括創傷後遊戲」（Gil, 2010, p. 50）。她提醒，使用設定的議程或應用特定協議或預定活動，可能會讓兒童無法引導自己的復原。不過，她也指出創傷兒童可能需要主動的治療協助，才能讓他們面對自己可能想要逃避的事物。她對「口語重述是復原中必要的元素」的看法提出挑

戰,指出兒童在遊戲中所創造的故事「其價值等同於話語」(p. 52)。
Gil(2006)會考量每位案主的創傷經驗,並提供使他們能夠依自己的願
望重新創造遊戲表徵的素材。

臨床應用與花絮

　　有過任何難以承受或困惑經驗的兒童,包括災難和兒童虐待,能夠
從發洩遊戲的治療性使用中獲益。這可能包括兒童有適應問題、創傷反
應,以及那些單純或複雜的創傷後壓力症候群。因此,牢記三合一症狀
群(triad of symptom cluster,侵入性經驗重現、迴避症狀和高度激發)
是有幫助的。實證資料建議,有效治療 PTSD 的關鍵元素有「創傷反應的
心理教育、持續暴露在創傷相關線索或記憶下直到習慣化產生、幫助兒童
處理焦慮的因應技巧訓練,以及家長的訓練」(Carr, 2004, p. 237)。遊
戲治療已經被確立是一種對創傷兒童發展上適當的介入(Bratton & Ray,
2000; Bratton, Ray, Rhide, & Jones, 2005; Drewes, 2009; Dugan, Snow, &
Crowe, 2010; Gil, 2006)。Schaefer(1994, p. 309)指出「發洩遊戲的療
癒歷程包括:力量和控制、洞察、認知重新評估、情緒釋放、重複、社會
支持」。謹慎選擇微型玩具提供了理想的創傷相關線索,讓兒童可在遊戲
中暴露,在治療師提供「矯正性情緒反應」的支持下,給予他們練習控制
焦慮的機會(Alexander & French, 1980)。

　　Terr(1993)記錄了她如何透過發洩、脈絡和矯正的「三要素」
(trio of essentials)(p. 1403),在為期十二年裡處理經歷創傷的小女
孩 Cammie 的治療歷程。這三個要素可以在任何 PTSD 治療方案中使用,
每一個要素可個別或連貫地使用,也可以在處遇期間整合使用,如同發
生在此案例中的狀況。此外,這三個要素還必須伴隨創意、好玩和由樂趣
主導的歷程。這個案例研討,能夠提供我們有用的洞察,去了解 Terr 如
何與兒童進行發洩遊戲。Terr 透過心理分析眼光看待 Cammie 的表徵和她

的復原歷程，用防衛和移情來建構她的因應與行為。當 Cammie 開始透過「小紅帽」的遊戲「完全發洩她的創傷」時，Terr 相信有必要透過解析評論，來強調 Cammie 對遊戲中角色的感受可能如何使用了防衛，將「她的發洩重新導向適當的地方」（p. 1405）。這個遊戲持續著，沒有矯正的結局，直到 Terr 引入有關大野狼動機的脈絡思考。Terr 依此架構在認知層次工作——從自發性遊戲重演移動到「公開討論和探索」（Yasenik & Gardner, 2004, 2012），包括告訴 Cammie 她嬰兒期的故事，以及脈絡化她的 PTSD。力量主題持續主宰她的遊戲，雖然她能夠完全地表達遊戲場景中被害人角色的情緒經驗，但 Cammie 有持續認同侵略者的狀況（A. Freud, 1937），Terr 驅使她藉由插入新角色和規畫新策略，來共同促發克服壞人的遊戲（Yasenik & Gardner, 2004, 2012）。這遊戲帶來顯著的轉移——認識到能夠克服障礙是個有用的再認知。

當兒童在會談中陷入與個人有關（C. Norton & Norton, 2006, 2008）的角色扮演時，我就會看到創傷所造成的生理影響（Terr, 1990）。當我在由兒童導演、編劇、演出的遊戲治療單元中被設定為被害人的角色時，透過投射性認同的過程，我也經驗過它。也許這是 Terr（1990）所謂創傷後重演「傳染性」因素的一部分？或者，具傳染性可能是因為兒童無力理解內容、涵容、處理和顧及到自己的生理反應所致？當它被外顯化傳遞給其他人時，就會出現一個更完全地與之互動的機會——再次顯示出距離所產生的戲劇性矛盾議題。

我在心理治療裡與這個現象工作的方式，不僅是密切關注會談中我所看到的兒童和他們的遊戲，同時還會關注發生在我內在的部分。我監控我的內在歷程並且做一個嘗試性的假設：是否我的內在經驗具有平行性，亦即可能就是在生活中因為某事件所引起或造成兒童心理困擾的經驗。我透過安靜的聲明（喃喃自語）測試我的假設，我停留在被指派的角色，表現或描述在我經驗中身體的、情緒的和認知的元素（例如：「我現在愈來愈害怕，我感覺肚子在搖晃，看起來醫生會傷害我」，或「有事情正在發

生，但我不知道是什麼。看起來這像是一個惡作劇」）。依據兒童的反應我可以進一步闡述我所經歷的。

十二歲的 Debra 經常在遊戲治療中玩學校遊戲。事實上，我們每次會談都重複這個遊戲已經有好幾週了。故事情節很少出現改變，她是生氣的老師，而我和許多的泰迪熊及娃娃是她的學生，我們總是做錯事與陷入麻煩。會談的剪輯可能看起來像這樣：Debra 扮演老師，在黑板上教數學，轉過來指著我大吼：「2+2 是多少？」我扮演的是學生，我略微抬起頭（以表示離開角色）輕聲說：「我要說什麼？」她用一個興奮的語調回答：「說 3，說 3。」我說：「3」，然後我受到嚴厲的責備，就這樣重複了許多次。我經常被說很笨、很頑皮、麻煩大了，我的名字會被列在黑名單中，而我的家長會被叫來，因為我很沒用。這個場景已經在很多次會談中出現而且沒有解決。我決定要使用更多內在感受來反應，我開始在我的回應內容中加入一些喃喃自語。Debra 背對我寫黑板時，我就開始。我用一個被嚇壞的語調竊竊私語說：「這個老師真是壞心，她讓我好害怕。有時候，我知道正確答案，但是她讓我太害怕，我就會一直說錯！」在這時，Debra 從背後伸出她的手臂，用一個鼓勵的姿態說：「繼續說，繼續說。」遊戲開始變得有些不同。有時當我問「我要說什麼」時，我被允許可以說出正確的答案。偶爾我甚至被稱讚！不過老師依然很壞心，對我不公平，且持續在我的同儕面前羞辱我。

Debra 的遊戲會談隨著時間有了改變，我的喃喃自語開始處理我（扮演笨小孩）的困惑、煩惱、傷心、擔憂和焦慮等更多感受。我描述和擴大我的感覺及身體經驗，我開始大聲地「納悶」老師是否該這樣對兒童、我懷疑是否該告訴我的媽媽。所有這些發聲會積極地被鼓勵，並由 Debra 結合到遊戲中。在我提議告訴媽媽那週之後，Debra 在這週的遊戲中告訴我，我應該要回家且說出這件事。新的場景在接下來幾週產生，遊戲中所描繪的權力失衡有了重大轉變。Debra 的發洩遊戲隱喻性地連結到她的創傷歷史，戲劇所產生的距離感讓她有機會玩出並感受到自己的能力，以克

服她受到父親性侵害的經驗和記憶。

　　Bill 是一個六歲男生，他因為高度焦慮而被轉介到遊戲治療。他的重複遊戲主題涉及一個肢體遊戲，他會用棒子打球，然後滑到地板上大喊「安全上壘」並觸摸泡棉墊，而我必須在房間裡追球，將球回收，並試著在他之前帶著球回到安全壘包。這完全是不可能的任務，因為安全壘包就位在 Bill 的右腳邊！我不懂得這個遊戲的特色，直到有一天 Bill 的呼吸似乎變得痛苦。我很清楚他實際上沒有太過操勞，所以我知道喘氣對他的歷程別有意義。他要求喝杯水，我給了他。他將玻璃杯送到嘴唇邊，嘴巴裡裝滿一半的水，並且持續這樣呼吸喘氣，還發出咕嚕的聲音。我提到要一邊喝水一邊呼吸有多困難，這個回應彰顯了關鍵元素！在治療開始的幾個月前，Bill 曾掉進河裡。儘管他是個游泳好手，許多成人當時也在場，在他被救起來之前還是滑落到水面下好幾次。雖然我意識到遊戲和水中意外之間有著明確的關聯，但我對球賽如何與此連結仍感到困惑。當 Bill 的媽媽告訴我，他在會談回家的路上曾問到「為什麼 Eileen（本章作者）的遊戲室裡有浮板」時，這個困惑變得清晰。就是它——Bill 製作的安全壘包實際上是用於園藝的跪墊，但它酷似浮板。這就是遊戲的力量！

　　Emily，四歲女生，因為受性侵害被揭發後而轉介到遊戲治療。在治療的中期，她開始揭露先前沒有曝光的額外性侵害事件。在一次會談中，她提到攻擊者「把石頭放進我的屁股裡」。她自發性地宣告「他拿走了我好的愛，把不好的愛放進我裡面」。我趕緊靠近她，表示我要告訴她一些非常重要的事情。我解釋好的愛永遠不會離開，但有時候如果不好的愛進來，好的愛得找地方躲起來。「如果你能在身上找到好的愛藏在哪裡，你就能夠再次讓它自由」。Emily 躺在地上、緊閉眼睛，開始全身上下拍她的身體。當她興奮地拍左手臂下面時，突然間她驚嘆：「我找到了！我找到了！它在這裡下面。」我要她試著窺看裡面並且告訴我它看起來像什麼。她的答案是「許多粉紅色小愛心」。我告訴她我很開心她找到它了，並且告訴她任何時候只要她準備好，都能夠讓粉紅色愛心四處走走，並且

長大填滿她的身體。在那次會談我們花時間用毛根製作了粉紅愛心。在接下來的會談，Emily 表示擔憂那個「石頭」還在她的身體裡。她躺在一張大紙上，我把她的輪廓畫下。她畫下石頭和「好的愛／粉紅愛心」，愛心仍然在她的手臂下面聚集在一起。粉紅愛心沒辦法得到自由，除非石頭消失。起初她想要確定她的感受不會出來，但之後她說做「一條非常小的路」讓它們能夠出來會是好的。她在紙上畫了許多物件——槌子、釘子、槍、刀、子彈、雙筒望遠鏡作為出口！我提到使用我們的聲音是另一個讓情感出來的方式，然後她說我們需要去第二個遊戲區。她聚集了一組娃娃玩偶和奶瓶、一些她列為情感出口的玩具，還有一個計時器和麥克風。她把槍、槌子和其他工具放在一隻大泰迪熊身上，用大泰迪熊來代表她在揭露中命名的那個人（我們稱他 X 先生），並且將其他的玩具留在身邊。

她說要讓我看看過去發生什麼事。她躺在長椅上，設定好計時器放在桌子上，宣告當鈴響時 X 先生會進到房間裡。她非常具體描述她會怎麼趴著，和他究竟會做些什麼。她提議我扮演 X 先生，但我解釋我無法這麼做因為那是錯的。她選擇用小熊作為男性成人的替代物。當計時器響了，Emily 將小熊放在背上自發地重演她描述過的身體經驗，移動她的身體、啜泣、發抖、扭動，以及呼喊「停止」。我發覺目睹這一切而不去打斷或安撫她好困難，但我明白信任她心底深處知道自己的復原需要什麼非常重要。我需要成為她的見證者。她轉成用一個更有能力的位置，跳起來，大叫「停止」和「我恨你，別煩我」，同時用拳頭和帶來的工具在第二遊戲區毆打、丟擲、攻擊大泰迪熊。當她宣告「現在我得再做一次！」並且再一次設定場景時，我很驚訝。不過，更令我驚奇的是當第二次演出時，她描繪出更有力量的情況。這次，當計時器響了，場景沒有重複而 Emily 坐起，撿起娃娃玩偶（那是她先前用她的名字命名且年紀是三歲的那隻玩偶），餵食、安撫和養育它。她把剩下的會談用在修復的遊戲。

在如此支持的環境中讓創傷再經驗是療癒的（Littrell, 1998）。Hogberg 等人（2011）提出「負向和正向情緒兩者都必須在治療會談中被

引發」。Emily 引入的改變帶來一個新版的記憶——她是有力量和具掌控權的，並以她能夠照顧娃娃玩偶來作結。透過重演以及在現場支持的見證者，Emily 經驗到主宰感和寬慰（Shelby, 1997）。在事發當時她不得不壓制的衝動，亦即喝斥停止、表達感受、進行報復，如今在幻想中得以經驗。這會帶來更安全的感覺，使她能用她認同的娃娃進行滋養活動。Emily 為我證實了發洩遊戲的療癒力量。

❖ 參考書目

Alexander, F., & French, T. (1980). *Psychoanalytic theory*. Lincoln: University of Nebraska Press.

Ariel, S. (1992). *Strategic family play therapy*. West Sussex, England: Wiley.

Axline, V. (1947). *Play therapy*. New York, NY: Ballantine Books.

Bratton, S., & Ray, D. (2000). What the research shows about play therapy. *International Journal of Play Therapy, 9*, 47–88.

Bratton, S., Ray, D., Rhide, T., & Jones, L. (2005). The efficacy of play therapy with children: A meta-analytic review of treatment outcomes. *Professional Psychology: Research and Practice, 36*, 378–390.

Carr, A. (2004). Interventions for post-traumatic stress disorder in children and adolescents. *Paediatric Rehabilitation, 7*(4), 231–244.

Chazan, S. E. (2002). *Profiles of play: Assessing and observing structure and process in play therapy*. London, England: Kingsley.

Chazan, S., & Cohen, E. (2010). Adaptive and defensive strategies in post-traumatic play of yound children exposed to violent attacks. *Journal of Child Psychotherapy, 36*(2), 133–151.

Chemtob, C., Nakashima, J., & Hamada, R. (2002). Psychosocial intervention for postdisaster trauma symptoms in elementary school children. *Archives of Pediatric & Adolescent Medicine, 156*, 211–216.

Cohen, J. A., Mannarino, A. P., & Deblinger, E. (2006). *Treating trauma and traumatic grief in children and adolescents*. New York, NY: Guilford Press.

Colrain, J., & Steele, K. (1991, November). *Treatment protocols for spontaneous abreactive memory work*. Paper presented at the Eighth International Conference on Multiple Personality/ Dissociative States, Chicago, IL.

Comstock, C. (1986, September). *The therapeutic utilization of abreactive experiences in the treatment of multiple personality disorder*. Paper presented at the Third International Conference on Multiple Personality/Dissociative States, Chicago, IL.

Comstock, C. (1988, October). *Complications in abreactions during treatment of multiple personality disorder and dissociation*. Paper presented at the Fifth International Conference on Multiple Personality/Dissociative States, Chicago, IL.

Drewes, A. A. (2009). *Blending play therapy with cognitive behavioral therapy: Evidence-based and other effective treatments and techniques*. Hoboken, NJ: Wiley.

Drewes, A. A. (2011). Integrative play therapy. In C. E. Schaefer (Ed.), *Foundations of play therapy* (2nd ed., pp. 349–364). Hoboken, NJ: Wiley.

Drewes, A. A., Bratton, S. C., & Schaefer, C. E. (2011). *Integrative play therapy*. Hoboken, NJ: Wiley.

Dripchak, V. L. (2007). Posttraumatic play: Towards acceptance and resolution. *Clinical Social Work Journal, 35*, 125–134.

Dugan, E., Snow, M., & Crowe, C. (2010). Working with children affected by Hurricane Katrina: Two case studies in play therapy. *Child & Adolescent Psychiatry, 15*(1), 52–55.

Eaton, G., Doherty, K., & Widrick, R. (2007). A review of research and methods use to establish art therapy as an effective treatment method for traumatized children. *Arts in Psychotherapy, 34*, 256–262.

Erikson, E. H. (1950). *Childhood and society*. New York, NY: Norton.

Ekstein, R. (1966). *Children of time and space, of action and impulse*. New York, NY: Appleton-Century-Crofts.

Freud, A. (1937). *The ego and the mechanisms of defense*. New York, NY: International Universities Press.

Freud, S. (1920). Beyond the pleasure principle. In J. Strachey (Ed.), *The standard edition of the complete psychological work of Sigmund Freud (SE)* (Vol. 18). London, England: Hogworth Press.

Findling, J. H., Bratton, S. C., & Henson, R. K. (2006). Development of the trauma play scale: An observation-based assessment of the impact of trauma on the play therapy behaviors of young children. *International Journal of Play Therapy, 15*, 7–36.

Fine, C. G. (1991). Treatment stabilization and crisis intervention: Pacing the therapy of the multiple personality disorder patient. *Psychiatric Clinics of North America, 14*(3), 661–675.

Freud, A., & Burlington, D. (1942). *War and children. Report 12 in The writings of Anna Freud* (Vol. 3, pp. 143–211). New York, NY: International Universities Press.

Galante, R., & Foa, E. (1986). An epidemiological study of psychic trauma & treatment effectiveness of children after a natural disaster. *Journal of the American Academy of Child Psychiatry, 25*, 357–363.

Gantt, L. M., & Tinnin, L. W. (2007). The instinctual trauma response. In D. B. Arrington (Ed.), *Art, angst, and trauma: Right brain intervention with developmental issues* (pp. 168–174). Springfield, IL: Thomas.

Gantt, L., & Tinnin, L. W. (2009). Support for a neurobiological view of trauma with implications for art therapy. *Arts in Psychotherapy, 36*, 148–153.

Gardner, R. (1971). *Therapeutic communications with children: The mutual storytelling technique*. New York, NY: Science House.

Gil, E. (1991). *Healing power of play: Working with abused children*. New York, NY: Guilford Press.

Gil, E. (1999). Understanding and responding to post-trauma play. *Association for Play Therapy Newsletter, 17*(1), 7–10.

Gil, E. (2006). *Helping abused and traumatized children: Integrating directive and nondirective approaches*. New York, NY: Guilford Press.

Gil, E. (2010). *Working with children to heal interpersonal trauma*. New York, NY: Guilford Press.

Goodyear-Brown, P. (2010). *Play therapy with traumatized children: A prescriptive approach*. Hoboken, NJ: Wiley

Grof, S. (1988). *The adventure of self discovery: Dimensions of consciousness and new perspectives in psychotherapy and inner exploration*. Albany: State University of New York Press.

Harris, D. A. (2009). The paradox of expressing *speechless terror*: Ritual liminality in the creative arts therapies' treatment of posttraumatic distress. *Arts in Psychotherapy, 35*, 94–104.

Herman, J. (1997). *Trauma and recovery: The aftermath of violence—From domestic abuse to political terror* (2nd ed.). New York, NY: Basic Books.

Hogberg, G., Nardo, D., Hallstrom, T., & Pagani, N. (2011). Affective psychotherapy in post-traumatic reactions guided by affective neuroscience: Memory reconsolidation and play. *Psychology Research and Behaviour Management, 4,* 87–96.

Irwin, E. C. (1983). The diagnostic and therapeutic use of pretend play. In C. E. Schaefer & K. J. O'Connor (Eds.), *Handbook of play therapy* (pp. 148–173). New York, NY: Wiley.

Jackson, S. (1994). Catharsis and abreaction in the history of psychological healing. *Psychiatric Clinics of North America, 17*(3), 471–491.

Jemmer, P. (2006). Abreaction—Catharsis: Stirring dull roots with spring rain. *European Journal of Clinical Hypnosis, 7*(1), 26–36.

Jennings, S. (1990). *Dramatherapy with families, groups and individuals.* London, England: Kingsley.

Jennings, S. (1998). *Introduction to dramatherapy.* London, England: Kingsley.

Jennings, S. (1999). *Introduction to developmental play therapy: Playing and health.* London, England: Kingsley.

Jennings, S. (2004). *Creative storytelling with children at risk.* Milton Keynes, England: Speechmark.

Jennings, S. (2005). *Creative play with children at risk.* Bicester, England: Speechmark.

Jennings, S. (2011). *Healthy attachments and neuro-dramatic-play.* London, England: Kingsley.

Johnson, D. R. (2009). Commentary: Examining underlying paradigms in the creative arts therapies of trauma. *Arts in Psychotherapy, 36,* 114–120.

Kaduson, H. G. (2011). Release play therapy. In C. E. Schaefer (Ed.), *Foundations of play therapy* (2nd ed., pp. 105–126). Hoboken, NJ: Wiley.

Kaduson, H. G., Cangelosi, D., & Schaefer, C. E. (Eds.). (1997). *The playing cure: Individualized play therapy for specific childhood problems.* Northvale, NJ: Aronson.

Landreth, G. L. (2002). *Play therapy: The art of the relationship* (2nd ed.). Muncie, IN: Accelerated Development.

Levy, A. J. (2008). The therapeutic action of play in the psychodynamic treatment of children: A critical analysis. *Clinical Social Work Journal, 36,* 281–291.

Levy, D. M. (1938). Release therapy in young children. *Psychiatry, 1,* 387–390.

Levy, D. M. (1939). Release therapy. *American Journal of Orthopsychiatry, 9,* 713–736.

Levy, D. M. (1976). Release therapy. In C. E. Schaefer (Ed.), *The therapeutic use of child's play* (pp. 173–186). Northvale, NJ: Aronson.

Lipovsky, J. A. (1991). Posttraumatic stress disorder in children. *Community Health, 14,* 42–51.

Littrell, J. (1998). Is the re-experience of painful emotion therapeutic? *Clinical Psychology, 18*(1), 71–102.

Loewald, H. W. (1980). *Papers on psychoanalysis.* New Haven, CT: Yale University.

Maqwaza, A., Kilian, B., Petersen, I., & Pillay, Y. (1993). The effects of chronic violence on preschool children living in South African townships. *Child Abuse & Neglect, 17,* 795–803.

Mann, E., & McDermott, J. F. (1983). Play therapy for victims of child abuse and neglect. In C. E. Schaefer & K. J. O'Connor (Eds.), *Handbook of play therapy* (pp. 283–307). New York, NY: Wiley.

McGee, D., Brown, I., Kenny, V., & McGennis, A. (1984). Unexperienced experience: A critical reappraisal of the theory of repression and traumatic neurosis. *Irish Journal of Psychotherapy, 3*(1), 7–19.

Myers, C. E., Bratton, S. C., Hagen, C. K., & Findling, J. H. (2011). Development of the trauma play scale: Comparison of children manifesting a history of interpersonal trauma with a normative sample. *International Journal of Play Therapy, 20*(2), 66–78.

Nader, K. O., & Pynoos, R. S. (1991). Play and drawing: Techniques as tools for interviewing traumatized children. In C. E. Schaefer, K. Gitlin, & A. Sandrgund (Eds.), *Play, diagnosis, and assessment* (pp. 375–389). New York, NY: Wiley.

Norton, B., Ferriegal, M., & Norton, C. (2011). Somatic expressions of trauma in experiential play therapy. *International Journal of Play Therapy, 20*(3), 138–152.

Norton, C., & Norton, B. (2006). Experiential play therapy. In C. E. Schaefer & H. G. Kaduson (Eds.), *Contemporary play therapy: Theory, research, and practice* (pp. 28–54). New York, NY: Guilford Press.

Norton, C., & Norton, B. E. (2008). *Reaching children through play therapy: An experiential approach* (3rd ed.). Denver, CO: White Apple Press.

Norton, C. C., & Norton, B. E. (2011). Experiential play therapy. In C. E. Schaefer (Ed.), *Foundations of play therapy* (2nd ed., pp. 187–204). Hoboken, NJ: Wiley.

Oremland, E. K. (1993). Abreaction. In C. E. Schaefer (Ed.), *Therapeutic powers of play* pp. (143–166). Northvale, NJ: Aronson.

Panskepp, J. (1998). *Affective neuroscience.* New York, NY: Oxford University Press.

Panskepp, J. (2003). At the interface of the affective, behavioral, and cognitive neurosciences: Decoding the emotional feelings of the brain. *Brain and Cognition, 52,* 4–14.

Panskepp, J. (2005). Affective consciousness: Core emotional feelings in animals and humans. *Conscious Cognition, 14,* 30–80.

Piaget, J. (1962). *Play, dreams and imitation in childhood.* New York, NY: Norton.

Prendiville, E. (2009, June). *The therapeutic touchstone.* Paper presented at the International Play Therapy Study Group, Wroxton, UK.

Putnam, F. W. (1989). Diagnosis and treatment of multiple personality disorder. *Psychiatric Clinics of North America, 14*(3), 489–502.

Ramussen, L. A., & Cunningham, C. (1995). Focused play therapy and non-directive play therapy: Can they be integrated? *Journal of Child Sexual Abuse, 4*(1), 1–20.

Saylor, C., Swenson, C., & Powell, P. (1992). Hurricane Hugo blows down the broccoli: Preschoolers post-disaster play and adjustment. *Child Psychiatry & Human Development, 22*(3), 139–149.

Schaefer, C. E. (1993). What is play and why is it therapeutic? In C. E. Schaefer (Ed.), *The therapeutic powers of play* (pp. 1–15). Northvale, NJ: Aronson.

Schaefer, C. E. (1994). Play therapy for psychic trauma in children. In K. J. O'Connor & C. E. Schaefer (Eds.), *Handbook of play therapy. Advances and innovations* (Vol. 2, pp. 297–318). New York, NY: Wiley.

Schaefer, C. E. (2003). Prescriptive play therapy. In C. E. Schaefer (Ed.), *Foundations of play therapy* (pp. 306–320). Hoboken, NJ: Wiley.

Schaefer, C. E. (2011). Prescriptive play therapy. In C. E. Schaefer (Ed.), *Foundations of play therapy* (2nd ed., pp. 349–364). Hoboken, NJ: Wiley.

Schaefer, C. E. (2012). *The therapeutic powers of play.* Unpublished manuscript.

Shelby, J. (1997). Rubble, disruption, and tears: Helping young survivors of natural disaster. In H. G. Kaduson, D. Cangelosi, & C. E. Schaefer (Eds.), *The playing cure* (pp. 141–169). Northvale, NJ: Aronson.

Smith, P. (2009). *Children and play: Understanding children's worlds.* West Sussex, England: Wiley-Blackwell.

Soloman, J. C. (1938). Active play therapy. *American Journal of Orthopsychiatry, 8,* 479–498.

Stagnitti, K. (1998). *Learn to play: A practical program to develop a child's imaginative play skills*. Australia: Co-ordinates.

Steele, K., & Colrain, J. (1990). Abreactive work with sexual abuse survivors: Concepts and techniques. In M. A. Hunter (Ed.), *The sexually abused male: Volume 2, Applications of treatment strategies* (pp. 1–55). Lexington, MA: Lexington Books.

Stern, S. (1985). *Interpersonal world of the infant*. New York, NY: Basic Books.

Terr, L. (1979). Children of Chowchilla: A study of psychic trauma. *Psychoanalytic Study of the Child, 34*, 547–623.

Terr, L. (1981). Psychic trauma in children: Observations following the chowchilla schoolbus kidnapping. *American Journal of Psychiatry, 138*, 14–19.

Terr, L. (1983). Play therapy and psychic trauma: A preliminary report. In C. E. Schaefer & K. J. O'Connor (Eds.), *Handbook of play therapy* (pp. 308–319). New York, NY: Wiley.

Terr, L. (1990). *Too scared to cry: Psychic trauma in childhood*. New York, NY: Basic Books.

Terr, L. C. (2003). "Wild child": How three principles of healing organized 12 years of psychotherapy. *American Academy of Child and Adolescent Psychiatry, 42*(12), 1401–1409.

Van der Hart, O., & Brown, P. (1992). Abreaction re-evaluated. *Dissociation, 5*(3), 127–140.

Van der Kolk, B. A. (1996a). The body keeps the score: Approaches to the psychobiology of posttraumatic stress disorder. In B. Van der Kolk, A. Mc Farlane, & L. Weisaeth (Eds.), *Traumatic stress: The effects of overwhelming experience on mind, body and society* (pp. 214–241). New York, NY: Guilford Press.

Van der Kolk, B. A. (1996b). The complexity of adaptation to trauma: Self-regulation, stimulus discrimination, and characteriological development. In B. Van der Kolk, A. Mc Farlane, & L. Weisaeth (Eds.), *Traumatic stress: The effects of overwhelming experience on mind, body and society* (pp. 182–213). New York, NY: Guilford Press.

Van der Kolk, B. A. (1996c). Trauma and memory. In B. Van der Kolk, A. Mc Farlane, & L. Weisaeth (Eds.), *Traumatic stress: The effects of overwhelming experience on mind, body and society* (pp. 279–302). New York, NY: Guilford Press.

Van der Kolk, B., Mc Farlane, A., & Weisaeth, L. (Eds.). (1996). *Traumatic stress: The effects of overwhelming experience on mind, body and society*. New York, NY: Guilford Press.

Waelder, R. (1932). The psychoanalytic theory of play. *Psychoanalytic Quarterly, 2*, 208–224.

Woltmann, A. G. (1964). Concepts of play therapy techniques. In M. R. Haworth (Ed.), *Child psychotherapy: Theory and practice*. New York, NY: Basic Books.

Yasenik, L., & Gardner, K. (2004). *Play therapy dimensions model: A decision making guide for play therapists*. Alberta, Canada: Rocky Mountain Play Therapy Institute.

Yasenik, L., & Gardner, K. (2012). *Play therapy dimensions model: A decision making guide for integrative play therapists*. Philadelphia, PA: Kingsley.

Zero to Three. (2005). *Diagnostic classification of mental health and developmental disorder of infancy and early childhood: Revised edition. (DC:0-3R)*. Washington, DC: Zero to Three Press.

Chapter 8

正向情緒

★ Terry Kottman

導論

「我想不出其他任何人比你對燦爛笑容、笑聲和正向情緒（喜悅、歡笑、興奮、心流、快樂和其他）知道的更多；許多我們的案主來到這裡迫切需要的，就是這些正向的感受」（C. Schaefer，私人通信，2012年2月）。就是這些話讓我上鉤，投入本章的寫作。當我接到 Charlie Schaefer 的電子郵件，邀請我為新版的《遊戲的療癒力量》撰寫其中一章時，我著實受寵若驚且心神蕩漾，這可是來自遊戲治療學會創辦人的讚賞啊！我喜歡樂趣也愛分享快樂，很開心我專業領域內的大人物認同我使用幽默與玩樂（playfulness），和兒童創造出不同的互動。而且我完全同意他的說法：我們的案主之所以能夠健康發展和成長，是因為遊戲治療的歷程，創造出讓他們玩得開心和高興的空間，可以微笑和大笑，可以淘氣和開心。因此我說：「好，我答應！」忘了我討厭寫書——因為我得盡全力討好編輯而不是我自己，所以對我來說寫這個並不好玩。我無憂無慮（略帶無知）地想：「我當然可以做到，我全身都是正向情緒，我只要將它從頭頂用出來，沒問題！」在我同意撰寫本章之後，我閱讀完該把什麼囊括進去的附屬細則，我嚇壞了！哎呀！一系列由遊戲治療觸發的正向情緒？解釋正向情緒為何有療效？實證支持？遊戲在「改變機制」（change agent）發生上的角色？策略與技巧？哎呀！我停頓了；我想到了寫書以

外其他我可做的事。我打掃了我的地下室；我玩了紙牌；我整理了電子郵件的收件匣；我徹底地做了有關另一本書的其他事情；我清理了我十七歲兒子的房間；我去社區劇場看了戲；我做了拼貼畫；我停頓了。每隔一段時間，我會開始寫這一章，然後就變得不堪負荷。我試著要非常學術和正式，但那就會把我逼瘋，我被這個問題卡住：「我要如何用嚴肅拘謹的方式，表現出正向情緒的觀點並寫出相關的趣味？」最後，不管怎樣，在交稿日已經逾期一個月後，Schaefer 博士開始溫和地催我（可能很後悔自己的邀請和讚賞），我認清我不能停頓，要動起來寫。我在對自己的「談話」中，試圖提醒自己要學術、感覺牢騷滿腹和悲慘，這時我突然有一個頓悟——我把這件事變得比它所需要的更困難，*而且*我在自我放棄——把 Schaefer 博士起初邀請我寫本章的初衷給忘了。我正在把寫作本章變成一種苦差事，而不是變得有樂趣和快樂，這引起了負向情緒，而不是正向的那種。本章是我埋首的結果（終於），而本章的風格是我決定要把我要宣揚的理念付諸實踐。在我開始能夠寫作前，得先弄清楚如何讓這個經驗浸泡在正向情緒、樂趣和幽默中。我決定要讓本章在撰寫和閱讀上都變得更輕鬆、幽默（我希望）及有趣。〔短暫的暫停一下，我跑到廚房做了一小批鱷梨沙拉醬——在我做完之後，我發現袋子裡只剩下四片脆片，我克制了要跑去店裡買更多脆片的衝動。〕

正向情緒的描述

在準備寫本章時，我搜尋了自己的圖書（就在我的浴室裡，相當便利）並且花了好幾百美元買了與正向情緒和遊戲等相關的書籍，花費了無數小時閱讀這些書籍，也花費了許多日子瀏覽網路和搜尋遊戲相關主題的期刊論文，費時了好幾週苦讀這些文章，尋找由遊戲和遊戲治療所引發的一系列正向情緒之終極目標。我沒有找到，最終我放棄了〔然而我相信它真的存在於某處，等待被另一個比我更好的女性？研究人員？某個人？來

發掘〕。在缺少有幫助和啟發性的清單下要做些什麼，我有了一個我認為（到目前為止都是）英明的洞察──我要回到源頭。我要用我接下來許多次遊戲治療的會談來觀察與我工作的兒童，看見和聽見在我們遊戲中浮現的正向情緒。所以，這就是我的清單。兒童似乎感受到：

快樂	欣喜	希望	興奮	喜悅
愉快	親切	感激	平靜	自信
鎮定	自豪	滿意	滿足	痛快
信任	志得意滿	歡笑	被吸引	鍾愛
被愛	感興趣	好笑		

　　這些情緒中有些是被說出來的（例如：「我喜愛來這裡。」「我想念你，我很開心又開始上學校了，這樣我就能跟你玩。」「哇！房間裡有一些新玩意兒。」），有些則是在行為當中表現出來的（例如：擁抱、微笑、大笑、專注）。我確信遊戲治療的過程中還激起了許多其他的正向情緒，但我認為這個清單對於許多發生在遊戲治療會談中的正向情緒已經足具代表性。〔我想要指出正向情緒並不是我的遊戲治療會談中唯一經驗到或表達出的感受。我的會談並不全都是陽光和彩虹，有時候兒童會感到挫折、緊張、擔憂或煩躁等等，也會出現在遊戲治療中不那麼正向的情緒。〕

　　因為很多人會用遊戲治療與青少年和成人工作，應該要注意這些相同感受（正向和非正向）也同樣在他們的會談中發生，而我只是碰巧觀察了兒童。有趣的是，大部分關於正向情緒的研究是以成人為受試者完成的，而大部分遊戲和遊戲治療的文獻則關注於兒童；提供給想要與青少年和成人工作的遊戲治療師的專業資源很有限。Terr（1999）和 Frey（1993, 1994）曾寫過如何與成人進行遊戲治療的文章；只有包括 Gallo-Lopez 與 Schaefer（2005），以及 Ashby、Kottman 與 DeGraaf（2008）等少數的資源，關注於把遊戲治療用於青少年身上。在我心中，在某些方面青少年

和成人案主需要正向情緒的注入甚至超過兒童，他們更常對能帶來快樂、喜悅、歡笑、興奮和其他正向情緒的樂趣有需求，因為他們可能無法用大多數兒童的方式自然地參與遊戲。

本章這節應該是要回答**為什麼**這個力量是有療癒的問題。我認為，就某方面來說，這正是我著手寫作本章的掙扎癥結所在。對我來說答案似乎再明顯不過，經驗這些感受當然會對案主有幫助——是療癒的和有復原功效的。所以，某種程度上來說，在這一節我只想要寫：「哎呀這還用說（Duh）！」但我認為這樣並沒有履行我的專業義務，盡職解釋正向情緒的療癒力量。所以，我稍加探究了無數已蒐集到的資源，發現許多專家都寫到經驗正向情緒會是療癒的。

Fredrickson（1998, 2001, 2003）提出她的「擴大與建立論」（broaden and build theory）作為了解為何正向情緒是療癒的基礎。根據此理論，「許多正向情緒**擴大**個人當下的思考—行動本領（thought-action repertoire），促使他們追求比一般典型更廣泛的思考和行動（例如，遊戲、探索、品味，以及整合）」（Fredrickson & Branigan, 2005, p. 314）。更廣泛的思考—行動本領能夠幫助**建立**個人情緒的、心理的、認知的、身體的、社會的資源。因為「正向情感的擴大和建立效應會隨著時間累積和重整；正向能夠讓個人變得更好，讓他們更健康、更融入社會、有知識、有效能及有韌性」（Fredrickson & Losada, 2005, p. 679）。Fredrickson（2001）對好幾種不同的正向情緒進行概念分析（conceptual analysis），作為「擴大」究竟是如何發生的例子：喜悅「透過想要玩的欲望、推翻限制，和具有創造力來擴大」（p. 219）；滿足「透過改變目前生活品味的欲望，並將之整合到對自我和世界的新觀點來擴大」（p. 220）；自豪「透過想要與他人分享新成就的欲望，和展望未來會有更高的成就來擴大」（p. 220）。曾經驗過這些正向情緒的人們，擴大了他們的思考—行動本領，接著以此為基礎創造在生活中能夠支配的個人資源。

大眾心理學和專業心理學的文獻都提供詳盡資訊，針對為什麼正

向情緒該被視為一種在情緒的、心理的、認知的、身體的、行為的和社會的活動場域中的復原力量。根據大眾心理學作者，諸如 Baker 與 Stauth（2003）、Chittister（2011）、Rubin（2009）、Ryan（2005）和 Salmansohn（2001），以及學者如 Fredrickson（2000, 2001, 2003）、Neuhoff 與 Schaefer（2002）、Sin 與 Lyubomirsky（2009），以及 Teach 與 Lyubomirsky（2006），快樂、欣喜、歡笑、喜悅和其他正向情緒，是恐懼、憂傷、生氣、停滯和絕望的解毒劑。在正向情緒存在的情況下，要持續卡在不太正向的情緒會變得困難。產生正向情緒的經驗會催化諮商中治療同盟的形成（Bedi, Davis, & Williams, 2005），甚至會產生治療性改變和支持朝向正向心理健康的移動（Cloninger, 2006; Fitzpatrick & Stalikas, 2008; Russell & Fosha, 2008; Seligman & Csikszentmihalyi, 2000）。治療過程有時可能是痛苦或難受的，而在治療中獲得樂趣，就可以成為一種持續前來治療的動力（Ashby, Kottman, & DeGraaf, 2008; Carol, 2002; Kottman, 2011）。根據 Kissel（1990）的說法，遊戲與正向情緒用在幫助「太緊繃」的案主「放鬆」是非常有效的。同時在心理學的範圍裡，正向情緒會增加生活滿意度、因應技能、幸福感、韌性和成就（Cohn, Fredrickson, Brown, Mikels, & Conway, 2009; Fredrickson & Joiner, 2002; Fredrickson & Losada, 2005; Lyubomirsky, King, & Diener, 2005; Sin & Lyubomirsky, 2009; Tugade, Fredrickson, & Feldman-Barrett, 2004）。正向情緒也能提升創造力、認知技能和問題解決（Fredrickson, 1998; Fredrickson & Branigan, 2005; Fredrickson & Joiner, 2002; Fitzpatrick & Stalikas, 2008; Isen, 2000）。正向情緒能夠改善身體健康（Martin, 2004; Steptoe, Dockray, & Wardle, 2009; Teitelbaum, 2006），緩減痛楚和不適（Christie & Moore, 2005; Goodenough & Ford, 2005），甚至能夠促進長壽（Xu & Roberts, 2010）。許多遊戲與遊戲治療專家認為在遊戲過程或透過遊戲所產生的正向情緒有助於正向的行為改變，Elkind（2007）、Brown（2007）、Heidemann 與 Hewitt（2010）、

Landreth（2002）、Kottman（2003, 2011）、Kissel（1990）和 Terr
（1999）便是其中幾位。有些實證研究甚至提出，可以使用幽默改變攻
擊行為和改善化解衝突的技巧（Norrick & Spitz, 2008; Ziv, 2001）。其他
作者（例如，Hromek & Roffey, 2009; Johnston, Miles, & Macrae, 2010;
Nezlek & Derks, 2001; Waugh & Fredrickson, 2006）已經提出幽默、樂
趣、對賽遊戲，以及表達正向情緒都會改善社交功能。Cohen（2002）、
Elkind（2007）和 Kottman（2003）也讓我們看到遊戲中充滿樂趣的親子
互動，能夠增加家長與兒童之間的連結，並且廣泛地改善家人之間的關
係。

　　正向情緒為創造正向之情緒的、心理的、認知的、生理的、行為的
和社會的轉換帶來貢獻。因為這個貢獻，正向情緒必須被視為一種遊戲的
復原力量，並且有相當多的實證研究支持這個論點。〔是小憩一下的時候
了──我去了自然保護區，在過程中我經驗到許多正向情緒：(1) 觀察一
家人在停車場裡嘻笑跑向汽車的比賽，一大隊松鼠、許多小鳥、八隻鹿
和 (2) 與另一個請我幫他們拍照的家庭互動，我提議他們擺一個好笑的姿
勢，當然這帶來許多此起彼落的笑聲……〕

實證支持

　　正向情緒的復原力量有著大量的實證支持。研究者彙集資料並提出正
向情緒催化情緒、心理、認知、生理、社會和行為轉換的建議。然而，應
該要注意的是，這些研究大多數是針對成人，而不是兒童與青少年，因此
我假定對正向情緒的實證研究支持，可以外推應用到兒童和青少年身上。

情緒、心理和認知

　　心理學領域已經產出許多實證研究，支持正向情緒在人們的情緒、心
理和認知功能的有效作用。Garland 等人（2010）回顧了以正向情緒為主

體的相關研究，提到「正向情緒對煩躁、恐懼和缺乏興致等心理病理學上代表情緒失功能特徵的狀態，可以發揮抵消的力量」（p. 849）。換句話說，這些作者們蒐集了不計其數的研究，支持「在正向情緒的情況下要維持負向很困難」的論點，即向上循環可以抵消向下循環。這些作者同時也主張「來自行為科學和大腦科學的證據認為，重複激發輕度情緒狀態最終可以轉變情緒特質，我們推測是一種透過大腦功能和結構的持續改變來加強的轉型過程」（p. 860）。

在一系列為了驗證正向情緒的擴大與建立理論的研究中，Fredrickson 與她同僚的研究已經支持，正向情緒有助於情緒和心理健康（Burns et al., 2008; Catalino & Fredrickson, 2011; Cohn et al., 2009; Fredrickson & Joiner, 2002; Fredrickson & Losada, 2005; Fredrickson et al., 2003; Tugade & Fredrickson, 2004; Tugade et al., 2004）以及提升認知功能（Fredrickson & Branigan, 2005）。

在一個探討正向情緒和心胸寬闊因應（broad-minded coping）、人際信任以及社會支持之間關係的研究中，Burns 等人（2008）發現正向情緒與正向因應和人際信任有正相關，但與社會支持則無。他們同時也發現，正向情緒和多巴胺的功能可能有正向關係的初步證據。不過，這個證據相當有限，他們指出「在這方面更細緻的生化研究可能會有更多啟發證明」（p. 368），而建議做更深入的研究。

Fredrickson 與 Losada（2005），以及 Catalino 與 Fredrickson（2011）所進行的研究，探究了他們鑑別為幸福圓滿之人（flourisher）的正向情緒。「幸福圓滿意指生活在人類機能的最佳範圍，意味著善良、有生產力、具成長性和韌性」（Fredrickson & Losada, 2005, p. 678）。Fredrickson 與 Losada（2005）發現，幸福圓滿之人的正向情緒，在統計上顯著地多於負向情緒，那些被分類為幸福圓滿之人的正向情緒與負向情緒平均比例高於 2.9，那些不被歸類為幸福圓滿之人則是低於 2.9。Catalino 與 Fredrickson（2011）比較了幸福圓滿之人、非幸福圓滿之人

和有憂鬱症的人,以判斷幸福圓滿之人對他們生活中日常事件的反應,是否經驗到相對更多的正向情緒。他們發現幸福圓滿之人,與非幸福圓滿之人和憂鬱的人比較,當他們幫助、遊戲、學習和與人互動時,展現出更多正向情緒反應。〔好了,現在這太瘋狂了!今天中午我本該去做我最愛的秋葵濃湯,但是我太投入做這件事無法停下來攪拌一小時!加倍的哎呀!〕

Cohn 等人(2009)所做的一項研究裡,研究者一天測量一次一群大學生的情緒,並且評估學生的生活滿意度和韌性特質;他們發現正向情緒會增進生活滿意度與韌性。生活滿意度並未中介基礎線和最終韌性的關係,但正向情緒可以。這些研究者的結論強化了「正向情緒主動地幫助人們創造出想要的結果……但是當瞬間的(momentary)正向情緒不再出現在一般生活中時,瞬間情緒仍然維持其預測性」的證據(p. 366)。

Fredrickson 與 Joiner(2002)想為他們的前提:「正向情緒能啟動朝向情緒福祉之整體感受的向上螺旋提升」找到支持。他們假設:(1) 正向情緒(不是負向情緒)的初始經驗在一段時間過後,能預測心胸寬闊因應的改進;(2) 在一段時間過後初始層級的心胸寬闊因應能預測正向情緒的增加,而不是負向情緒;(3) 其他的因應型態會明確地與正向情緒相關,而不是負向情緒;(4) 正向情緒和心胸寬闊因應會彼此持續地相互影響。研究的結果證實了第一、第二和第四個假設——持續的相互影響是存在的,正向情緒預測心胸寬闊因應的改進,心胸寬闊因應預測正向情緒的增加(這支持創造一個朝向情緒福祉之向上螺旋提升的想法)。然而,他們沒有證實第三個假設——沒有其他的因應型態以相同的方式與正向和負向情緒相關。

Fredrickson、Tugade、Waugh 與 Larkin(2003)進行了一項研究,探究正向情緒在情緒韌性上是否是活躍的元素。他們發現在美國 911 恐怖攻擊之後,諸如感恩、興趣和愛的經驗等正向情緒感受,有減低憂鬱形成的傾向,並且提升危機後成長的心理資源。他們的資料分析建議「儘

管 911 攻擊投下情緒震撼彈，正向情緒是幫助有韌性的人們茁壯的關鍵成分」（p. 373）。

Tugade 與 Fredrickson（2004）設計了三個研究，測量有韌性的人們在遭遇壓力和負面情況下，是否會使用正向情緒來幫助他們重新振作或找到正面意義。其中第一個研究，他們發現「比起那些較缺乏韌性、經驗到相對較少正向情緒的人，正向情緒的經驗似乎有助於有韌性的個人，加速心血管從負向情緒的激發中復原」（p. 325）。在第二個研究中，他們的預測得到支持，正向情緒和挑戰評估而不是威脅，是有助於心理韌性的重要因子。第三個研究對正向情緒能夠強化個人因應負向經驗能力之論點提供支持。「重複的正向情緒經驗，容易增加個人在壓力事件後，找到正面意義和做出正面評估的可能性」（p. 330）。

在 Tugade、Fredrickson 與 Feldman-Barrett（2004）的兩個研究中，研究者檢驗了心理韌性（用正面情緒來因應負面事件之反彈能力）和正向情緒細緻度（granularity，亦即以正向情緒表達經驗之精確和具體傾向）。在第一個研究中，將自身評定為能夠有效地自壓力情境重新振作的受試者，在生理上展現出「在負向情緒激發後，快速回到基線水平生理反應」的能力（p. 1167）。第二個研究證實，與較低情緒細緻度的個人相較，展現出高情緒細緻度的個人，可以更精準地標籤化自己的正向情緒經驗，包括：(1) 在壓力的情況下，較不會讓自己在心理上分心；(2) 更投入於因應策略；(3) 較不會自動化地回應；以及 (4) 在回應壓力情況之前，會更認真考慮行為選項。根據這些研究所蒐集到的資料，Tugade 等人（2004）推斷，正向情緒「是緩衝個體對抗適應不良健康狀況的一個重要因子；近來的研究指出，找到培育有意義正向情緒的方法，對最佳的身體和心理機能是非常關鍵且必要的」（p. 1183）。

Fredrickson 與 Branigan（2005）設計了兩個研究，測量了清晰、獨立的正向情緒是否比中性狀態或負向的情緒，更能推動訓誡（precept）、想法和行動力序列的擴展。他們發現兩種特定情緒（娛樂和滿足）的確導

致注意力和思考—行動本領範圍的擴大,而兩種特定的負向情緒(憤怒和焦慮)則會縮減當下的思考—行動本領。

除了由 Fredrickson 與她的同僚所做的大規模研究外,其他幾位研究者也對正向情緒對個人心理和情緒功能之重要影響,提供了證明。Neuhoff 與 Schaefer(2002)發現成人若一天至少有一分鐘表現出快樂,則至少在短時間內,有可能提升他們的心情。

這些研究其實只觸及關於正向情緒有什麼效果的表面結論;Lyubomirsky、King 與 Diener(2005)做了一個後設分析研究,他們檢驗了 225 份論文中的 293 個樣本群,超過 275,000 位參與者。他們分析的所有研究都測量了快樂、正向情感或相近的構念,且評估至少一個結果、特徵、資源、技能或行為。他們發現快樂會伴隨頻繁的正向情感經驗,且通常隨之得到諸如就業和工作品質、收入、社區參與、社會關係、朋友和社會支持、婚姻滿意度、正向心理健康、身體健康等方面的成功。他們同時得出結論「正向情感——幸福的標誌——可能是與快樂有關的期望特徵(desirable characteristics)、資源和成功的原因」(p. 803)。

至少有兩份其他研究實際上檢驗了治療過程中的正向情緒。Sin 與 Lyubomirsky(2009)對 51 份探討正向心理介入(設計用來培養正向感受、正向行為或正向認知的活動)是否提升幸福感和減低憂鬱症狀的研究,做了後設分析。他們發現這些介入顯著提升了幸福感和降低了憂鬱的症狀。Bedi、Davis 與 Williams(2005)在一份採訪成人案主的質性研究中發現,「正向情操」(positive sentiment,口語和非口語之正向情感及態度的經驗與表達)是案主與治療師形成治療同盟時,所知覺到的最重要因子之一。〔我對此依然感興趣且興趣愈來愈濃厚,甚至不能在此刻停下來吃飯,我迷上正向情緒了。〕

🌳 身體健康

有不計其數的研究探討正向情緒與幽默對身體健康的影響,其中有一

些研究支持幽默和正向情緒與正向身體健康有關的論點，但同時也有一些並不支持（Martin, 2004）。全面探索所有的文獻超出了本章的範圍〔也超過作者對本章的續航力〕，有興趣鑽研這方面研究的讀者，應該參考Lyubomirsky 等人的大規模後設分析（2005），並從中找出一些研究的清單。幾位研究者（例如，Christie & Moore, 2005; Goodenough & Ford, 2005）對使用幽默作為幫助病人因應痛楚和不適的方法，已經提供了實證的支持。Xu 與 Roberts（2010）進行了一個縱向研究，其目的是探索主觀幸福感（連同正向感覺、正向情感和整體生活滿意的成分）、負向感覺，與長壽之間的關係。他們的結論是，在負面感覺的盛行率無法預測長壽的同時，主觀幸福感和它的正向成分則能夠顯著地預測長壽，以及降低全因死亡率、自然原因和非自然原因的死亡風險。這似乎暗示那些生活中充滿正向情緒的人們將會活得更久些。〔而且擁有更多樂趣，也讓活得久更值得！喔喔，這是一個編輯的評論，不是這研究的一部分。〕

🌳 行為和社會

幾個研究者設計探索幽默對正向情緒、改善社交功能與減少負面行為之間關係的研究（Johnston et al., 2010; Nezlek & Derks, 2001; Waugh & Fredrickson, 2006; Ziv, 2001）。Johnston、Miles 與 Macrae（2010）做了三個不同實驗，測量接收者對表示享受的微笑以及表示非享受的微笑是否反應不同。他們發現接收者注意到微笑類型之間的差別，特別是在合作和信任這兩個特質具重要性的情況下。比起表現出非享受微笑的人，展示享受微笑的個體，更可能被研究參與者正向地感知，也更可能引出接收者的合作意願。這可能代表以真實微笑表達正向情緒的人們，將更有可能被正向地感受到，並使他人有意願與他們合作，這對社會互動有顯著的衍生後果。Nezlek 與 Derks（2001）檢驗以幽默作為因應機制、心理調適和社會互動的結果。他們發現，個體使用幽默作為因應壓力的手段，與他們對社會生活以及與他人互動能力的自信有正相關。他們的結論是「和那些沒有

的人相較，使用幽默來因應的人們比較不那麼在乎自己的問題，比較會減輕他人所帶來的負擔，以及他們可能會提供他人更愉快（更幽默和不嚴肅）的支持形式」（p. 406），這讓社交互動變得更容易些（更有趣）。在一份針對大一學生的研究中，Waugh 與 Fredrickson（2006）發現，那些展現出更高正向情緒水平的學生，更有可能從室友那邊得到正向關係和更深入的理解。Ziv（2001）調查幽默對教室內攻擊的情緒宣洩的影響，發現讓感到挫折的學生觀賞幽默影片，會減低他們攻擊回應的傾向，幽默可緩和負向情緒和減低反社會或不合宜的行為。

　　所以……總結本章的這一節……有許多實證支持正向情緒作為療癒力量的效能。〔儘管這個部分看起來有更多研究證據可以一直研究、組織和寫下去，不過我要在我的正向情緒斷氣之前就此打住。〕

正向情緒在達成改變上的角色

　　不消說，遊戲是有趣的，而樂趣引發正向情緒。所以，遊戲自然產生正向情緒。假如你玩得正開心，要陰沉、難過、憂鬱、生氣或害怕是很難做到的；當你玩得開心，很容易會感到快樂、喜悅、興奮、自豪等等。甚至有研究支持，正在遊戲的兒童比沒有在遊戲的兒童，顯示出更多正向情感的想法（Moore & Russ, 2008）。我知道，要再說一次「這還用說！」，但當我指出正向情緒對遊戲治療的案主（有在遊戲的）是有復原力量的，這卻是一個重要的要點。甚至也有實證研究支持遊戲會導致正向情緒出現──Teach 與 Lyubomirsky（2006）做了一項研究，發現人們追求快樂的其中一個方法，是被研究者標示為「主動休閒」（active leisure，又名「遊戲」）的這個因子；另一個則是社會親和（這基本上就是「和朋友出去玩」，通常會是遊戲的一種輔助，當然是遊戲治療的一個成分）。

　　Schaefer（1983）認為想要清楚理解遊戲一詞其實非常困難，因為這

個字的完整定義從未被發展出來。〔二十年後，它依然沒有被發展出來，又或者已經被發展出來，但它躲在我找不到的地方。〕儘管缺少令人滿意的定義，Schaefer 認為大多數人都會同意，遊戲是有趣的且能喚起正向情緒的。他甚至引用數個資料來源描述遊戲是令人愉快的，並且斷言「遊戲一般被認為是工作的對立面，它是有趣的」（p. 2）。為了深化我們對遊戲概念的了解，以及它如何與正向情緒產生關聯，我蒐集了一些遊戲的官方定義和描述。多數對遊戲的定義似乎結合了遊戲產生某種正向情緒的想法。根據網站 dictionary.com，遊戲是「為了娛樂和休閒的練習和活動」。Terr（1999）定義遊戲為「目的在獲得樂趣的活動」（p. 21）。Landreth（2002）描述遊戲是「自發的、有樂趣的、自願的、非目標導向的」（p. 10）。Piaget（1962）指出「當不再努力去理解，而只是同化活動本身……為了活動的樂趣，那就是遊戲」（p. 148）。

根據美國國家遊戲機構（National Institute for Play）的創辦人 Stuart Brown（2010）的看法，遊戲有幾個基本屬性：(1) 顯然無目的；(2) 自願；(3) 本質上有吸引力；(4) 不受時間限制；(5) 可能減少遊戲者對自我的意識；(6) 充滿即興潛能；(7) 可能喚起延續的欲望。遊戲顯然無目的，因為它似乎不是為了任何實用價值而做，它是為了自己的緣故。作為其自願性質的一部分，它既不是強制性的，也不是任務要求的。通常，當人們參與遊戲，他們忘記時間的流逝，經驗自我意識的減輕，不再擔憂他們的侷限性或別人怎麼想他們。因為即興潛能，遊戲者可避免被困在僵化的行為模式，會去改變或忽視規則。當人們因為遊戲的愉快和樂趣而玩，他們通常想要繼續做下去或者以後再做一次。

對我來說，這些屬性就是讓遊戲變得自由的精髓。最束縛你和約束你的事——需要務實、遵守既定規則、取悅他人、善用時間，都包裹在一個自我意識的內疚中——被消除了。遊戲本身就是獎賞，就是它存在的原因。（Brown, 2010, p. 18）

同樣地，遊戲在神經學、生物學的面向也有相關重要的生物考量。甚至有心理生物學研究領域的科學家（例如，Burgdorf et al., 2011; Panksepp, Sivily, & Normansell, 1984; Trezza, Baaendse, & Vanderschuren, 2010）將他們的研究焦點放在遊戲和它在大腦社會酬賞機制裡的角色。此領域研究者的發現，很貼切地總結在〈遊戲的歡樂：針對社會酬賞的藥理洞察〉（The pleasures of play: Pharmacological insights into social reward mechanisms）這篇文章中（Trezza et al., 2010）：「社會遊戲是一個自然的增強物。與神經傳導物質諸如類鴉片、內生性大麻、多巴胺、正腎上腺素等藥物，之所以會得到酬賞有密切的關係，也和動機的、歡樂的、認知方面所得到的自然酬賞有關；亦即神經傳導物質同樣地在社會遊戲的表現上扮演一個重要的調節角色。」（p. 463）換句話說，遊戲釋放出 Breuning（2012）所稱的「快樂化學物質」。這些化學物質（類鴉片、內生性大麻、多巴胺、正腎上腺素、催產素、血清素）是由大腦邊緣系統釋放，以響應愉快的經驗（像是遊戲）並且創造正向情緒。

所有這些因子似乎強調我在這一節的原點——遊戲是有趣的。有趣引發正向情緒，我們的大腦甚至喜歡遊戲。一如我們在實證支持優勢上早已提出的，正向情緒帶來復原。令你印象深刻吧！

🐢 策略與技巧

不像一些其他的遊戲復原力量，要在遊戲治療會談中喚起正向情緒，是不需要特別的媒材或介入技巧的。不過當我昨天在自然保護區裡散步時，我意識到我的確有一套寬鬆的「指引」，讓正向情緒在會談中浮出水面的可能性增加。我也有一系列該類型的活動，用來在遊戲治療會談中提升樂趣。

以下是我認為遊戲治療師可用來執行的指引清單，可以確保正向情緒會在遊戲治療過程中出現：

創造一個安全的空間。

當個有趣的人，也玩得開心。

示範經驗和表達正向情緒。

給予許可。

與家長和老師工作以幫助他們在遊戲室外培養正向情緒。

　　除非案主感覺到安全，不然正向情緒不能、也不會發生。所以，遊戲治療師必須努力確保他們的遊戲室是安全的環境。遊戲室要安全，必須給案主一個對保密（和它的例外）的清楚解釋，對於兒童和治療師的身體安全有清楚的界限，對案主誠實（即使是困難的主題），讓玩具和媒材放在可預測和始終如一的地方，選擇與／為案主完全地處在當下。我傾向同意 Bixler（1949）所說的「界限就是治療」——我相信兒童想要結構和界限，並且指望遊戲治療師設定界限並堅定地執行它們。要在遊戲室創造安全的感覺，很重要的是，臨床工作者與兒童雙方都要能信賴彼此在身體上或情緒上不會受到傷害。

　　要創造一個鼓勵正向情緒的氣氛，遊戲治療師應該要有意願當個有趣的人並且玩得開心。〔畢竟，要與一位掃興的治療師玩得開心，對案主可能會有困難。〕在會談中合適的時機使用幽默、微笑和大笑，有時甚至是瘋癲傻氣（silliness），都是有幫助的。一個有趣的遊戲治療師，也就是一個對趣味和幽默感到舒適的人，將會誘發案主也變得有趣和玩得開心。遊戲治療師對會談的享受是會傳染的，如果他（她）玩得開心，案主也就更有可能玩得開心。Goldin 與 Bordan（1999）以及 Franzini（2001）發表了關於在成人諮商會談中使用幽默的資訊；遊戲治療師在與兒童工作時，可以採納這些文章中所敘述的一些想法。當案主在一些不好玩的工作中痛苦掙扎時（這也經常會發生），很明顯地這個方法不適用。遊戲治療師在會談中需要辨別和配合兒童整體的情感。當案主憂傷、生氣或感受到其他的痛苦時，遊戲治療師出現高興和歡樂的情緒則是不恰當的。

　　透過願意示範經驗和表達正向情緒，遊戲治療師會促進案主經驗和表達正向情緒。這可能會涉及到遊戲治療師要將會談中所經驗的個人情緒，做出某種程度的自我揭露；更重要的是，這麼做的同時還不能傳達出對兒童的不以為然（disapproval）和生氣。藉由聚焦正向情緒，遊戲治療師能鼓勵兒童並傳達接納；遊戲治療師如果能同時示範口語和非口語兩種情緒表達的方式，對案主會更有幫助。使用較大範圍的感覺字彙，是讓兒童表達感覺的字彙得以增加的媒介，而使用全身（臉、姿勢等等）來溝通感覺，也是一個提升兒童使用身體來表達感受能力的媒介。治療師應該展現高水平的情緒細緻度，使用精確和特定的字詞來表達感受；而此過程會為遊戲治療案主示範出這些技巧。

　　另一個在遊戲治療室裡增加樂趣的元素是給予許可——對「太緊」的案主和「太鬆」的案主都是〔請見 Kissel（1990），以獲取有關這些案主更詳細的描述〕。通常「太緊」的案主，特別是那些膽小、害羞、拘束和焦慮的人，在遊戲治療室（同時可能在他們生活中的其他地方）會避免讓自己去經驗和表達正向情緒。其他那些被 Kissel 歸類為「太鬆」的案主，會表現出失控行為，以及普遍呈現出諸如生氣、敵意和攻擊，鮮少表現出正向情緒。與「太緊」的案主工作時，「給予許可」點出治療師明白他們還不完全情願地表達自己，以及邀請他們在自我表達方面可以再多一點點的自由；甚至可能有助於更深層的後設溝通（metacommunicate）（Kottman, 2003），讓案主知道治療師已經了解讓他們無法自我表達的根本問題。與「太鬆」的案主工作時，「給予許可」意味著反應出他們所有的感受（即使是不那麼正向的感受），避免對他們貧乏的少量正向情緒表現出不以為然（disapproval），並且還要誇大或放大遊戲治療師在會談中所真實觀察到案主的任何正向感受。遊戲治療師讓自己在會談中「放開」（有理由的）也很重要，意思是他們也要讓自己變得好玩，如果他們克制自己不許這麼做，要有趣和玩得開心會是很困難的。

　　因為相較於案主生活中的其他人，遊戲治療師與案主互動的時間相

當有限，邀請家長和老師參與支持，會放大正向情緒復原力量的影響。透過教導家長和老師展現與表達正向情緒，以及鼓勵他們支持兒童經驗和表達正向情緒，遊戲治療師能夠最大化這個復原力量。做到這一點的方法之一，是建議家庭／班級一起參與有趣活動，由成人命名和描述通過這段經歷引發的正向情緒。我向成人解釋，度過困難時期最好的方式是確保他們分享愉快的經驗，把「正向能量」存入關係的「銀行」內。成功時，這個策略也能增加家庭／班級內健康的互動模式。

　　以下是我可能會選擇的活動類型列表，用來作為引發正向情緒的媒介，也作為一種讓我的遊戲治療會談增加樂趣的方法：(1) 創造混亂；(2) 鼓勵；(3) 用你的身體；(4) 瘋癲傻氣；(5) 製造聲響；(6) 玩些遊戲；(7) 做個東西；(8) 編個故事；(9) 分享笑聲和幽默；(10) 留心和反映正向情緒；(11) 溫柔親切。我喜歡在遊戲會談中創造混亂——配製飲料、吹泡泡、玩手指畫和刮鬍泡、混合水和沙——因為我覺得這很有趣，很多案主也這麼覺得。鼓勵——指出好的特質、努力和進展——是我用來引發兒童諸如自信、自豪和成就感等正向情緒的一個策略（Kottman, 2003）。用你的身體運動（跳舞、昂首闊步、擺動、做手勢）是幫助兒童感到自在和經驗正向情緒的一種方法。大多數兒童會因為有個成人願意和他們一起瘋癲傻氣——做鬼臉、用好笑的方式走路等等——而感到震驚和驚訝（然後是興奮和欣喜）。當他們遇到一個會製造聲響的成人——音效、自編歌曲、「人物」聲音和其他聲音時也會如此訝異——因為大多數成人避免這些行為，但它們真的很有趣。我與兒童玩五花八門的遊戲——捉迷藏、投捕、保齡球、籃球（我不太在行）和桌上遊戲——作為媒介讓他們經驗「勝利的喜悅」（通常都會帶來正向情緒）和「失敗的痛苦」（這會讓他們表達一些不太正向的情緒）。大多數與我工作的兒童都喜歡建造東西——用積木、藝術媒材、發現的和回收的物品——而這個過程常會引發像是興趣、投入、快樂、欣喜、自豪、希望、滿足和自信的感受。〔我有提過它很有趣嗎？！〕我在遊戲治療會談中，花費了大量的時間用我發明

的技巧和兒童遊戲。我很愛編故事並且介紹給兒童，邀請他們幫我把這些故事調整到符合他們的需求和興趣。這讓我遠離無聊，讓會談對我而言更有趣，並導致會談對我的案主來說也更有趣。在會談中分享笑聲是容易的──當案主開始微笑或發笑，想要鼓勵正向情緒的遊戲治療師就會加入。與孩子分享幽默有時是簡單的──如果分享的內容他們同樣感到有趣；但有時是困難的。〔放屁對任何人來說都好笑嗎？〕它幫助我記得，即便有些事對我而言不是太愉快和有趣，我依然能分享兒童在其中的喜悅，並且加入樂趣當中。我尋找兒童任何可能或正在經驗的潛在正向情緒（即使我必須只在我的想像當中反映感受）。有時我採擷一縷感覺並且放大它，所以它看起來比實際還大。增加兒童可愛（lovable）與被愛（loved）的感覺的最好方法，是表達你對兒童的情感。根據你的狀況，這包括觸摸和擁抱，或者它也可限制在情感的口頭表達中。

臨床應用與花絮

說實話，我想不出任何一個已經出現的問題或情況，可以證明增加正向情緒卻無法對案主帶來幫助。話說回來，我真的認為有一些案主能從這個復原力量中獲得最大助益。所呈現的問題大多是以非正向情緒（氣餒、憂鬱、焦慮、憤怒、哀傷等）為典型的案主，很可能會從正向情緒的集中應用中提升心理健康。其他生活情況困難的案主（父母離異兒童、寄養兒童、哀傷兒童、學校適應困難兒童）也可以從滋養正向情緒的遊戲治療會談中獲益。

我最喜愛的一個使用正向情緒的例子是與 Kisandra 的工作，她是一位因為家裡的混亂導致藥物濫用和家庭暴力後，從親生父母身邊被帶離，接受安置寄養的幼兒園學生。Kisandra 是一個非常嚴肅的小女孩，鮮少微笑而且很少有眼神接觸，她表現得像個小號的老女人。她用一種僵硬和拘謹的方式移動而且盡可能少說話。在我們的會談中，她總是想要玩同一種

卡片遊戲，嚴格遵守和執行規則。一如我的指導方針，在我們的會談中我是樂觀開朗的，談論我有多麼享受遊戲，我有多麼喜歡跟她在一起，以及我獲得了多少樂趣──示範經驗和表達正向情緒。每回我到教室接她時，我邀請她跟我一樣學不同種類的動物走路，我依著我的想法做出動物可能的聲響和動作，並且帶著歡笑和微笑做這些事情，有時候會做出一些在那個動物的背景脈絡中完全荒謬的事情，然後讓她有機會糾正我，我則以幽默和更瘋癲傻氣的方式回應她的糾正。我和她一起創造出各種舞蹈的步伐，方便她在其中可以表達她的感受──好的、壞的、醜陋的──我在她的創意和舞蹈能力上，反應那些我想像她會有的自豪與喜悅。我提議改變我們所玩的對賽遊戲規則，當我們在玩或發牌時，我會做簡單的鬼臉和搞笑，即使她只同意小幅度地修改遊戲規則我也會喜悅地歡笑。當我去接她時，我總會牽起她的手，在我們會談結束時，我會問她是否想要一個擁抱，表現出我對她的溫柔親切。隨著時間過去，Kisandra 的情感有漸進而穩定的改變。她更放鬆、更自然，情感也較不受限。她願意嘗試新事物、以符合年齡的方式行動、熱愛遊戲且玩得開心，隨著行為彈性的成長，她也願意表達她的正向情緒。透過一致培養、應用和確認正向情緒，她終於綻放（她甚至贏了班級舞蹈比賽）！

　　另一個從使用正向情緒中獲益的案例是 Seth，一個四年級男生，他表現出來的問題是憤怒和攻擊。Seth 是典型「憤怒的年輕人」──對世界真實的和想像的過失都會感到惱怒。他被診斷為患有注意力缺陷過動症，他的家長選擇不接受藥物治療，這導致他注意力困難、學習落後，以及對其他學生和學校人員的攻擊行為。當我開始與他會談時，課後課程主任警告我，如果跟他玩遊戲，我絕對不能夠贏，因為這可能會導致他使用暴力並拒絕與我工作。Seth 對我和治療的過程感到懷疑，所以我從小地方開始。當他來到辦公室，我總是微笑告訴他，我對他決定要來並且花時間與我在一起感到開心。我從網路上找到有趣的卡通和迷因（memes，指網路上爆紅的東西），並且將它們列印出來帶到我們的會談中。我注意到

他臉部表情的些微改變，變得比平常更少敵意，我會輕柔地溫和反應可能與臉部表情相符合的正向情緒。我用鼓勵技巧指出他的好特質和努力。我偶爾會使用有趣的聲音、製造聲響與扮鬼臉，他一貫地將這些歸類為「腦殘」（lame）。我帶他在校園裡散步，找尋一些我們可以用在沙盤和作為「小雕塑」的東西，希望在戶外的自由能引發我可以反映的一或兩個正向情緒。我們也會玩些遊戲。他傾向選擇會贏的遊戲，因為他的技巧比我更好或更有經驗，而我回應他獲勝時所引發的正向情緒。當我獲勝時（我這麼做了，他沒有崩潰），我表達正向情緒，同時承認他可能無法分享這些。在一個學年的治療過程中，Seth 的憤怒和攻擊減少了，而他認可和表達正向情緒則增加了。這不是奇蹟治療，無論怎麼說——他沒有轉變成一個快樂的人，但是從我們與他相處開始，他的態度、行為和社交技巧的確有長足的進步，所以他不會常常被趕出學校。

所以……我很不會做結論，它總像是我已經說了我想要說的，然後現在是時候再說一次。簡短而親切的結論要開始了：正向情緒是令人驚奇的遊戲復原力量。在遊戲治療會談中結合樂趣和愉悅是必要的，而且有實證研究（以及大腦化學）來證明這一點。

❖ 參考書目

Ashby, J., Kottman, T., & DeGraaf, D. (2008). *Active interventions for kids and teens*. Alexandria, VA: American Counseling Association.

Baker, D., & Stauth, C. (2003). *What happy people know: How the new science of happiness can change your life for the better*. New York, NY: St. Martin's Griffin.

Bedi, R., Davis, M., & Williams, M. (2005). Critical incidents in the formation of the therapeutic alliance from the client's perspective. *Psychotherapy: Theory, Research, Practice, Training*, 42(3), 311–323.

Bixler, R. (1949). Limits are therapy. *Journal of Consulting Psychology*, 13, 1–11.

Brown, S. (2010). *Play: How it shapes the brain, opens the imagination, and invigorates the soul*. New York, NY: Avery.

Breuning, L. (2012). *Meet your happy chemicals*. Seattle WA: System Integrity Press.

Burgdorf, J., Kroes, R., Weiss, C., Oh, M., Disterhoft, J., Brudzynski, S., . . . Moskal, J. (2011). Positive emotional learning is regulated in the medial prefrontal cortex by GluN2B-containing NMDA receptors. *Neuroscience*, 192, 515–523.

Burns, A., Brown, J., Sachs-Ericsson, N., Plant, E., Curtis, J., Fredrickson, B., & Joiner, T. (2008). Upward spirals of positive emotion and coping: Replication, extension, and initial exploration of neurochemical substrates. *Personality and Individual Differences, 44*, 360–370.

Carol, J. (2002). Play therapy: The children's views. *Child and Family Social Work, 7*, 177–187.

Catalino, L., & Fredrickson, B. (2011). A Tuesday in the life of a flourisher: The role of positive emotional reactivity in optimal mental health. *Emotion, 11*(4), 938–950.

Chittister, J. (2011). *Happiness*. Grand Rapids, MI: Eernmans.

Christie, W., & Moore, C. (2005). The impact of humor on patients with cancer. *Clinical Journal of Oncology Nursing, 9*(2), 211–218.

Cloninger, C. R. (2006). The science of well-being: An integrated approach to mental health and its disorders. *World Psychiatry, 5*(2), 71–76.

Cohen, L. (2002). *Playful parenting*. New York, NY: Ballantine Books.

Cohn, M., Fredrickson, B., Brown, S., Mikels, J., & Conway, A. (2009). Happiness unpacked: Positive emotions increase life satisfaction by building resilience. *Emotion, 9*(3), 361–368.

Elkind, D. (2007). *The power of play: Learning what comes naturally*. Philadelphia, PA: Da Capo Press.

Fitzpatrick, M., & Stalikas, A. (2008). Positive emotions as generators of therapeutic change. *Journal of Psychotherapy Integration, 18*(2), 137–154.

Franzini, L. (2001). Humor in therapy: The case for training therapists in its use and risks. *The Journal of General Psychology, 128*(2), 170–193.

Fredrickson, B. (1998). What good are positive emotions? *Review of General Psychology, 2*, 300–319.

Fredrickson, B. (2000). Cultivating positive emotions to optimize health and well-being. *Prevention and Treatment, 3*. http://journals.apa.org/prevention/volume3/toc-mar07–00.html

Fredrickson, B. (2001). The role of positive emotions in positive psychology: The broaden-and-build theory of positive emotions. *American Psychologist, 56*, 218–226.

Fredrickson, B. (2003). The value of positive emotions: The emerging science of positive psychology is coming to understand why it's good to feel good. *American Scientist, 91*, 330–335.

Fredrickson, B., & Branigan, C. (2005). Positive emotions broaden the scope of attention and thought-action repertoires. *Cognition and Emotion, 19*(3), 313–332.

Fredrickson, B., & Joiner, T. (2002). Positive emotions trigger upward spirals toward emotional well-being. *Psychological Science, 13*, 172–175.

Fredrickson, B., & Losada, M. (2005). Positive affect and the complex dynamics of human flourishing. *American Psychologist, 60*(7), 678–686.

Fredrickson, B., Tugade, M., Waugh, C., & Larkin, G. (2003). What good are positive emotions in crises? A prospective study of resilience and emotions following the terrorist attack on the United States on September 11th, 2001. *Journal of Personality and Social Psychology, 84*(2), 365–376.

Frey, D. (1993). I brought my own toys today! Play therapy with adults. In T. Kottman & C. Schaefer (Eds.), *Play therapy in action: A casebook for practitioners* (pp. 589–606). Northvale, NJ: Aronson.

Frey, D. (1994). The use of play therapy with adults. In K. O'Connor & C. Schaefer (Eds.), *Handbook of play therapy: Advances and innovations* (Vol. 2, pp. 189–206). New York, NY: Wiley.

Gallo-Lopez, L., & Schaefer, C. (Eds.). (2005). *Play therapy with adolescents*. Lanham, MD: Aronson.

Garland, E., Fredrickson, B., Kring, A., Johnson, D., Meyer, P., & Penn, D. (2010). Upward spirals of positive emotions counter downward spirals of negativity: Insights from the broaden-and-build theory and affective neuroscience on the treatment of emotional dysfunctions and deficits in psychopathology. *Clinical Psychology Review, 30*, 849–864.

Goldin, E., & Bordan, T. (1999). The use of humor in counseling: The laughing cure. *Journal of Counseling and Development, 77*, 405–410.

Goodenough, B., & Ford, J. (2005). Self-reported use of humor by hospitalized pre-adolescent children to cope with pain-related distress from a medical intervention. *Humor, 18*(3), 279–298.

Heidemann, S., & Hewitt, D. (2010). *Play: The pathway from theory to practice*. St. Paul, MN: RedLeaf.

Hromek, R., & Roffey, S. (2009). Promoting social and emotional learning with games. *Simulation Gaming, 40*(5), 626–644.

Isen, A. (2000). Positive affect and decision making. In M. Lewis & J. Haviland-Jones (Eds.), *Handbook of emotions* (2nd ed., pp. 417–435). New York, NY: Guilford Press.

Johnston, L., Miles, L., & Macrae, C. N. (2010). Why are you smiling at me? Social functions of enjoyment and non-enjoyment smiles. *British Journal of Social Psychology, 49*, 107–127.

Kissel, S. (1990). *Play therapy: A strategic approach*. Springfield, IL: Thomas.

Kottman, T. (2003). *Partners in play: An Adlerian approach to play therapy* (2nd ed.). Alexandria, VA: American Counseling Association.

Kottman, T. (2011). *Play therapy: Basics and beyond* (2nd ed.). Alexandria, VA: American Counseling Association.

Landreth, G. (2002). *Play therapy: The art of the relationship* (2nd ed.). New York, NY: Brunner-Routledge.

Lyubomirsky, S., King, L., & Diener, E. (2005). The benefits of frequent positive affect: Does happiness lead to success? *Psychological Bulletin, 131*(6), 803–855.

Martin, R. (2004). Sense of humor and physical health: Theoretical issues, recent findings, and future directions. *Humor, 17*, 1–19.

Moore, M., & Russ, S. (2008). Follow-up of a pretend play intervention: Effects on play, creativity, and emotional processes in children. *Creativity Research Journal, 20*(4), 427–436.

Neuhoff, C., & Schaefer, C. (2002). Effects of laughing, smiling, and howling on mood. *Psychological Reports, 91*, 1079–1080.

Nezlek, J., & Derks, P. (2001). Use of humor as a coping mechanism, psychological adjustment, and social interaction. *Humor, 14*(4), 395–413.

Norrick, N., & Spitz, A. (2008). Humor as a resource for mitigating conflict in interaction. *Journal of Pragmatics, 40*, 1661–1686.

Panksepp, J., Sivily, S., & Normansell, L. (1984). The psychobiology of play: Theoretical and methodological perspectives. *Neuroscience and Biobehavioral Reviews, 8*, 465–492.

Piaget, J. (1962). *Play, dreams and imitation in childhood*. New York, NY: Norton.

Rubin, G. (2009). The happiness project: Or, why I spent a year trying to sing in the morning, clean my closets, fight right, read Aristotle and generally have more fun. New York, NY: HarperCollins.

Russell, E., & Fosha, D. (2008). Transformational affects and core state in AEDP: The emergence and consolidation of joy, hope, gratitude, and confidence in (the solid goodness of) the self. *Journal of Psychotherapy Integration, 18*(2), 167–180.

Ryan, M. (2005). *The happiness makeover*. New York, NY: Broadway Books.

Salmansohn, K. (2001). *How to be happy, dammit: A cynic's guide to spiritual happiness*. Berkeley, CA: Celestial Arts.

Schaefer, C. (1983). Major approaches to play therapy: Advances and innovations. In C. Schaefer & K. O'Connor (Eds.), *Handbook of play therapy* (pp. 1–10). New York, NY: Wiley.

Seligman, M., & Csikszentmihalyi, M. (2000). Positive psychology: An introduction. *American Psychologist, 53*(1), 5–14.

Sin, N., & Lyubomirsky, S. (2009). Enhancing well-being and alleviating depressive symptoms with positive psychology interventions: A practice-friendly meta-analysis. *Journal of Clinical Psychology, 65*(5), 467–487.

Steptoe, A., Dockray, S., & Wardle, J. (2009). Positive affect and psychobiological processes relevant to health. *Journal of Personality, 77*(6), 1747–1750.

Teach, C., & Lyubomirsky, S. (2006). How do people pursue happiness? Relating personality, happiness-increasing strategies, and well-being. *Journal of Happiness Studies, 7*, 183–225.

Teitelbaum, J. (2006). Joy-based healing: "A smile a day keeps the doctor away." *Total Health, 28*(1), 59–61.

Terr, L. (1999). *Beyond love and work: Why adults need to play*. New York, NY: Simon & Schuster.

Trezza, V., Baaendse, P., & Vanderschuren, L. (2010). The pleasures of play: Pharmacological insights into social reward mechanisms. *Trends in Pharmacological Science, 31*(10), 463–469.

Tugade, M., & Fredrickson, B. (2004). Resilient individuals use positive emotions to bounce back from negative emotional experiences. *Journal of Personality and Social Psychology, 86*(2), 320–333.

Tugade, M., Fredrickson, B., & Feldman-Barrett, L. (2004). Psychological resilience and positive emotional granularity: Examining the benefits of positive emotions on coping and health. *Journal of Personality, 72*(6), 1161–1190.

Waugh, C., & Fredrickson, B. (2006). Nice to know you: Positive emotions, self-other overlap, and complex understanding the formation of a new relationship. *Journal of Positive Psychology, 1*(2), 93–106.

Xu, J., & Roberts, R. (2010). The power of positive emotions: It's a matter of life or death—subjective well-being and longevity over 28 years in a general population. *Health Psychology, 29*(1), 9–19.

Ziv, A. (2001). The effect of humor on aggression catharsis in the classroom. *Journal of Psychology, 121*(4), 359–364.

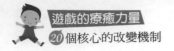

恐懼的反制約

★ Tammi Van Hollander

以遊戲對恐懼進行反制約是最有效的遊戲療癒力量之一，然而在遊戲治療的文獻中它卻常常被忽略。本章的目的是解釋為何這個力量會帶來治療性的改變，闡明遊戲如何提升它的效能，以及描述這個重要力量的各種技巧和臨床應用。

恐懼反制約的描述

恐懼的反制約意指透過幫助案主學習某種諸如放鬆、進食和遊戲等和恐懼不相容（相反、相對）的反應，以減少和消弱原本對某種刺激的恐懼／焦慮反應。舉例來說，在黑暗房間裡遊戲的樂趣，很可能抑制或弱化了兒童對黑暗的恐懼。要同時感受到焦慮和快樂是困難的，藉由將恐懼和與其對抗（counterresponse）的愉快反應重複配對，則在其中發生的制約〔內隱學習（implicit learning）〕會讓恐懼反應被弱化。

一位南非精神科醫生、具備開拓性的行為治療師 Joseph Wolpe（1958）是第一個推廣反制約的人，他首先提出稱為「相互抑制」（reciprocal inhibition）的程序。Wolpe（1969）將反制約融入他的三階段「系統減敏感」（systematic desensitization）策略中。此成功策略的第一個步驟是教導案主一個與恐懼不相容、對抗性的反應，例如放鬆。第二個步驟是讓案主和治療師發展出一個從最低到最高的恐懼反應階層。對一個怕黑的兒童，最低恐懼感可能是在昏暗的房間裡待一分鐘；最高

恐懼可能是整晚睡在黑暗的臥房裡。最後的步驟是讓兒童練習對抗反應（competing response），例如，在想像或面對最低可怕恐懼刺激的同時要練習放鬆；恐懼對抗反應的功能應該要作為反作用（反制約），進而減弱恐懼反應。Wolpe（1969）相信，克服恐懼與焦慮的關鍵是通過這樣漸進暴露的做法，亦即透過區分程度和重複練習對抗反應，直到它變得比恐懼反應更強大。「離體減敏感」（in vitro）被用來克服想像的威脅，例如怪獸；而「體內減敏感」（in vivo）則被用來弱化對真實生活的害怕反應，例如蜘蛛。

 ## 恐懼反制約在達成改變上的角色

使用放鬆作為恐懼反應的反制約媒介（agent），被 Wolpe（1969）廣泛地使用在他的成人案主上。然而，幼兒要學習和記住在壓力下使用放鬆練習卻很困難。一種給兒童的替代對抗反應是來自天生就有，而且對他們有吸引力的東西——那就是遊戲。遊戲行為引發兒童內在各種各樣的正向情緒，包括歡笑、喜悅、有能力、興奮、心流（flow）和快樂。所有這些情感對恐懼和焦慮是有對抗性的。多年來，家長、教師和治療師已經發現，讓兒童改變他們的不適應行為，最簡單的方式就是把這件事變得對他們而言是有趣的。

 ## 遊戲的策略與技巧

治療師們已發展出各式各樣的遊戲程序幫助兒童克服恐懼和恐懼症，包括對賽遊戲和想像心像遊戲。

🌳 情緒心像

情緒心像（emotive imagery），一個反制約技巧，是使用正向情

緒喚起心理圖像（心像）來抗衡恐懼和焦慮（Lazarus & Abramovitz, 1962）。因此，一個好玩的、興奮的、享受的形象（例如，想像一個人擁有超能力）被導入，來抵消令人不安的物體或事件所產生的負向感受。一個情緒形象或許能喚起有力量感、歡笑、慈愛或其他能抑制焦慮的類似情感；這種重複的配對可能會完全地中和焦慮。情緒心像技巧適合五歲或更大的兒童；Jackson 與 King（1991）透過使用情緒心像和反應誘導援助（response induction aid，此例中為手電筒）減敏感一位嚴重害怕黑暗和相關恐懼的五歲男孩。此方案成功地在四次長間隔會談中治癒了這個男孩。治療結束後的第 1、2、3、15、18 個月的後續追蹤發現，治療成果仍然維持著。

由 David Crenshaw（2001）提出的「替怪獸戴帽子」（Party Hats on Monsters）技巧 [1] 是一個有趣的繪畫技巧，也是一種情緒心像的形式。首先，兒童被要求畫一張正令他們困擾的惡夢怪獸的圖畫。在紙上畫下惡夢，是為了把形象從頭腦裡轉換到紙上；他們畫出來的圖畫絕不會如他們在頭腦裡想像的那樣嚇人。在被要求畫出一幅他們夢中的可怕形象之後，請他們在它上面放上一個派對帽，盡他們所能把它變得有趣和滑稽。透過運用將可怕的情況變得有趣和滑稽的方式，恐懼會被消除。兒童可以使用遊戲室內的玩具作為繪畫的替代（例如玩偶），重演成有趣和好玩的結局──愈滑稽愈好。

🌳 對賽遊戲

作為遊戲治療師，有許多不同對賽遊戲可以被結合到每一次會談中，來幫助兒童消除恐懼。Croghan 與 Musante（1975）使用對賽遊戲克服一位七歲兒童的高樓恐懼症。Wallick（1979）透過創造一個「電梯遊戲」讓一位兩歲的兒童擺脫電梯恐懼症。遊戲是用籃球、150 公分高的籃

---

[1] 譯註：可參閱《遊戲治療 101 ─ II》，頁 126（張老師文化，2007）。

球框，以及一個假裝的電梯按鈕來進行。兒童會壓按鈕並模仿電梯的聲音，治療師同時把她舉到頂端。進行電梯遊戲四週之後，小女孩能夠無懼的與治療師一起搭乘真的電梯。Mikulas、Coffman、 Dayton、Frayne 與 Maier（1986）透過成功地訓練家長在黑暗的房間裡和他們的小孩玩遊戲，減低了四到七歲兒童對黑暗的恐懼。

　　另外一個對賽遊戲的例子是一位有細菌恐懼症的兒童，也稱為懼髒症（mysophobia）。他呈現出強迫症（OCD）行為並且有如廁和小便的問題。遊戲治療師讓他小便在杯子裡，把一滴尿液放到裝水的容器裡，用這些水裝滿兩支水槍。水槍裡裝滿了 99% 的水和 1% 的尿液。治療師和兒童玩了水槍大戰。雖然這可能聽起來像一個非典型介入，但透過對賽遊戲消除他對細菌的恐懼是成功的。他用水槍玩得很開心，對尿液刺激的負向反應被縮減了。

　　「超級英雄小工具」（Superhero Gadget）技巧（Rubin, 2006）是另一個幫助兒童克服恐懼的技巧。首先，他們被要求用培樂多黏土（play dough）或樂高積木做一個有著不同能力的小工具（gadget），它可以是小工具或魔法棒。治療師接著問：

　　你的小工具有什麼能力？

　　你會如何使用它？

　　你的小工具叫什麼名字？

　　這小工具只有你能使用或其他人也同樣能使用？

　　透過情緒心像，兒童被告知要設想當他們面對恐懼情況時擁有這個小工具。兒童的想像力是無限的，而小工具有著讓他們感到安全的力量。在這個指導性介入裡，案主想出資源／能力來克服他們的恐懼。這個遊戲不但可以全家人一起做，也可以與成人進行個別工作。成人發現這個活動相當有力量和有意思。他們喜愛玩培樂多，它讓人想起童年的回憶。

吹泡泡[2]對壓力和焦慮的兒童是一個重要的介入。吹泡泡的動作幫助兒童放鬆和放慢；加上它是愉快的。同時，教導呼吸技巧對引導放鬆非常重要。當吹泡泡和做其他深呼吸練習時，兒童會關閉他們的大腦思維，並轉移注意到他們的呼吸上。吹風車，也是透過緩慢而深長的呼吸來幫助兒童學習放鬆的一個重要工具。

歡笑療法（laughter therapy）

德國古典哲學家尼采（Friedrich Nietzsche）曾提到：「或許我知道為什麼人在孤獨時會笑；他獨自深受其苦以至於他不得不發明笑聲。」笑聲真的是最好的解藥。當提到笑聲與藥物，我會想到 Patch Adams，他是一位醫生、小丑和社會活動家。他設立一間醫療診所，以他幽默和慈悲的哲學治療病人。病人會感到憂鬱、驚恐和無望，但透過將幽默和慈悲帶到醫療環境，病人感覺好多了。他將他們的心智從疾病的恐懼刺激裡脫離，並且以笑聲和希望來替換。同樣地，Nevo 與 Shapira（1989）描述了小兒牙醫師使用幽默以抵消兒童對牙科的恐懼。牙醫師透過使用幽默童謠、不協調、荒謬、誇張、謎語來創造一個幽默童趣的氣氛。牙醫師會對成人使用遊戲的策略，以緩和他們的恐懼並且幫助他們保持冷靜。例如，一位牙醫師讓她的病人哼唱字母，幫助她放鬆嘴部並且避免在治療過程中嘔吐。除了牙科恐懼，Ventis、Higbee 與 Murdock（2001）藉由幽默減敏感幫助大學生征服了他們對蜘蛛的強烈恐懼。

重演

重演（replay）程序（Levine & Chedd, 2007）結合假扮遊戲的使用，減敏感自閉兒童感受到的恐懼和焦慮。治療師使用娃娃、玩偶和角色

---

[2] 譯註：可參閱《遊戲治療 101 — II》，頁 334；以及《遊戲治療 101 — III》，頁244（張老師文化，2007）。

扮演，重演引發兒童恐懼的部分經驗，包含一個將兒童強烈情緒反應遊戲化的版本。治療師使用諸如幽默誇張或有著滑稽聲音的角色等有趣的策略，是為了鼓勵重演中的兒童出現強烈的正向情感。一旦兒童開心地參與治療，治療師就會逐漸增加暴露在真實生活壓力源的程度，同時在遊戲之中示範更多可以在之後的真實生活裡使用的適應因應策略。所以重演技巧是一個逐步的體內減敏感歷程。

實證支持

Santacruz、 Mendez 與 Sanchez-Meca（2006）隨機分配 78 位四歲到八歲有黑暗恐懼症的兒童到三個小組之中：對賽遊戲組、對賽遊戲加上閱讀治療組和等候名單控制組。在對賽遊戲組，指導兒童的家長在每週三次的會談裡，與他們的孩子在黑暗的房間中玩對賽遊戲 20 分鐘。其中一個對賽遊戲還要試著在黑暗的房間中找到藏起來的玩具；另一個遊戲則是要求兒童假裝成一個英勇的角色，同時嘗試讓兒童獨自留在黑暗房間的時程愈來愈長。結果顯示，相較於控制組，後測中對賽遊戲組的兒童對黑暗的恐懼顯著地降低。效應值很大，範圍從 1.1 到 3.2，在一年的追蹤裡治療的效果持續增加。

Mendez 與 Garcia（1996）使用對賽遊戲和示範，對兒童恐懼症進行體內減敏感。共有 15 位兒童被治療，包括 6 位女孩和 9 位男孩，年齡從四歲到八歲，他們表現出與黑暗和噪音有關的恐懼。每回 20 分鐘共 8 次的治療會以每週兩次的方式進行。結果顯示，兩種恐懼症皆顯著減少，三到六個月追蹤依然能維持效果。

Kuroda（1969）透過體內減敏感治療 35 位兒童的青蛙恐懼。兒童年齡範圍從三歲半到五歲。治療以使用有趣活動的簡短會談來進行，例如，兒童假扮青蛙的動作與聲音在房間裡四處跳。相較於等候名單控制組，介入被證實有高度成效。在第二個研究裡，Kuroda 用相似的程序減低了兒

童對貓的恐懼。

Lazarus 與 Abramovitz（1962）對 9 位年齡範圍在七到十四歲間有恐懼症的兒童應用了情緒心像。7 位兒童於平均 3.3 次的會談中成功地被治療，之後 12 個月的追蹤調查顯示，沒有恐懼症復發或替代症狀。反制約技巧的顯著特點是緩解發生得非常快速。

在組間實驗設計的研究中，Cornwall、Spence 與 Schottie（1996）使用情緒心像來治療 24 位七歲到十歲兒童的黑暗恐懼。兒童隨機分配到治療組和等候名單控制組。於六次的每週會談中進行情緒心像治療。與控制組比較，在包括父母與兒童報告的多重結果測量裡，情緒心像組顯著地降低了他們的恐懼。在接下來三個月的追蹤裡改善持續維持著。

臨床應用

運用遊戲所產生的正向影響來反制約恐懼，很可能是對於呈現一系列內化性行為障礙兒童的治療選擇，包括分離焦慮、黑暗恐懼、諸如電梯或狗的特定恐懼和惡夢疾患。

個案臨床花絮

Annie 是一位七歲人的雙胞胎姊姊，她因為過度擔心、僵硬思維和暴怒行為被帶來治療。她有許多恐懼妨礙了日常生活，為整個家庭帶來壓力。Annie 是個早熟、充滿創意和有趣的人。每週她和治療師會以不同的恐懼為目標。她會用彩色美術紙剪下羽毛形狀，然後將她要克服之恐懼的形狀畫在羽毛上，接著用釘書機釘在頭飾上。每一支羽毛代表著她的勇氣與勇敢。這個技巧可以用珠子的方式來進行，一顆珠子加到項鍊或手鐲上代表一項兒童已經克服的恐懼。Annie 會把「勇氣」頭飾戴到頭上並創作一首歌和一支舞。她的媽媽幫她拍下一張戴著頭飾模樣的照片，在需要面

對帶來焦慮的新情境之前讓她先看，用照片當作她個人勇氣的提醒。然後 Annie 便會唱她的歌和跳她的特殊舞蹈。

治療師同時也結合案主中心遊戲、放鬆技巧和深呼吸練習。Annie 喜愛泡泡，所以在治療中就使用泡泡作為一種放鬆的輔助。她的媽媽感受到極大的壓力與不知所措，所以治療師建議她與 Annie 一起在家玩「泡泡網球」（bubble tennis）。泡泡網球是一個重點在參與和挑戰的介入方法。治療師在兒童和家長之間示範吹泡泡到高空中的技巧。再讓兒童選擇一個泡泡，然後泡泡就在兒童與家長間吹來吹去直到泡泡爆破。泡泡網球起初先一對一與治療師玩，也與家長玩。這是一個冷靜遊戲，幫助 Annie 進入引發恐懼的情境之前能放鬆。她可以常常跟媽媽和妹妹玩這個遊戲。有一天治療師讓她把泡泡帶進一間有她恐懼的小狗居住的屋子裡，並且開始玩泡泡遊戲。小狗在單獨房間的一個箱子裡。在活動中，她的注意力放在自己的呼吸而不是狗身上。她會在屋外吹出五個泡泡，接著與她的鄰居在屋內吹動泡泡。這是一個充滿笑聲和趣味的活動，並且幫助她克服對狗的恐懼。

Kevin 是一位八歲的案主，每當媽媽去接他放學時他會感到焦慮。當他來到大樓的長廊時會僵硬呆住，因為他害怕媽媽不會在另一頭。他告訴媽媽不要走進學校裡，但要留在指定「接送區」，媽媽會順從他的指示。當家長餵養自己孩子的恐懼，焦慮會長得愈來愈大，因此暴露對治療焦慮與恐懼至關重要。即便是對恐懼刺激最小的暴露，都是往正確方向前進一步。在暴露時，兒童能感到愈放鬆且愈好玩則愈佳。遊戲治療師向 Kevin 和媽媽解釋他需要練習挑戰他的恐懼，而這個練習對他而言將會變得愈來愈簡單。Kevin 喜愛游泳，所以遊戲治療師說：「第一次進到游泳池會覺得很可怕，因為你不知道怎麼游泳，你害怕自己會溺水。你很勇敢一次又一次地跳進泳池不斷練習。現在，你看看自己是一個多麼棒的泳者。」在治療裡，他畫了一張自己在一邊而媽媽在另一邊的圖，並且用 1 到 10 分的量尺評分自己的恐懼。他的離體情緒心像策略主要是在情感上抑制焦慮

情緒；他在視覺上想像自己自豪地走在走廊上，看到媽媽時給她一個大擁抱。他透過與治療師一起走在走廊上練習這個情緒對抗反應。

Kevin 和媽媽安排一天讓她在學校接他。他用焦慮等級 0 分的狀態成功地走過走廊。他熱切地來到會談中並且創造了一個沙盤來與治療師分享他的成功。他確切知道要走向媽媽需要有多少步，而且他在沙盤中用排列石頭來表示（28 步，準確地說）。沙盤場景顯示他在一頭而母親在另一頭。他讓模型人偶的小男孩走向母親的代表物，並且在他的身邊放置一座獎盃。他接著製作一個勇氣獎並且將它放置在沙盤內。此外也拍下一張有他在內的沙盤照片作為成就的提醒。他說出對自己相當地自豪。

以下的案例呈現餵養兒童焦慮感的危險性。Josh 是一個四歲男孩，因為嚴重的分離焦慮問題被轉介。在 18 個月大時，Josh 的父親出了車禍造成嚴重的腦部創傷。Josh 的母親試著保護兒子，屈服於他所有的恐懼。因為他的分離焦慮很嚴重，他的媽媽選擇不送他到托兒所、不看牙醫，也不參與任何課外活動。她試著把 Josh 交給她的姊妹，但她離開的那一刻，Josh 會打電話給她歇斯底里地哭泣。她會離開工作回來接他，並且把他帶到工作的地方。她在家族事業上班，所以有這麼做的彈性，但是她沒有辦法完成任何工作。

當治療師第一次與 Josh 見面時，Josh 沒有說話，只是嘀咕並且被恐懼給癱瘓了；Josh 每週到治療師辦公室的路上都會嘔吐。在幾次會談後，Josh 才對身在遊戲室感到比較自在，而且願意與媽媽分開。他和媽媽做了一本有他和爸爸相片的圖畫書；他們討論他和父親有哪些相同的部分，他的爸爸跟他一樣喜歡建造東西。我們為他在遊戲室進行建造活動時拍照，並將照片放入他的特別之書裡。他的書變成在感到恐懼的情境下，幫助與媽媽分開的過渡期工具；光是這本書在手上，就能讓 Josh 感到安全並且與父親有連結。在這個案例中，離開媽媽是恐懼刺激，透過給個案一個過渡的安慰物件，他感到安全而且恐懼降低。遊戲讓 Josh 的焦慮平靜下來，在遊戲室裡他能夠成功地與媽媽分開，並且與遊戲治療師形成信

任的關係。

　　Maggie，六歲，來自中上階層家庭，是家中三個小孩裡的老大。她有感覺統合方面的病史，媽媽形容她是一個非常敏感的小孩。她因為對於食物的焦慮被轉介來治療；她擔憂會出現她不喜歡的食物。Maggie 會試著避免這些情況並且封閉情緒。治療包括了特定的暴露來反制約她的恐懼。治療師會把她一向避免的食物帶進來，然後在遊戲室安全的環境下吃上幾口。治療師會安排好玩的野餐場景，在野餐裡她可以餵食填充動物玩偶和自己吃東西。下一週，她和治療師外出到當地的餐廳吃午餐。她沒有大驚小怪，很平靜、愉快並且嘗試了一些新的食物，呈現出對恐懼刺激的減敏感。焦點再也不是食物，而是她與治療師在一起享受的特別時間。她們親密的關係讓焦點離開恐懼，因為她熱切地想要擁有午餐特別約會，她有了焦慮的最低評分。雖然她在餐廳感到放心，但是她的恐懼在治療關係之外並沒有被減輕。她有全部的答案也知道該說些什麼，但是媽媽表示她的迴避和恐懼依然明顯。指導和非指導的策略都被使用在她身上。她對自己的「擔心大腦」（worry brain）（Chansky, 2004）再清楚不過，而且被鼓勵回過頭去指揮她的「擔心大腦」。「擔心大腦」是一個認知行為策略，用來賦能案主負責管理他們的恐懼想法。她精細畫下那個試著要強迫她吃下噁心食物的「擔心大腦」圖片。她的擔心大腦會說：「這個食物會讓你感到噁心。你就快要吐了。每個人都會嘲笑你！你一定要吃！」在角色扮演裡，她被教導用強大的聲音回過頭去指揮她的擔心大腦，並盡她所能嚴正地指揮她的擔心大腦。她大喊：「走開。我不想讓你在這裡了！」「走開而且不要再回來了。你不是真的！我的聰明大腦（smart brain）比你更厲害！」她相當熟悉自己的擔心大腦，而且能夠辨認出她的大腦正在對她動手腳，但是食物焦慮依然持續。

　　在午餐約會後的會談，遊戲治療師建議做一個陷阱給擔心大腦。帶著興奮，她跑向沙箱並且開始將模型物件擺在籃子裡。接著她蒐集建築材料做了一個堅固的基座，然後開始自信地設計和建造陷阱。在陷阱裡有一

個廚師、一張桌子、有一份食物在桌上。她選了一個人物來代表她的擔心大腦，並且將它放到陷阱裡。廚師只是一個用來捕捉她的擔心大腦的人質。只要廚師引誘了擔心大腦進到陷阱裡，她便用積木做出一道高不可破的牆包圍陷阱。她在陷阱的四周放滿了大蛇以確保沒有任何可以出來的路。她將這個機關稱為「擔心大腦隔音陷阱」。擔心大腦不僅被陷阱困住，而且無法通過陷阱讓她聽到它在說話。

接下來一週，她面帶著大大微笑蹦蹦跳跳地前來，簡直把遊戲室都點亮了。她跑進來撲在沙發上，從口袋中拉出一條黏糊糊的螢光粉紅蛇。告訴治療師她在口袋裡帶著這條蛇，每當她坐下要吃東西時就會把蛇放在桌上。蛇會確保擔心大腦不會從陷阱裡跑出來。這是她治療的重大突破。她的食物恐懼被體內減敏感消除，而她感到有能力和勇氣。她最終用了來自遊戲治療會談的想法來征服她的恐懼和消除恐懼的刺激。

Mathew 是一位有亞斯伯格症的九歲男孩。與 Mathew 的會談開始於玩「拇指球」（thumb ball）遊戲。球上有不同的感覺，而他被要求說出這週裡一個他有感覺的經歷。拇指球或其他的球是讓兒童參與並鼓勵他們談話的好方法。遊戲玩法如下：不論他的左手拇指落在哪一個感覺詞彙上，那就是他要談一談的詞彙。當他來回地丟球，他的對白進行如下：

擔心：總是

害羞：總是

快樂：從不

悲觀：總是

樂觀：從不

寬慰：從不

恐懼：總是

尷尬：總是

討喜：從不

親切：從不

後來 Mathew 爬向一顆球並且開始翻來覆去，哭著說他想要回家。他辨識出的這些情緒太強烈，他變得不堪負荷並且封閉。在確認他的感受之後，治療師建議用泡泡遊戲來吹走他所有的負向感覺，並且為這個房間帶來一些歡樂。他立刻從沙發上跳下來站著，漲紅的臉與緊鎖的眉毛變成了微笑，而他的眼神充滿了興奮。這個不服從的兒童期待著如何爆破泡泡的特定指令，他喜歡治療師在活動中指導他。「用你的手肘爆破泡泡，」治療師說，「現在用你的手指爆破，用你的腳爆破。」他要求治療師給簡單的指令，不然就不會好玩。他曾進到一個在黑暗處的可怕房間，可是當泡泡遊戲被引進，一道陽光進入了這個房間。Mathew 開始對治療師吹泡泡，就此練習了緩慢深呼吸。他手上拿著泡泡跳出遊戲室給媽媽看。當他和媽媽一起進來之後，他畫了一個很大很開心的臉和一張泡泡圖畫。他想不到有什麼負向事情可以放到清單裡，因為焦點都放在他在泡泡遊戲中的樂趣。「這是秘密。」治療師在他耳邊說。「當你玩得開心、感覺快樂和放鬆時，你不會擔憂、恐懼或悲觀（這是拇指球遊戲使用的詞彙）。」他傻笑並且說：「我真的喜歡這些泡泡，我回家要找出我的泡泡槍。」下一次會談，治療師安排了一個結合泡泡槍的遊戲。後來，當他要完成回家作業而開始感到緊張時，他會在家裡用泡泡遊戲來放鬆。

 結論

前述的個案花絮呈現如何透過遊戲活動幫助兒童反制約他們的恐懼。焦慮可以被平靜替代，恐懼被樂趣替代，情緒麻痺（emotional paralysis）被笑聲替代。顯然，恐懼反制約是一個重要的遊戲療癒力量，應該被收在每位兒童治療師的本領（repertoire）當中。

❖ 參考書目

Chansky, T. (2004). *Freeing your child from anxiety*. New York, NY: Broadway Books.

Cornwall, E., Spence, S., & Schottie, D. (1996). The effectiveness of emotive imagery in the treatment of dark phobia in children. *Behavior Change, 13*, 223, 339.

Crenshaw, D. (2001). Party hats on monsters: Drawing strategies to enable children to master their fears. In H. Kaduson & C. Schaefer (Eds.), *101 more favorite play therapy techniques*. New York, NY: Aronson.

Croghan, L., & Musante, G. (1975). The elimination of a boy's high-building phobia by in vivo desensitization and game playing. *Journal of Behavior Therapy & Experimental Psychiatry, 6*(1), 87–88.

Jackson, T., & King, N. (1981). The emotive imagery treatment of a child's trauma-induced phobia. *Journal of Behavior Therapy & Experimental Psychiatry, 12*(4), 325–328.

Kuroda, J. (1969). Elimination of children's fears of animals by the method of experimental desensitization: Application of learning theory to child psychology. *Psychologia, 12*, 161–165.

Lazarus, A., & Abramovitz, A. (1962). The use of "Emotive Imagery" in the treatment of childrens' phobias. *British Journal of Psychiatry, 108*, 191–195.

Levine, K., & Chedd, N. (2007). *Replays: Using play to enhance emotional & behavioral development for children with autistic spectrum disorders*. Philadelphia, PA: Kingsley.

Mendez, F., & Garcia, M. (1996). Emotive performances: A treatment package for childrens' phobias. *Child & Family Behavior Therapy, 18*(3), 19–34.

Mikulas, W., Coffman, M., Dayton, D., Frayne, C., & Maier, P. (1986). Behavioral bibliotherapy and games for treating fear of the dark. *Child & Family Behavior Therapy, 7*(3), 1–8.

Nevo, O., & Shapira, J. (1989). The use of humor by pediatric dentists. *Journal of Children in Contemporary Society, 20*(1–2), 171–178.

Rubin, L. C. (2006). *Using superheroes in counseling and play therapy*. New York, NY: Springer.

Santacruz, I., Mendez, F., & Sanchez-Meca, J. (2006). Play therapy applied by parents for children with darkness phobia: Comparison of two programmes. *Child & Family Behavior Therapy, 28*(1), 19–35.

Ventis, W., Higbee, G., & Murdock, S. (2001). Using humor in systematic desensitization to reduce fear. *Journal of General Psychology, 128*(2), 241–253.

Wallick, M. (1979). Desensitization therapy with a fearful two-year old. *American Journal of Psychiatry, 136*(10), 1325–1326.

Wolpe, J. (1958). *Psychotherapy by reciprocal inhibition*. Stanford, CA: Stanford University Press.

Wolpe, J. (1969). *The practice of behavioral therapy*. New York, NY: Pergamon Press.

10 壓力免疫

★ Angela M. Cavett

　　治療是用來協助案主達成改變；近來受到重大關注的，是想要鑑定究竟是什麼改變機制讓治療能夠產生療效。Corsini 與 Rosenberg（1955）以及 Yalom 與 Leszcz（2005）開創了團體治療的療癒改變因子之鑑定。Corsini 與 Rosenberg 分析橫跨理論取向之著作，為得到與改變的出現似乎有因果關係的因子。然而，因子會因為不同的理論取向而以不同的方式命名，讓跨理論之間的溝通變得困難。仰賴理論的術語不利於跨理論效能因子的鑑定，因為它們的稱呼可能不同，或者一個理論強調但另一個則否。Corsini 與 Rosenberg 的目標是不論其理論取向為何，而能夠鑑定出與效能相關的因子。

　　雖然成人治療的療癒因子先被鑑定出，兒童治療師與遊戲治療師亦試圖辨明讓治療產生效果的原因。遊戲治療師的工作歷程不但常被家長誤會，也常被不使用遊戲治療的臨床工作者與轉介來源誤會。遊戲治療師會透過鑑定、了解和應用遊戲的改變機制（療癒力量）來提升他們的工作，並用以減少或消除案主的主訴問題。Charles Schaefer（1993）首開先河定義出遊戲治療的療癒力量。其中一個鑑定出的因子——壓力免疫，會在本章中加以描述。

壓力免疫的描述

遊戲治療中的壓力免疫是讓兒童學習和控制焦慮情緒，以處理未來

與壓力有關的相關議題。從歷史上來看，治療中的壓力免疫最早是使用在預定要進行手術的成年病人身上。Janis（1958）在與手術病人的工作中討論了預期擔憂的重要性；在他的研究裡，在手術前先行擔憂的病人在術後較能夠因應。他提出擔憂的病人已經完成「擔心的工作」（work of worrying），這個工作讓他們對真實事件做了心理上的準備。這樣的工作或稱為心理預演的工作，讓病人為即將到來的事件先有所預期並發展因應技巧。當兒童玩出與未來壓力源有關的情節，例如開始上學，他們就把具威脅性的情況變得比較不陌生，而且能夠表達感受並練習處理的方法。

壓力免疫或許可以用接受疫苗接種的類比來理解（Meichenbaum, 1993）。溫和、弱化版的細菌被注射到病人體內，引發身體免疫系統的回應。如果未來身體暴露於細菌中，這個由抗體組成的回應會做出反應。Meichenbaum（1977, 1985）為成人發展出壓力免疫訓練來預防和降低壓力。中等程度的焦慮是可以忍受的，成人在治療中使用壓力免疫討論未來事件（例如，手術），這樣做能夠在手術之間或之後減低焦慮和增加功能運作。類似的情況，讓兒童暴露在代表未來可能事件的刺激所引發的中等程度焦慮中，會降低當他們之後暴露在真實刺激中的焦慮。當一個壓力情境即將來臨，或有機會在未來被兒童經驗到，壓力免疫會有所幫助；讓即將經歷明顯焦慮的兒童可以處理他們的恐懼。

Meichenbaum（2007）區分出幾種適合使用壓力免疫的壓力事件類型〔來自早先由 Elliot 與 Eisdorfer（1982）描述的分類法〕，其中包括「急性時限壓力源」（acute time-limited stressors），例如醫療程序（手術）或學習評量；「順序壓力事件」（sequence of stressful events），例如家庭成員的死亡；「慢性間歇壓力源」（chronic intermittent stressors），例如處理復發的醫療程序；或者「慢性持續壓力源」（chronic continual stressors），例如家庭問題或貧窮。對兒童而言，典型急性時限壓力源可能包括看牙齒或發展上的相關改變，例如開始上幼兒園。順序壓力事件可能包括有關離婚或監護權轉換和會面等變化。寄養兒童可能會經驗到由慢

性間歇壓力源所組成的壓力，而正在進行醫藥治療的兒童亦同。居住在大量暴力區域或受嚴重虐待的兒童可能會經驗到慢性持續壓力源。兒童的壓力源可能來自於創傷／失落、發展的改變，或者家庭變化。

兒童經驗到的創傷和失落也包括家庭成員中有病危者。兒童和家庭會透過幾種方法為預期的失落做準備，遊戲是幫助兒童做準備的優先方法。兒童可能會對搬家感到失落。經歷重大醫療程序（例如：大面積燒傷）的兒童也會忍受許多創傷。雖然初始程序可能無法被預期，但是可以透過遊戲為基礎的壓力免疫，為持久的醫療照顧做準備。承受較不嚴重醫療程序（如扁桃腺切除術）的兒童，在實際的醫療程序之前能從以遊戲為基礎的暴露中獲益。兒童能透過以遊戲為基礎的壓力免疫獲得掌控和減低焦慮的其他醫療程序，還包括注射、手術和牙科醫療。

寄養和領養兒童常在心理尚未充分準備好時就必須要搬家，以遊戲為基礎的壓力免疫對預先處理這些改變是有幫助的。隨著兒童發展，改變的發生常會引發壓力，舉例來說，兒童開始上幼兒園或到朋友家過夜。可以透過在實際經驗之前玩出這些事件，來降低與改變相關的壓力。家庭的改變會引發兒童的壓力，此壓力也能透過以遊戲為基礎的壓力免疫得以緩減。例如，離婚導致家庭系統、住所和探視等方面的改變。當兒童能夠使用遊戲了解經驗並學習因應技巧，他們更能夠承受有關離婚的變化，例如探視沒有監護權的家長。

特別注意，治療師或許會在不是維護兒童最大權益的情況下，被要求讓兒童為負向的事件做好準備。舉例來說，治療師可能會被要求使用壓力免疫，讓兒童為探視被指證有不當性行為或虐待的家長做好準備。雖然遊戲的確可以減低兒童的焦慮，但如果產生焦慮的理由是正當的，這個焦慮就不應該被減低。當兒童面對攸關他們的最大利益但會引發焦慮的事件時，壓力免疫才應該被執行，例如，開始上幼兒園或準備接受一個必要的醫療程序（如扁桃腺切除手術）。

🐒 實證支持

　　跨物種的神經科學研究為壓力免疫提供了實證的支持。

　　允許年幼者經驗輕度壓力，以減低焦慮與獲得掌控，對兒童和其他靈長類可能是有益的。在一個松鼠猴的研究中，那些年幼時曾經歷輕度壓力經驗的猴子，在之後似乎更能夠因應壓力（Katz et al., 2009）。輕度壓力的事件讓牠們免疫並且引發韌性和因應技巧，也更能夠控制激發（arousal）。在神經科學層次的確發現，猴子生命早期暴露在輕度壓力會擴展腹內側前額葉皮質的體積，增加表層區域面積而不是皮質的厚度。增加的表層區域面積會讓前額葉區域的髓鞘化程度更大。前額葉皮質與韌性和激發的控制有關，這表示年幼猴子經歷的輕度壓力事件在神經層次上改變了牠的大腦，並且透過焦慮相關行為的改變得到證明。不僅在年幼猴子身上有這些變化，而且改變似乎持續到猴子的青年期（Parker, Buckmaster, Lindley, Schatzberg, & Lyons, 2012）。

　　已經發現壓力情況所導致的生理改變更甚於結構神經學。例如，當暴露在輕度壓力的情況時，壓力會導致猴子身上的壓力激素——可體松——的變化（Lyons, Parker, Katz, & Schatzberg, 2009）。暴露在壓力免疫之下的猴子，更有可能在之後的生活中進行探索，這也證明前額葉與行為的認知的控制有關（Lyons et al., 2009; Parker, Buckmaster, Justus, Schatzberg, & Lyons, 2005; Parker, Buckmaster, Schatzberg, & Lyons, 2004; Parker et al., 2007）。

　　文獻顯示讓輕度壓力產生，隨後再回歸控制的治療性方法是有益的。例如，當有機體能夠由可控制（無壓力）到輕度壓力再回到無壓力狀態，這就完成了壓力活化循環（stress activation cycle）（Feder, Nestler, & Charney, 2009; Haglund, Nestadt, Cooper, Southwick, & Charney, 2007; Lyons et al., 2009）。對壓力的免疫有賴有機體感知到壓力事件為輕度

的。壓力程度的增加似乎不會增加免疫的效果，反而使有機體處在危險之中。壓力情況亦需要伴隨之後的降低壓力時期，此期間身體會回到無壓力狀態，而韌性在此時可能就會發展出來。

非人類靈長類的研究文獻似乎與人類情緒和行為的反應是一致的。童年的壓力事件可能會不堪負荷並且導致負向結果，例如，我們已知兒童虐待對大腦有長期的負面影響（Bremner & Vermetten, 2001）。具體來說，動物研究顯示，有機體生命早期的壓力，會讓正腎上腺素系統和腎上腺皮質素釋放因子（corticotrophin-releasing factor, CRF）和下視丘—腦垂體—腎上腺軸（HPA axis）更加被激活。不過，如果壓力事件提供的是挑戰，而非不堪負荷，它可能透過情感的控制與韌性的建立而提升適應（Lyons et al., 2009）。童年期的輕度壓力可作為免疫，保護個體對抗成人期可能暴露的壓力源。曾暴露在童年壓力的人，對成人期壓力源包括喪偶、疾病、意外，會因應得比較好（Khoshaba & Maddi, 1999）。

除了神經科學的證據之外，有關壓力免疫的治療介入也已經被證實是有益的。第一個壓力免疫程序是針對手術前的病人。醫療程序（包括手術）會引發焦慮。研究發現，比起那些避免思考醫療程序的人，在程序前接受壓力免疫的成人比較不會焦慮。大量研究也指出在手術前玩與手術相關玩具的兒童，在手術後較不會感到痛苦和焦慮（Burstein & Meichenbaum, 1979; Li & Lopez, 2008; McGrath & Huff, 2001）。兒童想要知道手術相關的準備資訊，而透過玩出這個事件會是傳遞資訊的最佳方式（Fortier et al., 2009）。

 ## 壓力免疫在達成改變上的角色

遊戲是兒童自然的語言（Landreth, 1991）。透過遊戲，兒童通常學得更好，也更能夠表達他們自身包括恐懼和焦慮的感受。經由觀察遊戲，治療師了解兒童的內心世界以及他們如何感知經驗。使用壓力免疫的遊戲

治療師，讓兒童能夠從成人這裡學習將會經驗到的程序或事件。遊戲也讓兒童能夠表達感受和想法。遊戲讓兒童「處理」（work through）焦慮，一如成人在事件前以口語處理他們的恐懼。

在遊戲治療內進行的壓力免疫是指導取向的，臨床工作者在遊戲歷程中扮演主動的角色，包括評估、透過遊戲提供資訊，以及協助兒童。臨床工作者藉由評估兒童可能會暴露在什麼樣的壓力情況，來開始以遊戲為基礎的壓力免疫。以假設兒童計畫接受手術為例，臨床工作者會從家長或監護人和其他資源（即醫生、護理師、社工）蒐集有關壓力事件的訊息。訊息愈詳細，壓力免疫對兒童將會愈有益處。例如，以遊戲為基礎的壓力免疫，在有關醫療程序訊息蒐集上會包括以下詢問：手術將會在何日何時發生？誰會出現在手術過程當中（護理師、醫師、兒童醫療輔導師等等）以及他們的角色是什麼？會使用什麼器具（如注射器、血壓扣帶）？地點在哪裡（如醫院、診所）以及對發生此程序之房間的描述為何？兒童會經驗到哪些感覺（注射止痛劑、血壓扣帶的壓力、扎手指、有限衣著帶來的涼意）？來自評估的情報提供治療師能夠透過遊戲傳遞給兒童的資訊。

在評估對兒童來說壓力的情況可能有哪些之後，臨床工作者要蒐集以遊戲為基礎的工具，也就是與壓力源有關，且能夠讓兒童玩出壓力事件將會發生什麼事情的玩具和媒材。例如，可能會給予將要進行手術的兒童醫療玩具，還有真的聽診器、注射器、口罩、手術服、點滴袋和點滴架，還有其他特定手術的器具。對於將要進行一般扁桃腺切除手術的兒童，治療師可能會在以遊戲為基礎的壓力免疫結束時準備冰棒，給兒童一個與術後復原一致的正向經驗。壓力免疫遊戲也應該幫兒童準備好了解手術對身體的影響。所以，對於將要進行人工造口術（ostomy）的兒童，讓他們看見有造口的娃娃（手術後身體外的腸道末端），還有人工造口術袋、膠布、紗布、黏著噴霧，都能讓兒童看到和玩出因應手術的方法。

壓力免疫對童年日常生活壓力事件是有助益的。對於父母選擇分手的兒童，使用兩個娃娃屋、會面中心（如果這將是兒童所面臨的），以及玩

具車輛會很有幫助。對於要出庭作證的兒童,使用玩具法庭以及能反映那些兒童將會遇到的角色(法官、陪審團成員、警察或管理人員、律師、法庭代理人等等)是重要的。當兒童使用以遊戲為基礎的壓力免疫為不同學校或新學校的經驗做準備(例如上幼兒園)時,玩具應該要密切反映兒童的未來經驗。玩具學校,以及代表老師、校長、校車司機、準專業人員、廚師和其他人的人偶,有助兒童預覽學校經驗,從而慢慢地處理和同化它。

　　透過遊戲預覽即將到來的壓力事件必須要重複好幾次,以便兒童學到會發生的事情是可預測的,同時可以練習治療師所建議有幫助的因應技巧。

　　閱讀治療對兒童壓力免疫也許同樣有幫助,閱讀治療讓兒童可以獲得關於角色人物對抗並成功因應相似壓力的訊息。舉例來說,兒童在寄養照顧系統中從一個家轉換到另一個家,閱讀《比利要搬家:一個寄養故事》(*Billy Had to Move: A Foster Care Story*)(Fraser, 2009)可能會帶來幫助。不過,遊戲讓兒童有一個更主動、具體和多感官的經驗,能夠比閱讀一本書引發更多的學習。閱讀治療之後若能於遊戲中演出場景,對事件會帶來一種掌控的感覺。

　　總結來說,以遊戲為基礎的壓力免疫讓兒童和成人了解並更能因應即將到來或可能的壓力事件。這個預備遊戲讓他們:(1) 對將發生的事件變得更熟悉,也就是說,原本陌生的變得熟悉和可預測,所以較不可怕;(2) 學習並練習處理壓力源的因應技巧;(3) 讓遊戲排練的樂趣和享受抵消了由壓力源引起的焦慮;以及 (4) 透過採取將事件玩出來的主動角色,獲得對事件的控制感。

 策略與技巧

　　指導性的遊戲技巧(Goodyear-Brown, 2010)可能會被用來教導兒童

因應技巧。生氣菜單／因應技巧菜單（Cavett, 2010）幫助兒童或青少年找到促進放鬆的技巧。這份菜單讓兒童用遊戲的方式思考選項，並透過圖畫創造一個在需要時可以使用的視覺菜單。可能有助於兒童因應未來壓力源的漸進式肌肉放鬆（progressive muscle relaxation, PMR）訓練技巧包括「生熟麵條」（Raw and Cooked Spaghetti）（Cohen, Mannarino, & Deblinger, 2006）、「從頭到腳漸進式肌肉放鬆訓練：玩遊戲形塑PMR」（Progressive Muscle Relaxation from Head to Toe: Game Playing to Shape PMR）（Cavett, 2010）、「緊繃放鬆舞蹈」（The Tighten and Relax Dance）（Cavett, 2010）。兩者都使用遊戲教導有關漸進式肌肉放鬆訓練的概念。「個性化風車」（Personalized Pinwheels）（Goodyear-Brown, 2005）是以遊戲為基礎讓兒童能練習呼吸。因應壓力時，社會支持也是有益的。一些以遊戲為基礎增強兒童使用支持者的技巧包括「我團隊裡的幫手：為孩子定義他們的專業和個人幫手以及他們的角色」（Helping Hands on My Team: Defining for the Child Their Professional and Personal Helpers and Their Roles）（Cavett, 2012）、「點亮我的道路」（Light My Path）（Cavett, 2010），以及「救星」（Lifesavers）（Kenney-Noziska, 2008）。

　　壓力免疫使用因應機制讓兒童得以發展並感到自信。壓力免疫能夠作為預防兒童和青少年之兒童性虐待的方法。兒童性虐待預防是讓孩童想想身處在性虐待和性行為風險中的特定情況，以及犯罪者用以誆騙受害者的行為。舉例來說，「帽子把戲」（Trick Hat technique）（Grotsky, Camerer, & Damiano, 2000）可能有助於曾被性虐待或正在學習預防性虐待的兒童。這個介入讓兒童或青少年處理在誆騙過程中犯罪者可能使用的「詭計」。此介入讓兒童學習某個想要哄騙兒童信任他們之人所提供的說法或行為，或者表現出犯罪者的其他操弄策略。詭計會從帽子裡拉出來，然後兒童練習說「不」，並且告知信任的成人。這個練習具有免疫的效果，要是詭計沒有透過遊戲介入積極處理，焦慮感會讓他們在面對問題時

變得僵硬或呆住。

臨床花絮

以下的花絮描述了壓力免疫在哪些方面有益於治療中兒童的臨床場景。每個花絮各自描述有關免疫實行所使用之素材和歷程。第一則描述有關兒童上幼兒園所經驗之焦慮的壓力免疫，第二則描述家長職務調動的壓力免疫，而第三則是有關法庭證詞。

案例分析：開始上幼兒園

Jasmine 是一位將要在兩個月後開始上幼兒園的五歲混血兒。她從出生就與母親和祖母在一起。當媽媽工作時，就由祖母照顧她。Jasmine 與認識的人在一起時通常很開朗，但是當與其他人在一起時會感到焦慮。她的母親表示她覺得 Jasmine 開始去上學將會有困難，特別是因為她要搭巴士。當 Jasmine 初次進到諮詢室，她似乎很害羞和含蓄。她黏著媽媽輕聲說話。後來媽媽證實，Jasmine 擔心得在媽媽不在的情形下自己留在房間裡。治療師蒐集了有關的資訊：學校、老師（姓名、族群、性別），以及幼兒園裡典型的一天。

在蒐集資訊後，治療師介紹 Jasmine 和媽媽到遊戲室。Jasmine 對玩具表現出興趣，過一會兒就玩了起來。她同意與治療師一起玩時媽媽可以不在場。治療師展示學校相關的玩具給她，並且好奇詢問 Jasmine 是否想知道學校的一天會是什麼樣子。Jasmine 表示她想知道而且同意觀賞治療師演出「學校的一天」。治療師使用玩具校車到娃娃屋接送一個娃娃。娃娃們能反映出他們所代表之人物的性別和膚色。治療師讓女孩娃娃想著當她在學校的時候媽媽和祖母正在做什麼，還有她們會不會想念她。在壓力免疫遊戲中，娃娃的談話和行動不僅反映了媽媽認為 Jasmine 上幼兒園會有的分離焦慮，還有適應的因應行為。治療師讓娃娃示範進到教室、把外

套和背包放到小櫃子裡、故事時間、下課休息、點心或牛奶時間、圓圈時間。遊戲裡學校的一天結束時，治療師讓娃娃表現出依照老師的指示整理背包和外套。接著娃娃排進搭巴士的路隊中，跟老師一起走到玩具巴士那兒。

Jasmine 聚精會神地觀賞治療師玩學校遊戲，甚至談到她喜歡聽老師說故事。場景又被重演，然後 Jasmine 問了一些問題諸如：「如果忘了拿背包，你會怎麼做？」和「如果想要上廁所，你會去哪裡？」接著 Jasmine 被邀請玩學校玩具，並且演出幾個上學日子的場景。這讓兒童能進一步表達問題和擔憂。

🌳 案例分析：家長職務調動

Mark 是一個八歲白人與非裔美人血統的混血兒。他和父母及兩個妹妹居住在陸軍基地提供的宿舍，他的父親是陸軍士兵。Mark 的主訴問題是對立反抗行為。在治療開始兩個月後，Mark 的父親被安排調動到阿富汗。他的父親先前調動過三次，當時 Mark 對父親常年不在無法適應。

Mark 的父母 Brent 和 Sara，與治療師談到父親要離開那天的計畫。全家會在上午六點左右陪同 Brent 到陸軍禮堂。全家可能得在五點左右起床準備，然後開車過去。Brent 需要穿好所有陸軍裝備〔即陸軍戰鬥服（Army Combat Uniform, ACU）〕。Sara 表示她感到最困難的過渡時期是當週為調動而做的家庭準備和出發到禮堂。在禮堂，他們會被要來與所愛之人道別的其他家庭圍繞著。接著 Brent 會把他的東西放上巴士，然後家人就得說再見。

治療師蒐集了幾種能反映為調動做準備和實際調動當天的玩具。使用了娃娃屋以及能反映家庭成員和族群認同的娃娃。一個穿著陸軍戰鬥服、陸軍靴、駱駝背包（水袋背包）、頭盔、槍和因應各種天氣裝備的士兵娃娃被運用在遊戲裡。Mark 的治療師玩出父親娃娃在家中打包，加上家人娃娃對打包過程的情緒表達。治療師讓兒童娃娃穿上父親的軍靴並且與父

親討論他即將離開的事，接著娃娃一家人開著玩具車到一個假裝的體育館（用來收納衣服、鞋子的雙層櫃被當作是體育館）。好幾個娃娃家庭被放在「體育館」並且反映出一系列調動當天可能會表達的情感。娃娃一家拍了好幾張照片，並且在假裝的體育館等待時玩了一個遊戲。父親娃娃在接受來自每一位家庭成員的擁抱和愛的再見後跟其他士兵登上車。兒童娃娃與媽媽和兩個小女孩娃娃一起回到位在娃娃屋的家。在幾次重演之後，Mark 演出了這個場景，並且加入他認為符合他會怎麼與父親說再見的細節。這麼做能夠讓他想到與父親共享的慣例，包括他們典型的打招呼。在遊戲中，他想到父親常會告訴他的事情，並且讓父親寫下幾句話，Mark 就把它張貼在房間牆壁上。Mark 演出這場景的最後幾次會談，他邀請家人來參與。他的父母和手足不但參與他的會談，而且還討論他們的希望和恐懼，以及父親回來後的計畫。Mark 遊戲重演過程中所表現出的預期焦慮明顯減少，他的家庭成員也提到，比起只是說出想法，演出來對他們更有幫助。

案例分析：法庭證詞

　　Kayla 是一位七歲白人女孩，在被她的繼父性虐待後開始接受以遊戲為基礎的認知行為治療。她被檢察官傳喚要在法庭作證。壓力免疫遊戲治療被用來幫助她為作證的壓力做準備。首先，她的媽媽和兒童法庭辯護人討論了 Kayla 作證時可以預期的有哪些。確認她在法庭上會遇見之人的名字，並提供每一位的照片給治療師。接著治療師向媽媽介紹遊戲法庭房間。兒童辯護人協助提供有關人物位置和遊戲法庭擺設，以反映審判將舉行的實際房間的建議。治療師找到娃娃代表主要法庭人物，包括法警、法官、陪審團成員、辯護律師、檢察官和法庭辯護人。治療師為 Kayla 介紹法庭內每一個人，並且告訴她這個人會做些什麼。這不但包括告訴 Kayla 法官會做什麼，還告訴她作為證人將要做些什麼。Kayla 被告知每一個人會坐在哪裡，以及他們的穿著打扮。治療師演出每一個人的角色。治療

師指出律師會問 Kayla 問題，有時候法官也會問，然後 Kayla 就誠實地回應。治療師也演出當天非作證的事件，例如由書記官協助起誓。當使用壓力免疫遊戲來幫助兒童上法庭，法官 Sandra Butler Smith（1987）建議能夠與孩子進行關於「什麼是事實」的討論，因為這是一個虐待法庭案件中常見的問題。所以，Kayla 和她的治療師討論了什麼是事實和說出事實的重要性。

Kayla 被告知她的繼父可能會出現在法庭裡，同時也被告知法警會在場保護她的安全，但有的時候律師可能會問她問題。Kayla 也被告知當她作證時，她的媽媽不被允許待在她身邊。透過遊戲，治療師能幫助 Kayla 學習因應策略，諸如當她不懂問題時可以怎麼做。在遊戲過程中，治療師演出 Kayla 短暫哭了然後恢復平靜的場景。更具體來說，治療師讓 Kayla 娃娃使用面紙然後請求休息一分鐘來放鬆，每次深呼吸就數到 5。

在遊戲中鼓勵 Kayla 使用治療中曾被教導過的因應策略。討論哪個技巧在法庭上是可以被接受的、是有益處的。舉例來說，鑑於漸進式肌肉放鬆在法庭上不一定可行，簡短的呼吸運動對 Kayla 可能會有幫助。Kayla 能夠選擇一個填充動物玩偶帶到法庭（有些法庭允許兒童在作證時可以帶一隻填充動物玩偶在身邊；最好能在與兒童討論之前就知道這是不是可行）。當治療師描述法庭程序，演出呼應每個人角色的簡短部分時，Kayla 會在旁觀看。接下來 Kayla 能夠自己動手玩法庭玩具，她演出了在法庭程序之前和之間上廁所與喝飲料。和玩具一起，她練習清楚地說話並且大聲到能被聽見。然後她去法庭做了短暫的拜訪。她坐在每一個位置上，並且在每一個位置上進行放鬆練習。法庭遊戲顯然有助於她對作證所引發的壓力產生免疫。

結論

壓力免疫已被用於成人和兒童，以降低他們對未來將會經驗到之情況

的焦慮。透過討論即將到來的壓力源、更加了解壓力源，以及發展出因應技巧，成人在談話治療中能達到壓力免疫。由於遊戲是兒童的語言，遊戲是對兒童實施壓力免疫的首選方式。儘管壓力免疫是重要的遊戲療癒力量（Schaefer, 1993），但由於缺乏指導和督導，它常被兒童治療師與遊戲治療師所忽略。再者，也缺少研究聚焦於遊戲作為壓力免疫的一種方法。未來的研究，加上更多訓練和督導機會，將會為實務工作者提供更多支持，他們必須更有效地利用遊戲力量中的壓力免疫。

❖ 參考書目

Bremner, J. D., & Vermeten, E. (2001). Stress and development: Behavioral and biological consequences. *Development and Psychopathology*, 13, 473–489.

Burstein, S., & Meichenbaum, D. (1979). The work of worrying in children undergoing surgery. *Journal of Abnormal Child Psychology*, 7(2), 121–132.

Cavett, A. M. (2010). *Structured play-based interventions for engaging children and adolescents in therapy*. West Conshohocken, PA: Infinity Press.

Cavett, A. M. (2012). *Playful cognitive behavioral therapy interventions for children*. West Conshohocken, PA: Infinity Press.

Cohen, J., Mannarino, A., & Deblinger, E. (2006). *Treating trauma and traumatic grief in children and adolescents*. New York, NY: Guilford Press.

Corsini, R. J., & Rosenberg, B. (1955). Mechanisms of group psychotherapy: Processes and dynamics. *Journal of Abnormal and Social Psychology*, 51, 406–411.

Eliot, G. R., & Eisdorfer, C. (1982). *Stress and human health*. New York, NY: Springer.

Feder, A., Nestler, E. J., & Charney, D. S. (2009). Psychobiology and molecular genetics of resilience. *Nature Reviews Neuroscience*, 10(6), 446–457.

Fortier, M. A., Chorney, J. M., Kony, R. Y., Perret-Karimi, D., Rinchart, J. B., Camilon, F. S., & Cain, Z. N. (2009). Children's desire for perioperative information. *Anesthesia and Analgesia*, 109, 1085–1090.

Fraser, T. A. (2009). *Billy had to move: A foster care story*. Ann Arbor, MI: Loving Healing Press.

Goodyear-Brown, P. (2005). *Digging for buried treasure 2: Another 52 prop-based play therapy interventions for treating the problems of childhood*. Nashville, TN: Goodyear-Brown.

Goodyear-Brown, P. (2010). *Play therapy with traumatized children: A prescriptive approach*. Hoboken, NJ: Wiley.

Grotsky, L., Camerer, C., & Damiano, L. (2000). *Group work with sexually abused children*. Thousand Oaks, CA: Sage.

Haglund, M. E. M., Nestadt, P. S., Cooper, N. S., Southwick, S. M., & Charney, D. S. (2007). Psychobiological mechanisms of resilience: Relevance to prevention and treatment of stress-related psychopathology. *Development & Psychopathology*, 19(3), 889–920.

Katz, M., Liu, C., Schaer, M., Parker, K. J., Ottet, M. C., Epps A., . . . Lyons, D. M. (2009). Prefrontal plasticity and stress inoculation-induced resilience. *Developmental Neuroscience*, 31, 293–299.

Kenney-Noziska, S. (2008). *Techniques, techniques, techniques: Play based activities for children, adolescents, and families*. West Conshohocken, PA: Infinity Press.

Khoshaba, D. M., & Maddi, S. R. (1999). Early experiences in hardiness development. *Consulting Psychology Journal: Practice and Research, 51*(2), 106–116.

Janis, I. L. (1958). *Psychological stress: Psychoanalytic and behavioral studies of surgical patients*. New York, NY: Wiley.

Landreth, G. (1991). *Play therapy: The art of the relationship*. Muncie, IN: Accelerated Development.

Li, H., Lopez, V., & Lee, T. (2007). Effects of preoperative therapeutic play on outcomes of school-age children undergoing day surgery. *Research in Nursing & Health, 30*, 320–332.

Lyons, D. M., Parker, K. J., Katz, M., & Schatzberg, A. F. (2009). Developmental cascades linking stress inoculation, arousal regulation, and resilience. *Frontiers in Behavioral Neuroscience, 3*. Retrieved from http://www.frontiersin.org/neuroscience/behavioralneuroscience/paper/10.3389/neuro.08/032.2

McGrath, P., & Huff, N. (2001). "What is it?": Findings on preschoolers' responses to play with medical equipment. *Child: Care, Health, and Development, 27*(5), 451–462.

Meichenbaum, D. (1977). *Cognitive behavior modification: An integrative approach*. New York, NY: Plenum Press.

Meichenbaum, D. (1985). *Stress inoculation training*. Elmsford, NY: Pergamon Press.

Meichenbaum, D. (1993). Stress inoculation training: A 20-year update. In P. M. Lehrer & R. L. Woolfolk (Eds.), *Principles and practice of stress management* (pp. 373–406). New York, NY: Guilford Press.

Meichenbaum, D. (2007). Stress inoculation training: A preventative and treatment approach. In P. M. Lehrer, R. L. Woolfolk, & W. S. Sime, *Principles and practice of stress management* (3rd ed.). New York, NY: Guilford Press.

Parker, K. J., Buckmaster, C. L., Schatzberg, A. F., & Lyons, D. M. (2004). Prospective investigation of stress inoculation in young monkeys. *Archives of General Psychiatry, 61*, 933–941.

Parker, K. J., Buckmaster, C. L., Justus, K. R., Schatzberg, A. F., & Lyons, D. M. (2005). Mild early life stress enhances prefrontal-dependent response inhibition in monkeys. *Biological Psychiatry, 57*, 848–855.

Parker, K. J., Rainwater, K. I., Buckmaster, C. L., Schatzberg, A. F., Lindley, S. E., & Lyons, D. M. (2007). Early life stress and novelty seeking behavior in adolescent monkeys. *Psychoneuroendocrinology, 32*, 785–792.

Parker, K. J., Buckmaster, C. L., Lindley, S. E., Schatzberg, A. F., & Lyons, D. M. (2012). Hypothalamic-pituitary-adrenal axis physiology and cognitive control of behavior in stress inoculated monkeys. *International Journal of Behavioral Development, 36*(1), 45–52.

Schaefer, C. E. (1993). *The therapeutic powers of play*. Northvale, NJ: Aronson.

Smith, S. B. (1987). *Children's story: Sexually molested children in criminal court*. Ann Arbor, MI: Launch Press.

Yalom, I. D., & Leszcz, M. (2005). *The theory and practice of group psychotherapy* (5th ed.). New York, NY: Basic Books.

壓力管理

Chapter 11

★ Kristin S. Bemis

導論

我們的社會愈來愈意識到壓力在日常生活中的角色，我們敏銳地意識到成人和兒童需要找到更好的方法管理他們壓力的程度。最近一份美國心理學會（APA）的調查發現，「大多數美國人正生活在中度……或高度的壓力中」（American Psychological Association, 2010）。在同一份研究中，三分之一受訪兒童回報了與壓力相關的身體症狀。誠然，壓力由於它主觀的本質而難以定義；有人可能認為跳傘是一個興奮和刺激的探險，不過這個活動可能造成另一個人感受到讓人衰弱的焦慮和壓力。反過來，同樣是那位站在高架上感到畏縮的人，面對一大群人演說也許沒有問題，而這個舉動卻可能讓一個不怕死的跳傘者手心冒汗。我們的想法、個別化生理和神經系統反應，以及與環境之間的相互作用，導致我們在造成大規模變化反應的情境中，會感受到所謂的**壓力**。

壓力的定義隨著新興研究，以及我們日益理解壓力對發展和功能的廣泛影響而進化。當代研究者對壓力的操作型定義是「環境要求超過有機體自然調節能力的狀況」（Koolhaas et al., 2011）。在西方文化裡，「壓力」（stress）這個用語已經變成困擾（distress）的同義詞。然而，當壓力激發出面對挑戰性任務的準備時，或許也提供了成長的機會，所以壓力也可能是正向的〔優質壓力（eustress）〕。這些成長機會所涉及的壓力

源,通常是會快速消散、小型的、可預測的壓力源,且提供機會讓我們練習因應工具,而不會耗盡因應工具,從而創造「一個更有韌性、彈性的壓力反應能力」(Perry & Szalavitz, 2006, p. 41)。以上討論之目的,是將**壓力**一詞視為超過正常且有產能的壓力,並且超出我們的因應工具所能承擔的程度而造成**苦惱**(distress),還會使我們的大腦、身體和情緒損壞。

　　研究顯示,成人正經歷著比以往任何時間更高程度的壓力,但他們相信自己已經成功減輕自身的壓力程度,以減少對自己孩子的影響。根據 APA 的壓力報告書,69% 的家長表示壓力對子女的影響程度是從輕微到無,然而報告卻指出 63% 到 80% 的兒童與青少年,受到家長壓力程度諸如悲傷、憂慮、挫折等情緒反應影響(APA, 2010)。國家發展兒童科學委員會(National Scientific Council on the Developing Child)將壓力分為三類:「正向壓力」(positive stress)、「可忍受壓力」(tolerable stress)和「有毒壓力」(toxic stress)(Shonkoff & Garner, 2012, p. 235)。正向和可忍受的壓力反應的特色,都是兒童擁有由安全、可靠的父母或成人依戀關係所創造出的緩衝區,因而降低了壓力反應。這由負責對壓力反應的大腦系統和那些負責調節人際關係愉悅之系統間的連結所創造(Perry, 2009)。另一方面,有毒壓力是「在缺少緩衝保護的支持性成人關係下,身體壓力反應系統強烈、頻繁和漫長的激發」所帶來的結果(Shonkoff & Garner, 2012, p. 236)。對兒童有毒的壓力不只會造成短期影響,還會導致大腦發展和大腦運作能力的永久改變。在兒童身上,壓力會以攻擊、易怒、緊張、飲食和睡眠習慣改變、頭痛或胃痛來表現(DeBord, n.d.)。儘管壓力對身體和生理影響的完整解釋超出我們所要討論的範圍,重要的是要認識到壓力造成我們大腦和身體的化學變化往下直達細胞的層次。

壓力管理的描述

　　美國壓力研究院〔American Institute of Stress（AIS）, n.d.〕把壓力視為美國排名第一的健康問題。由於兒童早期大腦快速發展時的脆弱性，目前也愈來愈清楚早期壓力對兒童所造成的影響範圍非常廣泛；因此，壓力管理的策略是不可或缺的。因為**壓力**這個字本身的意涵，使得**壓力管理**的定義變得相當模糊而廣泛；任何可以幫助個人因應或減低壓力對身體和情緒之影響的技巧或介入，都能夠以「壓力管理」一詞描述。然而，壓力管理的整體觀點是，為了回復到一個更平衡的狀態，我們的身體「需要緩解壓力」（DeBord, n.d., p. 1）。美國兒科學會（American Academy of Pediatrics, AAP）建議，鑑定出能夠緩減對童年有害壓力之影響的策略，將會變成「兒科創新的下一章」（Shonkoff & Garner, 2012, p. 236）。為此目的，AAP 提出了朝向「環境生物發展」（ecobiodevelopmental, EBD）架構的典範轉移，建議「許多成人疾病應該被視為發展疾患」（Shonkoff & Garner, 2012, p. 232）。如果個體在兒童時期無法找到有效的壓力因應機制，比起那些發展出因應技巧的人，他們面臨著教育程度較低、健康情況較差，以及未來更容易有壓力的風險。這意味著，減低和預防有毒童年壓力能夠影響我們社會代代相傳的社會和經濟成本（Shonkoff & Garner, 2012）。所以，我們應該如何促進兒童的壓力管理呢？Jewett 與 Peterson（2002）提到：「適應或管理壓力似乎高度倚賴兒童發展的能力和因應技巧清單（coping-skill inventory）。」（para. 2）具體來說，對於六、七歲以下兒童的壓力管理策略必須大量地修正，因為考慮到他們的認知發展層次，以及他們沒有能力抽象地推理自己的認知、情緒或行為，而這些都是教導認知行為因應策略的關鍵原理。因為遊戲是兒童的語言（Landreth, 2002），所以他們會使用遊戲這個語言找到有效的因應策略和壓力管理技術，這是十分有意義的推測。

🐢 實證支持

　　很多領域的研究都顯示減輕壓力有許多好處。壓力對大腦發展產生的負面影響已經被大家所了解、接受；在神經學層面，長期或有害的壓力關係到海馬迴、杏仁核和前額葉皮質發展上的結構改變。這些大腦結構的損害，對於進入成人期之後的心理和身體健康有著連漪效應，包括記憶受損、情緒調適困難，以及沒有能力因應未來的逆境和壓力（Shonkoff & Garner, 2012; Stern, 2011）。在生理層面，壓力造成心跳和血壓增加，其原因是為了做決策，身體會試圖促進血液流向我們的大肌肉群和大腦。它也可能會造成血糖飆升、增加皮質醇和腎上腺素的濃度，以及降低免疫系統功能（AIS, n.d.）。在心理層面，焦慮和憂鬱症狀的增加也已經被觀察到與壓力有關聯（Perry & Szalavitz, 2006; Stern, 2011）。有鑑於此，我們正確地假設減少壓力會為這些領域帶來好處。壓力管理策略已經由實證證明能夠降低血壓、減輕痛苦程度，以及減少我們的疾病與其他健康相關議題的風險。研究顯示，有效的壓力管理不但可以減低腫瘤復發率，還能降低它的風險，且可能扭轉心臟疾病造成的影響（Stress Institute, 2010）。

　　目前正在探究兒童肥胖和壓力之間的關係。美國心理學會不只已經發現過重兒童帶有更多的壓力症狀，也報告當這些兒童經驗壓力時，他們比較少出現主動因應策略，而且比較可能選擇用食物或睡覺來處理壓力（APA, 2010）。研究者最近已經指出遊戲是壓力管理的一種手段。根據壓力研究院 Kathleen Hall 博士的研究，「當我們遊戲時，我們的血壓下降，我們的心跳上升，（同時）我們製造腦內啡」（Dador, 2008, p. 2）。所以，遊戲和壓力似乎互斥，因為遊戲會自然導致壓力降低和可測量的生理水平產生變化。在成年人中，結合遊戲或遊戲治療媒介的壓力管理課程顯示，提高生產率達 127%，而壓力程度則整體降低。進一步的

研究顯示，遊戲導致免疫系統的功能改善並且降低個體的壓力荷爾蒙程度（Dador, 2008）。由 Miller 與 Almon（2009）所做的當代幼兒園教室研究指出，現代幼兒的生活處在「無法達成不切實際期望」的更龐大壓力下，同時「他們處理壓力的主要手段——創造性遊戲」也被剝奪（p. 49）。更重要的是，這已經導致教室內可觀察到的攻擊、憤怒和行為問題發生率增加。沒有足夠的壓力縮減，我們的社會將持續產生更多高風險成人，處在疾病、肥胖、學習困難、情緒疾患和行為問題下。

壓力管理在達成改變上的角色

「所有兒童都治療性地使用遊戲作為處理壓力的方法」（Ray, 2011, p. 6）。如同先前討論過的，壓力管理策略為我們的心智和身體帶來驚奇，而遊戲是這些益處匯集所在。遊戲是促進認知、身體和情緒的機制，讓兒童有減低和管理壓力的機會。研究指出「有能力『好好』玩的兒童就有能力『好好』因應」這兩者之間有正向的關聯（Christiano & Russ, 1996, p. 131）。在神經學層次，研究顯示遊戲甚至可以減低嬰兒的腦內啡荷爾蒙程度，它負責發動身體的壓力反應（Bernard & Dozier, 2010）。遊戲給兒童一個無價的機會，讓他們用自然的方式減低和管理壓力程度。

自我安撫／放鬆遊戲

遊戲最真實的形式——兒童驅動、自主和非目標導向——提供自我安撫的機會。當兒童運用水、沙和顏料媒材時，他們在從事感覺和觸覺的遊戲。由於壓力在個人身上形成激發的狀態，找到方法安撫和減少這個激發程度的能力是必要的。神經科學研究建議，重複節奏的活動會適度活化負責自我調節的大腦較下層部位（Perry, 2009）。另外，研究顯示，感覺、觸覺遊戲會經由非語言和表達性管道啟動大腦右半球，使大腦兩邊半

球得以接合，帶來調節和功能的改善（Gil, 2006）。簡單的觸覺遊戲媒材有促進安撫的特性，此外，兒童也會運用發展上適當的、掌控導向的遊戲來自我安撫。掌控遊戲涉及兒童「朝著勝任一項特定的技能前進」（Ray, 2011, p. 6）。例如，一個三歲兒童可能使用遊戲重演某個創傷的記憶，但隨後很快地轉向藝術桌去進行裁剪、黏貼和畫圖，她工作的所有任務都是為了變得更能夠掌控。她現在的遊戲是自我安撫的，不僅僅是因為使用的媒材，也是由於手邊的任務。同樣地，十歲男孩可能使用更肢體性的任務，諸如一邊討論有壓力的場景一邊拍籃球，為的是要提升更好的調節和自我安撫。放鬆遊戲可能包括使用音樂、呼吸練習或肌肉放鬆（Nel & Spies, 2005）。更多直接教導的具體策略會在下個段落中討論，但兒童遊戲的觀察者會注意到，兒童常常就會受到這些活動吸引，抓鼓（grabbing drums）、吹泡泡或是在積木塔翻倒後深呼吸一口氣然後再重來。

假想／假扮遊戲

這類型的遊戲有許多名稱，而且常被稱為**創造性遊戲、想像遊戲、假扮遊戲**或**戲劇遊戲**。這類遊戲的核心特性是假想遊戲不會受到現實的限制，而兒童使用遊戲中的符號和隱喻來演出他們的世界和經驗。假扮遊戲在壓力管理上扮演多重角色。首先，這類型遊戲提供漸進式暴露和減敏感的機會。兒童決定何時要靠近櫃子上的駭人恐龍，或更辛酸地，曾經過創傷醫療事件的兒童用自己的速度接近醫生的工具，或對於有厭食症的兒童，當她準備好了才會在玩具廚房中畫圖。在一個理想的療癒性環境裡，兒童透過他的遊戲控制暴露的速率和類型，而不是由治療師安排這些暴露任務。在此脈絡下，遊戲透過遊戲媒材為中介，將「那些現實中無法控制的，變成可控制的」（Landreth, 2002, p. 12）。隨著兒童透過他們的幻想場景重新獲得控制感，藉由逃脫現實或創造更小、更安全的現實版本，他們的控制感有助於減低焦慮。再者，隨著兒童參與假想遊戲，他們常會進行私語（private speech），這會促進自我調節與執行功能——情緒管理

的關鍵技巧——的發展（Berk, Mann, & Ogan, 2006; Spiegel, 2008）。研究報告顯示，假想遊戲和使用認知因應策略，例如創造性問題解決和發散性思考，兩者間呈現正相關（Christiano & Russ, 1996; Russ, 1998）。舉例來說，一位建構了超人和外星人聯手擊敗壞人場景的兒童，應該能更輕鬆地想出一個解決方案來幫助自己因應醫療程序或壓力事件。再者，研究顯示，兒童參與假想遊戲也能發展彈性的問題解決技巧，並且提升他們對當前和未來壓力源的適應力（Christiano & Russ, 1996）。「當兒童掌控他們的世界時，遊戲會幫助兒童發展所需的新能力和韌性來面對未來的挑戰」（Ginsburg, 2007, p. 183）。這顯示，如果兒童參與自由、非結構、複雜想像遊戲的機會被剝奪，那麼他們在生命中發展出促進身體和情緒健康之壓力管理技巧的機會也被剝奪。

社會遊戲

社會遊戲和團體遊戲常被稱為「打鬧遊戲」（rough-and-tumble play, R&T），是一個在非人類動物中高度被研究的領域。當研究者試圖發掘大腦和遊戲之間的關係時，非人類研究不僅提出打鬧遊戲「可能促進社會能力的發展」（Pellis & Pellis, 2007, p. 97），還可能建立阻抗因壓力而引起之憂鬱反應的力量（*American Journal of Play*, 2010）。

探索遊戲

任何照顧者都曾經見過兒童探索新環境，對航向新環境和探索新環境感到刺激與興奮的兒童會經驗到正向壓力反應，或稱優質壓力。當前的研究建議我們去看看「品味優質壓力……作為只是單純因應苦難的補充」（Nelson & Cooper, 2005, p. 74）。一個願意用遊戲探索新環境的兒童，代表她將這種情況感知為刺激的挑戰，而不是威脅。更重要的是，下次她遇見一個新的情況，將更有可能視它為一個正向的經驗，因為她能夠利用成功探索遊戲的記憶，將感受到的壓力限制在可控制的程度。然而，也有

兒童會不確定在新環境中如何處理引導自己探索遊戲的責任，因而過度掙扎而陷入困境。當有人想要駕馭遊戲的療癒能力時，對兒童壓力反應的認識，以及做出相對應的調整就很重要。

🐦 策略與技巧

壓力管理策略應該要能夠與人協調一致，所以「應該鼓勵兒童使用與他們自然因應方式兼容並存的因應策略」（Russ, 1998, p. 131）。對兒童而言，這在兒童本身驅動、非指導的自由遊戲裡是一應俱全的。以下是可以用來促進壓力管理的策略和技巧。不過，我們應該牢記在心的事實是，很多時候無須成人的提示，兒童就會運用以下的一些技巧。

🌳 自我安撫／放鬆遊戲

如先前所提，在兒童能夠建構自己遊戲的地方，簡單地提供觸覺和感覺遊戲的機會就可促進壓力緩減。其他更多特定的取向可能會含括使用沙盤、藝術提示（art prompts）和放鬆技巧。根據 Homeyer 與 Sweeney（2011）的研究，沙盤提供觸覺的、動覺的經驗，以及自然的界限，而這些都能夠促進壓力緩減。讓兒童完成開放的「Lowenfeld 世界技法」（Lowenfeld World Technique）（p. 7）會是一個開始探索壓力源，以及創造空間讓兒童能夠透過自己創造的隱喻，操縱他們的世界和重獲控制感的絕佳提示。藝術媒材在遊戲中提供另一個感覺、觸覺的機會。珠子、顏料和黏土提供大量的非指導和指導技巧。如同沙盤，這些媒材的本質是安撫的，讓表達性藝術技巧更有效。使用黏土或造型土塑造一個壓力源或衝突，常被運用在飲食疾患和強迫疾患案主的治療當中，用以將疾患去人格化和創造抽象疾病的具體代表。因為遊戲提升學習（Miller & Almon, 2009），當教導深呼吸、引導式心像和漸進式肌肉放鬆時，以遊戲為基礎的技巧對兒童會更有效。有些治療師使用各種好玩的遊戲方法，來契

合兒童獨特的經驗和功能程度。Paris Goodyear-Brown（2009）使用的策略有「大的那個」（The Big One）（p. 5），一種用泡泡的深呼吸遊戲；「平衡行動」（The Balancing Act）（p. 5），一種專注集中的挑戰，運用紙風車，並且有節奏的計數以促進壓力降低。更重要的是，小至六歲的兒童就已經展現能掌握「腹式呼吸」的概念（Culbert & Kajander, 2007, p. 30），並且恰當地使用它們來減低壓力、痛楚或焦慮。

假想／假扮遊戲

這種形式的遊戲也是兒童本身驅動的活動，但它往往不需要治療師安排某些特定的活動。例如玩偶、娃娃屋和塑像、裝扮材料、積木、動物等玩具，全都能促進假想遊戲。除了促進假想遊戲，玩偶可以更直接的方式運用在因應技巧的教導、角色扮演、腦力激盪問題解決策略，或者提供暴露和減敏感的機會（Chibbaro & Bradley, 2012）。結構式娃娃遊戲或適應性娃娃遊戲，可以作為一種不需要書本的說故事形式，父母或臨床工作者可用來為兒童潛在的困擾或引發焦慮的事件做準備。透過具體遊戲媒材在減低壓力和焦慮上帶來的改善結果，兒童在為事件的練習和準備中已經獲益（Bratton, Landreth, Kellam, & Blackard, 2006; Danger, 2010）。

幽默

幽默被多方面描述成是一種壓力的緩衝，以及改變個人對情況的感知，從具有威脅到較少負面看法的方法等等的因應策略（Abel, 2002）。笑聲是幽默的自然對口，且已經展現出擁有大量身體和心理上的益處，包括釋放腦內啡、減低壓力荷爾蒙，以及降低血壓（Schaefer, 2011）。笑聲常在遊戲中自動產生，不過幽默的好玩特性也會用來幫助建立治療性關係或促進溝通。其他幫助兒童獲得洞察和新觀點的特定技巧還包括誇張、矛盾意向法（paradoxical intention）和減敏感（Wolf-Wasylowich, 2011）。

 臨床應用與花絮

由於壓力可以用多種方式表現，從身體不適到行為改變都有，臨床工作者的衡鑑應該優先評估兒童和家長的獨特壓力源。《精神疾病診斷與統計手冊》（*Diagnostic and Statistical Manual of Mental Disorders*）將監控廣泛的壓力源作為他們建議多軸衡鑑的一部分（American Psychiatric Association, 2000）。這是因為壓力源在診斷圖像和案主的症狀中有著很大影響。關於壓力的診斷不但包括明顯呈現的，還有那些不太明顯的。

適應症包括具體涉及個人暴露於壓力源導致情緒和行為症狀的指標。焦慮症以及更具體的急性壓力症和創傷後壓力症候群，都涉及個人暴露在創傷的壓力源之中（American Psychiatric Association, 2000）。壓力程度和憂鬱之間的連結也變得愈來愈明顯。其他不那麼明顯的主訴問題，包括頭痛病史、功能性腹痛，或者不屬於其他飲食疾患症狀的新發限制性飲食模式。在如廁訓練年紀的幼童常透過憋住排便、有時是便秘或失禁，來向兒科醫師反映其壓力。轉化症也證明了這種壓力轉化到身體的症狀。以下是曾經和我一起工作過的兒童的案例，在這些案例中，遊戲的角色是促進壓力管理，透過兒童整體因應和功能、身體形式和情緒症狀的改善得到了明確的證明。

急性壓力症案例

Kimberly 是一個六歲女生，她在兒童加護病房住院期間被轉介到遊戲治療。進入加護病房通常帶來許多壓力源，不過這位兒童所經驗的創傷比較特別，她經驗到的創傷事件，是在她仍有意識的情況下呼吸道短暫地受到損害。Kimberly 拒絕和工作人員說話，而且不論任何人進到房間她都會閉上眼睛，所以被轉介給我。更複雜的治療狀況是，Kimberly 的身體疾病已造成她的四肢癱瘓。她的兒童醫療輔導師（child life specialist）

特地要求我接受這個轉介，因為 Kimberly 的困擾程度正在明顯提高。我很掙扎到底要帶什麼東西到床邊，我知道她可能無法來到我的遊戲室，也無法用身體操作任何我手頭上的媒材。我看中了各式各樣容易清潔和運送的藝術媒材，包括珠子、顏料、剪刀、膠水和麥克筆。當我進到房間時 Kimberly 立刻閉上她的眼睛，當我請求她的父母暫時離開房間時，她的眼淚便從臉頰滑落。足足有 20 分鐘，我坐在床邊對她說話，希望能讓她相信我不具威脅性。我持續在她的臉龐和心跳監控器上來回觀看，以確保她能夠承受這個介入。我也對她描述發生在走廊和房間的所有事情，因為我注意到每當她聽到腳步聲或聲響時的心跳起伏。對她說話的同時，我串起一條項鍊，主要是有助於緩解我自己的壓力程度。我一邊做會一邊告訴 Kimberly 我在做什麼的細節。一段時間後，我注意到她的心跳回歸正常，她終於睜開眼睛面向我。不久之後，她開始指揮遊戲會談，並且選擇使用顏料媒材。我永遠不會忘記那一刻，我問她要把天空變成什麼顏色。我告訴她：「在我們的特別遊戲時間裡，它可以是任何你想要的顏色。」Kimberly 笑了笑，透過她的笑聲熱情地回答：「粉紅色，我想要它是粉紅色！」儘管她不是直接操作媒材，遊戲已帶給 Kimberly 自由和控制的感覺。我用來與 Kimberly 工作的其他策略包括幽默（在會談之中和透過參與小丑活動），我也教導她深呼吸技巧。Kimberly 在住院期間達到急性壓力症的指標，但她下次來院時，病歷上已被標記為疾患解決。

憂鬱／焦慮案例

　　Mark 是一位高三學生，也是鼓隊隊長，最近被診斷有橫紋肌肉瘤，這是種最常在兒童身上發現的軟組織癌症。Mark 突然得面對密集的化學治療和放射治療，而不是專注於大學申請。他在「錯過」重大學校活動、治療壓力和自己的死亡中掙扎。我通常不接受年齡較大的青少年轉介；然而，Mark 拒絕與腫瘤心理學家談話，因此她認為一位具備非語言策略的人可能會更有效能。我們第一次的床邊會談，我用了 Oaklander

（1978）「顏色、形狀和線條」（Colors, Shapes, and Lines）（p. 21）的提示（prompt）技巧。在 Mark 被診斷前，藝術和音樂是他主要的因應策略，但開始接受化學治療後，他已停止從事這些活動。在我們初步會談之後，Mark 回家並完成了一個版本的 Oaklander 提示，這提示最終還投稿到藝術競賽中。有時候，臨床工作者的角色，就是單純地指導我們的案主，回到任何可能帶給他們或提醒他們自身擁有的最佳因應策略的遊戲形式中。一旦他能夠來到治療室，Mark 也被沙盤所吸引，而我們在好幾次會談中都使用它。當 Mark 努力尋找未來，他使用「Lowenfeld 世界技法」（Homeyer & Sweeney, 2011, p. 7）作為跳板，創造了好幾盤重要的沙盤。他在沙盤裡用塑像創造動作，動作則從醫院主導的世界觀走向抱持新探險和希望的樂觀與未來展望。大學一年級後的夏天，Mark 因大學裡出現未能預期的挑戰而在回家後感到壓力，而且他認為或許是抗憂鬱藥物的改變所造成的。經過一次遊戲室的會談，並且讓他回想起過去曾經成功自我安定的因應策略，Mark 帶著不調整用藥的決定離開，並說：「感覺最終我應該還是可以掌控它。」

🌳 轉化症案例

Leah 是一個入住飲食疾患病房的九歲女孩，起因於她拒絕攝入所有食物和流質，包括她的唾液。隨著入院的進展，她的診斷更清楚地較符合轉化症，並且也取得了更精確的成長史。如同典型的轉化症病例，Leah 堅決否認生命中有任何難過或恐懼的事情曾經發生。當她在第一次會談參與沙盤活動時（那是我會用在所有轉化症轉介個案的技巧），Leah 創作了一個墓碑和死亡主題到處蔓延的場景。在完成她的沙盤後，Leah 轉向我說「有時人們會死於墜機」，然後突然將注意力轉向遊戲室的其他區域。在治療過程中，Leah 創作了幾個沙盤。最終，她對死亡主題變得更能泰然處之，而她的主訴症狀改善了。她也運用遊戲廚房作為漸進暴露任務，並且恢復正常飲食。在遊戲廚房時 Leah 轉向我，並且終於突破沙盤

工作裡使用的隱喻說：「我曾有一個最好的朋友死於墜機。」

在我的臨床經驗裡，運用遊戲降低焦慮程度，為進到遊戲室的兒童帶來身體和情緒的症狀緩減。對兒童來說，遊戲是進入探索、發展和練習工具的窗口，協助他們管理當前和未來的逆境。

❖ 參考書目

Abel, M. H. (2002). Humor, stress, and coping strategies. *Humor: International Journal of Humor Research*, *15*(4), 365–381.

American Institute of Stress. (n.d.). *America's no. 1 health problem*. Retrieved May 31, 2012 from http://www.stress.org/americas.htm?AIS=5b019612b71a363b42ec0ec90cd9628e

American Journal of Play. (2010). Science of the brain as a gateway to understanding play: An interview with Jaak Panksepp. *American Journal of Play*, *2*(3), 1–33.

American Psychiatric Association. (2000). *Diagnostic and statistical manual of mental disorders* (4th ed., text rev.). Washington, DC: Author.

American Psychological Association. (2010). *Stress findings in America*. Washington, DC: Author.

Berk, L. E., Mann, T. D., & Ogan, A. T. (2006). Make-believe play: Wellspring for development of self-regulation. In D. G. Singer, R. M. Golinkoff, & K. Hirsh-Pasek (Eds.), *Play = learning: How play motivates and enhances children's cognitive and social-emotional growth* (pp. 74–100). New York, NY: Oxford University Press.

Bernard, K., & Dozier, M. (2010). Examining infants' cortisol responses to laboratory tasks among children varying in attachment disorganization: Stress reactivity or return to base-line? *Developmental Psychology*, *46*(6), 1771–1778. doi: 10.1037/a0020660

Bratton, S., Landreth, G., Kellam, T., & Blackard, S. (2006). *Child parent relationship therapy (CPRT) treatment manual: A 10-session filial therapy model for training parents*. New York, NY: Routledge.

Chibbaro, J., & Bradley, L. (2012, March). Exploring puppetry as a treatment option. *Play Therapy*, *7*(1), 6–9.

Christiano, B. A., & Russ, S. W. (1996). Play as a predictor of coping and distress in children during an invasive dental procedure. *Journal of Clinical Child Psychology*, *25*(2), 130–138.

Culbert, T., & Kajander, R. (2007). *Be the boss of your stress: Self-care for kids*. Minneapolis, MN: Free Spirit.

Dador, D. (2008, September 25). *Kids have "secret" anti-stress weapon*. Retrieved from http://abclocal.go.com/kabc/story?section=news/health&id=6414669

Danger, S. (2010). Adaptive doll play: Helping children cope with change. *International Journal of Play Therapy*, *12*(1), 105–116. doi: 10.1037/h0088874

DeBord, K. (n.d.). *Helping children cope with stress* (North Carolina Cooperative Extension Service). Retrieved May 31, 2012, from http://www.ces.ncsu.edu/depts/fcs/pdfs/fcs457.pdf

Gil, E. (2006). *Helping abused and traumatized children: Integrating directive and nondirective approaches*. New York, NY: Guilford Press.

Ginsburg, K. R. (2007). The importance of play in promoting healthy child development and maintaining strong parent-child bonds. *Pediatrics*, *119*(1), 182–189.

Goodyear-Brown, P. (2009, April). *Play therapy with traumatized children: Glimpses into the child's heart*. Paper presented at the Texas Association for Play Therapy Conference, San Antonio, TX.

Homeyer, L., & Sweeney, D. (2011). *Sandtray: A practical manual*. New York, NY: Routledge.

Jewett, J., & Peterson, K. (2002, December). *Stress and young children*. Retrieved from http://www.athealth.com/consumer/disorders/childstress.html

Koolhaas, J. M., Bartolomuccic, A., Buwaldaa, B., de Boera, S. F., Flüggeb, G., Kortei, S. M., . . . Fuchsb, E. (2011). Stress revisited: A critical evaluation of the stress concept. *Neuroscience and Biobehavioral Reviews, 35*, 1291–1301.

Landreth, G. L. (2002). *Play therapy: The art of the relationship* (2nd ed.). New York, NY: Brunner-Routledge.

Miller, E., & Almon, J. (2009). *Crisis in the kindergarten: Why children need to play in school*. College Park, MD: Alliance for Childhood.

Nel, D., & Spies, G. M. (2005). *The use of play therapy mediums in a stress management program with corporate employees*. Retrieved from http://abclocal.go.com/kabc/story?section=news/health&id=6414669

Nelson, D., & Cooper, C. (2005). Guest editorial: Stress and health: A positive redirection. *Stress and Health, 21*, 73–75. doi: 10.1002/smi.1053

Oaklander, V. (1978). *Windows to our children*. Highland, NY: Real People Press.

Pellis, S. M., & Pellis, V. C. (2007, April). Rough-and-tumble play and the development of the social brain. *Current Directions in Psychological Science, 16*(2), 95–98. doi: 10.1111/j.1467-8721.2007.00483.x

Perry, B. (2009). Examining child maltreatment through a neurodevelopmental lens: Clinical applications of the neurosequential model of therapeutics. *Journal of Loss and Trauma, 14*, 240–255. doi: 10.1080/15325020903004350

Perry, B., & Szalavitz, M. (2006). *The boy who was raised as a dog: What traumatized children can teach us about loss, love and healing*. New York, NY: Basic Books.

Ray, D. (2011). *Advanced play therapy: Essential conditions, knowledge, and skills for child practice*. New York, NY: Routledge.

Russ, S. (1998). Play, creativity, and adaptive functioning: Implications for play interventions. *Journal of Clinical Child Psychology, 27*(4), 469–480.

Schaefer, C. S. (2011, September). The importance of the fun factor in play therapy. *Play Therapy, 6*(3), 16–19.

Shonkoff, J. P., Garner, A. S., Committee on Psychosocial Aspects of Child and Family Health, Committee on Early Childhood, Adoption and Dependent Care. (2012). The lifelong effects of early childhood adversity and toxic stress. *Pediatrics, 129*, e232–e238. doi: 10.1542/peds.2011–2663.

Spiegel, A. (2008, February). *Old-fashioned play builds serious skills*. Retrieved from http://www.npr.org/templates/story/story.php?storyId=19212514

Stern, C. (2011, February). Corticotropin-releasing factor in the hippocampus: Eustress or distress? *Journal of Neuroscience, 31*(6): 1935–1936. doi: 10.1523/JNEUROSCI.5611–10.2011

Stress Institute. (2010). *Stress management*. Retrieved from http://stressinstitute.com/the_effects_of_stress.asp

Wolf-Wasylowich, R. (2011). *Humor within the therapeutic relationship: Mental health therapists' experiences and understandings* (Master's thesis, Prescott College). Retrieved from http://gradworks.umi.com/1492623.pdf

第三部

提升社會關係

開 始於嬰兒期,感覺動作、建構、假想裝扮和對賽等各階段的遊戲行為,藉由觸發依戀感、溫暖、同理心和尊重他人來增進社會發展。

- 治療關係
- 依戀
- 社會能力
- 同理心

治療關係

★ Anne L. Stewart、Lennis G. Echterling

導論

　　我們的演化過程會朝向連結、彼此互相接觸，並存在於關係中。從嬰兒期開始，我們的「社交大腦」就一直處在終身施工的區域：建立、維持和修復關係。透過觀察嬰兒與家長[1]間的互動，我們見識到建立安全關係時所需要的施與受的細膩過程——透過注視、微笑、觸摸和低語所組成，並製造出無窮好玩和有節奏的對話，讓我們看到健康親子關係的成長。這些早期的、每天的「對話」向嬰兒傳遞，他們是被照顧者看顧且珍惜著的（Lieberman & Van Horn, 2010）。遊戲治療師使用相同的力量，展現他們對了解兒童情緒世界的興趣，以及建立有效的治療關係（Badenoch, 2008; Siegel, 2007）。

　　遊戲在成功的治療關係中，是一個常被忽略但必要的成分。遊戲可以採取多種形式——身體或打鬧遊戲、社會遊戲、語言遊戲、物件遊戲、創意遊戲、表達性藝術、假想遊戲是其中幾個例子。當代精神科醫生 Stuart Brown，同時也是國家遊戲機構的創立者，斷言遊戲是所有個人關係的基石，而且源自於兒童和家長之間第一段愛的關係。Brown（2009）主張，兒童和家長之間自發和相互的喜悅構成遊戲的狀態，然後反應和連結在演

1　本章使用「家長」（parent）一詞來泛指養育兒童的成人照顧者。

化上就自然發生。從這個角度來看，創造一個安全和可靠的關係以及參與在遊戲當中，是不可分割地交織在一起的。

治療關係的描述

治療同盟是一個介於心理健康治療師和案主之間，用以描述治療師—案主互動和關係因素的涵蓋性術語（Green, 2006）。治療同盟被認為是進行各種有效的諮商和心理治療形式的基礎元素，也包括了遊戲治療。

Bordin（1979）對治療同盟進一步提出跨理論觀點的持續性模式。他提出治療同盟由三個元素組成：目標（goal）、任務（task）、連結（bond）。所以，當案主與治療師有共同使命感（目標），在治療歷程中經驗到安全與信任感（任務），並且對於與治療師相處感到舒適（連結），完善的治療同盟就顯而易見。第一個元素「目標」，指的是治療師和案主對於所欲達到的治療結果的共識。「任務」是治療中彼此合作的工作，是用來達成目標的治療方法、手段、活動。「連結」是最後一個元素，指的是讓案主產生治療進展的緣由，是治療師與案主之間的情感連結。Bordin 主張，治療的效能大小取決於治療同盟力量的函數值；而已經有許多研究支持，由以上三個向度所構成的治療同盟，在兒童、青少年、成人心理治療的成效研究中通常占了變異量的 30%（Lambert & Barley, 2002; Shirk, Karver, & Brown, 2011）。有豐富的證據指出，許多兒童、青少年和成人治療師，都視正向治療同盟的存在為改變發生的關鍵要素，對所有年齡層的案主而言，在治療中擁有強而有力的治療同盟，則可以預測治療會獲得更好的成效（Flückiger, Del Re, Wampold, Symonds, & Horvarth, 2012; Shirk, Caporino, & Karver, 2010）。

為什麼這個力量有療效？

我們早已知道，在兒童的生活中與家長和其他成人間的互動很重

要，而神經科學的發現正一次又一次向我們展示兒童的「關係環境」（environment of relationships）是建立大腦結構的原料。有證據顯示，人際互動和關係的品質，實質上會塑造大腦的迴路，並且是之後從學業表現到心理健康和人際技巧之發展結果的基礎（Cozolino, 2010; Siegel, 2007）。治療同盟產生療癒力量的方式，是讓健康親子關係的特點得以具體化，亦即對關係存有共同目標和目的，以彼此調和與知曉的方式結合，並擁有正向情感連結。

那麼治療同盟的這三個向度在遊戲治療實務上看起來是如何呢？這取決於治療師的理論取向和案主的年齡，以及由家長和兒童共同決定及共有的目標；或許廣義而言，諸如「支持兒童或青少年的情緒福祉」或「發展更正向的自我感覺（sense of self）」；或再更具體地闡述，比如「一起遊戲或談話找出你的擔憂」、「當你開始感到難過時，用深呼吸來平復」，或者「了解引發你憤怒的是什麼，並且練習新方法告訴人們你的強烈感受」。

當成人用合於發展和情境兼容的方式，亦即預期中和可預測的方式與兒童互動時，兒童會感到安全。對於治療師，這意味著要敏感地運用調和互動（attuned interactions）與治療活動，而且要與治療師的理論取向及兒童的發展能力是一致的。案主和治療師一起建構出共同工作的獨特方法，以完成治療目標；會談可能會納入廣泛的活動，包括兒童中心遊戲、引導式心像、問題解決、角色扮演或表達性藝術。

最後，要在關懷關係的脈絡下設定治療的目標和協作過程。很明顯地，治療的「工作」（work）會反映出構成會談的前兩個向度（目標和活動），同時連結就交織在治療師與案主之間的情感連結或治療關係。許多兒童顯現出的問題已經證實是導因於他們在關係上的斷裂。所以，當兒童經驗到情緒、社會或行為困擾時，促進他們心理健康的關鍵要素要在關愛的關係中進行是有其道理的。

神經生物、行為和社會科學的進步，對於迴響關係（responsive

relationship）在橫跨生命週期的健康發展所扮演的關鍵角色，提供了趨同且令人信服的發現。為了了解同盟的療癒力量和連結的中心性（centrality），我們找出了健康親子互動，以及經由理論和實證導出的治療同盟向度之間的相似之處。

🕊 實證支持

在致力於對兒童和青少年進行治療的努力下，我們對治療師—案主同盟的特徵和效能知道了些什麼呢？在兒童和青少年治療的討論裡，治療同盟的構念（construct）扮演了長久和顯著的角色（Axline, 1950; Freud, 1946）。Anna Freud 就主張遊戲的主要功能是促進治療同盟。有鑑於兒童常是由家長、老師或健康照顧提供者轉介到治療中，他們可能不是心甘情願前來；Chethik（2001）鼓勵使用遊戲作為與兒童溝通模式的自然角色，並且強調它在治療師和兒童之間創造出正向連結的力量。

關於兒童和青少年治療同盟的實證研究和結果正在累積增加中。針對兒童和青少年進行的研究大量借用目前占優勢的成人同盟模式，尤其是 Bordin 由目標、任務和連結三向度組成的泛理論模式。Shirk 與 Saiz（1992）使用此模式發展出自陳式測量來評估兒童對治療關係和治療任務的情感取向。研究結果指出，兒童與治療師的情感關係，與他們在治療任務的合作之間的確有關聯性。結果顯示，連結與任務量尺之間有相關，較高度的連結可預測在治療任務中有較高度的參與。Estrada 與 Russell（1999）採用不同的測量取向，發展出一個觀察系統來衡鑑兒童治療的歷程向度。研究者發現，兒童與治療師合作及信任關係的品質，與參與治療的準備程度相關。雖然使用的方法和測量不同（自陳及觀察），兩個研究的結果都強調正向參與治療關係的重要性，這在成人心理治療文獻裡通常被稱為「療效」（curative）因子。

雖然許多針對年輕人的治療同盟研究結果符合 Bordin 的三元素模

式，但在兒童和青少年的文獻裡並未完全得到支持。Shirk 與 Karver
（2011）觀察到，至少有兩個研究提出單一因子的解答，指出年輕
人可能是以任務和關係兩元素之間的相互作用，更整體地去體驗同盟
（DiGiuseppe, Linscott, & Jilton, 1996; Faw, Hogue, Jonson, Diamond, &
Liddle, 2005）。其他關於年輕人同盟的研究，指出兩個離散但相關的因
子，是由情緒連結和任務協作兩個向度所組成（Estrada & Russell, 1999;
Shirk & Saiz, 1992）。 Shirk 等人（2010）指出，進行青少年同盟研究
的研究者不是傾向強調情緒連結成分優先，就是關於任務和目標的協議
優先。基於注意到連結和任務協議成分之間的關係可以解釋很高的變異
量，Shirk 等人（2010）建議將青少年同盟視為相對整體的構念（global
construct）可能更有用，那是一種合併連結、任務和目標的「共同連結」
（collaborative bond）。

　　Shirk、Karver 與 Brown（2011）執行嚴謹的後設分析，希望能
辨識出成人與兒童治療同盟模式究竟是平行的（parallel）還是相異的
（divergence）。重要的是，他們發現治療同盟的效能與成人研究的發現
是一致的，亦即對兒童與青少年案主的研究顯示，同盟對治療成效的預測
跨越廣泛的臨床議題和型態。此外，他們對兒童和青少年同盟結果係數進
行的綜合後設分析，得到一個與成人個別治療文獻相當的效應值。作者們
指出影響治療同盟本質的若干發展面向，包括兒童對問題的有限認識、改
變的動機，缺少自我轉介，青少年愈來愈多的自主性，以及兒童情緒連結
的經驗。關於兒童可能如何經驗治療師—案主連結的最後一個觀點，回應
了此領域有關治療關係角色的爭議，而且更確切地說，是遊戲在促進治療
改變的角色。換句話說，關係（或者在遊戲治療情況下的遊戲），可視為
改變發生的機制，或者是讓治療工作得以開展的連結方法嗎？雖然我們持
續探索治療關係的角色，以及遊戲究竟是直接治療因素或者只是催化劑，
但我們已經有共同的立基點指出，在有效的遊戲治療裡，情緒連結和遊戲
兩者都一樣重要。

 治療關係在達成改變上的角色

遊戲是一種即興的、情感涉入的和主動的經驗，如最近神經科學研究所示，它可以增加催產素，引發了情緒幸福感和信任的感覺；活化鏡像神經元，幫助治療師能與案主的感受有正確共鳴；並且透過刺激創造新的神經模式，可以促進神經的可塑性（Cozolino, 2010）。因此，遊戲的經驗能夠提升治療同盟。

遊戲所驅動的正向影響，是透過連結性情緒讓我們與其他人連結在一起。雙方愉快的活動會強化關係，像是遊戲創造兩人之間的「愉快連結」（pleasure bond）。Masselos（2003）發現如果與你相處起來很有趣，兒童會認為你更值得信任、有愛心、和藹可親。透過遊戲點燃的刺激可以讓同盟活躍和充滿能量，並且打造一份關係。

治療關係中的遊戲影響

溝通是語言和非語言的、訊息的和情緒的，提供了機會讓遊戲治療師用耳朵與眼睛，以及用腦和用心去傾聽。跟隨著不斷變化趨勢和主題的遊戲，他們調整自己的頻率去接收案主的話語、手勢、語調、姿態和臉部表情等訊息。治療師如同跳舞般與案主保持協調一致，以此時此刻來回應這個動力歷程的細微差別和節奏。當案主沉浸在遊戲的活動中，隨著被歷程吸引而失去自我覺察的感受，他們就達到某種「心流」的感覺（Csikszentmihalyi, 1990）。這種和治療師相處而產生的好玩心流經驗，會深刻地深化和豐富治療關係。

策略與技巧

Cozolino（2010）對心理治療提出了一個創新的生物行為觀點，視其

為一種專業形式的滋養環境，並且主張「心理治療是創造或恢復神經網絡之間協調的手段」（p. 25）。他認為最佳的大腦功能和心理健康，都與成長、整合和複雜度有關，而治療師能夠使用他們目前的神經科學知識來設計介入，以支持新神經路徑的創造，換句話說，即促進神經可塑性。運用 Cozolino 刺激神經可塑性的要素，創造出新的神經路徑和連結，我們描述一些策略和技巧，以顯示遊戲如何能夠幫助創造良好的治療同盟。這些技巧可以適用於橫跨個別、家庭和團體的遊戲治療。如何與何時使用的選擇和時機，則由治療師考慮案主的舒適程度、年齡和所呈現的困難，以及治療目標來決定。大多數技巧可作為最初的「破冰」活動，或者也可以針對性地處理特定的關注之處。

同理調和

在案主和治療師之間創造與維持情緒連結的首要和關鍵因素是同理調和（empathic attunement）。同理調和表現在人際互動時由兒童主導的遊戲治療（interpersonal child-directed play），治療師透過提供支持性的評論、語言和非語言地表達興趣、傳達溫暖、在需要時設定界限，對兒童的遊戲給予後效地（contingently）和細膩地回應。治療師也可以使用這個取向來修復關係中的裂痕和重建安全及可靠的感覺。治療師總會透過以遊戲為基礎（或語言為基礎）的 LUV 來參與治療同盟。遊戲治療中的 LUV 代表看與聽（Look and Listen）、了解（Understand）、確認（Validate），而我們也相信這是任何成功助人關係的基礎（Echterling, Presbury, & McKee, 2005）。

當你提供 LUV，就是主動地回應案主的非語言和語言訊息，表達出你在想法和感受上的同理了解，以及無條件地確認個人的價值。好玩的治療師傳達出他們不具威脅性，且兒童是身在一個安全之處的訊號。研究支持微笑、歡笑和有趣的人們會被其他人視為更值得信賴的結論。當案主感覺沒有被聽見、了解和接納，創造性介入會顯得像是人為操縱，或者充其

量，只是無意義的噱頭。Shirk 與 Karver（2011）支持使用案主導向互動來確認情感表達和參與案主的經驗，尤其是在治療開始的時候。兒童發現初次的遊戲會談是有趣和愉快的，會更容易把治療師視為可愛的，並且比較會想要再回來參加之後的會談。作為遊戲治療師，我們以 LUV 與案主相處，是所有介入中最基本和一貫的，因為它構成了治療關係的核心。每一次的會談都應該充滿著 LUV。

🌳 鏡子，鏡子

表現調和的一個好玩和指導性的方式是透過模仿兒童的行動。在這個活動中，治療師說明他（她）將會作為兒童的鏡子，並且跟著兒童的動作照做。兒童和治療師一起站在原地，面向對方保持 60 到 90 公分的距離。他們必須能夠清楚看見彼此，而且有不受阻礙或不致傷害到對方的動作空間。在決定帶領者和跟隨者之後就開始「照鏡子」！這個活動的一個好玩變化是，治療師用他們的手掌心當作「手掌鏡」。治療師和兒童面向彼此，約相距 60 公分。當兒童移動和轉身時，治療師還是要讓鏡子保持在兒童面前。

🌳 整合感受和想法

遊戲會燃起正向情緒並且鼓勵創造性思考，創造出整合想法和感受的條件而得到新的解決方式。此外，以遊戲為基礎的介入可以為早先解離、否認，或者抑制的想法和感受，提供以想像方式表達出來的機會。在治療師的支持和引導下，案主能探索新奇和安全的方法去體驗、了解，並且透過整合情感和認知的經驗，獲得對強烈焦慮、恐懼、憤怒或哀傷的主宰感。

🌳 誰說的？

在遇到壓力的時候有能力以他人的觀點來面對是很有挑戰性的。這個

為家人或團體設計的結構遊戲，提供一種不具威脅性的方式，針對有趣和有意義的議題去想像他人的觀點。從某個人提出的問題開始，例如：「我最喜歡的顏色是什麼？為什麼？」「我最想要遇見哪位明星？」「我最尷尬的時刻是什麼？」除了出題的那位，所有的遊戲者寫下他們對問題的答案（年幼兒童可以對指派的遊戲者低聲說出他們的答案）。將寫下的答案混合之後再大聲唸出來。在出題者開始猜測「誰說的？」之前，分享所有的答案是很重要的。在聽完所有答案後，出題者要試著配對答案和提供此答案的人。直到出題者對每一個答案都做出猜測，遊戲者不能先洩露他們的答案。

在出題者猜完所有的答案之後，遊戲者說出「誰說的」。家庭或團體可以討論歷程，關注答案讓他們感到驚訝或欣喜的是什麼，以及他們從別人那兒學到了什麼。

雖然遊戲治療師可能介入的是個別兒童，但必須念茲在茲的是，在兒童的心理上家庭總是如影隨形。兒童在心靈和心理上帶著他們的家人──家庭信念、期望、聲音、影像和歷史是兒童內在世界的永久固定裝置，而且對他們在關係中所展現出來的能力有著巨大的影響。成功的遊戲治療師尊重家庭脈絡且以此為基礎，同時與兒童和家長建立健全的治療同盟。有趣的是，有些研究已經顯示與家長的治療同盟預測了某些結果（治療參與），更甚於與兒童的治療同盟（Hawley & Weisz, 2005）。

建立治療同盟時，文化因素的考量也很關鍵。Smith、Domenech、Rodriguez 與 Bernal（2011）強調，在與族群、語言或文化多樣性的案主建立治療同盟時，文化適應的重要性。這些作者們提到，治療師展現他們對案主高度尊重的重要性，確認案主的期待和心理健康的願景，使用此資訊共同決定治療目標，合併與案主價值觀一致的治療方法（舉例來說，維護祖先的文化觀點或使用文化隱喻），以及對案主的回饋立即回應。

臨床應用與花絮

不論是各式各樣的問題，使用遊戲力量促進治療關係的發展都非常有幫助，特別是對於那些有人際困難的個案。以下的臨床花絮，呈現出如何利用遊戲來製造強而有力的治療同盟。

建立過去的卡崔娜

「建立過去的卡崔娜」案例描述的是，一位處在典型發展軌跡的小孩 Xuan，因為天然災害和隨後喚起的慢性壓力，其「脫軌」（derailed）的情況。兒童和治療師的對白顯示如何透過回應的、調和的、以遊戲為基礎的互動，共同創造出情緒連結並參與治療的工作。

Xuan 是一位來自密西西比州比洛克西（Biloxi）的八歲女孩，她的家園在卡崔娜（Katrina）颶風期間被摧毀。一年之後，她仍舊與家人住在臨時避難所。過去有自信又有活力的 Xuan，現在變得憂慮且容易受到驚嚇。她在家中緊緊黏著媽媽，而且在學校也從朋友和同學圈中退出。她被轉介給一位遊戲治療師，以處理這些擔憂。

在第三次會談，Xuan 慢慢地進到遊戲治療室——因為她先前已經進行過兩次會談——掃視了遊戲媒材，然後在房間裡走動，好幾次停下來拿起玩具。她用雙手握住每個玩具，靠近自己的臉並用全神貫注的表情檢查它，然後再將玩具放回原本的位置。

遊戲治療師坐在一個小凳子上，身體前傾，手肘放在他的膝蓋上，雙手緊握在一起，面帶平靜微笑注視著兒童。當 Xuan 繞著房間移動，他也在凳子上隨著轉動。

遊戲治療師：所以，你在查看這個房間裡的許多玩具。

（當治療師說這些話時，Xuan 看了他一眼，然後轉回去繼續她的探

索，並且開始輕聲哼唱。她選了一隻狗的手偶，套在她的手上，並且發出柔軟啜泣的聲音。然後她擁抱這隻狗，輕撫它的頭，用唱歌的聲音對它說話，用輕輕拉長一些音節的方式強調某些話。）

Xuan：好啦，好啦，好啦。我接住你了而且你會沒事的。

遊戲治療師：你在照顧這隻狗而且讓它知道事情會好起來的。

（Xuan 在手臂上搖了搖狗玩偶，輕輕搖晃，並且用舒緩的聲音對狗說話。）

Xuan：你獨自一人在黑暗中，對不對？這個房間裡沒有人照顧你，但現在你有我了，所以你不用再害怕了。

遊戲治療師：這隻狗好害怕獨自在黑暗中，而現在你正在照顧它。

（Xuan 撲坐在地板上，交叉她的雙腿，並且開始來回地輕搖，抱著狗並撫摸它的皮毛。她注意到附近箱子裡的一個奶瓶便伸過去拿，同時繼續在兩隻手臂上輕搖著狗玩偶。）

Xuan：你真的餓了，是不是，小狗狗？我們來幫你找些好喝的牛奶！

遊戲治療師：你知道你的小狗餓了，所以你要餵它。

（她把奶瓶放在小狗玩偶的嘴巴，俯身將臉靠近玩偶，嘆了口氣，並且用緩和與滿意的誇張表情微笑著。）

Xuan：啊哈！這很美味，可不是嗎？

（她持續輕搖、餵食和愛撫狗玩偶。）

遊戲治療師：你的小狗好喜歡你把它照顧得這麼好。

（Xuan 嚴肅地向治療師點頭，停止餵玩偶，小心地將奶瓶放在身邊的地板上，並且開始一邊唱搖籃曲一邊輕搖玩偶。）

Xuan：小狗搖搖，掛在樹梢。風兒一吹，搖籃就搖。樹枝一斷，搖籃就掉。小狗和搖籃通通摔著。

遊戲治療師：（與兒童一起跟著韻律輕輕搖晃，並且輕柔地說）現在，你正輕輕搖它，對你的狗唱歌。

（Xuan 注意到房間對面有一盒積木，她爽朗地微笑，她的臉變得很生動。她轉向遊戲治療師，在會談中第一次直接對他說話。遊戲治療師用揚起的眉毛滿懷期待地回報 Xuan 的微笑。）

Xuan：我可以用這些積木幫小狗蓋一間狗屋嗎？

遊戲治療師：在這裡你可以做決定。聽起來你有個建築計畫。

Xuan：我要蓋一間全新的狗屋。

遊戲治療師：喔！你決定要幫小狗做一間房子。

Xuan：嘿！我去蓋房子時，你照顧小狗。

遊戲治療師：（用故意讓人聽見的自言自語）我該怎麼樣照顧你的小狗呢？

Xuan：像這樣抱著它，然後對它唱歌。它已經不餓了，它只是睏了。

遊戲治療師：（再一次，用故意讓人聽見的自言自語）我該唱什麼？

Xuan：唱「小狗搖搖」。它喜歡這首歌。

（當遊戲治療師抱著玩偶並且對它唱歌時，Xuan 用積木蓋了一間狗屋。）

治療師事先見過 Xuan 的家長，討論遊戲治療的歷程並且聆聽他們的擔憂。他會每三週與他們見面一次討論 Xuan 的進展，並且持續與他們建立同盟。

上述的對話顯示遊戲治療師提供調和回應以建立與 Xuan 的情緒連結。治療師的評論和舉止展現治療工作中有關 Shirk 等人（2011）所指出的健全治療同盟的建立，例如在治療初期提供兒童導向的互動，不迫使案

主談論情緒敏感素材，以及情緒揭露的鷹架作用（scaffolding），平衡積極傾聽，以及與家長建立治療同盟。

如老鷹般飛翔

在「如老鷹般飛翔」中，一位青少年努力解決同儕接納的問題。利用他與治療師強大的情緒連結參與創意的表達性藝術，以努力發掘他的韌性。

Derrick，一個如流浪兒般纖瘦的十六歲男孩，多年來一直對於他的性別認同感到困擾。當他意識到他對其他男孩的吸引力時，Derrick 開始感到焦慮並且擔憂無法融入。過去他曾經是一個對環境和社會正義相當感興趣的獨立思考者，但現在他變得害羞和擔憂能否被接納。他從前的成績非常傑出，現在充其量就只是平庸而已。

當他更加投入在治療中，透過繪畫，Derrick 變得特別具有表達力。僅僅使用蠟筆，他就能畫出自己內在混亂的生動和精細的肖像、他與自我厭惡之間的較勁、他對學校霸凌的恐懼，以及對自己未來不斷增長的擔憂。

Derrick：（分享他的畫作）有時候晚上我看向窗外，然後我會看到這些
　　　　　愚蠢的蟲子、蛾或什麼的，一次又一次的撞向門廊燈。

治療師：所以，那些一次又一次不斷撞向那盞燈的蛾像是什麼？

Derrick：那就是我現在的感覺……挫折而且厭倦我自己，我像個傻瓜般
　　　　　一次又一次用頭去撞這個東西。

治療師：你知道，我在想如果你能飛向自己想要去的地方、對自己有很
　　　　　棒的感覺，以及朝著你想要過的生活前進，那對你可能會像是
　　　　　什麼。比方說一枝蠟筆代表你完全被燈光擺佈，一次又一次的
　　　　　去撞頭。再讓我們用整盒 48 枝蠟筆代表你想要有的那種自信和
　　　　　希望，那你的盒子裡現在有多少枝蠟筆？

Derrick：喔，我不知道……也許 9 枝，我猜。

治療師：當你用自己的方式達到 10 枝，有什麼與現在不同的事會發生？

Derrick：好吧，我不完全確定。（他停頓和思考了一下。）這真的很
蠢，但我有點認同老鷹——現在這甚至更怪異——我能夠翱翔
在某些人給我的所有廢話之上。我會有老鷹的眼睛看到未來的
地平線。

治療師：哇。Derrick，這好生動。來畫一張那樣的圖怎麼樣？

　　上述對話所反映出的許多強大治療同盟元素與 Shirk 等人（2011）的
執業建議一致，例如 Derrick 對治療歷程良好的理解、積極傾聽和治療任
務之間的平衡，以及結合 Derrick 在繪畫上的興趣和天分，來幫助他在創
造性表達中整合想法與感受。

通往韌性的途徑

　　「通往韌性的途徑」（Pathways to Resilience）是一個綜合性領導課
程的標題，作者們幫助發展和引導政府，處理在他們國家裡的地雷和未爆
彈所造成的破壞性心理後遺症（Stewart et al., 2011）。課程長達一週，
對象是戰爭相關暴力下的成人倖存者，包括傳統的迷你講座、角色扮演技
巧，以及透過以遊戲為基礎的活動來參與和探索的機會。此花絮呈現遊戲
自發的或計畫的治療力量；創造意義的儀式；促進跨越年齡、性別和文化
的歡樂。

　　來自葉門，這位安靜且細心的年輕女性總是戴著一條優雅的頭巾。
她的名字是 Aaeesha[2]，她有著富有表現力的眼睛、靜謐的微笑，以及如
同許多其他工作坊參與者一樣——一條腿。長達一星期的工作坊裡，同儕
支持課程是設計給來自五個不同中東國家的地雷倖存者，用來發展領導潛

---

[2]　為這位年輕女性選用「Aaeesha」這個名字，是因為它在穆斯林姓名裡有「充滿
　　生機和活力」之意。

能、提升助人技巧，以及促進創傷後成長。除了角色扮演、講座、示範、方案設計時間和補助金企劃寫作練習之外，此創新培訓方案也包括以遊戲為基礎的活動，且證明對 Aaeesha 的創傷後成長有著強大的療癒性。

這週剛開始的一個晚上，少數年輕參與者和兩位訓練者決定要玩半場籃球鬥牛賽。對 Aaeesha 來說，第一次在輪椅上比賽和投籃，的確比她預期的還困難。雖然如此，一位與她同隊的工作坊訓練員，會經常傳球給她並且以手勢示意她投籃。雖然 Aaeesha 和訓練員都無法說對方的語言，他們發現遊戲可以是他們共通的語言。他們交換微笑，在球以意想不到的方式失控時歡笑，在她投進時一同歡呼。

在本週其餘的時間，訓練者在早晨會用她的投籃手勢和舉起他的勝利手臂跟她打招呼，Aaeesha 也會以燦爛的微笑和揮手回應。隨著訓練的進行，Aaeesha 嘗試其他新體驗甚至於做了更多冒險，她在討論中變得更積極，並且自願參與危機處理練習。Aaeesha 也透露，雖然她一天可以用義肢走幾個小時，但在她與叔叔於婚禮派對中跳舞時踩到地雷後，她就不曾跳舞了。現在，她已經準備好要這麼做了。那天晚上，一群婦女聚集在一起加油打氣，Aaeesha 則是帶著燦爛的笑容，優雅地表演傳統舞蹈。隔天早上，她驕傲地用手勢向訓練員示意她前一天晚上跳過舞了。他們在籃球場上好玩的相遇，包含了自發性、冒險和信任，激發了一種關係，在這種關係中她的個人轉變和成長值得尊重和慶祝。

結論

社會科學、行為、神經生物學的研究，為我們對影響兒童發展軌跡是大有可為或困難棘手的條件之認識，帶來了重大進展。最近的研究已經顯示，兒童的「關係環境」對發展中的大腦結構會產生相互和動力的影響。這些科學成果讓人們對調和互動、迴響關係的關鍵角色，以及遊戲在形成治療同盟的重要性，產生了更深刻的理解。這些發展為治療同盟在遊戲治

療中成為一個非常相關的構念，提供了更進一步的支持。

❖ 參考書目

Axline, V. (1950). Entering the child's world via play experiences. *Progressive Education, 27,* 68–75.

Badenoch, B. (2008). *Being a brain-wise therapist: A practical guide to interpersonal neurobiology.* New York, NY: Norton.

Bordin, E. (1979). The generalizability of the psychoanalytic concept of the working alliance. *Psychotherapy: Theory, Research, and Practice, 16,* 252–260.

Brown, S. (2009). *Play: How it sharpens the mind, opens the imagination, and invigorates the soul.* New York, NY: Bantam Books.

Chethik, M. (2001). The play relationship and the therapeutic alliance. *Psychoanalytic Social Work, 8,* 9–20.

Cozolino, L. (2010). *The neuroscience of psychotherapy: Healing the social brain* (2nd ed.). New York, NY: Norton.

Csikszentmihalyi, M. (1990). *Flow: The psychology of optimal experience.* New York, NY: Harper & Row.

DiGiuseppe, R., Linscott, J., & Jilton, R. (1996). Developing the therapeutic alliance in child-adolescent psychotherapy. *Applied and Preventive Psychology, 5,* 85–100.

Echterling, L. G., Presbury, J., & McKee, J. E. (2005). *Crisis intervention: Promoting resilience and resolution in troubled times.* Upper Saddle River, NJ: Merrill/Prentice Hall.

Estrada, A., & Russell, R. (1999). The development of the child psychotherapy process scales. *Psychotherapy Research, 9*(2), 154–166.

Faw, I., Hogue, A., Johnson, S., Diamond, G. M., & Liddle, H. A. (2005). The adolescent therapeutic alliance scale: Development, initial psychometrics, and prediction of outcome in family-based substance abuse prevention counseling. *Psychotherapy Research, 15,* 141–154.

Freud, A. (1946). *The psycho-analytic treatment of children.* London, England: Imago.

Flückiger, C., Del Re, A., Wampold, B., Symonds, D., & Horvarth, A. (2012). How central is the alliance in psychotherapy? A multilevel longitudinal meta-analysis. *Journal of Counseling Psychology, 59*(1), 10–17.

Green, J. (2006). The therapeutic alliance—A significant but neglected variable in child mental health treatment studies. *Journal of Child Psychology and Psychiatry, 47*(5), 425–435.

Hawley, K. M., & Weisz, J. R. (2005). Youth versus parent working alliance in usual clinical care: Distinctive associations with retention, satisfaction and treatment outcome. *Journal of Clinical Child and Adolescent Psychology, 34,* 117–128.

Lambert, M. J., & Barley, D. E. (2002). Research summary on the therapeutic relationship and psychotherapy outcome. In J. C. Norcross (Ed.), *Psychotherapy relationships that work: Therapist contributions and responsiveness to patients.* New York, NY: Oxford University Press.

Lieberman, A., & Van Horn, P. (2010). *Psychotherapy with infants and young children.* New York, NY: Guilford Press.

Masselos, G. (2003). When I play funny it makes me laugh. In D. E. Lytle (Ed.), *Play and educational theory and practice.* Westport, CT: Praeger.

Schaefer, C. E. (2012). *The therapeutic powers of play* (unpublished manuscript).

Shirk, S. R., Caporino, N., & Karver, M. (2010). The alliance in adolescent therapy: Conceptual, operational, and predictive issues. In D. Castro-Blanco & M. S. Karver (Eds.), *Elusive alliance: Treatment engagement strategies with high-risk adolescents*. Washington, DC: American Psychological Association.

Shirk, S. R., & Karver, M. (2011). Alliance in child and adolescent psychotherapy. In John C. Norcross (Ed.), *Psychotherapy relationships that work: Therapist contributions and responsiveness to patients*. New York, NY: Oxford University Press.

Shirk, S. R., Karver, M. S., & Brown, R. (2011). The alliance in youth psychotherapy. *Psychotherapy, 48*(1), 17–24.

Shirk, S. R., & Saiz, C. (1992). The therapeutic alliance in child therapy: Clinical, empirical, and developmental perspectives. *Development and Psychopathology, 4*(4), 713–728.

Siegel, D. J. (2007). *The mindful brain: Reflection and attunement in the cultivation of well-being*. New York, NY: Norton.

Smith, T., Domenech Rodriguez, M., & Bernal, G. (2011). Culture. In John C. Norcross (Ed.), *Psychotherapy relationships that work: Therapist contributions and responsiveness to patients*. New York, NY: Oxford University Press.

Stewart, A., Echterling, L., Macauley, C., Hamden, H., Neitzey, N., & Ghannam, G. (2011). Pathways to resilience workshop promotes leadership and peer support. *Mine Action Information Journal, 15*.

依戀

★ William F. Whelan、Anne L. Stewart

🐢 導論

　　安全關係模式為正常的發展提供基礎和親密的脈絡（Bowlby, 1969, 1988）。Mary Ainsworth 描述照顧者是「安全堡壘」，兒童可以從那裡出發和學習這個世界，同時也是一個安全避風港，讓他們能夠回來加油並得到保護。在這種關係發展和療癒的模式內，透過參與反應式的遊戲，遊戲治療師也渴望發揮作為兒童安全堡壘和安全避風港的功能（Ainsworth, Blehar, Waters, & Wall, 1978）。

　　Schaefer（2012）提出遊戲療癒力量的影響以及帶來健康功能的四個類別：溝通、情緒福祉、社會關係、個人優勢。說法雖然有些不同，但以正常兒童發展的結果變項來說，它們包含準確溝通和情緒信號；想法‧情緒和行為的適當親子共律（coregulation）（以及最終目標是自我調節）；得到更多健康關係的能力；以及同理和良心、韌性和重新振作的能力。這都與過去四十年主要的兒童發展縱貫研究結果一致（Grossman, Grossman, & Kindler, 2005; Sroufe, Egeland, Carlson, & Collins, 2005），這些確實是關於正向關係發展和健全情緒、行為和社會功能的典型發現。因此，家庭、學校和街坊鄰里內的兒童日常遊戲活動，是安全依戀和往後生活中其他重要結果的關鍵奠基石。

依戀的描述

依戀（attachment）意指嬰兒和照顧者間形成的情感連結，在童年時期運作並跨越生命週期（Bowlby, 1969）。所有的嬰兒為了自己身體和心理安全的需求，尋求與父母形成情感上的結合（Ainsworth et al., 1978）。依戀提高了生存機會，因為它讓嬰兒與更強壯和更有智慧的人物保持親近。在嬰兒期和成年期，研究者已經充分證明了依戀安全感預測了關係運作、情感調節，以及心理病理學的個別差異（Cassidy & Shaver, 1999; Schaefer, 2012）。

為何安全依戀是療癒的？

在輕度到中度壓力下，有著安全模式的兒童傾向自動地傳達清楚的情緒線索給父母，而且他們的情緒訊號往往是很扎實的，所以會更成功地滿足自己的需要。安全依戀的兒童用清楚的、直接的和容易解讀的行為與情緒訊號來傳達他們的需要。他們的行動和感受方式會顯得更符合狀況，而父母認為他們基本上是可以預測的。他們表現出來的情緒線索讓父母或身為治療師的你，能相對簡單地準確察覺，對兒童的需求做出準確的介入，並且適當地回應那些需求。所以，兒童須臾變動（moment-to-moment）的情緒和行為需求，可以準確一致地得到滿足，也使他們的發展軌跡朝著健康的方向提升。從實用的角度，同時也從演化的角度來看，這種模式的立即結果或威力，是在須臾變動的情緒和行為日常主題中，兒童的需求會經常被正確地辨識和滿足。更長期的結果是，兒童的大腦建立了日益複雜的神經結構連結和子程序（subroutine），因而得到舒緩的有效節奏；想法、情緒和行為的共律；自我控制的能力；以及行為和社會能力（Schore, 2001）。

以依戀為基礎的遊戲治療整體目標，是透過與照顧者或治療師之間的

調和與反應性互動，重新安排和組織兒童的內在經驗，讓兒童的自動化感受和行為變得更加統整和滿足。以依戀為基礎的介入力量，特別是「安全循環」（circle of security），是幫助治療師（和其他照顧者）專注於透過以遊戲為基礎的互動，滿足兒童的基本關係需求。在循環模式裡，這些需求被分成循環頂部和循環底部的需求（見圖 13.1）。兒童的循環頂部需求包括：支持我的探索、看顧我、幫助我、喜歡我、享受與我在一起。兒童的循環底部需求包括：欣然接受我、保護我、安撫我、幫我整理感受、喜歡我。當這些需求以整合的、遊戲為基礎的形式得到滿足時，它們共同打造出兒童內在的神經子程序和能力，以達成舒緩節奏；情緒、想法

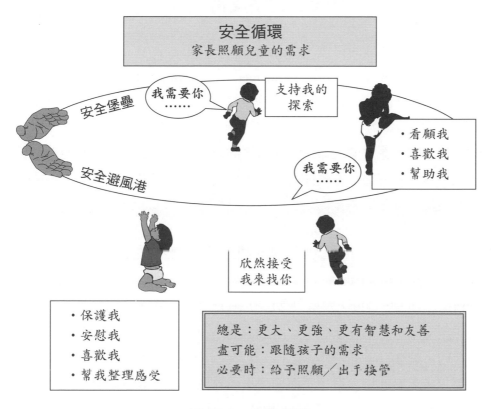

圖 13.1 ■ 安全循環

資料來源：© Marvin, Cooper, Hoffman, and Powell (2002).

和行為的共律；合作行為；以及最終的自我調節和勝任能力。

在循環介入中，遊戲治療師企圖成為兒童循環周圍的幫手，像是父母之外的代理父母，或其他更大、更強、更有智慧和友善的成人。一般來說，安全循環描繪的是大多數的情況，健康兒童傾向與他們的照顧者繞著循環順暢地移動，離開照顧者是為了探索，而回到他們身邊是為了加油和得到保護。在這個治療關係中，治療師試圖變得更大、更強、更有智慧和友善，並且企圖跟隨兒童的需求，以及在需要時給予照顧／出手接管（保護、幫助和帶領兒童）。

🐦 實證支持

來自世界各地的研究（Grossman, Grossman, & Waters, 2005; Sroufe et al., 2005; Van Ijzendoorn, Schuengel, & Bakermans-Kranenburg, 1999）已經確定最普遍或典型的兒童依戀型態是安全型，在低風險族群的兒童中發現大約占 65% 到 70%（高風險樣本中的百分比則低很多）。安全依戀的型態不保證在整個生命週期都有好的結果，也無法保護個體免於各種形式或程度的壓力。儘管如此，童年期安全依戀型態的關係發展，與學齡期和成人期的發展結果及韌性最有關聯（Sroufe, 2005; Sroufe & Siegel, 2011）。事實上，這也同時顯示在新近研究（Dozier, 2005; Stovall & Dozier, 2000）以及我們過去十五年的臨床工作當中（Whelan & Marvin, 2011），安全型態的照顧者很自然地透過他們所擁有的正確感知，和對兒童情緒訊號的敏感度，單單只是日復一日地與兒童互動，就能把兒童的經驗和型態塑造成健康的形式。這樣的照顧者似乎能夠自動地提供敏感的、彈性的、適應的情緒照顧環境，以及大致上能夠微調自己去滿足特定兒童的需求。重要的是，這種照顧類型不僅對兒童提供的線索有敏銳的敏感度，還能判斷哪些是不正確的非線索（miscue）訊息而不予回應（例如，Hoffman, Marvin, Cooper, & Powell, 2006; Marvin, Cooper, Hoffman, &

Powell, 2002）。對經歷過嚴重失落或某種虐待或創傷形式的兒童而言，感受到被安全的照顧與兒童得到療癒有強烈的相關（Whelan & Marvin, 2011）。Dozier（2005）發現，當寄養兒童被安置與安全互動類型的照顧者在一起時，寄養兒童往往相當迅速地表現出療癒的證據（比方說三個月以內）。

對臨床工作者的挑戰是，我們在遊戲治療中所見到的大多數兒童，是在中度到高度的家庭壓力（包括失落、忽略和創傷）或環境壓力下長大，而且在 Schaefer（2012）先前所提出的四個主要類別上，通常不具有健康發展的跡象。從依戀和治療的觀點，我們作為臨床工作者的任務是幫助提供有關係的、互動的療癒環境，讓兒童的身體在其中發展出更健康的思考、感受、行為的神經型態。遊戲治療中所形成的療癒關係，提供了對抗過去長期家庭壓力的影響（例如，失落、創傷、忽略）的機會，也會幫助形塑朝向健康兒童發展的軌跡。換句話說，在遊戲治療的情境中，我們試圖提供兒童全新的、敏感的和安全的互動關係（我們也鼓勵父母做相同的事）；這些只是反映出在相對低度（即一般的）壓力情況下，正常發展通常會發生的內容。正如其他人提到過的，互動遊戲是童年期的工作，當中許多潛能會在身體的、社會的、神經的發展中實現（Axline, 1947; Seigel, 1999, 2010），而以敏感支持和安全形式在須臾變動下所提供的互動安全關係，會讓這些現象得以發生。

依戀在達成改變上的角色

遊戲是形成健康和滿足依戀的重要成分。嬰兒和父母的天性就是彼此能夠產生社會性地連結，並且透過遊戲的情緒溝通而建立依戀關係。當嬰兒給出第一個社會性微笑，他們對父母就變得更有吸引力。微笑和笑聲同時啟動了父母和兒童右腦內的酬賞中心而催化連結形成（Nelson, 2008）。製造出微笑和笑聲的父母與兒童之間的遊戲互動，更有可能增

加兒童依戀的感受。事實上，Maccoby（1992）斷言，父母和嬰兒之間強烈的、正向情感的充電式互動，會幫助連結基礎的初步形成（Schaefer, 2012）。

　　神經科學領域引人注目的發現，為遊戲在建立依戀的益處提供了支持。親子互動的研究指出，當父母在遊戲中願意配合嬰兒或兒童時，許多連貫的化學和神經現象就會發生。催產素這種化學物質（又名「連結荷爾蒙」）扮演了關鍵的角色。父母和他們的自閉症嬰兒之間的遊戲互動，會讓自閉症兒童的催產素增加。兒童催產素多寡的機制，是透過親子互動之間的品質而定（Gordon, Zagoory-Sharon, Leckman, & Feldman, 2010）。

　　遊戲讓兒童能主動參與在治療師—兒童關係之中。它提供須臾變動下的彼此互動，讓治療師得以針對兒童的行為和情緒，特別是兒童的關係需求、自動化防衛、健康與韌性，進行觀察並形成推論和結論。在這方面，遊戲提供治療師可操作的互動，並且在引領兒童進入更健康和療癒的關係型態上帶來了影響。

　　安全和不安全型依戀兒童在遊戲室內可觀察到的最顯著差異，是他們舒適、放鬆和參與的程度。換句話說，安全依戀類型的兒童在他們的遊戲中帶有自然、自動和無憂無慮的好奇心。他們在遊戲中往往容易全神貫注，有主題，以及在感受、行為和互動上連貫一致。他們認為遊戲治療師的價值等同於照顧者，參與遊戲時全神貫注、滿足、有效能而且似乎毫不費力。他們的互動常常是同步和互惠的。當兒童與大多數時間都能夠細膩解讀和回應自己需求的治療師或照顧者互動時，經常可以在安全的兩人組合中，觀察到親密、歡樂和喜悅的時刻。另一方面，不安全依戀類型的兒童在他們的遊戲中帶著較少的滿足、歡樂和自由。尤有甚者，他們常常帶著焦慮、抑制依戀行為和需求，以及有些時候會恐懼或小心翼翼。他們的遊戲往往被截斷、重複、不連貫一致、貧乏（unproductive）；來自過去或現在的焦慮和恐懼取代了輕鬆、喜悅和豐富。因此，遊戲多元的功能和益處正逐漸被認可。不只是其啟發式的本質而已，遊戲也正漸漸被認為是

一種促進生存、形塑大腦、培養同理心，以及發展社會、問題解決和自我調節技巧之複雜歷程（Brown, 2009）。

依戀作為治療師的路線圖

依戀理論為遊戲治療師帶來啟發，因而提出了許多可用的治療取向，包括治療性遊戲（Theraplay）（Booth & Jernberg, 2010）、以依戀為基礎的親職教養（Hughes, 2009）、第七感（Mindsight）（Seigel, 2010）。所有前述的取向都認同 Bowlby 依戀理論（1969）的學術基礎和 Ainsworth 的研究（1978）；也都強調做出正確觀察得到可靠數據的重要性，如此才可能達成正確的推論和結論。我們以特定的依戀—照顧互動模式、安全循環（Marvin, Cooper, Hoffman, & Powell, 2002），來討論遊戲治療師在形塑兒童依戀和發展的角色（即作為療癒的照顧者）。從依戀的觀點，在實證支持理論下正確地觀察和描述兩人組合的互動，是了解和協助的基礎。

安全循環模式提供看待兒童關係行為的具體地圖（見圖 13.1），可區辨兒童圍繞著循環的需求，同時也支持治療師在遊戲會談中滿足兒童需求的具體方法之探究。在模式中給遊戲治療師的訓練包含練習觀察，以便治療師（可能的情況也包含父母）能夠準確地使用發展性的觀點。於是，他們就能夠使用循環作為關係和療癒的地圖（Stewart, Gilbert, Whelan, & Marvin, 2007; Stewart, Whelan, Gilbert, & Marvin, 2011）。在進行觀察的結構中，當治療師觀察兒童在遊戲室的互動行為時，會注意幾個行為模式，包括：兒童的接近性、身體傾向、說話語氣、情感、肢體語言。當觀察是正確（通常需要對行為進行錄影回顧）且使用正常發展的知識時，治療師便可以做出關於兒童在特定時刻之情緒、意圖和想法的實證推論，並且判斷兒童與治療師的關係是在循環的哪個位置（亦即就關係／依戀需求而言，兒童如何看待治療師的價值），和圍繞著循環的哪些需求對兒童可能是最重要的。

接下來對每一個圍繞循環的兒童主要需求做簡要的說明。在循環的頂部有五個主要需求：(1) **支持探索**（support for exploration）指的是兒童需要從治療師這裡經驗到對探索的許可和鼓勵（例如：探索關係、玩具，以及帶兒童進入治療的經驗），通常會透過治療師的情感和聲音語調，以及細膩的互動和陳述來提供。探索的媒材不僅包括遊戲空間、玩具、活動、與治療師的關係，還有感受、記憶、擔憂、恐懼，以及過去創傷的殘留、失落、虐待。在支持兒童的探索中，治療師依據兒童須與變動的需求改變自身行為，並且判斷何時要主動地跟隨兒童的需求，何時要為了帶領或保護兒童而出手接管兒童的情緒經驗和行為；(2) **看顧兒童**（watching over the child）指的是正確地觀察兒童的行為，如此回過頭來，就可以得出關於若干變項的正確推論和結論；例如兒童是藉由哪種行為作為正確反映出其情緒的線索，以及哪些是非線索的不正確訊息而可以不予回應的推論；兒童目前是處在循環的哪一個位置，以及哪一個才是此刻最重要的需求；(3) **喜歡**（delight）指的是治療師能夠傳達或傳送給兒童的正向情緒感受和能量，以作為情緒餵養（emotional feeding）的內容或注滿兒童的情緒杯。喜歡會在一個注視、一次觸摸或者一個聲音語調中，傳達出力量、安全、關愛、希望、寬恕。它有助於讓兒童有連結感和希望感，或者與常在混亂或創傷情況下發現的壓力和情緒碎片保持距離或切除開來。在長期家庭壓力之中，喜歡是安全循環中最迅速失去或減少的需求。由於喜歡是治療中唯一同時出現在循環頂部和底部的需求，可見喜歡的角色的確很重要。治療師的目標是在每次與兒童的相遇中，都能以微小、真實的方式表現出對兒童的喜歡，並且幫助照顧者與兒童共享喜歡。根據 Schaefer（2011），「好玩」的遊戲活動是最有可能刺激成人和兒童之間產生喜歡感覺的行為。好玩活動引發微笑、笑聲，以及兒童與照顧者心中喜歡的感覺；(4) **幫助我**（help me）指的是當兒童在探索玩具、遊戲主題、情緒素材，以及與治療師的關係時，提供努力的鷹架；(5) **享受跟我在一起**（enjoy with me）指的是為了享受兒童的陪伴而與兒童在一起，是享受與

兒童在一起時的有趣活動。這是重要的，因為它讓兒童經驗到須臾變動下的互惠與同步的夥伴關係行為，以及在關係中沒有附加條件的溫暖和喜悅。

　　在循環的底部也有五個基本需求：(1) **欣然接受我來找你**（welcome my coming to you）指的是欣然接受兒童所出現的不確定、困擾、困惑、粗魯、拒絕、難過、攻擊、誤解、判斷失誤等等現象。這個意思不是縱容或增強不良行為，而是為了使兒童經驗到治療師是更大、更強、有智慧和友善的，所以無論兒童帶什麼進來都會欣然接受；(2) **保護我**（protect me）指的是兒童的身體和情緒有受到保護的需求，包括讓兒童免於受到諸如在遊戲室內所發生的事件、遊戲治療中被激發的負向或超過負荷的記憶與情緒，以及治療師偶爾的漠然等等傷害；(3) **安慰我**（comfort me）包括治療師企圖緩解兒童的焦慮與困擾，並且專心理解和調整兒童過度激發或抑制的模式；(4) **喜歡我**（delight in me）指的是和兒童分享與傳達片刻真實的喜悅，特別是透過兒童和照顧者都感到好玩的遊戲互動；(5) **幫我整理感受**（organize my feelings）（並且在復原的過程中帶領我）指的是治療師出手接管兒童的情緒經驗和設定情緒基調的方法，在心煩和焦慮的時刻，用更健康的關係之舞帶領兒童。這些都要經由治療師的同在和敏感、聲音語調和舉止、肢體語言、口語表達，以及互動中的身體運動才得以完成。治療師讓兒童有練習和另外一種人（即更大、更強、更有智慧和友善的人）互動的經驗，且此人能讓兒童安處於自己的情緒，以及帶領彼此之間情緒的互動。這也可以讓兒童練習有人安全地帶領他們通過情緒的激發和困擾，以及去體驗自己也可以經由另一個人的力量和防護，得到安全、喜歡和安寧。最好是以不著痕跡的方式，以及在與兒童具體互動時的當下片刻來滿足兒童的需求。在這些當下片刻裡，治療師能夠提供兒童感受到安全和被理解的經驗，並且被帶領進入療癒和有希望的情緒／關係之舞中。

策略與技巧

　　來自所有理論取向的遊戲治療都承認，兒童和臨床工作者之間同步的情緒連結對治療進展發生的重要性。如同兒童與父母／照顧者的關係，遊戲治療師與兒童的關係是在遊戲室須臾變動下的互動中被建立，其中包括欣然接受兒童、支持他們的探索，以及幫助他們導引強大的情緒。在以反應性遊戲為基礎的活動情境裡，治療師主動與兒童建立安全、相互滿意的關係。以下的策略和技巧，是與依戀觀點一致的介入範例。當然，我們建議策略應該是在強大和正向的治療同盟情境中被負責任地使用。換句話說，策略的設計並非想要一體適用於所有依戀關係斷裂的兒童，也不是如食譜般照本宣科。

你和我的故事

　　「你和我的故事」顯示出兒童與治療師之間的遊戲互動和依戀成長。治療師對兒童說一個與他們的關係成長有關的小故事，使用他們之間最近互動的簡單情節記憶（例如，先前的治療會談）；故事中要強調歡樂和有趣，或者溫柔和反思性的遊戲探索。說故事時，治療師藉著說他們在一起的故事和逐漸成長的關係，伸出手來歡迎孩子的心。舉例來說，在早期治療師可能會說出如下的故事：

　　　　我很高興今天你能回來。我今天早上才想到你，而且想到你時讓我會心一笑。我記得上週第一次來這裡的你有多勇敢，雖然你不確定我是誰或者會發生什麼事。我記得你讓我拿積木給你看，而且你還蓋了一個巨大的高塔。你很努力地蓋，而我很喜愛跟你在一起。當然，當高塔倒了，你感到很失望而且生氣，但是後來發生什麼？你記得嗎？你讓我幫忙把它蓋回來，不是嗎？我

們一起做到了。

小故事給予治療師機會欣然接受和組織兒童的經驗，保護和共律兒童的情緒、想法和行為，慶祝和確認兒童的能力，以及引領情緒療癒的過程。在接下來一週，治療師可以多說一些這樣的故事，幫助兒童參與其中，並且逐漸擴展到說「你和過去」以及「你和你的媽媽」（或爸爸、姊妹、朋友）的故事。這些故事讓經驗得以分享，並且幫助兒童在連貫的互動和故事中，練習如何組織自己的內在經驗。

情感動物猜字謎

「情感動物猜字謎」提供兒童體驗一系列情緒的機會，且讓治療師有機會共律各式各樣的情緒狀態。治療師和兒童共同製作兩疊卡片，一疊是各種不同的動物（使用文字、照片或圖畫），另一疊則是各種情緒的名稱。結合在一起之後的卡片必須能夠反映出各種各樣的特性，從安靜或有條理的烏龜、喧鬧或愚蠢的猴子，到危險或生氣的迅猛龍。卡片必須包含兒童熟悉的情緒，或者看似受到良好調節的情緒，同時也包含治療時所關注的相關情緒。兒童和治療師輪流從每一堆卡片裡面挑選一張，並且將他們的選擇內容演出來給對方看。就像猜字謎，遊戲者不能說話，只能用聲音和動作。你可能會表演興奮的樹懶或被激怒的小狗。用在年紀較長的兒童或青少年時，你可提供簡要的情緒共律，運用諸如共同創作演出握手四部（four-part handshake）或者進行一連串的拇指掔角（Booth & Jernberg, 2010）活動。這些所有的活動能夠逐步提升情緒，並且提供練習共律和調節情緒的機會。

吹泡泡

一種幫助兒童和青少年練習調節情緒的方式是深呼吸。可以使用販售產品、自製材料，或假想的東西；一開始詢問兒童如果他們試著要吹泡

泡,當他吹得很用力時會發生什麼事。然後邀請他們參與活動,無論是真實或想像的,溫柔地、緩慢和緩地吹氣,創造出一串浮動的泡泡。你也可以鼓勵兒童讓泡泡代表某件所希望的事情,在準備要吹泡泡時,幫助他們的希望飄浮起來。

要對青少年實施此活動時,可以調整成用深呼吸或瑜伽練習的方式來呈現。要求青少年指出一件感到煩惱的事,以及所認識能夠幫助他們保持冷靜和思考的人。他們用嘴巴深深地吸氣並慢慢地吐氣,想像正在那個人的智慧中呼吸,這會幫助他們因應和吐出破壞性情緒。舉例來說,青少年可能會在寧靜中呼吸且吐出恐懼。你也可以讓他們想像將呼吸「發送」到對壓力、憤怒、恐懼有所反應的身體部位,或用所喜歡的「平靜」顏色來呼吸,並將它「發送」到整個身體。

所有的遊戲治療介入都包括要主動地與兒童的照顧者溝通。另一個值得採取的取向,是遵循親子遊戲治療的理念,讓家長直接參與治療(Guerney, 2000; Landreth & Bratton, 2006)。為了促進依戀,可以建議玩各種童年期的典型對賽遊戲,讓家長和兒童在遊戲室裡練習玩。許多這種依戀取向類型的遊戲活動並不需要用到玩具。《遊戲力:陪孩子一起玩出學習的熱情與自信》(Playful Parenting)(2002)的作者 Lawrence Cohen,從初期的躲貓貓(peek-a-boo)、捉迷藏(hide-and-seek)、搔癢大戰(tickle fights)、打鬧遊戲(roughhousing)中觀察到,家長有許多方式可以使用這些「好玩」的互動,作為與他們的幼兒連結的機會(Schaefer, 2011, 2012)。

許多兒童和青少年帶著與情緒調節以及如何管理超過負荷的情感等相關問題前來治療。當過度激發或激發不足時,往往會失去清楚思考和專注的能力,或者最好的狀況就是難以記起。可以運用以遊戲為基礎的技巧來幫助兒童和青少年找到最佳程度的激發,管理他們的情緒,以及發展出成功因應的策略。以依戀為基礎的遊戲技巧會在情緒調節方面協助兒童,讓他們在療癒關係的情境下共同完成治療任務。遊戲燃起正向的感覺並鼓勵

創意思考，為嶄新的問題解決所創造的新的神經路徑，以及想法與感受的整合過程鋪路。以遊戲為基礎的介入，為先前解離的、否認的或抑制的想法和感受，提供了以想像方式表達的機會。在治療師的支持與指導之下，兒童能用探索新奇和安全的經驗方式，理解並開始成功化解強烈的焦慮、恐懼、難過、憤怒和悲傷。

臨床應用與花絮

以依戀為基礎的介入，包含安全循環，已廣泛地使用在經驗各種壓力情況的兒童和家庭，包括失落、創傷、分離、離婚、照顧者改變、家長或兒童疾病，以及長期的環境和社會壓力。多數情況下，家長的擔憂啟動了服務和評估，包括行為和情緒的共律與自我調節的問題、煩惱的緩解和修復，以及過度激發和失調的型態。更具體地說，以依戀為基礎的介入，對諸如多種外向攻擊行為和內向問題，例如退縮和憂鬱行為、情緒抑制、焦慮逃避、照顧角色反轉，以及懲罰性行為[1]等類型的兒童問題常常反應良好。

運用對兒童依戀的歷史，以及對彼此目前關係的認識，遊戲治療師能夠對案主有更妥善的了解、連結和介入。兒童的發展歷史讓治療師了解兒童所承擔的顯著失落感、他們的照顧者所表現出的一致性和反應性，以及他們目前成人照顧關係網絡的穩定性和可預測性。同時，在遊戲室裡治療師也使用依戀的觀點，領會因自己的依戀所出現的反應。自我覺察是我們專業認同中跨越理論取向的重要元素。依戀理論為遊戲治療師深入了解案主、自己，以及促進治療遊戲的治療關係提供了強大的基礎。讓我們

---

[1] 在維吉尼亞州，透過維吉尼亞社會服務部（Virginia Department of Social Services）的資金，以依戀為基礎的介入已經提供給數百個寄養和領養兒童。挪威衛生部（Norwegian Health Ministry）已選定安全循環的家庭和團體介入在全國進行推廣。

來看看依戀理論的知識如何提供路線圖，指引你在遊戲室與一位七歲男孩 Sheryas[2] 的工作。

Sheryas 有一段依戀斷裂的成長史，從二歲時因為遭受虐待和忽略，自親生父母身邊被帶離開始，接下來是在五歲之前，與家庭成員被安置在多個地方。最近兩年來，他則是生活在原本是寄養但已經轉變成收養的家庭中。寄養家長承諾要收養 Sheryas，並對於了解和幫助他「控制憤怒」感興趣。由於他對家中日常生活要求（例如要他來吃晚餐或準備上床睡覺）的陣發性暴怒反應，他們來尋求遊戲治療服務。以下的敘述來自遊戲治療師的觀點，是關於她試著結束第五次遊戲治療會談時所發生的事。

Sheryas 夾雜著希望和反抗的明亮黑眼睛看著我，我才告訴他離開遊戲室的時間到了。一開始他好像沒聽到我的話，他猶豫地抬起頭，用慎重的聲音說：「我真的很想帶這隻小狗回家。」他更進一步懇求：「下次我會給你我的消防車。」

他所指的小狗是一個有著紅色狗屋的毛茸茸填充小動物，可以肯定的是那是遊戲室裡一件特別的玩具。「我想要它。真的，我會照顧好它。」Sheryas 繼續說，現在他的聲音變得堅持和憤怒。「為什麼我不可以擁有它？」當他說話時身體和聲音語調改變了。他向後退了一步，抓著小狗擋在他的胸前。他的眼睛瞇了起來，下巴往上抬，並且遠離門口牢牢地站住。我心想，這就是家長提到的狀況，從合作快樂地參與遊戲的男孩，到準備要開戰的少年，改變是如此之快。我能做什麼？

我看著 Sheryas，向前一步靠近他並且跪了下來，如此我就不會顯得比他高大。我回應說：「今天你跟那隻小狗還有我在一起玩得很開心。因為如此開心所以你想要帶它回家。」他很快地表示：「沒錯，所以我要帶它回家。」身體前傾，我體貼但堅定地說：「嗯，讓我們看看。你這麼喜歡在這裡跟小狗玩！當然，你會想要帶它回家。讓我們在房間裡找個特別

2　Sheryas 是一個虛構的名字，花絮裡所描述的情況來自作者臨床經驗的互動組合。

的地方放小狗，你就會知道它確實在哪裡，等你下週回來時，它和我都會在這裡。也許我們可以把它放在嘈雜的綠色拖曳機旁邊？你覺得給它那個位置怎麼樣。」Sheryas 研究了我的臉，他的肩膀放鬆了一點點，他鬆開抓住小狗的手。慢慢地他開始在遊戲室裡走動。他瞥了一眼確定我有在看，把手伸進放手偶的籃子裡面，並且輕輕地將小狗和狗屋放到手偶堆的底層。「啊，你找到了一個它將會安全和溫暖一整個禮拜的好地方。」我說。Sheryas 點頭微笑，同時我們一起走出門口。

　　這個故事是治療效果會發生在互動當下片刻的範例，尤其當喜歡是組合中的一部分時。面對兒童的焦慮和對立，治療師靠近並透過她的情感、聲音語調、談話和肢體語言傳達：

　　　　不論你正在感覺或思考著什麼，把它帶到這裡，因為我夠大所以可以接受它而且我會幫忙。我知道你有很多需求，但是在此刻你只專注在這個玩具上，我看到你需要幫助以組織自己的感受，以及被保護的感覺有多強烈。從你現在的行為，以及我對你過去關係的知識，我了解在此刻，你最重要的需要是要求我出手接管關係並且欣然接受你（包括你現在的感覺和那些與過去有關且尚未化解的經驗），並且表現出在這裡我會保護你的安全。我了解你的反抗，以及你劫持玩具時所隱含的威脅，是不正確的非線索訊息，因為它以推開我的方式，而不是將我拉近的方式運作。因此，我也知道我可以忽視這個錯誤行為，並且更自由地與你同在一起。這不是懲戒或教導的時刻，首先，因為你的錯誤行為是一個不正確的非線索訊息，而且跟隨它會使我們白費力氣；其次，懲戒和教導是當你能夠共律和能夠思考及輕鬆參與時的行動。當我試圖在此刻滿足你的需求時，我看到你的回應並開始與我合作，而且當你願意我用小而重要的方式幫忙你時，我真的非常高興。此外，我們都知道我們剛剛走過一些困難的事情，並且

一起來到另一邊更好的狀態，也比我們剛進來時更快樂。這是美好的一天，我將會記得它……下週我將會告訴你這個故事，然後你就會知道它到底是怎麼回事。

 結論

在充滿樂趣、以遊戲為基礎的活動情況下，遊戲治療師和父母有無數的機會與幼兒建立正向情緒連結。在這些時刻，遊戲治療師和父母使用遊戲與幼兒在情緒上變得親近。在照顧者和兒童之間，促進相互微笑、歡笑和喜歡的互動遊戲，是一個特別強而有力的情緒連結來源。

❖ 參考書目

Ainsworth, M. D. S., Blehar, M. C., Waters, E., & Wall, S. (1978). *Patterns of attachment: Psychological study of the strange situation*. Hillsdale, NJ: Erlbaum.

Booth, P. B., & Jernberg, A. M. (2010). *Theraplay: Helping parents and children build better relationships through attachment-based play* (4th ed.). San Francisco, CA: Jossey-Bass.

Bowlby, J. (1969). *Attachment and loss, Vol. 1: Attachment*. New York, NY: Basic Books.

Bowlby, J. (1988). *A secure base: Parent-child attachment and healthy human development*. New York, NY: Basic Books.

Brown, S. (2009). *Play: How it sharpens the mind, opens the imagination, and invigorates the soul*. New York, NY: Bantam Books.

Cassidy, J., & Shaver, P. (1999). *Handbook of attachment*. New York, NY: Guilford Press.

Cohen, L. (2002). *Playful parenting*. New York, NY: Ballantine Books.

Dozier, M. (2005). Challenges of foster care. *Attachment and Human Development*, 7(1), 27–30.

Gordon, I., Zagoory-Sharon, O., Leckman, J., & Feldman, R. (2010). Oxytocin and the development of parenting in humans. *Biological Psychiatry*, 68(4), 377–382. doi: 10.1016/j.biopsych.2010.02.005

Grossmann, K., Grossmann, K. E., & Kindler, H. (2005). Early care and the roots of attachment and partnership representations. In K. E. Grossmann, K. Grossmann, & E. Waters (Eds.), *Attachment from infancy to adulthood* (pp. 98–136). New York, NY: Guilford Press.

Grossman, K., Grossman, K., & Waters, E. (2005). *Attachment from infancy to adulthood*. New York, NY: Guilford Press.

Guerney, L. (2000). Filial therapy in the 21st century. *International Journal of Play Therapy*, 9(2), 1–18.

Hoffman, K. T., Marvin, R. S., Cooper, G., & Powell, B. (2006). Changing toddlers' and preschoolers' attachment classifications: The circle of security intervention. *Journal of Consulting and Clinical Psychology*, 74(6), 1017–1026.

Hughes, D. (2009). *Attachment-focused parenting: Effective strategies to care for children*. New York, NY: Norton Books.

Landreth, G., & Bratton, S. (2006). *Child parent relationship therapy (CPRT): A 10-session filial therapy model*. New York, NY: Taylor & Francis.

Maccoby, E. (1992). The role of parents in the socialization of children: An historical overview. *Developmental Psychology, 60*, 1405–1411.

Marvin, R., Cooper, G., Hoffman, K., & Powell, B. (2002). The circle of security project: Attachment-based intervention with caregiver–preschool child dyads. *Attachment and Human Development, 4*, 107–124.

Nelson, J. (2008). Laugh and the world laughs with you: An attachment perspective on the meaning of laughter in psychotherapy. *Clinical Social Work Journal, 36*(1), 41–49.

Schaefer, C. E. (2011). The importance of the fun factor in play therapy. *Play Therapy Magazine, 6*(3), 16–19.

Schaefer, C. E. (2012). *The therapeutic powers of play*. Unpublished manuscript.

Schore, A. N. (2001). Effects of a secure attachment relationship on right brain development, affect regulation, and infant mental health. *Infant Mental Health Journal, 22*(1–2), 7–66.

Seigel, D. J. (1999). *The developing mind: Toward a neurobiology of interpersonal experience*. New York, NY: Guilford Press.

Seigel, D. J. (2010). *Mindsight: The new science of personal transformation*. New York, NY: Bantam Books.

Sroufe, L. A. (2005). Attachment and development: A prospective, longitudinal study from birth to adulthood. *Attachment and Human Development, 7*(4), 349–367.

Sroufe, L. A., Egeland, B., Carlson, E., & Collins, W. A. (2005). *The development of the person*. New York, NY: Guilford Press.

Sroufe, L. A., & Siegel, D. (2011). The verdict is in. *Psychotherapy Networker, 34*–39, 52–53.

Stewart, A. L., Gilbert, J. L., Whelan, W. F., & Marvin, R. S. (2007, October). *Patterns of attachment, caregiver behavior, and parental reflective functioning: The importance of the parent-child relationship for play therapists*. Association for Play Therapy Annual Conference, Hollywood, CA.

Stewart, A. L., Whelan, B., Gilbert, J., & Marvin, R. (2011, October). *Applying attachment theory and the circle of security model in play therapy*. A presentation for the Association for Play Therapy International Conference, Sacramento, CA.

Stovall, K. C., & Dozier, M. (2000). The development of attachment in new relationships: Single subject analyses for 10 foster infants. *Development and Psychopathology, 12*, 133–156.

Van Ijzendoorn, M. H., Schuengel, C., & Bakermans-Kranenburg. (1999). Disorganized attachment in early childhood: Meta-analysis of precursors, concomitants, and sequelae. *Development and Psychopathology, 11*, 225–249.

Whelan, W. F., & Marvin, R. S. (2011). Caregiver patterns that moderate the effects of abuse and neglect. Presentation of results from the Virginia foster care study (NIH award GC11456) at the Biennial meeting of the Society for Research in Child Development (SRCD), April 2, 2011, Montreal, Quebec, Canada.

社會能力

★ Julie Blundon Nash

🐢 導論

社會能力（social competence）最常被視為理想社交技巧的彙集，這些技巧包括熟練的對話、同理心、互惠、合作、有樂趣。未能在兒童時期建立必要社交技巧組合的人，在青少年時期和成人時期往往會在這些困境中持續掙扎。研究結論支持，兒童時期發展出的社會能力和所產生的正向同儕關係，為成人時期帶來許多正向的結果。本章討論社會能力的本質和重要性、遊戲在培養兒童社會能力上的角色、治療中發展此技巧的策略，以及研究對以遊戲為基礎的介入能夠提升社會技巧的支持。遊戲已經被發現在社會能力發展上特別重要，遊戲是兒童學習和發展社交技巧的主要舞臺。

🐢 社會能力的描述

社會能力指的是社交技巧之獲得和成功的運用。最常見的技巧組合是溝通、衝動的自我控制、互惠，以及情緒的辨識與控制等範圍。適當社交技巧的運用包括何時該使用何種特定的技巧，以及何時該抑制衝動的知識。

社會能力的表現會依照個人年齡而不同。舉例來說，有社會能力的學齡前兒童與有社會能力的青少年，在行為上會表現得很不同。觀察兒童與同儕之間的互動，提供了關於社會能力或社會問題的可貴資訊。舉例來說，有些兒童在嘗試加入其他人時，會使用較年幼或較年長兒童常見的技巧。有些兒童能夠很容易地辨識自己所擁有的情緒，但卻受困於認清同儕的情緒反應。缺乏社會能力所帶來的困境有社會退縮、社會隔離、社會拒絕、寂寞、社會攻擊或霸凌，以及只有少數或幾乎沒有真正的朋友。

無法和同儕形成親密關係的兒童不僅處在有社會問題的嚴重風險之中，同時也會有學業和個人的困難。尤有甚者，這些困難還可能對兒童長期的健康造成嚴重的後果。如同 Hartup（1992, p. 12）的巧妙描述：「更確切地說，預測成人適應的最佳單一童年時期變項，不是 IQ，不是學校成績，也不是教室內的行為，而是兒童與其他兒童和睦相處的適切性。」

🐰 實證支持

有關遊戲的主題和它與社會能力的關係已經有相當多的研究。研究者不只檢驗了遊戲的類型，還有遊戲的頻率與同儕接納、友誼，以及受歡迎度之間的關聯。

舉例來說，Connolly 與 Doyle（1984）檢驗學齡前兒童使用社會假想遊戲和教師評定之社會能力、角色取替、同儕受歡迎度、參與社會行為之間的關係；這類型的遊戲包括角色扮演和演出假想社會情況。研究發現，那些參與更複雜和更頻繁社會假想遊戲的兒童，被教師評定為更受到同儕的歡迎，以及更有社會能力。這些兒童也被評定為理解他人情感和參與社會活動的能力更強。

Gagnon 與 Nagle（2004）同樣檢驗了學齡前兒童的遊戲，觀察了 85 位兒童的活動。他們觀察同儕互動遊戲的互動與社會和情緒的發展，他們發現，社會能力與同儕互動遊戲的頻率之間有正相關。所以，參與較多同

儕互動遊戲情境的兒童，更有可能擁有良好的社交技巧。

同儕互動遊戲可以採取合作遊戲的形式，兒童在其中一起工作以達成共同目標。Bay-Hinitz、Peterson 與 Quilitch（1994）觀察了 70 位在合作與競爭對賽遊戲兩種情況下的兒童。他們提到，參與合作對賽遊戲者的整體合作行為有增加的傾向。在結構和自由遊戲的情況下，參與合作遊戲之兒童的攻擊行為也會降低。相對地，單純參與競爭遊戲的兒童會持續這種玩法，有著較多攻擊和較少合作行為的傾向。這個研究建議，合作是發展社會能力必需的社交技巧，用好玩的方式進行合作遊戲，會讓運用此技巧的習得和能力增加。

Pellegrini 在 1988 年的研究，發現了可能會被認為是違反直覺的結果，他認為受歡迎的小學兒童之間所出現的打鬧遊戲（R&T），反而讓他們所得到的社會能力評定高過那些被拒絕的同儕。後來的研究確認了這個發現，尤其對男孩而言的確是成立的（Pellegrini, 1989）。在最初的研究中，參與打鬧遊戲的受歡迎兒童，之後也傾向會參與規則性的對賽遊戲，而規則性對賽遊戲在發展上是更複雜的遊戲形式。分類為被拒絕的兒童則未跟隨以上相同的路徑，而是在打鬧遊戲後出現攻擊行為。因此，分類為受歡迎的男孩再加上參與打鬧遊戲，不僅與社會能力相關，而且與繼續發展更高層次正向社交技巧的機會也呈現高相關。

以遊戲為基礎的社交技巧團體，在教導呈現出各樣問題的兒童之社交技巧方面，已被發現是有效能的。舉例來說，研究已經顯示社交技巧團體能夠讓有社交焦慮困擾之兒童的焦慮減少（DeRosier, 2004）。有社交焦慮的三年級學生參加社交技巧訓練團體之後，他們所得到的描述不僅是社交焦慮降低，還有自尊增加。比起那些沒有參與會談的兒童，參加遊戲團體會談的兒童，也被描述有更強的能力與他們的同儕互動。

DeRosier、Swick、Davis、McMillen 與 Matthews（2011）使用了前面提到用來處理社會焦慮的課程，並且將課程變化成加入高功能自閉症兒童特別需要的技巧。參與此以遊戲為基礎的社交技巧團體之 55 位高功能

自閉症兒童，表現出在使用社交技巧方面的進步，同時他們的父母也同意這些進步。參與標準情境的高功能自閉症兒童，亦即只運用在一般焦慮兒童的以遊戲為基礎之社交技巧團體，則他們的父母描述孩子的社會自我效能呈現下滑的情形。上述的研究結果建議，運用以遊戲為基礎的團體取向，要同時將兒童因缺陷所需的特定技能搭配進來才會成功。

另一個針對某種特定需求而進行以遊戲為基礎的社交技巧團體的例子，由 Webster-Stratton、Reid 與 Hammond（2001）所提出。這些研究者檢驗以遊戲為基礎的社交技巧團體，對 99 位呈現行為問題的小學低年級兒童之效果。結果顯示，那些參與以遊戲為基礎介入的兒童，外向問題和攻擊行為減少了，同時利社會和衝突解決行為增多了。因此，以遊戲為基礎的介入能夠同時鼓勵正向社交技巧和行為的習得與實踐。

研究也指出，提供以遊戲為基礎的團體經驗給表現出各種各樣問題的兒童是有效的。當有社交焦慮、注意力缺陷過動症和亞斯伯格症症狀的兒童一同參加以遊戲為基礎的社交技巧 10 週團體時，他們的父母和團體治療師都指出兒童在社會行為上的顯著進步（Nash, 2008）。這些結果只出現在兒童們接受了訓練，而且父母也參加為了解孩子所學習的技能而舉行的訓練課程之情況下。這個模式會在後文「臨床應用與花絮」中進一步討論。

同儕關係在達成改變上的角色

有三種主要類型的同儕互動遊戲，能夠促進社交技巧和正向同儕關係的發展（Schaefer, 2012）。促進社交技巧的習得在發展上最早的形式之一，是兒童參與的打鬧遊戲。打鬧遊戲和攻擊遊戲之間有著顯著的差別。可以觀察到參與打鬧遊戲的兒童在遊戲或扭打時是在玩耍的、沒有攻擊性的，且是快樂的；而參與攻擊遊戲的兒童則會表現出負向情感，當他們爭吵玩具和物品所有權時會打、推、抓（Pellegrini & Perlmutter,

1988）。在打鬧遊戲中所見到的正向社會本質，常常會鼓勵友誼的發展和維持（Schaefer, 2012）。運用打鬧遊戲的兒童，因為參與各種各樣的社會角色，而有機會練習適當的同儕互動，以進一步發展他們的技巧（Pellegrini & Perlmutter, 1988; Smith, 1982）。尤其，研究已經顯示，男孩參與打鬧遊戲與正向社會問題解決行為有相關，並且會增加在同儕之間的受歡迎程度（Pellegrini & Perlmutter, 1988）。因此，打鬧遊戲這種遊戲的形式利用了兒童表達遊戲能量的需求，讓兒童在安全、友善和有趣的環境裡練習社會問題解決技巧，以及試探各種各樣的社會角色。

另一種導致社會能力正向發展的遊戲形式是「社會戲劇遊戲」（socio-dramatic play）。在社會戲劇遊戲中，透過社會幻想和增加兒童的技巧組合，使其有能力參與角色扮演。透過此形式，鼓勵兒童與治療師或同儕互動。當兒童被鼓勵使用他們的想像演出社會故事中不同的角色時，社會能力就會受到正面影響。舉例來說，在某個角色扮演的情況中，鼓勵害羞的兒童演出一個更加自我肯定的角色。因為是在某種假扮的情況裡，他（她）的真實恐懼會比在其他的情況下來得低，這個不在兒童舒適區之內的活動會更容易被兒童接受。由於兒童能夠在正向和有趣的情況下參與行動，會更容易學會和保持技巧。因此社會戲劇遊戲促進了親近的社會關係、問題的解決技巧、關係的彈性、互惠。

在對賽遊戲中兒童一起玩有規則的遊戲，例如結構圖板式對賽遊戲（structured board games，類似「大富翁」）之類的競賽，以及戶外活動式的對賽遊戲，或者要一起工作才能夠達到共同目標的合作式對賽遊戲和活動（例如用積木建造一個物件）等。在 Piaget（1967）的兒童發展著作中，他提到社會化受到對賽遊戲強烈的影響，特別是這些互動隨著時間發生並且一直重複的時候。這種對社會化的正向衝擊之所以會發生，是因為兒童持續地被引入且練習諸如輪流、遵守規則、合作、問題解決、分享、運動家精神、同理心、互惠等各式各樣的社交技巧。

遊戲在引發社會能力改變上所扮演的另一個角色，是遊戲觸發的正

向情緒影響，比如歡喜的微笑和笑聲、同伴之間形成的連結。嬰兒和成人類似，偏好對那些會回以微笑的人們微笑（Jones & Raag, 1989）。這就意味著，當不微笑的兒童與他人互動時，可能較不會成為愉快互惠互動的一部分。順著這個想法，簡單一個笑的動作會促進個人對他人的吸引力。當兒童玩得開心時，笑聲是自然的反應。笑聲和微笑與渴望親密的關係之間呈正相關（McAdams, Jackson, & Kirshnit, 1984）。因此，參與有趣好玩活動的自然反應就是微笑和笑聲，這會增加兒童參與正向社會互動的能力。

策略與技巧

　　支持與鼓勵兒童社會能力主要的方式之一，是透過治療性團體工作。團體提供一個可以教導和練習技巧的結構和支持性場域，同時也讓兒童實驗如何建立關係。社交技巧訓練團體中的成員有著各種各樣的問題；如同先前提到的，研究已經指出這些團體在教導基本社交技巧組合上是有效的。兒童在一個好玩但結構化的方式下樂於學習這些技巧，而且練習技巧的能力以及從治療師與同儕身上獲得立即回饋也是重要的。社交技巧團體課程通常關注於社會能力基礎的核心技巧組合；在三步驟模式中實施是有助益的，先是技巧的介紹，接著團體帶領者和兒童一起練習技巧，最後是在遊戲中練習。

　　Nash 與 Schaefer（2010）發展出一本針對各種各樣的主訴問題，以遊戲為基礎的兒童社交技巧團體操作手冊，會在後文的花絮簡短說明。團體遊戲治療可納入各種社交困難的兒童，例如，太霸道、太害羞；或者也可以只納入有特定診斷的兒童，像是注意力缺陷過動症（例如，Reddy, 2010）、社交畏懼（例如，Spence, Donovan, & Brechman-Toussaint, 1999）、行為規範障礙症（例如，Webster-Stratton & Reid, 2010），或自閉症（例如，DeRosier, Swick, Davis, McMillen, & Matthews, 2011）。一

般來說,以遊戲為基礎的社交技巧團體形式包括教導某個技巧,以及用有趣和吸引人的形式練習。團體帶領者在示範技巧時,可以讓兒童當助手介紹技巧。鼓勵兒童以合乎其發展的方式玩遊戲,以練習剛學到的技巧。透過這個形式,笑聲和正向互動可以激發出更多應該要學習和保留的素材。

個別治療也能夠用來提升社交技巧。治療師可應用模仿和角色扮演鼓勵社交技能的習得與發展。有些兒童會從此型態的個別關注中獲益,或者在逐漸進入團體環境之前,先在一對一的情境下學習技巧。有專為這種技巧組合而設計的圖板式對賽遊戲和卡片對賽遊戲,可以用來教導兒童基本技巧,以及鼓勵他們想一想在社會環境中如何適當地使用它們。

治療性說故事是發展社會能力的另一個有用策略。這個技巧的基礎是由敘事治療背後的理論所形成。舉例來說,治療師採取更健康的社會解決方法,以相互說故事的方式重新述說兒童所說的故事會相當有用(Stirtzinger, 1983)。另一個有用的技術,是使用角色扮演來示範或練習特定社交技巧,例如如何加入團體(Pomerantz, 2007)。

 臨床應用與花絮

一般來說,在參與同儕之間相互滿足的關係和形成持久友誼方面有問題的兒童,能從以團體遊戲為基礎的介入中獲益。診斷上,這可能包括了社交焦慮、社交畏懼、社會攻擊、注意力缺陷過動症、選擇性緘默症和類自閉症的兒童。

如同先前在實證支持部分提到的,Blundon 與 Schaefer(2006; Nash, 2008)將以遊戲為基礎的社交技巧團體課程,應用在呈現內化性和外化性疾患的學齡兒童身上。可以指導兒童以下這些主題,如開始和維持談話、加入現有同儕團體、表現出自我肯定而不是被動或攻擊、處理拒絕、運動家精神、建立情緒覺察、合作、社會問題解決等,然後在 10 次遊戲團體會談裡練習這些技巧並且獲得回饋。

　　從上述研究中獲益良多的是一位我稱呼她為 Jessica 的小孩。Jessica 是一位十歲的女孩，她的父母擔心她與同儕之間日漸增加的困擾。她試著與同學互動卻常常被嘲笑，但由於她使用負向的方式處理這些情況而更被拒絕。舉例來說，Jessica 會在下課時跑向一群小孩強行加入他們的圈子，沒有花時間看看實際上他們已經在做什麼，以及確認她如何才可以適當地融入遊戲。她會大聲且不斷地討論有關自己喜歡的主題（通常包含卡通和動漫）。由於不斷被拒絕，她的社交焦慮也逐漸擴大。她常被認為是過動兒童，但是很顯然，是她的焦慮造成了這個表現。讓她的父母前來的突破點是，當他們要邀請同儕來參加生日派對時，Jessica 實在是無法指出有誰是她的朋友。

　　Jessica 以矛盾的方式回應規則和團體設置的結構。首先，她很明顯地無法做到：向團體提問前要等待輪到自己和舉手。她很想要參與必須遵守五項規則才能為團體得到貼紙的激勵系統，但常常因為自己沒有依照順序、大聲說話或沒有控制好自己的手而破壞規則。在每次會談結束時，Jessica 能夠了解對她來說，要管理這兩個方面是最困難的；並且對於來自團體帶領者透過團體的過程，所給予的立即和頻繁的回饋反應良好。

　　在第一次團體會談時，Jessica 被要求使用一些半結構訪談的技巧，與一位同儕開啟一次對話。這對搭檔要向彼此介紹自己、問問題以找出有關彼此喜歡與不喜歡的部分，以及向大團體介紹彼此。Jessica 能夠在兩人活動中控制自己的肢體，但受限於缺乏適當的口語互動，她只問對方和自己的興趣有關的問題。舉例來說，同儕已經說過自己不知道動漫是什麼，Jessica 卻還問她：「你最喜歡的動漫角色是什麼？」當團體轉移成要開始玩「電話」（Telephone）對賽遊戲（遊戲方式是大家圍成圓圈，依序在旁邊的人耳邊輕聲傳遞一段簡短的話）時，Jessica 要練習傾聽技巧的需求就更加明顯了。

　　隨著團體的進展，鼓勵 Jessica 在插入她的想法之前，要先靜下來傾聽她的同儕。透過在指導活動中得到明顯的支持，她能夠以角色扮演的方

式，做好例如怎樣才能參與一個已經開始進行的對賽遊戲。她能夠透過把手放在腿上的肢體動作，提醒自己放慢速度，促使自己靜下心來傾聽。Jessica 也學習了一些如何處理拒絕的技巧，諸如找到其他活動和正向的自言自語。當她開始發現自己不是唯一一位與這些社交技巧缺陷打交道的兒童時，Jessica 對於那些先前引發自己焦慮的情況顯得更自在，並且使用了新的技巧。當她開始更仔細傾聽同儕的意見時，Jessica 能夠創造更好的對話技巧，並且展現一些同理心。

　　Jessica 在學習如何辨識其他人所呈現之情緒的團體最後幾次會談中變得更容易參與。她喜歡看知名人物表現出各式各樣情緒的圖片，並且將遊戲擴展到辨識可能的情緒，還包括拍照時他們可能正在做什麼的簡短故事。Jessica 也喜歡玩「比手畫腳猜猜感受」（Feelings Charades），在此遊戲中，團體成員表演出不同情緒讓其他同儕辨認。隨著她辨認其他人情緒表現的能力增加，她以更合宜的方式進入團體的能力也增加了。Jessica 能夠放慢自己，在團體裡觀察和等待機會，並且判斷她是否選擇了一個參與那些特定同儕的好時機。隨著她的焦慮降低以及社會能力的增加，她不再認為那些拒絕是針對自己。

　　在完成為期 10 週的團體後，Jessica 的父母想為她安排另一期會談，以進一步提升她的技巧和信心。因為 Jessica 對所教導的技巧組合有基礎的認識，她被要求擔任另一位有一些肢體和情緒缺陷兒童的「特別夥伴」。她接受這個了不起的榮譽，並且在之後 10 週中教導她的新朋友技巧，同時繼續發展自己的技巧組合。Jessica 在這 20 週裡得到很多樂趣，而她感受到的愉快有助於降低焦慮和增加所學技巧的保留。她的父母回報她在學校交到了朋友，而且每個月會有幾個來自朋友的遊戲邀約，這是他們認為出現顯著進步的標記。

　　許多運用在團體形式中的社交技巧，也能運用在個別治療。舉例來說，過去三年我斷斷續續與一位現在已經十二歲的男孩工作，我稱呼他為 Sean。他得了亞斯伯格症，而這個診斷當中包含了明顯的社交缺陷。

Sean 所呈現的問題包括情緒失調，像是他容易變得憤怒且無法辨認引爆點（trigger），當他處於非結構團體環境時會暴躁發脾氣，而且沒有能力與任何同儕談話。他發脾氣的不可預測性和強度逐漸升高，因此他的父母和我決定從學習辨認情緒來開始我們的工作。除了快樂、傷心和憤怒之外，Sean 無法辨認其他任何情緒。他只知道他最常出現的是憤怒，但無法告訴我引爆點，也無法告訴我憤怒時，他的身體裡有什麼樣的感覺。

　　Sean 最喜歡的活動之一，是玩上面印有各種各樣情感狀態臉譜的牌卡。藉由鼓勵，他能夠將卡通化的情緒表達圖片依照自己的意思分門別類。他第一次做這件事時，憤怒的那堆大約有 20 張之多。隨著我們分類卡片，我介紹了像是尷尬、嫉妒和害怕等感覺的詞彙。接著讓 Sean 挑選了五種感覺，並讓他估算上週他曾經驗到的這五種感覺有多少。他拿到一張分成五個欄位的紙張（一種感覺一欄），並且在每一個欄位塗上代表感覺數量的顏色。Sean 每週完成一張表，用以評估他的情緒是否有隨著時間而出現任何改變。隨著他擴展自己對更多感覺的認識，他的憤怒程度逐漸減少，並且被尷尬和害怕所替代。有一天，他自豪地回顧曾大發脾氣的體育課事件，並且表示那時他很尷尬。他很興奮能分辨出一個不同於憤怒的情緒，並且開始了解自己的反應並不單是由憤怒所造成。Sean 也能夠看到他的反應會如何影響他的同儕，反之亦然。這也是他了解互惠關係的開端。

　　一旦他能夠辨認多種感覺，我們就開始採用「憤怒溫度計」（anger thermometer）的活動。讓 Sean 分辨兩種程度的憤怒：低的和爆炸的。在感受到許多支持的一個月時間裡，他能夠進一步分辨從 0 到 100 之間的更多憤怒程度。他找到他的「臨界點」（point of no return）是 60，並且會討論那些鼓動他的憤怒上升到此點的事件。慢慢地，Sean 能夠看到自己對拒絕的反應是如何，以及無法合宜地進入同儕團體常常讓他的憤怒升高到超過 60。Sean 留了一張溫度計的影本，用膠帶貼在學校書桌前，而且他的父母鼓勵他評估自己整天的憤怒溫度，以幫助他了解自己的身體線索

和情緒反應。三年後，Sean 依然自發地使用這個量尺來辨認他的憤怒程度和調整自己。

隨著 Sean 注意到他憤怒程度的波動，他能夠將這些連結到同儕互動。他學習何時要走開並且使用放鬆技巧，像是透過五種感官、深呼吸和其他更多方式讓自己穩定下來；這些放鬆技巧是幫助他學習如何成功地進入同儕團體的關鍵。隨著 Sean 發展出調整身體反應的能力，他就能夠讓自己的心靜下來傾聽其他人。他能夠站在同儕團體外面（在會談中我們透過與他媽媽和我的角色扮演來練習），傾聽對話、等待休息時間，並且用相同主題來參與。最近他的老師回報，Sean 能夠透過這些步驟成功地將他在學校的同儕團體轉換成較高功能的團體。他能夠在三天內於午餐時間開始這些步驟，並且成功地被其他孩子所接納。

結論

為了提高成人時期各方面的成功，社會能力是兒童發展上的必要特質。不論是以團體或個別的形式來教導和鼓勵社會能力的發展，遊戲已經被發現是一個特別有用的管道。遊戲治療對改善社會能力有幫助，因為它格外針對遊戲自然的和正向的社會本質，同時運用樂趣和歡笑以支持新技巧的學習、保留和練習。這些遊戲與社會學習的核心宗旨彼此互動，提高了服務的臨床效能和結果，從而促進了社會能力的療癒力和遊戲的治療力。

❖ 參考書目

Bay-Hinitz, A. K., Peterson, R. F., & Quilitch, H. R. (1994). Cooperative games: A way to modify aggressive and cooperative behaviors in young children. *Journal of Applied Behavior Analysis*, 27, 435–446.

Blundon, J., & Schaefer, C. (2006). The use of play group therapy for children with social skills deficits. In H. Kaduson & C. Schaefer (Eds.), *Short-term play therapy for children* (2nd ed., pp. 336–375). New York, NY: Guilford Press.

Connolly, J. A., & Doyle, A. (1984). Relation of social fantasy play to social competence in preschoolers. *Developmental Psychology, 20*, 797–806.

DeRosier, M. E. (2004). Building relationships and combating bullying: Effectiveness of a school-based social skills group intervention. *Journal of Clinical Child and Adolescent Psychology, 33*, 196–201.

DeRosier, M. E., Swick, D. C., Davis, N. O., McMillen, J. S., & Matthews, R. (2011). The efficacy of a social skills group intervention for improving social behaviors in children with high functioning autism spectrum disorders. *Journal of Autism and Developmental Disorders, 41*, 1033–1043.

Gagnon, S. G., & Nagle, R. J. (2004). Relationships between peer interactive play and social competence in at-risk preschool children. *Psychology in the Schools, 41*, 173–189.

Hartup, W. W. (1992). *Having friends, making friends, and keeping friends: Relationships in educational contexts.* (Report No. EDO-PS-92-4.) Urbana, IL: ERIC Clearinghouse on Elementary and Early Childhood Education. (ERIC Document Reproduction Service No. ED345845).

Jones, S. S., & Raag, T. (1989). Smile production in older infants: The importance of a social recipient for the facial signal. *Child Development, 60*, 811–818.

McAdams, D. P., Jackson, R. J., & Kirshnit, C. (1984). Looking, laughing, and smiling in dyads as a function of intimacy motivation and reciprocity. *Journal of Personality, 52*, 261–273.

Nash, J. B. (2008). Children's social skills training: Relative effectiveness of three training models (Doctoral dissertation, Fairleigh Dickinson University). *Dissertation Abstracts International, 69*(6-B) 38–57.

Pellegrini, A. D. (1988). Elementary-school children's rough-and-tumble play and social competence. *Developmental Psychology, 24*, 802–806.

Pellegrini, A. D. (1989). Elementary school children's rough-and-tumble play. *Early Childhood Research Quarterly, 4*, 245–260.

Pellegrini, A. D., & Perlmutter, J. C. (1988). The diagnostic and therapeutic roles of children's rough-and-tumble play. *Children's Health Care, 16*, 162–168.

Piaget, J. (1967). *The child's conception of the world.* London, England: Routledge & Kegan.

Pomerantz, K. A. (2007). Helping children explore their emotional and social worlds through therapeutic stories. *Educational and Child Psychology, 24*, 46–55.

Reddy, L. A. (2010). Group play interventions for children with attention deficit/hyperactivity disorder. In A. Drewes & C. Schaefer (Eds.), *School-based play therapy* (2nd ed., pp. 307–329). Hoboken, NJ: Wiley.

Schaefer, C. E. (2012). *The therapeutic powers of play.* Unpublished manuscript.

Smith, P. K. (1982). Does play matter? Functional and evolutionary aspects of animal and human play. *Behavioral and Brain Sciences, 5*, 139–184.

Spence, S. H., Donovan, C., & Brechman-Toussaint, M. (1999). Social skills, social outcomes, and cognitive features of childhood social phobia. *Journal of Abnormal Psychology, 108*, 211–221.

Stirtzinger, R. M. (1983). Story telling: A creative therapeutic technique. *The Canadian Journal of Psychiatry, 28*, 561–565.

Webster-Stratton, C., & Reid, M. J. (2010). The incredible years parents, teachers, and children training series: A multifaceted treatment approach for young children with conduct disorders. In J. R. Weisz & A. E. Kazdin (Eds.), *Evidence-based psychotherapies for children and adolescents* (2nd ed., pp. 194–210). New York, NY: Guilford Press.

Webster-Stratton, C., Reid, M. J., & Hammond, M. (2001). Social skills and problem-solving training for children with early-onset conduct problems: Who benefits? *Journal of Child Psychology and Psychiatry, 42*, 943–952.

同理心

★ Richard Gaskill[1]

導論

　　一個多世紀以來同理心所獲得的關注從不曾間斷，先是從哲學家開始，而現在則是神經科學家（Leslie, Johnson-Fry, & Grafton, 2004）。自從 Carl Rogers（1957）首先將同理心描述為助人的核心向度之後，其他後進（Egan, 2002; Ivey & Ivey, 2007）跟著編纂出同理心反應的操作手冊和評量表。在遊戲治療領域中，最先重視同理心的是 Virginia Axline（1947）；而最近關於同理心的重要性，則是強調它是促成創傷兒童產生改變的有效媒介（Garza & Bruhn, 2011; Green, Crenshaw, & Kolos, 2010）。同理心也被認定是受虐、忽略和一般不當對待兒童，在經過治療後期待出現的結果（Perry, 2008; Spehar, 2012）。Ludy-Dobson 與 Perry（2010）強調一個社會的健康程度，可以從經驗到充分同理照顧的兒童數量來測量，因為他們將來也可以有能力照顧自己的孩子。Landreth（2002）呼應這個概念，指出人們無法給出他們沒有被給予過的。依據 Landreth 的主張，遊戲治療師必須同理地對待兒童，這樣兒童就能同理地對待其他人。

1　本章作者感謝兒童創傷學院的資深研究員 Bruce Perry 博士多年來的支持、引導和建議。沒有他的指導，本章將永遠無法完成。

社會神經科學最近已擴展我們對同理心的知識，主要是由於功能性核磁共振造影的發展（Elliott, Bohart, Watson, & Greenberg, 2011）。當代的社會神經科學研究已經產出有力的科學證據，支持同理心是治療師—案主同盟中的重要元素，能夠有力的預測正向結果，也是發展上要賦予的治療策略（Shirk & Karver, 2010）。遊戲治療師無庸置疑的信念是，知道同理心是有效治療的強大向度，也是健康兒童發展的向度，而治療的最終目的就是要促進這兩者都能產生。

同理心的描述

神經科學定義同理心為複雜的神經生物學歷程，涉及使用觀察、記憶、知識和推理來理解他人的想法與感受（Decety & Lamm, 2006）。同理心的能力不僅定義了我們是人類，而且也定義了我們獨特的存在。它影響我們的社會互動、同盟形成和社會判斷。為了提高存活的可能性，Decety（2011）推測，人類的同理心變得比其他哺乳類更加複雜。能夠準確偵測其他人感受和意圖的個體更可能存活下來（Ludy-Dobson & Perry, 2010）。因為同理心在哺乳類生存方面所具有的作用，而被設定成是我們大腦的自動化功能（hard wired）（Decety, & Lamm, 2006）。基於演化上求生存對同理心溝通的影響，解釋了為何大人用語言和非語言向兒童傳達他們是安全且受到親切關懷的，兒童會出現強而有力的反應（Decety, 2011）。

兒童的社會健康與他們和成人之間的關係品質有著密切關聯（Green et al., 2010; Perry, 2000; van der Kolk, 2006）。這些照顧者和兒童之間早年的、重複的、關係的經驗會形成持久的神經生物記憶；並經由這些神經生物記憶讓兒童創造出自身與配偶、孩子、家庭和社區之間的關係。尤有甚者，同理心照顧的品質也決定了兒童自我調節的能力，界定其調整行為、情緒表達和社會關係的能力，也因而預測了其往後的社會、學業和

職業成就（Ludy-Dobson & Perry, 2010）。不論是具同理心或施虐的照顧者，這些早年經驗都會變成組織網絡，而兒童就是透過這個組織網絡來看待世界、做出決定和與社會相處（Perry, 2001）。

　　毫無意外地，很少經驗到或完全沒有與家長或其他成人同理心連結之遭受不當對待的兒童，對他人的感覺是斷裂的、有著扭曲的知覺、表達出負向的情感、行為上防衛、表現出攻擊，或失去同理心連結的能力（Malchiodi, 2010）。最後，我們已經發現用同理心回應他人的能力是一個至關重要的社會性向，它使個體能夠分享經驗、需求、目標，以及最終會催化滋養、療效和改變（Carr et al., 2003; Ivey & Ivey, 2007）。此外，有很多文獻已經證明表現同理心之能力，對於道德推論、促進利社會行為、抑制攻擊，以及整體上鼓勵有利他人福祉的行為的確非常重要（Lawrence et al., 2006）。

　　有鑑於同理心對社交技巧發展的巨大貢獻，以及剝奪同理心關係所需付出的極大代價，就可以理解傳統的遊戲治療師在遊戲治療的時候，為何會非常聚焦於對兒童語言和行為的同理心溝通。遊戲治療師與兒童在一起時的真實、真誠、同理心和溫暖（Rogers, 1980）對遊戲治療的結果有巨大的決定性影響；其根源是演化上自古以來對生存的追求，所奠基的複雜神經生物學歷程（Decety, 2011）。

實證支持

　　如同早先討論過的，人類本質上是社會性的，從出生到死亡都依賴與他人的分享互動而生存。為了實現這一點，神經生物系統將知覺、理解和回應他人的內在狀態，演化為社會生存機制的一部分。新近神經科學研究已經證實讓此同理心能力發生之神經迴路的存在（Decety, 2011），其起初被描述為同理心的知覺—行動模式（perception-action model）（Decety & Lamm, 2006）。藉由知覺到另外一個人的狀態，觀察者自動

啟動相應的身體和自律神經反應，例如動作行為、感覺、情感和情緒；彷彿自動化地建立了人際連結。這種情緒歷程的模擬行動模式，假設人類藉由內在模擬與他人相同的心理狀態，來了解他人的意圖和情緒（Decety, 2011; Gallese, 2009）。

然而，人類的同理心潛能比起兩人之間自主情緒的簡單共軛（simplistic yoking）要複雜得多。人類的同理心涵蓋許多執行歷程，例如語言、心智理論、代理作用（agency），以及由位於系統發育頂部較早期之社會和情緒能力所衍生出的觀點取替（perspective taking）。這些較新的能力，大大擴展了諸如分享關懷、關心他人和幫助他人等同理心表現本領的優勢（Decety, 2011; Gallese, 2009; Nelson, 2012）。一般認為這些豐富的同理心反應，是經由包括語言發展在內之執行功能的進步而進化得到。舊的和較新的同理心功能二者對多面向的歷程都有貢獻（Batson, 2009; Decety & Lamm, 2006），因而促使 Decety（2011）提出同理心的整合歷程模式，此模式兼具由下而上（bottom-up）的情感分享歷程，以及由上而下（top-down）包含動機、意圖和自我調節因子的歷程。對與高度困擾兒童工作的遊戲治療師來說，整合模式提供了相當多的指引（Decety & Jackson, 2010）。

研究也顯示，學齡前兒童和小學低年級學童的社會戲劇角色扮演，與同理心、合作、利他主義和自我韌性的發展相關（Connolly & Doyle, 1984; Gottman & Parker, 1986; Iannotti, 1978; Strayer & Roberts, 1989）。根據 Howes（1988）的一項研究，參與更多涉及角色扮演假想遊戲之學齡前兒童，獲得來自同儕和教師較高的喜愛程度和社會性評分。而且，在一份有關女性大學生的研究中，Bohart（1977）發現，比起情感宣洩、理智分析或沒有接受治療的人，扮演衝突情境中挑釁者角色的觀點，是減少憤怒和衝突更有效的策略。

同理心的構成

　　同理心是一個同時有情感（大腦底層）和認知（大腦高層）元素的複雜神經生物歷程，這些元素自人類存在於地球上起就不斷演化至今（Ludy-Dobson & Perry, 2010）。較早、較原始的同理心功能會自動化地反應，但區辨性不是很好；而較新且較高的同理心功能反應較慢，但有著較高的區辨性。原始的和演化的同理心功能都使我們的生存技能得以大大拓展。其中最重要的是讓我們有了解他人和與他人形成愛、關懷、照顧連結的能力（Svalavitz & Perry, 2010）。雖然歷史上同理心的神經生物功能還沒有得到很充分地理解，但與情感有關的神經科學已經使遊戲治療師能夠有新的洞察和理解，大大地拓展我們運用遊戲治療兒童的能力（Gaskill & Perry, 2012）。

同理心的情感面向

　　同理心的情感面向是由下而上的歷程，其定義是起因於觀察他人的心理狀態而經驗到的個人情緒。這個大腦底層的現象與負責情緒感染（emotional contagion）、變色龍效應（chameleon effect）或擬態（mimicry）的鏡像神經元系統有關（Rizzolatti, 2005; Shamay-Tsoory, Aharon-Peretz, & Perry, 2009）。鏡像神經元系統（布洛卡和腹側前運動皮質）藉由前腦島而與杏仁核連結的路徑，已經被證明在社會互動上扮演重要的角色。這個系統會將某個體的行動、意圖和情緒，與另一個人的行動和動作之間的連結建立起來（Pfeifer, Iacoboni, Mazziotta, & Dapretto, 2008）。Pfeifer 等人（2008）對此歷程的描述是，會擴大自動地和潛意識地複製他人心理經驗的傾向。觀察者的擬態是由與他人的臉部表情、發聲、姿勢、習性和動作的同步化所組成，並因而創造情緒調和（Decety & Lamm, 2006）。肌肉的收縮會使觀察者能夠認識和理解他人身上的情

緒反應，且通常發生在覺察閾值之下（Lawrence et al., 2006）。功能造影研究顯示，觀察者和被觀察者在處理情感和動機方面的經驗時，會啟動相同的大腦機制（Decety, 2011）。Decety（2011）進一步觀察到，臉部的模仿會產生與被觀察者相似且明顯的情緒和自律神經激發。有趣的是，Decety 與 Lamm（2006）表示，僅僅透過臟器的反應很難察覺和分辨某些特定情緒，只知道負向情感的自律系統反應比正向情緒更強。

自動化地模仿他人的動作和情緒行為，是用來理解他人行動、意圖和情緒的主要神經機制（Pfeifer et al., 2008）。潛意識的擬態與真誠的社會互動、正向情緒的反應及影響他人的情緒相關（Leslie et al., 2004）。Leslie 等人（2004）也發現，相較於潛意識擬態，以意識控制來模仿臉部肌肉時會啟動不同的神經歷程；這說明了意識模仿比較像是「做出樣子」，或是在掩蓋個人意圖而非真實的情緒。事實上，從出生 10 週開始，兒童就常常觀察和模仿他人的情緒臉孔，而且很會判斷他人是否真誠和真實（Decety, 2011; Pfeifer et al., 2008）。

誠如發展心理學所預測的，同理心的情感面比認知面和調節面發展得更早。情感反應顯而易見地在生命早期就已經出現，是不受意志控制且依賴擬態的，如此才能使兒童和另一個人出現體感共鳴（somatosensory resonance）（Decety, 2011）。而此共鳴對兒童的生存和依戀很可能有顯著的價值，Decety 認為因為兒童尚未發展出良好的認知調節能力，若兒童所觀察的個體過於心煩意亂，也會造成兒童自身的極端不舒適；職是之故，幼兒必須依賴照顧者調節他們的情感經驗。甚至連小學生也都還是缺少如成熟成人般的調節能力，因此，當兒童目睹所重視的照顧者有諸如遭受家庭暴力的危難不幸時，他們往往無法避免地會情緒超載。這種沒有能力調整情緒受到感染的現象，會很容易導致同理心的過度激發、個人困擾和自我中心的情緒反應。

這就是為何受虐兒童相較於成人，更容易受到創傷影響的原因（Perry & Pollard, 1998; van der Kolk, 2006）。大腦底層的同理心反應比

認知同理心功能更早運作，所以遊戲治療師在遊戲治療中不得不去處理大腦底層的同理心反應。藉由了解同理心的情感歷程，遊戲治療師能夠採用更多影響大腦底層功能的有力同理心策略，同時也要避免認知策略在此原始的神經層面下提供有限的幫助。

同理心的認知面向

幸好對人類而言，同理心並非只是對他人情緒的被動情感回聲，還涉及行動者和觀察者兩者的目標、意圖、性格傾向、脈絡和動機（Rizzolatti, 2005）。根據 Rizzolatti 的研究，這必須要有情緒經驗的覺察、衡鑑、解釋、調節和調控之執行歷程（由上而下的訊息處理）。這個認知調節歷程會相互套疊在調節身體狀態、情緒和反應性的多個大腦結構與系統中。

皮質結構、自律系統、下視丘—腦垂體—腎上腺軸和內分泌系統，結合成複雜的多系統歷程使高階同理反應變得可能（Decety, 2011）。心智理論、代理作用和觀點取替的認知能力，使社會判斷最終成為一個認知歷程（Decety & Lamm, 2006）。很顯然，兒童的認知能力從嬰兒期逐漸發展至成人期，所以使用遊戲治療的介入策略時，以發展性的觀點來應用認知面向的同理心技巧是必要的（Pfeifer et al., 2008）。

觀點取替　觀點取替是使用想像的認知力量，來分享另一個人經驗中的感覺、情緒和行動之能力。雖然觀察者的情緒經驗相對較不強烈，但心理連結對同理心的經驗仍是不可或缺的。運用觀點取替的能力已被認為與同理心、道德推理、利社會行為有關（Decety & Lamm, 2006）。Decety 與 Lamm（2006）補充說明，由上而下所控制的個人觀點透過有意識地指引，將注意力的焦點放在對觀察者和他人不同面向的情緒經驗，可以提升調節管理的能力。這有助於讓觀察者變得更加自我導向而採取第一人稱的觀點，以及更專注於自我的覺察；當聚焦在另一個人的經驗時，他人導向

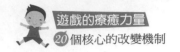
的回應也會被詳細地說明而顯示出觀點轉移的威力。

不同於動作擬態或情緒感染，觀點取替能力是從童年早期緩慢地發展到青少年期，乃是由於執行歷程的緩慢成熟（Decety, 2011; Decety & Lamm, 2006）。Decety 與 Lamm（2006）指出，那些用來監控和控制想法行動的心理歷程，包括自我調節、計畫、認知彈性和對抗干擾，全都依賴成熟的前顳和內側額葉皮質區。額葉皮質的缺失已經被認為與較差的社會互動、自我意識情緒，以及在行為或認知作業方面的冷漠有關。

由於執行功能的未成熟，幼兒常常無法了解為何其他人的感覺或經驗會與自己不同（Selman, 1971）。Selman 概述了觀點取替的五個階段。從三歲到五歲，兒童了解他人會有與自己不同的想法和感受，但經常搞混；因此，觀點取替對幼兒是困難的。七歲到十二歲常被提到的是，觀點取替能力在穩定提升中。Selman 描述十歲到十五歲之間的兒童，在了解第三方觀點方面的技能獲得提升，但仍然無法了解中立的第三方可能會如何看待某種情況。最後，在十四歲和成人期之間，兒童開始能了解第三方觀點可能會受到系統或社會價值的影響。Selman 闡述，隨著兒童的成熟，他們會考慮到多方面的影響，了解相同情況下會有差異的反應，以及能夠考慮多重觀點。如果沒有考慮到發展的成熟度，再怎麼精緻的認知導向遊戲治療策略和語言表達的同理心也無法正向地影響兒童。遊戲治療師必須小心避免採用一體適用的觀點來看待所有的取向，同時也必須考慮兒童的發展年齡、個別差異和歷史經驗。

同理心的發展階段　結合一序列習得技能的進展階段定義了同理心的發展階段，這是遊戲治療中有效同理心反應的核心（Commons & Wolfsont, 2002）。漸趨複雜的同理心行為會在每一個階段中出現，自嬰兒期開始並在成人對同理心有更複雜的認知了解後結束。這些能力大部分與 Piaget 的認知發展階段平行。Commons 與 Wolfsont（2002）描述一系列的同理心階段來顯示發展同理心能力的漸進步驟。從出生到二歲，兒

童對悲傷和舒適刺激的主要反應是反射，以及偏愛支持性個體[2]（Decety, 2011）。18 到 25 個月大的兒童，即使在沒有明顯的情緒線索下也能夠開始同情他人。在二歲到七歲之間，Commons 與 Wolfsont（2002）描述兒童會同理故事裡的角色，但對於什麼是真實與什麼是想像感到困惑，經常表現出這類的錯誤感知。雖然兒童能夠呼應受害者的感覺（情緒感染），但會認為是自己的情緒。遊戲治療師需要注意到，甚至是小學的兒童也會對情緒感染有所回應，但會在認知理解和調節控制自己的感覺之間掙扎拉扯。從大約七歲到十一歲時，兒童開始從表情和情境中推論出感覺，但依然是透過自己在相似狀況下的動機，自我中心地去理解被觀察者的動機。只有十一歲到十六歲的兒童能夠將情緒、表達、情境變項連結起來考慮；青少年期的孩子知道情緒的狀態會影響當下的觀點和感知。即使是在他們並不熟悉的情境，也能夠想像自己在此情境下的處境為何。不過，要到青少年時期，個體才能運用大多數成人用來管理悲傷或促進同理心的認知策略。

同理心在達成改變上的角色

Piaget（1951）說，一個文明人是透過遊戲而誕生的；因此，遊戲被認為可以提升包括生物的、內在的、人際的、社會文化的等支持健康發展之社會素質的功能（O'Connor, 2000）。同理心已經涵蓋了這些功能，所以是一種治療工具也同時是遊戲治療所期待的一種結果。

感覺動作遊戲

O'Connor（2000）首先提到遊戲對發展有生物導向的貢獻。具有人性化特色的同理心源自於身體神經功能的成熟，而此成熟相當倚重照

---

[2] 譯註：指藉助於支持性個體來處理悲傷和舒適的刺激。

顧者的溫暖、滋養的人際關係所提供的刺激或引導（Szalavitz & Perry, 2010）。隨著照顧者和孩子之間相互連結，並進行重複的、同理的、肯定的和合乎規範的社會遊戲，幼兒的神經系統得以受到刺激、發展且變得更有組織。出生時，兒童對悲傷和舒適刺激的主要反應是反射，隨著經驗一再重複，兒童的神經會將這些感覺編碼，逐漸建立持續性的愉快或威脅的連結（內隱記憶）。這些早期的連結會變成一個穩定、潛意識和自動化的晴雨表，用來測量安全、可靠和愉快，或者威脅、危險和不悅（van der Kolk, 1994）。不論在身體、情緒、社會和認知方面，與遊戲治療師和照顧者之間關愛的、滋養的、舒適的觸覺和同理心遊戲，是所有兒童得以正常地發展出同理心的重要養分（Brown, 2009）。在遊戲治療期間，隨著兒童參與雙人遊戲，兒童與遊戲治療師彼此的眼神接觸、臉部表情的觀察和身體動作的解讀，會創造出一種情緒調和的狀態（鏡像神經元神經的耦合）。

感覺動作遊戲能夠顯著改善對於感覺的精準度，和基於內在和外在感覺刺激而來的意義。受虐兒童的感覺組織系統通常發展得不是很好，並且容易發生感覺錯覺，造成社會、情緒、同理心和認知方面的困難。不適當的身體覺察，或者自我、身體和環境之間的不適當整合，是受虐兒童身上常見的問題，通常被視為感覺動作方面的問題（van der Kolk, 1994）。這些能力的發展對同理心反應的成熟至關重要，而身體遊戲有助於這些能力的發展。對有深度困擾的兒童來說，感覺動作遊戲已經顯示出包括同理心能力增加在內的多重正向結果（Barfield, Dobson, Gaskill, & Perry, 2011; Hansen, 2011; van der Kolk, 2006）。

假扮遊戲

進化中的認知能力使兒童能夠透過假扮遊戲的象徵，發展出各種能力並掌控衝突（Brown, 2009; Elkind, 2007）。隨著因認知中介而改善的語言技巧，兒童逐漸能夠辨識、標記，以及用語言而非行為來表達情緒。此

序列的發展歷程始於童年早期，於十一歲到十六歲間，逐漸累積評估情境變項和了解自己與他人觀點的能力（Commons & Wolfsont, 2002）。戲劇性的角色扮演協助兒童了解自己，以及他們的好惡、興趣、對生活事件的內在反應，並且有機會學習在因應生活狀況的時候，能夠如何對自己的內在和外在進行管理（Elkind, 2007）。

角色扮演

觀點取替是高度進展的認知技巧，讓個體能夠克服自我中心和了解他人的觀點（Lawrence et al., 2006）。在執行觀點取替的時候，前額葉皮質也會行使鬆動抑制的功能，讓個體得以根據社會期望修改他們的行為而助長社會和諧。Lawrence 等人（2006）也提到，採納他人的觀點時，行為發起者和觀察者之間會在情緒分享的過程中產生些許重疊，而增加了對所觀察之人的同理心關懷。儘管這是一個相當有力的調節能力，卻大大超出七歲以下兒童的能力範疇。由於情緒感染的影響，幼童傾向把他人的情緒當作自己的（Selman, 1971）。根據 Selman 的研究，觀點取替對介於七歲到十二歲之間的兒童依然困難，因為他們控制激發和掌握他人觀點的能力仍未成熟。

儘管如此，兒童仍需要參與戲劇性的角色扮演來發展和強化成長中的神經潛能。如果沒有機會學習和練習同理心反應，神經成長及發展本身並不能保證同理心行為的出現。在戲劇遊戲裡，潛伏期年齡的兒童開始探索、發現和演練他們所扮演角色之想法、情緒、反應，以及他們所創造的情況。扮演某種角色的演出者也能體驗到由其他兒童所扮演的對比角色的經驗；當在遊戲治療室裡演出戲劇角色時，兒童會在一個受到保護的空間裡，暴露在存在於真實世界、且有相當廣度和寬度的社會與關係現實之中。

藉由把現實世界縮小到一個可控制的範圍大小、有限度的風險，以及有一個支持性的遊戲治療師，兒童就能逐漸了解為何社會生活會出現不

同的意見、觀點、想法、感受和行動方針。隨著每一次的重演，兒童會變得更能覺察社會、更有見識，以及更熟悉每個角色在社會脈絡下會如何思考、感覺、反應。伴隨進一步的神經成長，新的技巧和社會能力變得更有可能（分享、輪流、表現敬意），所有的需求都透過戲劇性的角色扮演磨練過。

兒童的社會技能會因為孩子語言技巧的擴展而大大地提升；能夠更有效能地說出想法、感覺和需求，而不必只用手勢。基於這些新的技巧，一種鑑賞他人感覺的能力（同理心）於焉誕生。就同理心而言，支持我們理解動機和社會影響的神經結構是最後才成熟的；在那之前，兒童仍然是以他們自己在相同情況下的動機去理解這些動力。

最後，在此要警告說明一個與認知未成熟兒童進行觀點取替的可能負面衝擊（Lawrence et al., 2006）。由於認知的未成熟，觀點取替可想而知會將兒童暴露在自我導向、非同理導向的擔憂、困擾或焦慮的情感狀態中。Pynoos（1996）警告，兒童會深深地被周遭成人的焦慮所影響；他也將電子媒體的暴力內容視為會令人不安的，因為兒童缺少有效調節情感傳染的情緒成熟度。其他會過度負荷的困擾刺激可能還包括暴力視頻、電影、新聞媒體、家庭暴力、犯罪活動、恐怖主義事件，或其他會創造強烈情緒激發，使未成熟調節能力過度負荷的駭人事件。

對賽遊戲

O'Connor（2000）討論了遊戲作為社會文化中介的功能，藉此兒童學習文化規範和規則。兒童的對賽遊戲通常非常符合文化和社會的特定常模，會引發文化習俗、價值和認可的行為。觀察兒童的自發或戲劇遊戲，所展現的幾乎都與社會和文化有關。O'Connor補充，在此類遊戲中兒童會練習性別角色和重要行為，學習與這些角色有關的想法、行為和信念。兒童正在排演他們的社會所規範的行為，演出所有與他們的社會世界有關的欲望、期待，或害怕的情況、角色、處境。這給予他們勝任感、同理心

理解，以及為成年生活做準備時的掌控感。

說故事

故事會幫助催化兒童對他人想法、感受和動機的理解。因此，藉由聽故事，兒童能夠發展對他人的同理心和憐憫：

> 根據 Manney（2008），聽者／讀者的想像行動將頁面上的文字翻譯成想法和感受，使他們能透過角色的眼睛看見世界並感受他們的感覺。也因為如此的確認，才能讓人類分享共同的連結、目標和心願。如果你經常站在不同角色的立場思考，並且體驗對他們的同理心，這種一再發生的行為必然會創造出一個更有同理心的人格（Manney, 2008）。就像是肌肉，同理心經由規律運動變得更強壯。（Schaefer, 2012, p. 31）

臨床應用

呈現同理心缺失的兒童（包括表現出憤怒症狀、行為規範障礙症的兒童）可以從這個遊戲療癒力量中獲益，舉例來說，霸凌、精神病態和自閉症類群障礙症（autism spectrum disorder, ASD）。

策略與技巧

所有同理心遊戲的治療策略必須源自於前面概述的神經生物歷程，包括他人主觀狀態的情緒分享，以及涵蓋情緒起源的覺察、情緒經驗的調控、區分自己和他人的想法，對那些想法採取行動的能力，從他人觀點看待經驗等演化屬性較高階的皮質歷程（Decety & Meyer, 2008）。遊戲治療師運用特定的遊戲策略，提供與發展適配的同理心反應能力，

是決定兒童是否有能力去調節行為、情緒、社會關係、學習、職業成就的因素（Carr et al., 2003; Decety & Lamm, 2006; Gaskill & Perry, 2012; Lawrence et al., 2006; Ludy-Dobson & Perry, 2010）。

臨床應用

　　神經生物學上，同理心是源自兩種個別神經生物系統的建構（Shamay-Tsoory et al., 2008）。首先發展的是情感同理心系統，透過先前正向或負向的連結，與鏡像神經元系統和自律神經系統的反應強烈地相連。第二個是認知同理心系統，是由皮質的執行功能促成。慶幸的是，研究上強烈支持在治療環境中培養同理心行為的能力是可行的（Shirtcliff et al., 2009）。儘管 Shirtcliff 等人（2009）發現青少年會從治療中受益，但幼兒似乎因為發展中大腦的延展性而受益最多。

　　對七歲以下的兒童和受虐兒童，發展健康的情感同理心（大腦底層）連結將會是首要任務。這種遊戲類型經常在遊戲室內以發展上退化的遊戲形式被觀察到。有些兒童可能會退化到嬰兒般的行為，牙牙兒語、吸嬰兒奶瓶，想要被搖晃或抱、放到床上聽搖籃曲等等。在遊戲中，兒童常會小心翼翼地看著治療師，以及非常欣喜地回應遊戲治療師所出現的滋養、深情、熟練的照顧。兒童與治療師在神經生物方面會透過眼神接觸、面對面凝視、柔和的聲音語調，以及溫柔觸摸而變得更調和。

　　從神經學的觀點來看，兒童的鏡像神經元和治療師的神經狀態相互搭配，可以將早期發展所失去的感覺經驗（記憶）再創造出來。可以這麼說，兒童透過與遊戲治療師的遊戲，實實在在地將被愛和被照顧的經驗編碼到神經之中。兒童的大腦底層將兒童與治療師之間溫暖、關愛、照顧的連結編碼，那是種平靜、安全、身體平和的感覺。這些連結在兒童往後的生命中，將變成自我調節、對他人的關懷關係，以及父母滋養行為的連結模板；大腦底層的情感同理心學習，就是透過無數像這樣的重複所完成

的。Viola Brody（1993）截取了這個歷程的精華，告訴治療師不是要做得像孩子的母親，而是「成為」孩子的母親。

　　為了要呈現遊戲治療的同理心反應，此處用一個強調典型創傷症狀的虛構案例來呈現隨年齡變化之同理心反應。這個說明案例是一位由寄養機構轉介來的六歲女孩，報告中提到兒童會與玩偶表現出性的行為，並且會抓寄養媽媽的胸部。她只顯露一點點對陌生人的恐懼，但卻經常表現出驚嚇反應。她對他人常常是黏人的、拒絕的、佔有的、攻擊的。她要求被抱並且經常想要奶瓶。她用胎位的姿勢在床上和桌子下睡覺。她狼吞虎嚥、成群結黨、排除異己並且是個挑食的人。小兒科醫師報告她的嘔吐和胃病是行為的，而非醫學上的問題。她會拔頭髮、發抖，而且白天大小便失禁。這個女孩動作活躍、睡眠不佳、晚上還會醒來在屋子裡遊蕩。她的語言發展狀態是最小值，只能說幾句話。

　　顯然，合乎年齡的狀態調整尚未被建立。她長期過度激發並且過度活躍，這表示在此時她對認知導向的遊戲治療師不太可能有良好反應。相反地，剛開始的治療焦點最好是情感同理心反應，以舒緩過度活躍的自律系統。這表示應該為這個兒童創造一種以安全、調節，以及人際正向與酬賞為中心的環境（Perry, 2006）。

　　起初的遊戲治療必須聚焦在情感調節反應，將面對面的接觸極大化，同時在遊戲的時候遊戲治療師要提供正向的尊重。遊戲治療師的臉部表情和聲音語調，必須配合兒童的情感表現。情感鏡仿（affective mirroring）會鼓勵調和狀態、對治療師的正向情緒，以及開始向下調整過度被刺激的大腦底層區域的機會，同時還能創造出正向、利社會的內隱記憶，作為可以在未來使用的感官連結反應。感覺動作遊戲、身體遊戲，以及與照顧者和治療師的滋養互動如果不是每天進行，也必須要鼓勵一週進行幾次。

兒　童：抱我，搖我，就像我是你的寶寶一樣跟我玩。

治療師：你是我最珍貴的小女孩。我會把你包在這條溫暖的毯子裡，給

你需要的所有食物，並且保護你的安全直到你完全長大。（遊戲
治療師假裝餵她，用枕頭做了一個小床鋪，並且用一條毯子蓋住
她。）你在睡覺時我會坐在你的床邊保護你的安全。（遊戲治療
師接著慢慢輕搖床鋪並且唱受歡迎的搖籃曲。）

　　兒童可能也會喜歡參與有水、沙子、泥土、顏料、刮鬍泡、布丁或其
他感覺媒材的感覺動作遊戲。這很類似幼齡兒童的遊戲，在本質上是退化
的。這類遊戲的感覺本質可能混合了嬰兒或學步兒的活動，即使兒童已相
當大了。

兒　童：我需要洗澡。

治療師：嗯，我看得出來你今天玩得很認真所以髒了。我需要把你弄乾
　　　　　淨，然後你會很乾淨並且準備好上床。這可以幫助你安睡一整晚
　　　　　並且有個好夢。（治療師用滋養的碰觸假裝洗她的頭髮，同時用
　　　　　溫暖安撫的語調說話，假裝把她包在毛巾裡舒服地塞進被窩。）

　　由於較底層的大腦是藉由重複來學習，因此重要的是，要盡可能
經常進行感覺遊戲、身體遊戲，以及舒緩、鎮靜滋養，每天進行當然最
好不過。在治療期間家長有家庭作業或採用親子遊戲元素（Bratton &
Landreth, 1995; Landreth & Bratton, 2006），將會有助於治療結果的最大
化。然而，家長的家庭作業必須遵循標準神經發展指南，從最底層混亂的
大腦區域開始（Gaskill & Perry, in press）。兒童時常會用這類型的遊戲
創造儀式，並且在許多次的遊戲會談中重複它，通常也會堅持每次都用相
同方法完成遊戲活動。很重要且必須謹記在心的是，在神經學層次，語言
和理性想法對兒童的重要性，低於在可預測的人際環境中所玩出的舒緩感
覺和動態安定經驗。安定的體感感覺（somatosensory sensation）、柔和
接觸、眼對眼注視，以及溫暖的語調，而不是具體的言語，能夠幫助兒童
調節，這類似於幫助一個嬰兒安定下來。這將成為內在和外在經驗的精確

晴雨表，建立自我平衡設定點，而其他感覺刺激將可與之比較。

　　對於七歲以上到潛伏期的兒童，認知面向在遊戲中會變得更清晰。除了可能遭受很嚴重虐待的兒童之外，情感同理心和狀態調節應該已經在此時間點建立好。在遊戲治療中所處理的外顯的、認知的問題（罪惡、羞恥、自我價值、控制、憤怒、恐懼、失落、遺棄等等）與內隱的、情感的議題同樣重要；不過，外顯議題需要用認知解決。舉例來說，在戲劇遊戲過程中兒童可能會探索，「為什麼」像這樣的事件會在他（她）的生活中發生，以及這些事情代表什麼「意義」等棘手的問題。顯然，這些是認知所中介的重要議題。

兒　　童：小狗娃娃在哭。她不知道她的媽媽去哪裡了！

治療師：對小狗來說不知道媽媽是不是要回來很可怕。聽起來小狗娃娃不明白為什麼媽媽會離開她。

兒　　童：是啊，狗媽媽離開是因為她喜歡跟其他的男生狗在一起。

治療師：小狗娃娃擔心狗媽媽喜歡跟其他男生狗在一起，多過於她的小狗娃娃。

兒　　童：是啊，她擔心媽媽娃娃在生氣，因為她尿床。

　　兒童探索她的恐懼，並試著去了解媽媽為何要遺棄她的想法和動機。關於自己的處境，她試著用知性來解決。

　　手工藝、藝術填目或剪貼簿也可以被用來幫助兒童了解自己的痛苦故事，讓它在某種程度上有其意義。兒童可能將紙張、卡片、信件、成績單、照片、日期、人物、事件，編織成生命中有邏輯的片段，協助創造出一個有邏輯和真實的方式去組織所發生的事情，從而找到一個有效的因應方法。這可能會幫助兒童了解如何與為何她會從一個寄養家庭換到另一個、她的生命中有哪些人、有誰照顧過她、她曾經住在哪裡、她做過什麼、喜歡什麼，以及她在處理痛苦經驗上曾經做過些什麼。

摘要

　　在這裡做個結論，同理心是一個異質性的構念（Decety & Lamm, 2006）。首先，它依賴由下而上的訊息處理，透過第一手情緒經驗為中介來創造對他人經驗的感知，以及在原始生存反應之下創造出狀態記憶。在大腦底層的內隱式非語言連結，比語言、邏輯或推理有更大的反應價位（reactive valance）。這種低階歷程會變成後來進階認知歷程的情感和感知基礎。其次，同理心需要由上而下的訊息處理，才能讓我們調控和調節情緒反應，以了解他人的觀點，並且做出社會化的適當決定。透過應用神經科學的概念，遊戲治療師有獨一無二的機會，不僅能創造出非常有助於兒童同理心品質發展的高效能治療策略，還有助於提升兒童、他們的家庭和社會的福祉。我們不要忘記，當兒童缺少同理心，可能要付出的代價不只對兒童和家庭是災難性的，甚至對更大範圍的社會來說更是如此（Malchiodi, 2010）。

❖ 參考書目

Axline, V. (1947). *Play therapy*. London, England: Ballantine Books.

Barfield, S., Dobson, C., Gaskill, R., & Perry, B. D. (2011). Neurosequential model of therapeutics in a therapeutic preschool: Implications for work with children with complex neuropsychiatric problems. *International Journal of Play Therapy*. Advance online publication. doi: 10.1037/a0025955.

Batson, C. D. (2009). These things called empathy: Eight related but distinct phenomena. In J. Decety & W. Ickes (Eds.), *The social neuroscience of empathy* (pp. 3–15) Cambridge, MA: MIT Press.

Bohart, A. (1977). Role playing and interpersonal-conflict resolution. *Journal of Counseling Psychology*, 24(1), 15–24.

Bratton, S., & Landreth, G. (1995). Filial therapy with single parents: Effects of parental acceptance, empathy, and stress, *International Journal of Play Therapy*, 4(1), 61–80. doi: 10.1037/h0089142.

Brody, V. (1997). *The dialogue of touch: Developmental play therapy*. Northvale, NJ: Aronson.

Brown, S. (2009). *Play: How it shapes the brain, opens the imagination, and invigorates the soul*. New York, NY: Avery.

Carr, L., Iacoboni, M., Dubeau, M. C., Mazziotta, J. C., & Lenzi, G. L. (2003). Neural mechanisms of empathy in humans: A relay from neural systems for imitation to limbic areas. *Proceedings of the National Academy of Sciences, USA, 100*, 5497–5502. doi: 10.1073pnas.0935845100.

Commons, M. L., & Wolfsont, C. A. (2002). A complete theory of empathy must consider stage changes. *Behavioral and Brain Sciences, 25*, 30–L 31. doi: 10.1017/s0140525x02320016.

Connolly, J., & Doyle, A. (1984). Relation of social fantasy play to social competence in preschoolers. *Developmental Psychology, 20*(5), 797–806.

Decety, J. (2011). Dissecting the neural mechanisms mediating empathy. *Emotion Review, 3*(1), 92–108. doi: 10.1177/1754073910374662.

Decety, J., & Jackson, P. L. (2010). The functional architecture of human empathy. *Behavioral and Cognitive Neuroscience Reviews, 3*(2), 71–100. doi: 10.1177/1534582304267187.

Decety, J., & Lamm, C. (2006). Human empathy through the lens of social neuroscience. *Scientific World Journal, 6*, 1146–1163. doi: 10.110tsw.2006.221.

Decety, J., & Meyer, M. (2008). From emotion resonance to empathic understanding: A social developmental neuroscience account. *Development and Psychopathology, 20*, 1053–1080. doi: 10.1017/S0954579408000503.

Egan, G. (2002). *The skilled helper: A problem-management and opportunity-development approach to helping*. Pacific Grove, CA: Brooks/Cole.

Elkind, D. (2007). *The power of play: learning what comes naturally*. Philadelphia, PA: Da Capo Press.

Elliott, R., Bohart, A. C., Watson, J. C., & Greenberg, L. S. (2011). Empathy. *Psychotherapy, 48*, 43–49. doi: 10.103/a0022187.

Gallese, V. (2009). Mirror neurons, embodied simulation, and neural basis of social identification. *Psychoanalytic Dialogues, 19*(5), 519–536. doi: 10.1080/10481880903231910.

Garza, Y., & Bruhn, R. A. (2011). Empathy in play therapy: A case analysis through two theoretical perspectives. In D. J. Scapaletti (Ed.), *Psychology of empathy* (pp. 167–184) Hauppauge, NY: Nova.

Gaskill, R. L., & Perry, B. D. (2012). Child sexual abuse, traumatic experiences, and their impact on the developing brain. In P. Goodyear-Brown (Ed.), *Child sexual abuse: Identification, assessment, and treatment* (pp. 29–47) Hoboken, NJ: Wiley.

Gaskill, R. L., & Perry, B. D. (in press). The neurobiological power of play: Using the Neuro-sequential Model of Therapeutics to guide play in healing process. In C. Malchiodi & D. A. Creshaw (Eds.), *Play and creative arts therapy for attachment trauma*. New York, NY: Guilford Press.

Gottman, J., & Parker, J. (1986). *Conversations of friends: Speculations on affective development*. Cambridge, England: Cambridge University Press.

Green, E. J., Crenshaw, D. A., & Kolos, A. C. (2010). Counseling children with preverbal trauma. *International Journal of Play Therapy, 19*, 95–105.

Hansen, L. (2011). Evaluating a sensorimotor intervention in children who have experienced complex trauma: A pilot study. *Honor Project*. http://digitalcommons.iwu.edu/psych_honproj/151

Howes, C. (1988). Peer interaction of young children. *Monographs of Society for Research in Child Development, 217, 53*(1).

Iannotti, R. (1978). Effect of role taking experiences on empathy, altruism, & aggression. *Developmental Psychology, 14*, 119–114.

Ivey, A. E. & Ivey, M. B. (2007). *Intentional interviewing and counseling: Facilitating child development in a multicultural society* (6th ed.). Pacific Grove, CA: Brooks/Cole.

Landreth, G. L. (2002). *Play therapy: Art of the relationships.* New York, NY: Brunner-Routledge.

Landreth, G., & Bratton, S. (2006). *Child parent relationship therapy (CPRT): A 10 session filial therapy model.* New York, NY: Routledge.

Leslie, K. R., Johnson-Frey, S. H., & Grafton, S. T. (2004). Functional imaging of face and hand imitation: Towards a motor theory of empathy. *NeuroImage, 24,* 601–607. doi: 0.1016/j.neuroimage.2003.09.038

Lawrence, E. J., Shaw, P., Giampietro, V. P., Surguladze, S., Brammer, M. J., & David, A. S. (2006). *NeuroImage, 29,* 1173–1184. doi: 10.1016/j.neuroimage.2005.09.001.

Ludy-Dobson, C. R., & Perry, B. D. (2010). The role of healthy interactions in buffering the impact of childhood trauma. In E. Gil (Ed.), *Working to heal interpersonal trauma, the power of play* (pp. 26–43) New York, NY: Guilford Press.

Malchiodi, C. (2010). *What a rubber duck and empathy have in common.* Retrieved from http: tlcinstitute.wordpress.com/2010/08/02/what-a-duck-and-empathy-have-com

Manney, P. (2008, September). Empathy in the time of technology: How storytelling is the key to empathy. *Journal of Evolution 7 Technology, 19*(1).

Nelson, E. (2012). The neurobiological basis of empathy and its development in the environment of evolutionary adaptedness. In D. Narvaez, J. Panksepp, A. Shore, & T. Gleason (Eds.), *Evolution, early experience and human development: From research to practice and policy.* New York, NY: Oxford University Press.

O'Connor, K. J. (2000). *The play therapy primer.* New York, NY: Wiley.

Perry, B. D. (2000). The neurobiology of childhood maltreatment: The neurodevelopmental cost of adverse childhood events. In K. Franey, R. Geffner, & R. Falconer (Eds.), *The cost of maltreatment: Who pays? We all do.* San Diego, CA: Family Violence and Sexual Assault Institute.

Perry, B. D. (2001). The neurodevelopmental impact of violence in childhood. In D. Schetky & E. Benedek (Eds.), *Textbook of child and adolescent forensic psychiatry.* Washington, DC: American Psychiatric Press.

Perry, B. D. (2006). Applying principles of neurodevelopment to clinical work with maltreated and traumatized children. In N. B. Webb (Ed.), *Working with traumatized youth in child welfare.* New York, NY: Guilford Press.

Perry, B. D. (2008). Child maltreatment: The role of abuse and neglect in developmental pathology. In T. P. Beauchaine & S. P. Henshaw (Eds.), *Textbook of child and adolescent psychopathology* (pp. 93–128) Hoboken, NJ: Wiley.

Perry, B. D., & Pollard, R. (1998). Homeostasis, stress, trauma, and adaptation: A neuro-developmental view of childhood trauma. *Child and Adolescent Psychiatric Clinics of North America, 7*(1), 33–51.

Pfeifer, J. H., Iacoboni, M., Mazziotta, J. C., & Dapretto, M. (2008). Mirroring others' emotions relates to empathy and interpersonal competence in children. *NeuroImage, 39,* 2076–2085. doi: 10.1016/j.neuroimage.2007.10.032.

Piaget, J. (1951). *The psychology of intelligence.* London, England: Routledge and Kegan.

Pynoos, R. S. (1996). Exposure to catastrophic violence and disaster in childhood. In C. R. Pfeffer (Ed.), *Working with traumatized youth in child welfare.* New York, NY: Guilford Press.

Rizzolatti, R. (2005). The mirror neuron system and it function in humans. *Anatomy and Embryology, 210,* 419–421. doi: 10.1007/s0049-005-0039-z.

Rogers, C. (1980). *A way of being*. Boston, MA: Houghton Mifflin.

Rogers, C. R. (1957). The necessary and sufficient conditions of therapeutic personality change. *Journal of Consulting Psychology, 21*, 95–103.

Schaefer, C. E. (2012). *The therapeutic powers of play*. Unpublished manuscript.

Selman, R. (1971). Taking another's perspective: Role taking development in early childhood. *Child Development, 42*(6), 1721–1734. doi: 10.2307//127580.

Shamay-Tsoory, S. G., Aharon-Peretz, J. A., & Perry, D. (2009). Two systems of empathy: A double dissociation between emotional and cognitive empathy in inferior frontal gyrus versus ventromedial prefrontal lesions. *Brain, 132*, 617–627. doi: 10.1093/braib/awn279.

Shirk, S. R., & Karver, M. (2010). Alliance in child and adolescent psychotherapy. In J. Norcross (Ed.), *Evidence-based relationships*. Available at http://www.nrepp.samhsa.gov/Norcross.aspx

Shirtcliff, E. A., Vitacco, M. J., Graf, A. R., Gostisha, A. J., Merz, J. L., & Zahn-Waxier, C. (2009). *Behavioral Science Law, 27*(2), 137–171.

Spehar, C. L. (2012). *Being mindful of "kindfull" play: Empathy-building play therapy*. Retrieved from http://www.goodtherapy.org/blog/being-mindful-empathy-building-play-therapy-0112114/

Strayer, J., & Roberts, W. (1989). Children's empathy and role taking: Child & parental factors, and relations to prosocial behaviors. *Journal of Applied Developmental Psychology, 10*, 227–239.

Szalavitz, M., & Perry, B. D. (2010). *Born for love: Why empathy is essential and endangered*. New York, NY: Harper-Collins.

van der Kolk, B. (1994). The body keeps the score: Memory and the evolving psychobiology of post-traumatic stress. *Trauma Information Pages: Articles*. Retrieved from www.trauma-pages.com/a/vanderk4.php

van der Kolk, B. A. (2006). Clinical implications of neuroscience research in PTSD. *Annals of the New York Academy of Science, 1071*(IV), 277–293.

第四部
增加個人
強度優勢

遊戲被發現能培養大量的個人優勢,幫助案主克服內在的劣勢和外在的壓力源。尤其遊戲能促進案主的發展,自我控制、自尊、創造力和心理韌性。

- 創造性問題解決
- 韌性
- 道德發展
- 加速心理發展
- 自我調節
- 自尊

Chapter 16

創造性問題解決

★ Sandra W. Russ、Claire E. Wallace

 導論

　　兒童使用遊戲來解決問題，在遊戲過程中問題解決是兒童正常發展的一部分。尤其是假扮遊戲會涉及和催化諸如發散性思考（產生各種理念和解決方案的能力）、洞察能力等各種創造性的問題解決能力（Fisher, 1992; Russ, Fiorelli, & Spannagel, 2011）。兒童在遊戲、角色扮演不同的劇情，以及排演問題的替代解決時，會想像出不同的可能性。兒童也在遊戲中表達和處理情緒，並且學習調節情緒、征服恐懼、化解衝突。常在生活中以新的方式解決問題，是日常創造力的一種類型（Richards, 1990）。參與假扮遊戲且能夠在遊戲裡表達情緒的兒童，比較能夠有彈性地思考、產出問題的替代解決方案，以及想出新穎的解決辦法；這個能力可以類化到日常生活的問題解決和壓力因應。

　　在治療中，治療師可以運用遊戲的場合將兒童所呈現的問題和症狀視為目標。除了語言之外，各種形式的遊戲都是治療師可用來幫助兒童的工具。兒童治療師可使用在遊戲治療中自然而然展現的歷程，如同 Chethik（1989）曾說過的，遊戲是幼兒自然的語言。兒童治療師需要讓遊戲開始運作，就某種意義來說，使兒童能夠解決他們的問題。

創造性問題解決的描述

假扮遊戲的獨特之處，是認知和情感歷程同時都以積極的方式參與其中。也就是說，兒童會產生塗鴉、念頭、故事、情緒，以及有情緒意味的圖像等元素，並將這些元素整合起來。同時涉及假扮遊戲和創造力的其中一個認知歷程是發散性思考。發散性思考是產出各種想法和連結的能力（Guilford, 1968），兒童在假扮遊戲中練習發散性思考（D. Singer & Singer, 1990）。不同結局和阻礙的故事會變成不同的狀況，兒童角色扮演不同的觀點和替代解決來面對問題。透過這種關於現實生活問題思考的練習，兒童養成用這種方式處理問題的習慣。如果可以想到或考慮許多解決辦法，個體就更能夠想出好的問題解決方式。同時，假扮遊戲必然會伴隨著假裝，也提供兒童與自身狀況的距離感。用玩具人偶表演出的手足競爭或家族娃娃屋，可以變成兒童自己的家庭。透過假想，以及治療師的標籤（labeling）和介入，兒童可以逐漸明瞭前因後果，並且能夠圍繞著困難的生活事件發展出故事。男孩生氣是因為爸爸離開，或者女孩害怕是因為媽媽很悲傷。

兒童掌控著步調，在遊戲的安全競技場裡表達情緒。可以表達和觸及困難的感受和記憶；也可以用象徵的形式玩出情感主題，因而可以處理和調節情緒。在正常的發展歷程中，兒童使用遊戲來處理情緒；在治療中，治療師的指引和介入也使兒童能夠用遊戲來達到此目的。如果情緒、情緒主題和記憶能被觸及，那麼兒童就可以操控此內容，並且將其整合到幻想和現實的生活中。

創造性問題解決在達成改變上的角色

Russ（2004）回顧了實證文獻，結論出遊戲可以促進或者與下列現

象有關：

- 發散性思考的能力。
- 問題解決的彈性。
- 需要以洞察來解決問題的能力。
- 想出替代因應策略以處理日常問題的能力。
- 體驗正向情緒。
- 思考情感主題（正向或負向）的能力。
- 各方面的一般性適應。

在治療中使用遊戲時，治療師可將使用遊戲的好處牢記在心。一開始與兒童工作時，就要決定在介入時的指導性要有多少。練習發散性思考可以是相當指導性的，鼓勵兒童想出與去醫院有關的不同故事，或者角色扮演處理嘲笑的替代方法，都是改變發生的主要方式，兒童也學到了問題解決。發散性思考能力與因應能力有相關的證據愈來愈多。因應能力是關於因應各種日常生活意念的產出能力，遊戲也已經被發現與因應能力有關。因應（coping）指的是管理壓力所做的努力（Lazarus & Folkman, 1984）。遊戲與發散性思考的連結，可以部分地解釋遊戲和因應的關聯。好的發散性思考者應該要能夠對真實生活的問題想出替代性解決辦法，這個概念有一些實證的支持。Russ（1988）發現發散性思考和教師評定五年級男孩因應之間的關係。同樣地，Carson、Bittner、Cameron、Brown 與 Meyer（1994）發現圖像式發散思考和教師因應評定之間的顯著關係。Russ、Robins 與 Christiano（1999）發現發散性思考和呈現在自陳報告量表中的因應反應品質有關。所以，證據支持面對問題時產出不同解決方法的能力，是日常因應的一種因素。

參與遊戲也幫助兒童處理情緒，因為遊戲是一種表達情緒的自然方式，它是兒童學習處理情緒的主要方法之一。Fein（1987）提出一個概念，認為操弄代表經驗和關係的情感符號，它在了解遊戲中的情感表達上

占有重要的一席之地。情感主題常是關係、記憶、恐懼和衝突的象徵。在遊戲中，兒童表現出帶有情緒的記憶，並且以數不清的方式改變劇本。

兒童也使用遊戲來提升他們的情緒。Kenealy（1989）提到，有50%的四歲到十一歲兒童，當他們感到沮喪時會使用遊戲的策略來讓自己感覺好一些。通常，伴隨著遊戲而來的正向情感，會讓兒童沉浸在真正的樂趣之中。

兒童運用遊戲管理負向情緒，對兒童心理治療特別重要。遊戲如何幫助兒童處理恐懼、憤怒和悲傷呢？D. Singer 與 J. Singer（1990）建議，當允許正向情感表達和適當控制負向情感時，遊戲是具增強性的。Golomb 與 Galasso（1995）的研究支持這個想法，在一份學齡前兒童的研究裡他們發現，當一個想像情況的「情感價位」是負向的時候，兒童會修改主題以減少他們的恐懼感，例如想像出一個友善的怪獸。在正向情感的情況下，他們的結論是，兒童在遊戲中會監測和調節情感以免超過某個特定閾值，但同時也仍然有足夠的情緒享受遊戲。兒童是透過遊戲來管理情感。

J. Singer（1995）提到 Tomkins（1970）「小型化」（miniaturization）的概念。遊戲是兒童「削減周圍大型事物至可控制的比例」的方法（p. 191）。藉由創造出一個假裝的、安全的且又可控制的情境，負向情緒因而可以被表達。Singer 提到，兒童接下來可以透過遊戲增加正向情感與減少負向情感；此概念化與遊戲是兒童學習調節自身情緒的概念相契合。Waelder（1933）將遊戲歷程描述為：一種兒童一遍又一遍重複不愉快經驗直到它變得可控制的過程。正如他所說，兒童「消化了事件」。Erikson（1963）認為，兒童透過遊戲征服了創傷的事件和衝突。

藉由將對兒童重要的主題表達出來，就能夠發展出一個新的故事。在討論表達性寫作為何能夠改善成人心理健康的可能原因時，Pennebaker（2002）認為，所建構之故事的連貫性製造了情緒事件的轉換，也發展出對事件的新意義。在遊戲情境中也能發展出新意義，兒童一直都在表達

情緒和發展故事。在遊戲治療中，治療師協助將故事與兒童自身的生活聯繫在一起，並且將遊戲事件放到一個有意義的脈絡中。

臨床應用

　　有許多類型的治療在過程中會教導創造性的問題解決，即使是面對幼童，它也被認為是治療歷程中一個至關重要的面向。在幼童身上，常是經由某些遊戲形式來教導問題解決。經驗創傷的兒童可在治療中使用遊戲，創傷焦點的認知行為治療（trauma-focused cognitive-behavioral therapy, TF-CBT）在 PRACTICE 模式的最後一個步驟，使用對賽遊戲和角色扮演來刺激問題解決，以「提升安全和未來的發展」（Cohen, Mannarino, & Deblinger, 2006）。在創傷復原的情況下，角色扮演允許兒童去挑戰各種情況並練習產生回應；目標是提升兒童在回應會引發焦慮或威脅情況時的自信能力，幫助他們復原創傷。面對幼童，「帽子把戲」（Trick Hat） 這種對賽遊戲，會在角色扮演的歷程裡創造出一個遊戲般的環境（Briggs, Runyon, & Deblinger, 2011）。治療師在帽子裡放進內含各種劇情的紙片，而兒童必須角色扮演所抽到的劇情。幼兒藉由這樣的方式，很容易在遊戲般的形式下接收到問題解決的技巧。

　　TF-CBT 在發展創傷故事時也會使用遊戲（Briggs et al., 2011）。遊戲提供一些距離，距離允許兒童再次創造出創傷經驗的樣貌。當兒童不願意談論會產生焦慮感的經驗時，就可以使用手偶或娃娃屋。

　　從心理動力的觀點發展出連貫性的故事，是 Gaensbauer 與 Siegel（1995）針對非常年幼的兒童所使用之結構性遊戲技巧的核心。他們對有創傷經驗的學步兒進行結構性遊戲技巧，和這些幼兒在一起時，治療師主動安排可以再次創造出創傷經驗的結構性遊戲。Gaensbauer 與 Siegel（1995）臚列出再現式結構性遊戲的三個目標：第一，遊戲使兒童能夠將片段的經驗組織成有意義的故事。第二，治療師所做的解釋工作幫助兒

童了解創傷的個人意義。第三,會將與創傷相關之焦慮、恐懼和其他負向的情緒逐漸遞減。

Gaensbauer 與 Siegel(1995)描述了如何與這些兒童工作,他們對特定兒童使用與創傷有關的玩具。舉例來說,如果兒童曾經歷車禍,他們可能使用汽車和醫院病房,然後邀請兒童玩出「接下來發生了什麼」。治療師非常主動地和兒童一起演出事件;家長通常也會參與重演並且與治療師一樣是舒緩和安撫的。他們總結,這些兒童會「重複地回來玩車輛,這提供他們表達未解決感受的機會」(p. 303)。他們強調使兒童能夠適應地運用遊戲,而非只是一直重複的關鍵要素是,「情感在某種程度上能夠被帶到表層,如此兒童才能用更適應的方式指認並整合它們」(p. 297)。

在兒童焦慮的情境下,問題解決技巧的訓練就格外重要,因為正體驗到焦慮的兒童常常無法讓自己充分地遠離自身的情緒,而無法產出問題情況的解決辦法(Pincus, Chase, Chow, Weiner, & Pian, 2011)。練習問題解決讓兒童能夠嘗試用多種策略來解決一個問題,將問題分成小塊,並且學習對自己管理引發焦慮情況的能力更有信心。

遊戲是一個在治療中教導焦慮兒童問題解決的常見媒介。舉例來說,有些遊戲治療師使用「快速決定拋接」(Quick Decision Catch)遊戲(Pincus et al., 2011)。在這個遊戲中,治療師找出一個問題,然後丟球給兒童,要求兒童給出一個解決辦法。兒童把球丟回給治療師,治療師快速地想出另一個解決辦法。一旦所有可能的解決辦法都用盡了,治療師鼓勵兒童選擇一個他們可能會使用的。這個遊戲運用有球者的主動性來維持兒童的參與和正向感受,同時避免了焦慮兒童做決定時所伴隨的冗長反芻。

在兒童焦慮的情境下,使用手偶來教導問題解決也很常見。治療師鼓勵兒童將疾患具體化成為一個手偶,例如「強迫症先生」(Mr. OCD)的人物(Pincus et al., 2011),讓兒童用手偶來進行遊戲,實驗使用各種不

同的問題解決技巧來「打敗」他們的疾患。

為三歲到八歲兒童所發展的認知行為遊戲治療（cognitive behavioral play therapy, CBPT）（Knell, 1993; Knell & Dasari, 2006），會將認知行為治療中的重要元素，以遊戲的方式讓兒童接收到。雖然 CBPT 仍在研究的初始階段，但此模式是奠基在已經有廣泛證據支持其效能的 CBT 具體原則上，例如問題解決技巧和因應機制。CBPT 使用很容易親近的媒介來教導這些技巧；在治療的心理教育方面，包括創造性問題解決，是通過結構、目標導向的遊戲來傳遞（Knell & Dasari, 2011）。許多會談會使用手偶，治療師指定手偶必須要面對某個特定的「問題」。治療師採用因應模式，一路上示範問題解決歷程的完成和錯誤。手偶接著說出一個與兒童的困難類似的情境，並且示範創造性問題解決。CBPT 強調示範問題解決技巧的重要性，因為這是培養幼童認知和行為改變的有效方式。

心理動力理論和治療的重點，是幫助兒童在安全的環境下，透過遊戲重新經驗不愉快的情緒。治療師在治療中幫助兒童再次經驗主要的發展衝突或情境式的創傷。治療師會將感受標籤化並且做出解釋，以遊戲引導出不同程度的情緒，並且幫助工作歷程的發生。Freedheim 與 Russ（1992）描述進入充滿衝突的內容，以及如何以遊戲的方式得到解決的緩慢歷程。Chethik（1989）描述遊戲中出現核心幻想的重要性，在遊戲治療期間，兒童會開展和精心製作出對他非常重要的幻想，然後在遊戲中開始處理過去的創傷和困難情況；在治療中，過去的結果得到了改變。治療師接受遊戲、接受所表達的感受，並且透過口語或遊戲做出解釋，讓新的解決辦法和新的結果得以產生。

🐟 實證支持

有大量兒童發展的研究文獻顯示，遊戲和兒童在若干領域的適應功能有關（請參閱 Russ, 2004）。遊戲涉及和促進某些兒童重要功能的發展，

例如創造性問題解決和觀點取替（Fisher, 1992）。然而，發展性遊戲的文獻和治療效能的研究之間還有一段落差（Russ & Niec, 2011）。通常，在治療效能和效果的研究中，遊戲元素不是被單獨探究的，所以很難確定治療中的遊戲和結果之間的因果關係（Russ & Niec, 2011）。有一些做得很好的研究發現，聚焦於遊戲的介入會降低焦慮。雖然這些研究沒有調查造成焦慮減低的潛在機制，但確實指出研究和實務之間是有關係的（請參閱 Russ, 2004）。

Phillips（1985）回顧了以手偶遊戲幫助兒童減低面對手術焦慮的兩個研究。 Johnson 與 Stockdale（1975）測量手術前後的「手心汗水指標」（Palmar Sweat Index）；在研究中是以手偶遊戲將手術玩出來，他們發現手偶遊戲組在手術前後的焦慮比較低。 Cassell（1965）也發現，與沒有治療的控制組相較，手偶遊戲組在手術前的焦慮減低了，手術後則沒有差異。治療組在心導管插入手術過程中，比較不會不安且更願意回到醫院做進一步治療。

一份由 Rae、Worchel、Upchurch、Sanner 與 Daniel（1989）所做的重要研究，調查了遊戲在 46 位因急性疾病住院兒童的適應效果。兒童被隨機分配到四個實驗組的其中之一：

1. 治療遊戲組：鼓勵兒童用醫療和非醫療媒材玩遊戲；研究助理在治療期間會表達語言支持、反映，以及解釋感覺。
2. 轉移注意力組：讓兒童玩玩具但不鼓勵出現幻想遊戲；研究助理和所提供的玩具都不會催化幻想。
3. 語言導向支持組：鼓勵兒童談論感受和焦慮；研究助理會主導所提出的相關議題，並且詢問住院的程序。
4. 控制組：研究助理沒有接觸兒童。

所有的治療組別都包括兩次 30 分鐘的會談。主要的結果是，比起其他三組，治療遊戲組的兒童在自陳報告中，顯示與醫院相關的恐懼明顯地

減少更多。因為此研究安排了無幻想基礎的遊戲控制組，也安排成人以語言表達理解之控制組作為對照組，可以更有把握的得到「幻想遊戲是幫助兒童處理恐懼的元素」的結論。

　　聚焦於遊戲的介入對減低兒童分離焦慮也有效果。在一份嚴謹控制的研究中，Milos 與 Reiss（1982）對 64 位被老師評定為高分離焦慮的學齡前兒童使用遊戲介入。兒童被隨機分配到四組之一。三個遊戲組別都與主題有關：自由遊戲組有合適的玩具；指導遊戲組有媽媽玩偶帶小孩去上學的場景設置；示範組有實驗者演出分離的場面。控制組則使用與分離場景不相關的玩具進行遊戲（如：積木、拼圖、蠟筆）。所有的兒童在不同的日期接受 3 次 10 分鐘的個別遊戲單元；遊戲的品質也會被評分。結果顯示，與控制組相較，三個主題遊戲組都有效地降低分離焦慮。一個有趣的發現是，當自由遊戲組和指導遊戲組的資料合併分析時，遊戲品質的評分與焦慮的後測分數有顯著的負相關（$r = -.37$）。高品質遊戲的定義是表現出更多分離主題和企圖要解決衝突的遊戲；看起來，很會玩遊戲的兒童更能夠使用遊戲會談來掌握他們的焦慮，他們有能力玩出主題。這個發現與 Dansky（1980）的創造力研究一致，此研究發現只有在自由遊戲中出現假裝遊戲的兒童才可以被催化出創造力。

　　Barnett 與 Storm（1981）的研究發現自由遊戲可以減低兒童在衝突之後的困擾，Barnett（1984）進一步將此研究延伸到分離焦慮。在 1984 的研究中使用的是自然壓力源：第一天上學。觀察 74 位與母親分開的學齡前兒童，並且評定其是焦慮還是不焦慮。這兩組更進一步被分成遊戲組和非遊戲組；遊戲組的情況是自由遊戲，非遊戲組的情況是聽故事。遊戲組有一半的人是獨自遊戲，另一半的遊戲組則是有同儕出現。故事組也用相似的方式分組。觀察者會評定分類遊戲的類型，以「手心汗水指標」來測量焦慮。主要的結果是，在高焦慮組遊戲顯著降低了焦慮，對低焦慮組則沒有影響。對焦慮的兒童而言，獨自遊戲在降低焦慮上是最好的；比起低焦慮兒童，高焦慮兒童花更多時間在幻想遊戲上，且在其中表現出更多

功能性和操縱性的遊戲。

這些遊戲介入的研究建議指出，遊戲能夠幫助兒童減低恐懼和焦慮，而遊戲本身可能就有某些東西可以讓改變得以發生。這些研究建議參與幻想和假裝與減低焦慮有關，已經有良好遊戲技巧的兒童會更有效能地使用遊戲來減低焦慮。對缺乏良好遊戲技巧的兒童，Russ 與同事們也已發展出以遊戲介入來改善遊戲的技巧（Hoffman, 2012; Moore & Russ, 2008; Russ, Moore, & Farber, 2004）。藉由讓兒童玩玩具和演出高度幻想（生活在水下）及高度情感（男孩失去小狗並感到悲傷）的故事內容，兒童能夠增加想像和情緒表達（Moore & Russ, 2008; Russ, Moore, & Farber, 2004）。遊戲催化者示範如何假裝和如何表達情感並且鼓勵遊戲，這些技巧可以用來幫助退縮的兒童在治療中表達出更多的情緒，進而有助於體驗這些情感。

Russ 與 Pearson（2011）推薦了下列項目來進行遊戲介入的治療研究：

· 聚焦於以遊戲介入焦慮。
· 鑑定特定的遊戲技巧和發展操作手冊。
· 調查改變的機制。
· 調查針對特定問題和族群之遊戲介入模組的使用。

臨床花絮

以下呈現的是一位有分離焦慮的六歲男孩的案例，這個案例曾經由 Russ 發表過（2004, pp. 51-56），不過此處的焦點是兒童在遊戲中的攻擊表達，以及這樣的表達如何幫助他釋放想像。John 難以待在學校，他會覺得不舒服、要去保健室和回家。有趣的是，他的老師描述，就行為和學習能力上來說，他是個「完美」的孩子。此案例的概念化是背後有分離焦

慮的內在衝突。他似乎對背後的衝動（特別是攻擊）感到焦慮。在衡鑑期間，John 可以玩得很好，因為他使用了幻想和象徵，但是他在遊戲中沒有表達情感。早期的遊戲會談聚焦在幫助他能夠接近和表達憤怒與攻擊。

第三次會談

John 使用陶土和繪畫媒材。他做了一些治療師稍後會評論的不同動物。

首先，John 做了一隻鱷魚。

治療師（T）：你在做的是什麼？

兒　　童（C）：一隻鱷魚。（又把它變成別的東西了）

T：現在它是什麼？

C：一隻旗魚。

T：喔，一隻旗魚，那現在是什麼？

C：一隻烏龜。

T：現在呢？

C：一隻河馬。

　（其他活動）

T：那是什麼？

C：一隻恐龍。（他讓它從懸崖上掉下來）現在是天使。（他為它做了光環）（然後他又做了一些別的）

C：這是一個吃太多的人。他胖到一直摔倒因為他太重了。

T：他太重而且吃太多食物讓他一直摔倒。

　（接著 John 畫了一張圖）

T：那裡發生什麼事？

C：這是一個巨人。他用力踩踏城市。每樣東西都著火了。

T：巨人正踩踏這一切。也許他對一些事情感到生氣。

治療師主要是反映 John 的活動和標示出情緒。她試著讓他感受到可以使用想像以及表達出攻擊。John 在攻擊性動物（鱷魚）和非攻擊型動物（烏龜）間交替。他使用各種管道（陶土、繪畫）。圖畫中的巨人正在表達攻擊，治療師則標示出這些是何種情感。

第五次會談

John 直接去陶土區，製作出許多形狀，並且砸碎它們。治療師持續評論砸碎的行為。「你真的把那個砸碎了。」然後 John 拿了一個陶土人物去砸碎另一個。他會玩怪獸並開始攻擊，然後停下來。治療師支持他的攻擊遊戲，並且說：「他要攻擊了」或「他真的很生氣」。接著 John 演出手偶劇，鱷魚和河馬手偶試著吃掉這個人，這個人逃走了。

透過第五次會談，John 感覺更加自由地用各種方式表達攻擊。他更能夠有攻擊想法並且表達出來。

第六次會談

John 演出手偶劇。有一個手偶爸爸和一個手偶男孩。首先，男孩被電網電到倒在地上，然後一隻青蛙來了，說：「我要把你煮成晚餐。」然後一隻蛇來了，開始吃他的手。接著手偶爸爸來了，趕走這些生物。他帶男孩去醫院。爸爸跟醫生討論並且詢問他們可以做些什麼。醫生幫男孩動手術，男孩恢復了。爸爸帶他回家，然後他們去旅行。他們爬了一座山，到達了山頂，他們跳上跳下地歡呼。

Ｔ：爸爸照顧男孩。他帶他到醫院並且跟醫生討論。男孩好多了。然後他們去爬山而且快樂又自豪。

接著 John 要求治療師跟他一起演出手偶戲。他用陶土做成車子，讓手偶來搭車。車子開得很快而且手偶玩得很開心。

男孩和父親的故事反映一些以幻想來解決的衝突。父親拯救男孩，男

孩好多了。父親保護他，他們一起玩得很開心。儘管這個劇情可以用一些方式來解釋，但治療師沒有這麼做。兒童使用遊戲來解決他正在掙扎著要脫困的內在問題。治療師的主要角色是讓 John 去追隨自己遊戲幻想中的想法和感受。Messer 與 Warren（1995）強調，解釋介入和認知洞察對許多兒童可能是不必要的。遊戲歷程使情緒和幻想能夠一起工作，並且以新的方式被整合且解決問題。這是一種深層且不必然在意識層次的創造性問題解決。

在最後的會談中，John 的遊戲是自由且充滿情緒的。他的故事更富有想像力且更詳盡。他輕鬆地表達出攻擊，同時在他的遊戲裡也同樣有正向的情感。John 成功地回到學校。在治療期間有過一些關於學校的討論，但是主要的治療性改變是在遊戲期間發生的。

在治療中使用遊戲的關鍵決定之一是，所呈現出來的問題要安排多少比例進入遊戲的結構中，以作為此次治療的目標。在 John 的治療中，治療師並未結構化遊戲。一種替代取向是使用代表學校的玩具，並且所呈現的故事主幹是與在校焦慮有關的，治療師會提出各種情況並且示範可能的解決。這個特定問題是重要且值得在未來研究中調查的；治療師所要結構的遊戲應該有多少，以及治療師跟隨兒童的帶領又應該有多少？對哪些兒童採用什麼取向最有效能？研究應處理這些問題，才能在治療中讓遊戲的運用更為提升。

❖ 參考書目

Barnett, I. (1984). Research note: Young children's resolution of distress through play. *Journal of Child Psychology and Psychiatry*, 25, 477–483.

Barnett, I., & Storm, B. (1981). Okay, pleasure, and pain: The reduction of anxiety through play. *Leisure Science*, 4, 161–175.

Briggs, K. M., Runyon, M. K., & Deblinger, E. (2011). The use of play in trauma-focused cognitive-behavioral therapy. In S. W. Russ & L. N. Niec (Eds.), *Play in clinical practice: Evidence-based approaches* (pp. 168–200). New York, NY: Guilford Press.

Carson, D., Bittner, M., Cameron, B., Brown, D., & Meyer, S. (1994). Creative thinking as a predictor of school-aged children's stress responses and coping abilities. *Creativity Research Journal*, 7, 145–158.

Cassell, S. (1965). Effect of brief puppet therapy upon the emotional response of children undergoing cardiac catheterization. *Journal of Consulting Psychology, 29,* 1–8.

Chethik, M. (1989). *Techniques of child therapy: Psychodynamic strategies.* New York, NY: Guilford Press.

Cohen, J. A., Mannarino, A. P., & Deblinger, E. (2006). *Treating trauma and traumatic grief in children and adolescents.* New York, NY: Guilford Press.

Dansky, J. (1980). Make-believe: A mediator of the relationship between play and associative fluency. *Child Development, 51,* 576–579.

Erikson, E. (1963). *Childhood and society.* New York, NY: Norton.

Fein, G. (1987). Pretend play: Creativity and consciousness. In P. Gorlitz & J. Wohlwill (Eds.), *Curiosity, imagination and play* (pp. 281–304). Hillsdale, NJ: Erlbaum.

Fisher, E. (1992). The impact of play on development: A meta-analysis. *Play and Culture, 5,* 159–181.

Freedheim, D., & Russ, S. (1992). Psychotherapy with children. In C. Walker & M. Roberts (Eds.), *Handbook of clinical child psychology* (2nd ed., pp. 765–781). New York, NY: Wiley.

Gaensbauer, T., & Siegel, C. (1995). Therapeutic approaches to posttraumatic stress disorder in infants and toddlers. *Infant Mental Health Journal, 16,* 292–305.

Golomb, C., & Galasso, L. (1995). Make believe and reality: Explorations of the imaginary realm. *Developmental Psychology, 31,* 800–810.

Guilford, J. P. (1968). *Intelligence, creativity and their educational implications.* San Diego, CA: Knapp.

Hoffmann, J. (2012). *A pretend play group intervention for elementary school children.* (Unpublished doctoral dissertation) Case Western Reserve University, Cleveland, OH.

Johnson, P., & Stockdale, D. (1975). Effects of puppet therapy on palmar sweating of hospitalized children. *Johns Hopkins Medical Journal, 137,* 1–5.

Kenealy, P. (1989). Children's strategies for coping with depression. *Behavior Research Therapy, 27,* 27–34.

Knell, S. M. (1993). *Cognitive-behavioral play therapy.* Northvale, NJ: Aronson.

Knell, S. M., & Dasari, M. (2006). Cognitive-behavioral play therapies for children with anxiety and phobias. In H. G. Kaduson & C. E. Schaefer (Eds.), *Short-term play therapy for children* (2nd ed., pp. 22–50). New York, NY: Guilford Press.

Knell, S. M., & Dasari, M. (2011). Cognitive-behavioral play therapy. In S. W. Russ & L. N. Niec (Eds.), *Play in clinical practice: Evidence-based approaches* (pp. 236–263). New York, NY: Guilford Press.

Lazarus, R., & Folkman, S. (1984). *Stress, appraisal and coping.* New York, NY: Springer.

Messer, S. B., & Warren, C. S. (1995). *Models of brief psychodynamic therapy.* New York, NY: Guilford Press.

Milos, M., & Reiss, S. (1982). Effects of three play conditions on separation anxiety in young children. *Journal of Consulting and Clinical Psychology, 50,* 389–395.

Moore, M., & Russ, S. (2008). Follow-up of a pretend play intervention: Effects on play, creativity, and emotional processes in children. *Creativity Research Journal, 20,* 427–436.

Pennebaker, J. (2002, January/February). What our words can say about us: Toward a broader language psychology. *APA Monitor,* 8–9.

Phillips, R. (1985). Whistling in the dark? A review of play therapy research. *Psychotherapy, 22,* 752–760.

Pincus, D. B., Chase, R. M., Chow, C., Weiner, C. L., & Pian, J. (2011). Integrating play into cognitive-behavioral therapy for child anxiety disorders. In S. W. Russ & L. N. Niec (Eds.), *Play in clinical practice: Evidence-based approaches* (pp. 218–235). New York, NY: Guilford Press.

Rae, W., Worchel, R., Upchurch, J., Sanner, J., & Daniel, C. (1989). The psychosocial impact of play on hospitalized children. *Journal of Pediatric Psychology, 14,* 617–627.

Richards, R. (1990). Everyday creativity, eminent creativity, and health: Afterview for CRT issues on creativity and health. *Creativity Research Journal, 3,* 300–326.

Russ, S. (1988). Primary process thinking on the Rorschach, divergent thinking, and coping in children. *Journal of Personality Assessment, 52,* 539–548.

Russ, S. W. (2004). *Play in child development and psychotherapy: Toward empirically supported practice.* Mahwah, NJ: Erlbaum.

Russ, S. W., Fiorelli, J., & Spannagel, S. C. (2011). Cognitive and affective processes in play. In S. W. Russ & L. N. Niec (Eds.), *Play in clinical practice: Evidence-based approaches* (pp. 3–22). New York, NY: Guilford Press.

Russ, S. W., Moore, M., & Farber, B. (2004, July). *Effects of play training on play, creativity and emotional processes.* Poster session presented at the annual meeting of the American Psychological Association, Honolulu, HI.

Russ, S. W., & Niec, L. N. (2011). Conclusions and implications for the use of play in intervention and prevention programs. In S. W. Russ & L. N. Niec (Eds.), *Play in clinical practice: Evidence-based approaches* (pp. 335–341). New York, NY: Guilford Press.

Russ, S. W., & Pearson, B. L. (2011). Play intervention and prevention programs in school settings. In S. W. Russ & L. N. Niec (Eds.), *Play in clinical practice: Evidence-based approaches* (pp. 318–334). New York, NY: Guilford Press.

Russ, S. W., Robins, A., & Christiano, B. (1999). Pretend play: Longitudinal prediction of creativity and affect in fantasy in children. *Creativity Research Journal, 12,* 129–139.

Singer, D. G., & Singer, J. L. (1990). *The house of make-believe: Children's play and the developing imagination.* Cambridge, MA: Harvard University Press.

Singer, J. (1995). Imaginative play in childhood: Precursor of subjunctive thoughts, daydreaming, and adult pretending games. In A. Pellegrini (Ed.), *The future of play therapy* (pp. 187–219). Albany: State University of New York Press.

Tomkins, S. (1970). A theory of memory. In J. Antrobus (Ed.), *Cognition and affect* (pp. 59–130). Boston, MA: Little, Brown.

Waelder, R. (1933). Psychoanalytic theory of play. *Psychoanalytic Quarterly, 2,* 208–224.

Chapter 17

韌性

★ John Seymour

　　遊戲治療的研究跟隨著心理治療研究的趨勢，已經從大多是遊戲治療模式的比較研究，轉移到治療關係、治療取向與所服務案主的適配性，以及各種遊戲治療模式都同意之遊戲治療的療癒機制等重點（Drewes, 2011）。Schaefer（1993）首先在《遊戲的療癒力量》中確認出十四個遊戲治療的改變機制；Schaefer 仍然持續在發展這份列表（Schaefer & Drewes, 2010, 2011），並從本書的前一章開始擴展了療癒力量，將韌性納入為有助於增加案主個人強度優勢的六個遊戲療癒力量之一（連同加速發展、自尊、道德、自我控制和自我感覺）。

　　可以將韌性廣泛地理解為「在破壞性的生活挑戰中耐受與反彈的能力」（Walsh, 2003, p. 399）。韌性研究已經從早期針對處於逆境中的高風險或低風險兒童的比較性描述研究，轉移到想要鑑定出促進韌性背後更具動力性的機制研究，例如由 Rutter（1985, 1987, 1993, 1999）所帶領的研究成果。韌性研究提供以社會脈絡和優勢基礎，作為面對逆境的兒童和家庭服務的取向（Tedeschi & Kilmer, 2005）。韌性研究已經建立出良好韌性特徵的描述性紀錄，以及韌性在健康兒童的發展上，如何能夠同時扮演補救和預防角色之機制（Masten & Coatsworth, 1998; Meichenbaum, 2009）。

　　在遊戲治療（May, 2006; Seymour, 2009）、家庭遊戲治療（Seymour & Erdman, 1996）、團體遊戲治療（Alvord & Grados, 2005; Alvord, Zucker, & Grados, 2011; Chessor, 2008）和團體預防性遊戲介入（Pedro-

Carroll & Jones, 2005）等方面，韌性儼然已經成為一個有用的療癒視角。在遊戲心理學（Brown, 2009; Gray, 2011; Sutton-Smith, 1997, 2008）、人際神經生物學（Barfield, Dobson, Gaskill, & Perry, 2012; Perry, 2006; Perry & Hanbrick, 2008; Siegel, 2010, 2012）和遊戲治療（Drewes, Bratton, & Schaefer, 2011; O'Connor & Braverman, 2009; Reddy, Files-Hall, & Schaefer, 2005; Schaefer, 2011）等方面的研究，近來已加速的成長，有助於我們對「韌性作為遊戲療癒的力量」有更多的理解。

韌性的機制已經被證明是以經驗和關係為基礎（Siegel, 2012），這支持了遊戲在培養韌性上的角色，並提出遊戲治療在與生俱來的遊戲上如何建立起它的角色，使韌性得以成為應用在臨床環境中的一種遊戲療癒力量（Brooks, 2009; Masten, 2001）。遊戲治療中的韌性機制提供一個重要的治療視角，改善我們對遊戲作為療癒歷程的理解，並且對這些方法的結果提出新的測量方式（Kazdin, 2009; Shirk & Russell, 1996）。在本章最後的案例中，應用和說明了作為遊戲療癒力量的韌性，以作為遊戲治療方法運用和建議進一步研究的參考。

韌性的描述

Masten、Best 與 Garmezy（1990）將韌性定義為「儘管在挑戰和威脅情況下仍然適應成功的歷程、能力或結果」（p. 426），這也是常被引用在韌性文獻中的定義。Rutter，一位超過三十年資歷的韌性研究者，對韌性的理解是「對心理上危險經驗的相對性阻抗」（Rutter, 1999, p. 119）或「儘管經驗到為心理病理發展帶來重大危險的情況，某人仍能得到良好的結果」（p. 120）。韌性作為遊戲的療癒力量有雙重的影響：危險因子的減低和保護因子的增加（Rutter, 1987, 1999, 2007）。

早期的韌性研究比較是探索性的，對能夠承受幾乎任何生活挑戰之兒童的個別品質做出描述與分類（Wright & Masten, 2006）。這個被視為

內在機制而非互動機制的韌性初探，推波助瀾了一個不幸的迷思，即具有接近超人般韌性的兒童幾乎能夠克服任何障礙。如同 Waller（2001）的解釋，「韌性並非沒有脆弱性」（p. 292）。主要被理解為內在機制的韌性，有利於素模取向到優勢基礎取向的觀點，但是這種觀點似乎不尊重兒童的痛苦，也在缺乏韌性的兒童身上施加了不適當的責任。Crenshaw（2006, 2008）採取以優勢為基礎的取向，但不否認、低估或輕視兒童的痛苦，並應用在一個有力的案例身上。

韌性已經被認為主要是一種互動機制（Rutter, 1999; Siegel, 2012），把重點放在兒童和他們的家庭、支持系統和文化社會脈絡之間的互動關係（Benzies & Mychasiuk, 2009; Buckley, Thorngren, & Kleist, 1997; Johnson, 1995; Masten, 2001; Masten & Coatsworth, 1998; Ollendick & Russ, 1999; Rutter,1999; Rutter, Pickles, Murray, Eaves, 2001; Wright & Masten, 2006），此互動取向提供了了解韌性研究應用到臨床工作上的重要橋梁（Brooks, 2009 ; Walsh, 2002, 2003）。

Brooks（2009）描述了八項觀念，指引遊戲治療師將韌性結合到治療關係與歷程中。這些原則包括：兒童的確有能力克服逆境；**具魅力成人**（charismatic adults）在培養兒童韌性方面扮演重要的角色；兒童從出生就有學習和成就的動力；兒童都有**能力之島**（islands of competence）——特別的天賦與能力必須被辨識出來且加以培養；同理心在了解兒童的經驗上至關重要；故事和隱喻提供一種豐富的方式，得以發展出我們對兒童以及對他們眼中所認識的世界之理解；以及兒童透過幫助他人會有所收穫。透過各種方法將這些韌性機制應用在遊戲治療，會改善我們在治療歷程中對遊戲的認識，並且給予特定案主更適配的治療方法（Goldstein & Brooks, 2006; Seymour, 2009; Seymour & Erdman, 1996）。

 韌性在達成改變上的角色

　　遊戲在支持人類的發展方面提供了許多重要的功能（Piaget, 1962; Vygotsky, 1978; Winnicott, 1971, 1984），和兒童心理治療的結合也有長久的歷史（Drewes, 2006）。對健康的人類發展，遊戲是一種自然的互動媒介，為整個生命中的關係和技巧的使用提供了基礎（Brown, 2009; Russ, 2004）。Sutton-Smith（2008）用這個方式描述了遊戲的許多面向：

> 　　遊戲一開始是真實衝突的突變，因此永遠是在事後才運作。無論是對成人或兒童，總是試圖將遊戲的功能視為治療，用它來對抗生活中的憂鬱或危險。在神經學上，遊戲是杏仁核的反應性渴望，是回應震驚、憤怒、恐懼、厭惡和悲傷的原型。但遊戲也包括前額葉計數器（frontal-lobe counter），目標是達到成功的控制、快樂與自豪。遊戲一開始是哺乳類動物演化的主要特點，並且仍然持續作為我們與存在的當前世界妥協的主要方法。（p. 124）

　　遊戲包括某種程度的隨機性和不確定性，因而有機會增強成功地與他人聯繫和問題解決，也有機會擴展個人因應技巧的本領。在遊戲治療中，遊戲可以轉化成提出對自我或環境的新觀點，這是韌性作為遊戲療癒力量的核心。

　　Russ（2004）指認出四種遊戲的廣泛功能，讓遊戲治療師在會談中得以提升：提供兒童表達的手段，溝通和建立關係，洞察與修通，以及練習新形態的表達、關係和問題解決。對哺乳類動物的遊戲研究顯示了，遊戲在威脅的焦慮管理和問題解決有關能力的發展上占有重要的一席之地（Siviy, 2010）。Sutton-Smith（1997, 2008）指出，人類和某些其他哺乳

類動物，會利用遊戲得到喜悅的內在價值，進一步有助於韌性和福祉。

Siegel（2012）提出人際神經生物學（interpersonal neurobiology, IPNB）模式，「尋求創造出對大腦、心理和我們的人際關係之間相互聯繫的理解」（p. 3）。人類的內在發展透過兒童的經驗和關係，鏡映在兒童的互動上，這通常是透過自然遊戲為媒介。甚至發展中的大腦結構和功能也是由經驗來決定，就如同神經系統的基因遺產是透過關係互動所觸發的神經元互動來形塑。Fredrickson（2001, 2004）的擴大與建立理論確認了關係中的正向情緒如何「激發出心理韌性」（2004, p. 72）。

臨床應用

Brooks（1994a, 1994b）呼籲在韌性研究和臨床工作之間要有強烈的連結。在與面對逆境的兒童和他們的家庭工作時，韌性研究所提供的廣泛且協調的取向能夠成為有用的指引（Tedeschi & Kilmer, 2005）。韌性研究幫助遊戲治療師「指認出兒童的優勢、可取得的家庭和社區資源，以及在增強兒童立即的因應能力和為面對下一個人生挑戰的長期能力做準備時，能夠參與他們的歷程」（Seymour, 2009, p. 75）。Rutter（1999）定義了八個韌性歷程，提供遊戲治療師在療癒關係中，應用遊戲來提升所服務案主的韌性之大綱。

遊戲中的韌性──
一、減低焦慮和增進問題解決

Rutter（1999）提到危險因子經常會有層疊式的影響，經驗到家長離異的兒童也可能經驗到與大家庭聯繫的改變、學校或同儕關係的改變，以及失去諸如與家長共享的嗜好、參與團隊運動，或發展音樂天分等可以提升自我效能的有意義活動。在低收入的家庭裡，家長離異可能還包括缺少膳食、生活安排的改變，以及延遲醫療或牙齒保健。隨著時間推移，可能

為這些危險因子付出顯著的代價。在遊戲治療裡，這些經驗到層疊式影響的兒童，可能會出現受到各方持續威脅和資源有限而進退兩難的遊戲主題。家長訪談則可能會一再重複出現經濟、關係、法律、精神等壓力源。

與兒童遊戲時，治療師不僅能夠提供機會讓兒童表達出源自層疊式影響的焦慮，還能開始解決問題以減低一些風險，或找出一些因應所需要的資源。與更年幼的兒童遊戲時，上述的工作可能是在遊戲的隱喻中完成，例如：龍一次又一次的戰鬥，直到辨認出誰是盟友才停止戰鬥。隨著時間過去，治療師強調與遊戲結合的支持與解決的主題。認知行為遊戲治療取向可被用來建構更具體替代的情緒表達、觀點改變，或演練新的且較不危險的技巧（Drewes, 2009; Knell, 1993, 1994, 1997, 2011）。

在處理親子關係方面，治療師可能可以幫助家長管理已經辨認出來的壓力源，發展正向因應的反應，並且運用可取得的資源。當危險因子的層疊式影響已經超越現在的家庭時，那麼遊戲治療師在個案管理上可能需要發揮更大的作用，並且轉介到所需的家庭、學校或社區資源。最起碼，遊戲治療師需要在服務兒童和家庭時，注意到與其他照顧者之間的照護連續性（Seymour, 2009）。

遊戲中的韌性——
二、減低自責

在調節上述層疊式危機的直接影響時經常會隨之出現，也是以韌性為基礎的遊戲治療的第二個焦點，是幫助個別案主減低對危機的敏感度，特別是難以透過治療歷程或協調服務而造成影響的那些部分（Rutter, 1999）。案主對環境風險的敏感度底線各有不同，而且人際神經生物學的新近研究已經顯示，持續存在的壓力會減低一個人對該壓力的因應能力（Barfield et al., 2012; Perry, 2006; Perry & Hanbrick, 2008）；而當此現象與兒童的認知程度（神奇想法和高估個人緩減壓力的能力）相結合之後，就會出現 O'Connor（2000）所描述之顯著扭曲的因果關係。

　　這些兒童在遊戲治療的時候，可能會提到自責或誇大責任感的遊戲主題。在過去，他們可能被標籤為**親職化**兒童（parentified child）[1] 或照顧者（Seymour, 2009）。遊戲治療中自我舒緩和自我調節的環境、媒材、策略，對這些兒童是重要且可取得的資源（Hughes, 2011; Jernberg & Booth, 1999; Perry & Hanbrick, 2008; Siegel, 2010, 2012）。基於照顧者的角色，這些兒童對治療師邀請建立關係時會有不同的回應，有時候是不情願表現或者共同分享照顧者角色，有時則是渴望能夠解除這個角色，因此在在需要遊戲治療師採取有彈性的指導程度（Shelby, 2010; Shelby & Felix, 2005）。認知行為策略可用來處理錯誤的知覺（misperception）和學習減敏感技巧（Knell, 1993, 1994, 1997, 2001; Drewes, 2009）。學習自我舒緩和經由與他人互動的舒緩技巧來調節危險環境的影響，也被運用在親子心理治療中，例如親子互動治療（Cohen, Mannarino, & Deblinger, 2006）和以創傷為焦點的認知行為治療（Cohen, Mannarino, Berliner, & Deblinger, 2000）。

🌳 遊戲中的韌性──
三、減低他人的責備

　　基於人們常抱持著任何年齡的兒童都有能力負責任的誇大感覺，兒童也會在人際方面經由他人的責備而增加了對危險的敏感度（Rutter, 1999）。兒童在遊戲的時候，可能會提到自我責備的主題，或在與治療師的互動中自我貶損。視某個孩子為代罪羔羊的家庭模式，可能會在家庭訪談中陳述出來或被治療師觀察到。Gil（1994）描述家長和兒童之間的焦慮循環，其中任何一方都能夠激起另外一方的焦慮，導致引發更多焦慮的行為。憤怒和責備循環會進一步加劇焦慮的經驗，硬化家庭成員之間的人際知覺，讓他們很難注意到能帶來關係緩解的改變機會。

---

[1]　譯註：指孩子照顧父母的角色反轉。

由治療師直接處理家長的敏感度，以及處理他們對兒童行為的錯誤知覺，可以讓家長有所收穫。因為孩子的問題而連帶要接受心理治療的家長本身，以及直接針對親子的工作，也可以讓家長有所獲益。透過像是與家人間的治療性遊戲（Theraplay With Families）（Munns, 2000, 2009, 2011）、家庭遊戲治療（Family Play Therapy）（Gil, 1994; Gil & Sobol, 2000; Schaefer & Carey, 1994; Seymour & Erdman, 1996）、親子遊戲治療（Filial Therapy）（Guerney, 1991, 1997; VanFleet, 1994a, 1994b, 2000），以及親子關係治療（Landreth & Bratton, 2006a, 2006b），家長能夠發展出與自己孩子建立關係的新技巧，並且培養出更好的依戀關係。兒童的自我批評會在大家庭、同儕和學校關係中得到社會增強。遊戲治療師發現，不論是直接諮詢兒童或是透過指導家長，在大家庭或學校環境中處理這些代罪羔羊的擔憂，可以有更大的幫助（Seymour, 2009）。

遊戲中的韌性——
四、減低孤立和提升依戀

負向事件的螺旋歷史會在兒童身上造成漣漪效應（Rutter, 1999）；在遊戲治療中，這些兒童可能會有參與的困難，且展現出依戀問題、社交退縮，以及對各種各樣的遊戲媒材和參與遊戲治療的關係邀請有缺少反應的跡象。有些兒童可能會呈現過動、衝動，以及瘋狂或混亂的遊戲模式。這些兒童需要治療師的高度彈性，才能配合他們參與的能力。他們可能對一個配備完整、足以提供一系列參與機會的遊戲室反應良好；或者他們也許在刺激比較少，並擁有一些適合他們年齡、心理發展程度、治療需求之遊戲媒材的遊戲環境中，能夠受益更多。

Crenshaw（2006）根據兒童的接受能力，描述了兒童參與遊戲治療的兩種程度。邀請這些參與比較緩慢但有臨床服務需求的兒童時，已經了解他們在過程中可能會更加痛苦和創傷，因此在處理已經造成最大傷害的人事物之前，可能在因應的路徑上會需要更長的時間，以支持兒童的優

勢、幫助兒童維持適應性防衛,並且發展出利社會技巧和問題解決的能力。Frederickson(2001, 2004)證明了負向情緒會如何激發心理狀態,導致出現戰鬥、逃離和僵硬的反應,降低了個人考慮替代觀點、採取正向行動,或恢復個人優勢的能力。作為遊戲療癒力量的韌性,在賦予遊戲經驗中,能提供最大化兒童優勢的指引,讓更多的能量能被運用在從事更困難的工作上。如同之前的韌性歷程,親子介入的目的是經由諸如與家人間的治療性遊戲、家庭遊戲治療、親子治療和親子關係治療等方式先使家長平靜,如此能讓兒童也跟著平靜下來;這會是相當有效的做法。

🌳 遊戲中的韌性——
五、增進自尊和自我效能

Rutter(1999)觀察到,可以透過發展正向的連鎖反應來處理負向的連鎖反應。兒童和家長在初期的互動中,若能滿足某些舒適感和享受感,或者滿足某些個人的成就感,就能夠相互增強這些行為,並額外帶來自尊和自我效能逐漸成長的改變。兒童會開始在遊戲治療中表現出更自信與主動的遊戲,並以對遊戲的結果表現出隱約的滿足來展現出上述的現象。這些在遊戲治療室裡的小型成就,會轉化成在學校和家庭生活裡的新成就。

Brooks(2009)所做的韌性研究,描述幫助兒童和家庭辨識出兒童「能力之島」的重要性:這些特殊的天分、技能、興趣或特質,可以鼓勵和挑戰兒童通往精熟之路。當這些島嶼被辨識出來之後,遊戲治療的環境提供兒童初次的成功經驗,以及對他們的努力給予正向回饋的機會。透過與家長、大家庭和學校的諮詢,這些能力之島和伴隨的成就感會持續成長,並且變成自給自足的優勢來源。

Frederickson(2001, 2004)的正向情緒擴大與建立理論,為喜悅、興趣、滿足和慈愛等情緒如何幫助個人進一步成長提供了一個模式:「正向情緒擴大了個體思考—行動的瞬間本領:喜悅點燃了遊戲的衝動,興趣點燃了探索的衝動,滿足點燃了品味和整合的衝動,以及在安全、親密關

係中的慈愛點燃了這些衝動的各個循環週期。」（2004, p. 1367）擴大的心理狀態帶來的是擴大的思考—行動本領和獲得社會支持，提升個人優勢；在危險因子特別高的時候就可以拿出來使用。與減低負向連鎖韌性的歷程相同，遊戲治療師可運用親子模式，例如與家人間的治療性遊戲、家庭遊戲治療、親子治療、親子關係治療，幫助家庭擴展他們在遊戲室的成就到更大的世界中。

遊戲中的韌性——
六、創造性遊戲促進創造性問題解決

　　韌性歷程中的下一個挑戰，是當兒童和他們的家人發展出一些成就時，幫助他們維持這些成長的最初努力，可以從遊戲治療室轉移到家庭、學校和社會環境之中（Rutter, 1999）。在遊戲治療室，主題會從威脅和無助轉變成掌控、朝向更有希望和以未來為基礎的計畫。有時候，成功的遊戲治療會談之後，緊接著下一次會談的回報卻是失望和復發，因為兒童發現在家中、學校或者和朋友在一起時，要維持他們新發現的優勢和技巧非常具有挑戰性。實際上，復發可被重新架構為機會或轉折點（Seymour & Erdman, 1996）。遊戲提供了場景和關係，來表達失望、減低新風險的焦慮，以及排演從治療歷程轉化到生活歷程的新努力。

　　Webb（2007）建議，治療師也要幫助兒童和他們的家長，在社會及家庭環境裡辨識出可信任的和正向的資源，不僅是在這些環境中增強正向的改變，還要處理在高度壓力下，家庭會愈來愈孤立於支持系統外的常見模式。使用對問題的系統性理解，Walsh（2002, 2003）運用將復發變成機會的新架構來幫助中和（neutralize）對兒童和家庭成員的危機，因為嘗試新的因應行為時，最初可能會與他們想要處理的問題一樣的不舒服。遊戲提供一個安全的管道給兒童和家長，可以回顧並排演他們在失望之後的反應，不僅使自信感增加，還提供將技巧應用到所面臨之問題的具體指導。

遊戲中的韌性——
七、提升遊戲室之外的滋養關係

　　一旦開始在治療關係中培養出韌性，就必須將注意力轉移到確保兒童可以有超越遊戲室之外的滋養關係（Rutter, 1999）。在遊戲的時候，兒童開始展現他們對這些額外經驗的渴望，因為遊戲的開場通常會在遊戲中出現照顧者人物，也會出現正向同儕互動的徵兆，以及逐漸有能力開啟並維持遊戲治療中的關係。危險和威脅的主題開始讓出位置給安全和可靠。遊戲中不同角色的對話變得更自動自發且較不刻板，情感表現的範圍也更大。兒童會更主動地成為遊戲招募者，有時候還會納入較少參與的家長，甚至嘗試納入在等候室的其他人或是在治療辦公室的工作人員。他們就是需要有玩伴，再次呈現正向情感如何支持韌性作為一個遊戲的療癒力量（Fredrickson & Losada, 2005）。

　　遊戲治療師可以透過協助家人做出有智慧和平衡的選擇，採取能夠提升孩子自尊和自我效能的活動和關係，將遊戲的療癒力量擴展到遊戲治療室之外。Brooks（2009）已經強調在兒童生活中「具魅力成人」的重要性，有一位能夠提供兒童一致性正向關係的人（家長、照顧者或其他重要成人），就可以提升兒童因應生活壓力的能力。

遊戲中的韌性——
八、學習讓生活經驗有意義

　　有愈來愈多的韌性研究證據顯示，為了維持成長，認知和情感方面的經驗處理，在減低危險和強化自尊與正向關係上是重要的（Rutter, 1999）。在遊戲治療中接受韌性歷程工作的兒童，常會對他們的遊戲賦予一個敘說或故事。治療師曾經出現的反應性回饋部分，會被兒童主動轉化成有意義的敘述。早先的遊戲主題會轉變成故事和隱喻的來源，再轉化為對兒童的意義、優勢和關係得以增強的形式。 Cattanach（2008）描述

了許多取向，它們都是主動加入和兒童一起編故事，而所創造的故事內容都與生活事件有關，且這些事件中都有兒童本身的角色，讓故事變得更有意義。Freeman、Epston 與 Lobovits（1997）已經示範將充滿問題的家庭生活故事，轉化成以優勢為基礎的故事，並提供給兒童和家庭成員。

藉由提供自我和世界的連貫敘說，給予內在的個人確認感和自我酬賞，這個最終的韌性歷程可說是結合其他七個歷程的後設歷程。在 Siegel（2012）的人際神經生物學模式裡，發展中的大腦神經元路徑連接是由心理和世界經驗共同創造的，並且透過關係賦予意義。此大腦、身體、心理、關係的連接，提供了支持韌性歷程的整合。「藉由人際溝通的催化，個人得以進入大腦半球之間的整合狀態」（p. 374）。透過共享敘說的創造，作為遊戲療癒力量的韌性已將兒童從面對逆境時非常私人的起點，移動到一個對個人自我有信心的公開終點，體現優勢本領，和家庭與社會支持穩固連結。

🐦 實證支持

Kazdin（2009）指出，儘管兒童心理治療有著豐富的研究文獻，但對歷程和結果的實證性了解還是有所限制。可以支撐令人信服的研究的所謂最佳研究和實務方法仍然持續受到爭論，但已經在努力加強（Steele, Elkin, & Roberts, 2008）。對以遊戲為基礎和遊戲治療介入，研究文獻在過去二十五年已持續的成長（Reddy et al., 2005）。顯示遊戲介入會有益處的後設分析研究已經完成（Bratton & Ray, 2000; Bratton, Ray, Rhine, & Jones, 2005; LeBlanc & Ritchie, 1999; Ray, Bratton, Rhine, & Jones, 2001）。這些研究以及由 Reddy、Files-Hall 與 Schaefer（2005）所出版的第一本以實證證實遊戲介入效果的教科書，對未來幾年內進行更嚴謹的結果研究，提供了一個重要的基礎。

在一份兒童治療療癒歷程的研究回顧中，Kazdin（2009）觀察到焦

點必須放在療癒的改變機制，所以持續努力描述這些遊戲的療癒力量，便能帶領研究聚焦在如何與為何這些療癒力量會起作用。由於缺少特別針對遊戲介入和提升韌性的研究，目前可取得的研究可以摘要成：當研究中的研究問題和方法，明確地滿足了以實證為基礎的實務工作標準時，的確可以支持在遊戲治療中韌性歷程的持續臨床應用。

這些觀察包括：

- 使用韌性概念在遊戲治療的描述性臨床研究的同時（Seymour, 2009; Seymour & Erdman, 1996），也開始了在遊戲治療中使用韌性概念的以證據為基礎的研究（Alvord & Grados, 2005; Alvord, Zucker, & Grados, 2011; Chessor, 2008; Pedro-Carroll & Jones, 2005）。
- 韌性研究已經被大家所接受，而且在各式各樣的環境中成功地研究了韌性的機制，並顯示韌性的提升會改善結果（Rutter, 1998; Rutter et al., 2001; Werner, 1993）。
- 韌性研究與其他被大家所接受的研究領域共享若干範圍，包括依戀研究、權威型的親職、智能、自我調節、自我效能、主宰感的愉悅、內在動機和正向心理學（Masten, 2001）。
- 遊戲研究已經成功驗證遊戲在培養韌性上所扮演的角色，也驗證了其他的遊戲療癒力量（Russ, 2004）。
- 人際神經生物學的新近研究（Siegel, 2010, 2012）在人類發展和關係上提供了重要的橋梁，能夠驗證遊戲的重要性並且提供遊戲功能的詳情，幫助我們定義出最好的遊戲治療的療癒機制。

 臨床花絮

十一歲的 Matt 和五歲的 Luci，在媽媽的監護權被撤除，轉而託付給

阿姨和姨丈寄養後，由兒童保護服務轉介到遊戲治療。Matt 和 Luci 與他們父親的接觸非常有限，父親過去因為偷竊和毒品罪名多次進出監獄。在被帶離媽媽身邊之前，他們和媽媽住在一間一房的公寓裡，從政府的資源獲得有限的經濟支持，並以媽媽買賣毒品的收入為輔助。在家長的犯罪活動和自身的成癮之間，兒童被留下來互相照顧，由 Matt 擔任妹妹 Luci 的家長角色，並經常照顧他們的母親。因為這個家庭愈來愈深陷犯罪活動之中，與大家庭的接觸也早已減少。在兒童被帶離時，兒童保護工作者描述公寓內糟糕的狀況，食物非常有限而且給孩子的東西很少。兒童顯示出被忽略和營養不良的跡象，但在這麼差的生活條件下，他們的身體健康卻相對地良好。

最初，阿姨和姨丈參與了家庭的初次訪談，其中包括了與兩位成人和兩位兒童進行遊戲評估的會談時間，再來是兩位手足的會談，然後接下來是 Matt 和 Luci 分開的個別會談。在那之後，會談的對象視需要而定，有時是家長諮詢的時間，有時是遊戲治療師與兒童（個別分開地），有時是成人和兒童都參與的家庭遊戲治療。與此家庭工作的過程中，在 18 個月裡於不同時間點處理 Rutter（1999）的八個韌性歷程。在遊戲治療中會以若干方式應用這些韌性歷程，如以下所呈現。

🌳 遊戲中的韌性——
一、減低焦慮和增進問題解決

對 Matt 和 Luci 而言，有些危險因子的層疊式影響，可以透過兒童保護服務將他們帶離已經變得不安全和受忽略的環境來進行處理，雖然與家長分開和安置的困難可能會變成他們的新危機。因此，在由州和郡的社工們所進行的個案工作之外，很重要的是要轉介兒童和新家的寄養家長接受個人化心理治療的服務。最初，兩個孩子在他們的遊戲中都呈現出危險和不可預測的主題，Matt 是騎自行車瞬間穿過無數遊戲人偶的戰鬥故事。在一起會談時，Matt 對 Luci 通常都是扮演照顧者的角色，有時候是他主

動，有時候是 Luci 提醒，在他的戰鬥遊戲中會加入她，或者向她解釋在遊戲室可以怎麼玩。當成人和兒童一起會談時，最初的遊戲會談顯得相當雜亂無章，兒童和成人似乎不確定可以在遊戲環境中做些什麼，或者可以彼此一起做些什麼。成人和兒童在一起的初始會談，提供治療師非正式衡鑑的機會，觀察兒童在遊戲中彼此的互動，以及在房間裡與成人之間的互動（寄養父母和治療師）。為這兩個孩子和這對寄養父母建立安全的治療環境，以減低層疊式危險因子的影響，是非常關鍵的第一步。

遊戲中的韌性──
二、減低自責

孩子們剛從家裡被帶離時，Luci 是表現出明顯受到較多忽略跡象的那一位。她的活動力低下、有呼吸道感染的症狀，且位於同年齡身高／體重成長圖表中的較低位置。寄養父母報告，當她不高興時，傾向抵抗他們想安慰她的企圖，並且似乎對社會參與興趣不高。在第一次個別遊戲會談中，Luci 快速地做了一個簡單的樂高兒童人物，接著在兒童人物上方放置了又大又清晰的遊戲媒材容器。完成時，她坐下來，安靜地呼吸，彷彿鬆了一口氣。過了一會兒，她談到兒童人物在防護罩下面現在已經安全了，「沒有壞人能進來這裡」。藉由其他遊戲人偶，她展示塑膠動物和其他樂高人物都無法突破防護罩。這個兒童人物受到防護罩保護的隱喻只有微小的變化，已經變成與 Luci 早期會談時有規律的部分。她用各種方法實驗動物和人們無法通過防護罩，有時候防護罩會離開很短一段時間，然後再恢復。在幾次會談後，防護罩消失了，動物和人們互動，而那個代表特別防護罩的物體再也沒有出現在遊戲中，在 Luci 的遊戲治療中保護防衛的主題變成一個重要的解釋性隱喻。

最近人際神經生物學的研究結果（Barfield et al., 2012; Perry, 2006; Perry & Hanbrick, 2008; Siegel, 2010, 2012），相當強調幫助來自長期壓力環境下的兒童，發展出在壓力時期自我舒緩能力的重要性。對 Matt 來

說，體驗主動的身體遊戲，提供了邁向自我調節的最初步驟；對 Luci 來說，包含簡單放鬆技巧的遊戲經驗，幫助她減少對環境的反應且更能夠自我調節。這些遊戲室的最初課程，透過治療師協助家長和教師提供這一類的時間給 Matt 和 Luci 後，就可以轉化到家裡和學校，以便他們在那些環境中更能夠自我調節。

 遊戲中的韌性——
三、減低他人的責備

　　Matt 表現出受到忽略的明顯跡象比較少，並且似乎更有活力、更足智多謀，且比 Luci 有更友善的社會風格。雖然這些無疑是他的優勢，有助於 Matt 在家庭中扮演照顧者的角色，不過 Luci 和他的媽媽卻會依靠他來「處理事情」。在最初的遊戲會談中，Matt 對 Luci 表現出幫助和安慰，並且特別努力幫助寄養父母回答治療師關於家庭歷史的一些提問。在幫助家庭方面，他似乎扮演了很好的角色，但這是以犧牲自己不能成為十一歲兒童的代價而得來的。除了用攻擊性遊戲媒材玩戰鬥性遊戲外，Matt 表現出感到無趣，甚至有些鄙視房間內的其他遊戲媒材選項，那些被他看作是「小孩子的玩意兒」。然而，這些不同遊戲媒材的出現提供了一個環境的線索，在其他次的會談裡，不僅提醒 Matt 他只有十一歲，還有在他照顧別人的路途上，也許錯失了一些遊戲。他開始使用各種各樣的遊戲媒材，而且主題從戰鬥擴大到包含更多的正向互動。他主動邀請治療師參與用發泡球來玩的簡單技巧遊戲，並且發明了標靶，而且在寄養父母來會談時，他也會讓他們參與遊戲。遊戲開始幫助 Matt 再次經驗他所屬的年齡，重新發現一些簡單的放鬆方式和享受自我，並且用正向的行為與成人互動，他的角色可以是遊戲的而非照顧者的。

遊戲中的韌性——
四、減低孤立和提升依戀

　　儘管 Matt 和 Luci 是手足,有著許多共同的歷史,但他們處在非常不同的發展年齡,而且他們有著相當不同的建立關係模式。大體上,Matt透過增加個人責任感來回應生活中的許多壓力,藉由勝過危險的戰鬥試著減低這些危險。Luci 用更保護的風格回應,藉由讓自己與危險來源分開來因應,因而導致她更為孤立。在某種程度上,每位兒童都有減低危險的風格,那是為了要適應。不論是 Matt 的戰鬥風格或 Luci 的撤退風格,隨著時間過去,他們在戰鬥或逃離上的努力最終還是會增加危險。Crenshaw(2006)對遊戲治療中因應路徑和受邀路徑的理解,可以指引治療師如何搭配兒童的風格和治療取向。治療師能夠與更社會性的 Matt很快地建立投契關係,不過也要花費相當的時間在 Matt 的因應路徑,讓他能夠感到安全,放棄他的某些照顧者角色,且能夠在受邀路徑上從事更挑戰性的工作。Luci 也花了大量的時間在因應路徑,這可能是由於年齡、對環境中細微線索的敏感度,以及她較未被發展的社交技巧。同樣地,她也能夠移動到受邀路徑。給寄養父母的親職教育說明了這些風格上的差異,幫助他們在家中能更好地回應這些差異,強化會談中的努力。

遊戲中的韌性——
五、增進自尊和自我效能

　　隨著父母能夠為兒童建立更多的生活慣例,而且更能根據兒童的個別需求量身打造與他們的互動,遊戲治療會談的歷程開始更加轉移到家庭和學校生活中。在治療師協助下,寄養父母向學校的教師和工作人員表達兒童的需求,幫助他們在面對兒童行為和學業的努力時,更具有反應性和支持性。兩個孩子開始要去辨識出 Brooks(2009)稱為「能力之島」的內涵,Matt(現在十二歲,讀國中)表現出對音樂的興趣,並且有機會在學

校的初學者樂團裡學習一項樂器。Luci（現在六歲，讀一年級）已經發現對科學的喜愛，並且對動物如何保護自己特別著迷——不論是毛皮、保護色或堅硬外殼——而且會在會談時報告她在這個主題的最新科學發現。讓每個孩子用自己的方式，這些新活動不僅同時結合了舊的療癒主題，還在隱喻層次對那些主題有新的適應，顯示遊戲如何在生活的各種面向帶來思考—行動本領的擴展（Fredrickson, 2004, 2008）。

遊戲中的韌性——
六、創造性遊戲促進創造性問題解決

將遊戲治療的成就延伸到遊戲室之外和擴展思考—行動本領，帶領Matt和Luci超越危險的視角，將挑戰視為新的成長機會，並且超越戰鬥、逃離和僵硬的三種基本類型，到達對思考和行為有選擇權的轉折點。對Matt和Luci而言，遊戲已經變成生活中的轉化力量。治療師與寄養父母的密切工作，幫助父母和孩子重新架構這些挑戰成為機會（Walsh, 2002, 2003），使父母能夠幫助Matt和Luci持續發展問題解決的技巧，以面對日常的逆境。如同Webb（2007）所建議，治療師同時幫助寄養父母和兒童，為家庭找出支持性的額外資源，不論是透過大家庭、學校、社區組織或信仰團體。對Matt和Luci的寄養父母來說，治療師是他們的諮詢對象，協助他們用最好的方式將孩子的需求傳達給生活中的其他協助者。治療師經常在遊戲室中與Matt和Luci一起，先使用簡單的角色扮演排練新的思考和行為方法，然後再於家庭和學校嘗試這些新方法。

遊戲中的韌性——
七、提升遊戲室之外的滋養關係

在達成較大社會系統擴展支持的最初成就後，就可與寄養家庭討論Brooks（2009）所謂「具魅力成人」的概念，以及對Matt和Luci來說誰可能是這樣的人，或者誰以後會變成這樣的人之初步辨認。依據滋養品

質,辨認出來的是二阿姨和姨丈。對個別兒童而言,某位老師會被辨認成為可能的候選人,Matt 的可能候選人是初學者樂團裡的教師。寄養父母也被鼓勵要維持他們在孩子來到家中的前幾週所做出的基本努力:提供基本日常生活慣例、定義角色、給每位家庭成員合乎年齡的責任,以及幫每個孩子發展與個別家長相處的獨特時間的規律性,同時偶爾也要給寄養父母彼此的伴侶時間。生活慣例在剛開始提供安全和支持的環境,使之以家庭的方式開始運作,之後變成由家人自訂且能夠維持進步的生活規律。Matt 和 Luci 的寄養父母需要得到資訊和鼓勵,才能為 Matt 和 Luci 維持韌性所需要的資源提供長期的支持。

遊戲中的韌性——
八、學習讓生活經驗有意義

在與 Matt 和 Luci 的遊戲治療中,製造經驗意義(meaning-making)的做法,從早期治療師為了幫助 Matt 和 Luci 發展以語言形容經驗所採用的反應性回應,轉移到治療師對他們遊戲的好奇提問和建議,再轉移至藉由更複雜的重新架構和隱喻方式來製造出經驗的意義。在 18 個月的治療期間,「搜尋」這個主題以許多方式發生在 Matt 的遊戲中,故事情節開始於極度渴望尋求資源(士兵求救、動物尋找食物),用他喜愛且反覆出現的故事呈現出來,內容是玩具直升機進行搜尋和搜救任務;這反應出他很擔憂不知要在哪裡才能找到更具創意和問題解決主題的資源。他為他人尋找資源的天分,現在包括了搜尋(和發現)自己的資源。對 Luci 來說,她在最初會談呈現的「保護」主題,以不同的方式持續重複,之後則是她對動物保護機制的興趣;後者經常會在隱喻意義和她新發展出來面對逆境的適應行為之間出現超越巧合的比較。

這些來自與 Matt、Luci 和他們的家人們工作的實例,呈現出韌性如何作為遊戲的療癒力量,指引治療師引導兒童和他們的家庭成員,從一個面對逆境時的私人起點,到一個對個人自我有自信的公開終點,一種體現

優勢的本領,和一個對家庭與社會支持的堅固連結。韌性,作為一種遊戲的療癒力量,結合了主要遊戲治療理論的重要原則,但也超越了主要的治療理論,使韌性可應用到各種各樣的治療模式。Rutter(1999)的八個韌性歷程,提供一個看待遊戲治療中改變如何發生的新視角,讓遊戲治療師從各種模式中,為如何回應兒童的遊戲做出更明智的決定(Seymour, 2006; Seymour & Erdman, 1996)。

❖ 參考書目

Alvord, M. K., & Grados, J. J. (2005). Enhancing resilience in children: A proactive approach. *Psychology: Research and Practice, 36*, 238–245.

Alvord, M. K., Zucker, B., & Grados, J. J. (2011). *Resilience builder program for children and adolescents: Enhancing social competence and self-regulation—A cognitive-behavioral group approach*. Champaign, IL: Research Press.

Barfield, S., Dobson, C., Gaskill, R., & Perry, B. D. (2012). Neurosequential model of therapeutics in a therapeutic preschool: Implications for work with children with complex neuro-psychiatric problems. *International Journal of Play Therapy, 21*, 30–44.

Benzies, K., & Mychasiuk, R. (2009). Fostering family resiliency: A review of the key protective factors. *Child & Family Social Work, 14*(1), 103–114.

Bratton, S. C., & Ray, D. (2000). What the research shows about play therapy. *International Journal of Play Therapy, 9*, 47–88.

Bratton, S. C., Ray, D., Rhine, T., & Jones, L. (2005). The efficacy of play therapy with children: A meta-analytic review of treatment outcomes. *Professional Psychology: Research and Practice, 36*, 376–390.

Brooks, R. B. (1994a). Children at risk: Fostering resilience and hope. *American Journal of Orthopsychiatry, 64*, 545–553.

Brooks, R. B. (1994b). Diagnostic issues and therapeutic interventions for children at risk. *American Journal of Orthopsychiatry, 64*, 508–509.

Brooks, R. B. (2009). The power of mind-sets: A personal journey to nurture dignity, hope, and resilience in children. In D. A. Crenshaw (Ed.), *Reverence in the healing process: Honoring strengths without trivializing suffering* (pp. 19–40). Lanham, MD: Aronson.

Brown, S. (2009). *Play: How it shapes the brain, opens the imagination, and invigorates the soul*. New York, NY: Avery/Penguin Group.

Buckley, M. R., Thorngren, J. M., & Kleist, D. M. (1997). Family resiliency: A neglected family construct. *Family Journal: Counseling and Therapy for Couples and Families, 5*, 241–246.

Cattanach, A. (2008). *Narrative approaches in play with children*. London, England: Kingsley.

Chessor, D. (2008). Developing student wellbeing and resilience using a group process. *Educational and Child Psychology, 25*, 82–90.

Cohen, J. A., Mannarino, A. P., & Deblinger, E. (2006). *Treating trauma and traumatic grief in children and adolescents*. New York, NY: Guilford Press.

Cohen, J. A., Mannarino, A. P., Berliner, L., & Deblinger, E. (2000). Trauma-focused cognitive behavioral therapy for children and adolescents: An empirical update. *Journal of Interpersonal Violence, 15,* 1202–1223.

Crenshaw, D. A. (2006). *Evocative strategies in child and adolescent psychotherapy.* New York, NY: Aronson.

Crenshaw, D. A. (Ed.). (2008). *Child and adolescent psychotherapy: Wounded spirits and healing paths.* Lanham, MD: Rowman & Littlefield.

Drewes, A. A. (2006). Play-based interventions. *Journal of Early Childhood and Infant Psychology, 2,* 139–156.

Drewes, A. A. (2009). *Blending play therapy with cognitive behavioral therapy: Evidence-based and other effective treatments and techniques.* Hoboken, NJ: Wiley.

Drewes, A. A. (2011). Integrating play therapy into practice. In A. A. Drewes, S. C. Bratton, & C. E. Schaefer (Eds.), *Integrative play therapy* (pp. 21–35). Hoboken, NJ: Wiley.

Drewes, A. A., Bratton, S. C., & Schaefer, C. E. (Eds.). (2011). *Integrative play therapy.* Hoboken, NJ: Wiley.

Fredrickson, B. L. (2001). The role of positive emotions in positive psychology: The broaden-and-build theory of positive emotions. *American Psychologist, 56,* 218–226.

Fredrickson, B. L. (2004). The broaden-and-build theory of positive emotions. *Philosophical Transactions of the Royal Society of London: Biological Sciences, 359,* 1367–1377.

Fredrickson, B. L., & Losada, M. F. (2005). Positive affect and the complex dynamics of human flourishing. *American Psychologist, 60,* 678–686.

Freeman, J., Epston, D., & Lobovits, D. (1997). *Playful approaches to serious problems: Narrative therapy with children and their families.* New York, NY: Norton.

Gil, E. (1994). *Play in family therapy.* New York, NY: Guilford Press.

Gil, E., & Sobol, B. (2000). Engaging families in therapeutic play. In C. E. Bailey (Ed.), *Children in therapy: Using the family as a resource* (pp. 314–283). New York, NY: Norton.

Goldstein, S., & Brooks, R. B. (Eds.). (2006). *Handbook of resilience in children.* New York, NY: Springer.

Gray, P. (2011). The decline of play and the rise of psychopathology in children and adolescents. *American Journal of Play, 3,* 443–463.

Guerney, L. (1991). Parents as partners in treating behavior problems in early childhood settings. *Topics in Early Childhood (Special Ed.) 11,* 74–90.

Guerney, L. (1997). Filial therapy. In K. J. O'Connor & E. M. Braverman (Eds.), *Play therapy theory and practice: A comparative presentation* (pp. 130–159). New York, NY: Wiley.

Guerney, L. (2001). Child-centered play therapy. *International Journal of Play Therapy, 10,* 13–32.

Hughes, D. A. (2011). *Attachment-focused family therapy workbook.* New York, NY: Norton.

Jernberg, A., & Booth, P. (1999). *Theraplay* (2nd ed.). San Francisco, CA: Jossey-Bass.

Johnson, A. C. (1995). Resiliency mechanisms in culturally diverse families. *Family Journal: Counseling and Therapy for Couples and Families, 3,* 316–324.

Kazdin, A. E. (2009). Understanding how and why psychotherapy leads to change. *Psychotherapy Research, 19,* 418–428.

Knell, S. (1993). *Cognitive-behavioral play therapy.* Northvale, NJ: Aronson.

Knell, S. (1994). Cognitive-behavioral play therapy. In K. J. O'Connor & C. E. Schaefer (Eds.), *Handbook of play therapy* (Vol. 2, pp. 111–142). New York, NY: Wiley.

Knell, S. (1997). Cognitive-behavioral play therapy. In K. J. O'Connor & L. M. Braverman (Eds.), *Play therapy theory and practice: A comparative presentation* (pp. 79–99). New York, NY: Wiley.

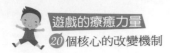
Knell, S. M. (2011). Cognitive-behavioral play therapy. In C. E. Schaefer (Ed.), *Foundations of play therapy* (2nd ed., pp. 313–328). Hoboken, NJ: Wiley.

Landreth, G. L., & Bratton, S. C. (2006a). *Child parent relationship therapy (CPRT): A 10-session filial therapy model*. New York, NY: Routledge.

Landreth, G. L., & Bratton, S. C. (2006b). *Child parent relationship therapy (CPRT): Treatment manual*. New York, NY: Routledge.

LeBlanc, M., & Ritchie, M. (2001). A meta-analysis of play therapy outcomes. *Counselling Psychology Quarterly, 14*, 149–163.

Masten, A. S. (2001). Ordinary magic: Resilience processes in development. *American Psychologist, 56*, 227–238.

Masten A. S., Best, K., & Garmezy, N. (1990). Resilience and development: Contributions from the study of children who overcome adversity. *Development and Psychopathology, 2*, 425–444.

Masten, A. S., & Coatsworth, J. D. (1998). The development of competence in favorable and unfavorable environments: Lessons from research on successful children. *American Psychologist, 53*, 205–220.

May, D. (2006). Time-limited play therapy to enhance resiliency in children. In C. E. Schaefer & H. G. Kaduson (Eds.), *Contemporary play therapy: Theory, research, and practice* (pp. 293–306). New York, NY: Guilford Press.

Meichenbaum, D. (2009). Bolstering resilience: Benefiting from lessons learned. In D. Brom, R. Pat-Horenczyk, & J. D. Ford (Eds.), *Treating traumatized children: Risk, resilience and recovery* (pp. 183–191). New York, NY: Routledge/Taylor & Francis.

Munns, E. (2000). *Theraplay: Innovations in attachment-enhancing play therapy*. Northvale, NJ: Aronson.

Munns, E. (Ed.). (2009). *Applications of family and group theraplay*. Landham, MD: Aronson.

Munns, E. (2011). Theraplay: Attachment-enhancing play therapy. In C. E. Schaefer (Ed.), *Foundations of play therapy* (2nd ed., pp. 275–297). Hoboken, NJ: Wiley.

O'Connor, K. J. (2000). *Play therapy primer* (2nd ed.). New York, NJ: Wiley.

O'Connor, K. J., & Braverman, L. M. (Eds.). (2009). *Play therapy theory and practice: A comparative presentation* (2nd ed.). Hoboken, NJ: Wiley.

Ollendick, T., & Russ, S. (1999). Psychotherapy with children and families: Historical traditions and current trends. In S. Russ & T. Ollendick (Eds.), *Handbook of psychotherapy with children and families* (pp. 3–13). New York, NY: Kluwer Academic/Plenum.

Pedro-Carroll, J., & Jones, S. H. (2005). A preventive play intervention to foster children's resilience in the aftermath of divorce. In L. A. Reddy, T. M. Files-Hall, & C. E. Schaefer (Eds.), *Empirically based play interventions for children*. Washington, DC: American Psychological Association.

Perry, B. D. (2006). The neurosequential model of therapeutics: Applying principles of neuro-science to clinical work with traumatized and maltreated children. In N. B. Webb (Ed.), *Working with traumatized youth in child welfare* (pp. 27–52). New York, NY: Guilford Press.

Perry, B. D., & Hanbrick, E. P. (2008). The neurosequential model of therapeutics. *Reclaiming Children and Youth, 17*, 38–43.

Piaget, J. (1962). *Play, dreams, and imitation in childhood*. New York, NY: Norton.

Ray, D., Bratton, S., Rhine, T., & Jones, L. (2001). The effectiveness of play therapy: Responding to the critics. *International Journal of Play Therapy, 10*, 85–108.

Reddy, L. A., Files-Hall, T. M., & Schaefer, C. E. (Eds.). (2005). *Empirically based play interventions for children*. Washington, DC: American Psychological Association.

Russ, S. W. (2004). *Play in child development and psychotherapy: Toward empirically supported practice*. Mahwah, NJ: Erlbaum.

Rutter, M. (1985). Resilience in the face of adversity: Protective factors and resistance to psychiatric disorder. *British Journal of Psychiatry, 147*, 598–611.

Rutter, M. E. (1987). Psychosocial resilience and protective mechanisms. *American Journal of Orthopsychiatry, 57*, 316–331.

Rutter, M. E. (1993). Resilience: Some conceptual considerations. *Journal of Adolescent Health, 14*, 626–631.

Rutter, M. E. (1999). Resilience concepts and findings: Implications for family therapy. *Journal of Family Therapy, 21*, 119–144.

Rutter, M. E. (2007). Resilience, competence, and coping. *Child Abuse & Neglect, 31*, 205–209.

Rutter, M., Pickles, A., Murray, R., & Eaves, L. (2001). Testing hypotheses on specific environmental causal effects on behavior. *Psychological Bulletin, 127*, 291–324.

Schaefer, C. E. (Ed.). (1993). *The therapeutic powers of play*. Northvale, NJ: Aronson.

Schaefer, C. E. (Ed.). (2011). *Foundations of play therapy* (2nd ed.). Hoboken, NJ: Wiley.

Schaefer, C. E., & Carey, L. J. (Eds.). (1994). *Family play therapy*. Northvale, NJ: Aronson.

Schaefer, C. E., & Drewes, A. A. (2010). The therapeutic powers of play and play therapy. In A. A. Drewes & C. E. Schaefer (Eds.), *School-based play therapy* (2nd ed., pp. 3–16). Hoboken, NJ: Wiley.

Schaefer, C. E., & Drewes, A. A. (2011). The therapeutic powers of play and play therapy. In C. E. Schaefer (Ed.), *Foundations of play therapy* (2nd ed., pp. 15–26). Hoboken, NJ: Wiley.

Seymour, J. W. (2009). Resiliency-based approaches and the healing process in play therapy. In D. A. Crenshaw (Ed.), *Reverence in the healing process: Honoring strengths without trivializing suffering* (pp. 71–84). Lanham, MD: Aronson.

Seymour, J. W., & Erdman, P. E. (1996). Family play therapy using a resiliency model. *International Journal of Play Therapy, 5*, 19–30.

Shelby, J. S. (2010). Cognitive-behavioral therapy and play therapy for childhood trauma and loss. In N. B. Webb (Ed.), *Helping bereaved children: A handbook for practitioners* (3rd ed., pp. 263–277). New York, NY: Guilford Press.

Shelby, J. S., & Felix, E. D. (2005). Posttraumatic play therapy: The need for an integrated model of directive and nondirective approaches. In L. A. Reddy, T. M. Files-Hall, & C. E. Schaefer (Eds.), *Empirically based play interventions for children* (pp. 79–103). Washington, DC: American Psychological Association.

Shirk, S. R., & Russell, R. L. (1996). *Change processes in child psychotherapy: Revitalizing treatment and research*. New York, NY: Guilford Press.

Siegel, D. J. (2010). *Mindsight: The new science of personal transformation*. New York, NY: Random House.

Siegel, D. J. (2012). *The developing mind: How relationships and the brain interact to shape who we are* (2nd ed.). New York, NY: Guilford Press.

Siviy, S. M. (2010). Play and adversity: How the playful mammalian brain withstands threats and anxieties. *American Journal of Play, 2*, 297–314.

Steele, R. G., Elkin, T. D., & Roberts, M. C. (Eds.). (2008). *Handbook of evidence-based therapies for children and adolescents: Bridging science and practice*. New York, NY: Springer.

Sutton-Smith, B. (1997). *The ambiguity of play*. Cambridge, MA: Harvard University Press.

Sutton-Smith, B. (2008). Play theory: A personal journey and new thoughts. *American Journal of Play, 1*, 82–125.

Tedeschi, R. G., & Kilmer, R. P. (2005). Assessing strengths, resilience, and growth to guide clinical interventions. *Professional Psychology: Research and Practice, 36*, 230–237.

VanFleet, R. (1994a). *Filial therapy: Strengthening parent-child relationships through play*. Sarasota, FL: Professional Resource Press.

VanFleet, R. (1994b). *Filial therapy: Strengthening parent-child relationships*. Sarasota, FL: Professional Resource Exchange.

VanFleet, R. (2000). *A parent's handbook of filial therapy: Building strong families with play*. Boiling Springs, PA: Play Therapy Press.

Vygotsky, L. (1978). *Mind in society: The development of higher mental processes*. Cambridge, MA: Harvard University Press.

Waller, M. A. (2001). Resilience in ecosystemic context: Evolution of the concept. *American Journal of Orthopsychiatry, 71*, 290–297.

Walsh, F. (2002). A family resilience framework: Innovative practice application. *Family Relations, 51*, 130–137.

Walsh, F. (2003). Family resilience: Strengths forged through adversity. In F. Walsh (Ed.), *Normal family process: Growing diversity and complexity* (pp. 399–423). New York, NY: Guilford Press.

Webb, N. B. (Ed.). (1999). *Play therapy with children in crisis: Individual, group, and family treatment* (2nd ed.). New York, NY: Guilford Press.

Webb, N. B. (Ed.). (2007). *Play therapy with children in crisis: A casebook for practitioners* (3rd ed.). New York, NY: Guilford Press.

Werner, E. E. (1993). Risk, resilience, and recovery: Perspectives from the Kauai longitudinal study. *Development and Psychopathology, 5*, 503–515.

Winnicott, D. W. (1971). *Playing and reality*. London, England: Tavistock.

Winnicott, D. W. (1984). *Deprivation and delinquency*. London, England: Tavistock.

Wright, M. O., & Masten, A. S. (2006). Resilience processes in development. In S. Goldstein & R. B. Brooks (Eds.), *Handbook of resilience in children* (pp. 17–38). New York, NY: Springer.

18 道德發展

★ Jill Packman

　　能夠反省自己過去的行為和動機，許可其中一些且不許可
另一些，就是一個有道德的人。

—— Charles Darwin

　　道德是文明的基礎。法律的根據是集體社會可接受的共同概念，一個
社會的公民顯性或隱性地同意遵守這些法律和規則。當人們決定要用一種
違反共同法律的方式行事，團體就會被迫重新評估這些法律。

　　兒童誕生在社會和其律法之中；有時是因為懼怕懲罰而遵守法律，
有時是因為個體被教導且認定了事情的對錯，還有一些則是遵循內在的指
南。規則也會因為類似的原因而被破壞：有些是因為對規則本身的漠視，
有些是打破規則時可以贏得某些特權而忽視後果，有些則是缺少對他人的
尊重。最後，因為了解到在特殊的情況下，法律可能不是最好的解決之道
而打破規則和法律。

　　如何決定這些判斷呢？個體如何決定是要遵守還是要破壞某個規則？
這個技巧能夠被教導或修正嗎？或者它是一個生物學的因素？遊戲治療已
經被用來處理介入許多兒童的議題。然而，遊戲治療對兒童道德發展的影
響很少被著墨。

道德發展的描述

　　Piaget 的道德發展理論是從觀察兒童的遊戲發展出來的。他注意到兒童賦予規則不同的重要性，並且是從他們的發展程度來相對衡量的。他假設兒童道德發展的進展，類似於認知發展的方式。當他們在認知上有所進展時，與其他兒童互動時就會改變他們的觀點；沒有認知發展時，道德理解和發展就不會發生（Piaget, 1965）。

　　最初，幼兒是他律的，這個名詞指的是嚴格遵守權威的規則。在此發展階段的兒童相當自我中心，且無法看到他人的觀點。此外，在他律期道德發展的兒童相信「迫在眉睫的正義」（imminent justice），即正義是瞬間發生的，且是由權威者宣布。

　　Piaget 的觀察使他相信，透過與其他兒童互動，兒童能夠開始看見他人的觀點；他認為這是道德發展的自律期。在此時期兒童的認知發展，已經來到能夠對規則加以思考和批判的時間點。當兒童了解「為何」要有某個規則和規則與規則之間的相互關係時，他們就更可能去遵守它們。

　　Kohlberg 的道德發展理論也許是最廣為人知也是最受爭議的。Kohlberg（2008）擴展了 Piaget 的道德發展理論，將它變得更縝密，並從幼兒延伸到青少年。Kohlberg 相信，道德發展在童年期之後依然持續著，並且包括了對正義、權益、平等、人類福祉的理解（Kohlberg, 2008）。

　　Kohlberg 表示，會依照順序出現六個階段的發展，且總是向前進的。一旦兒童能夠進展到下一階段，他們便無法後退。在 Kohlberg 的理論中，有三個一般的層次，而每一個層次都有兩個階段。第一個層次是道德成規前期，這個層次的特徵是具體的、自我中心的觀點。道德成規前期的第一階段是他律導向，類似 Piaget 的同名階段，Kohlberg 的他律期特徵，是避免懲罰和無法看見他人的觀點。第二階段的特徵是兒童開始

看見別人的觀點；被認為是個人主義和交易，讓兒童經驗到互惠性的階段。兒童開始理解，如果他們想要的是你所擁有的，那他們最好能夠給你一些你想要的來交換。在此階段的兒童，一次只能採取另外一個人的觀點，並且開始了解他人會有不同的意見，以及所謂「正確」其實是相對的。Kohlberg 理論的第二個層次是道德成規期。此層次的特徵是兒童有能力知道規則是什麼，以及根據社會認為的對錯行動。在第三階段的兒童開始發展同理心、信任、愛和對他人的關懷。他們的觀點是透過他們的家庭，而非社會角色來形塑。他們是以刻板角色的脈絡來看待自己親近的人（Kohlberg, 2008）。

當兒童到達第四階段，他們開始會考慮到一般社會且遵守法律。在此階段，當社會的法律與人類的基本權益相互衝突時，是一件很掙扎困難的事。當此衝突發生時，個體被迫要處理破壞法律或服從社會規範的分歧。第三個層次是道德成規後期。在此層次，人們考慮的是他們所抱持的個人價值，而非外在為他們設定的規則。但並非所有個體都能夠到達此道德發展時期（Kohlberg, 2008）。

第五階段在青少年期或成人早期發生。此時人們開始對社會做出假設性的思考，並且思考所謂的理想社會應該是如何，而不只是現在有什麼規則和法律存在。在此階段，是以整體社會的改變和改善為目標的理想主義。第六階段很大程度被認為是理論的，並且還未有實證支持，目標是學習採取各方相關的觀點和情緒，並且根據所有呈現的資訊做決定；利他社會的形成應該奠基在公平和人類福祉上。

認為 Kohlberg 的理論對女性有偏見的人提出對此理論的批評。Carol Gilligan（1982）強調性別差異，提出女性的道德發展可能聚焦在關愛道德（非暴力）而非正義道德（公平）。女性的道德發展聚焦於關係，所以女孩的發展應該聚焦於人際關係（Gilligan, 1982）。

同理心

雖然道德發展與同理心在研究上有所不同，兩者卻是密不可分的。
Eisenberg 與 Fabes（1998）將同理心定義為：

> 一種領會和理解他人情緒狀態和條件的情感反應，且與別
> 人當前的感覺或預期的感覺是相同或非常相似的。（p. 702）

Eisenberg（2000）提到，罪惡和羞恥在道德發展上是最重要的，其
他與道德發展有關的情緒還包括同理心、憤怒、恐懼。這些感受似乎是重
要的，因為對人們來說，感受到罪惡或羞恥時，他們很可能已經違反了一
些社會規範，並且覺察到他人可能用這個過失來評斷他們（Eisenberg &
Morris, 2001; Zhou et al., 2002）。

在 Kohlberg 現今著名的道德兩難實驗中，最耳熟能詳的莫過於漢斯
困境（Heinz Dilemma），讀者們會被到問到漢斯應該要怎麼做。故事的
場景描述漢斯的妻子因為癌症快死了，他無法負擔治療費用，並請求藥
劑師的協助。當藥劑師說「不」，漢斯就離開了，並試著決定應該要怎
麼辦。讀者不只被要求說出他們會怎麼做，還要說明他們為何會做出此決
定。道德思考被檢驗；如果要做出較高道德發展階段的決定，讀者得要從
每個角色的觀點考慮他們的感受和了解他們所處的情況。這關乎個體是否
具備同時同理漢斯和藥劑師的能力，以及那會如何驅使他們做出決定。所
以，道德發展是理解關於我們為何以及如何做出挑戰性的決定，還有理解
他人觀點的能力。

在少年犯罪者的道德發展研究中，許多研究的焦點放在利社會與反
社會行為的對比，以及同理心在那些行為上的角色（Barriga, Sullivan-
Cossetti, & Gibbs, 2009）。同理心在利社會行為中出現。個體了解他們
的行為可能會如何影響他人，並試圖避免造成他人在生存方面的傷害。然

而，反社會行為則缺少了同理心，或者缺少了對於他人的憐憫和關懷。

在幼童身上，同理心和感受的發展是在認知之前。嬰兒聽到附近兒童的哭聲時，也會開始哭泣。此外，在年紀很小的時候，嬰兒就開始會表現出與家長臉部表情和情緒適配的依戀。這些鏡像神經元系統很早就開始發展，並且持續發展到青春期晚期（Kristjánsson, 2004）。鏡像神經元系統是同理心反應的原始表達，奠定了未來同理心發展的基礎。

在被診斷為行為規範障礙症的兒童身上，很明顯地看到他們沒有能力辨識他人的情緒，以及無法出現適配的情緒（Barriga et al., 2009）。在青春期晚期或成人期缺少道德發展和情感辨識，是反社會人格疾患的主要診斷因子（*Diagnostic and Statistical Manual IV-TR*; American Psychiatric Association, 2000）。通常，針對少年犯罪者或被診斷為行為規範障礙症兒童的介入，是聚焦在同理心發展，以改善道德的推理和發展。

神經生物學

醫學的進展已將心理學和醫學等科學綜合觀之；今日，我們已經確定可以在大腦的某處「看見」某些心理學的構念，以及其在大腦中如何發展。負責嬰兒回應情緒能力的最初系統是邊緣系統；邊緣系統是反應性的，連結到戰鬥或逃離反應。隨著人類的發展，邊緣系統的反應變得較少，由額葉系統指引的部分變得更多；這會造成反應式的回應更少，而執行功能更多。在青春期晚期或成年期的早期，前額葉皮質的發展才會完成。這與道德發展的理論相符（Shirtcliff et al., 2009）。

在邊緣系統內，研究者已將情緒反應縮小到杏仁核區域；當處在高焦慮的情況時，杏仁核會不斷地被活化而產生不舒服的感覺。出現同理心反應減低的個體，常常也會表現出杏仁核功能的降低。相對地，在刺激變得很強時所出現的典型杏仁核活化反應，會使人們想要避免這些情況。舉例來說，冷酷無情的小偷不會有相同的杏仁核活化，不會經驗到相同的不舒

服感受，以及可能不會想要避免這個反應；但一般人出現不舒服反應時，會使個體想要逃避此狀態。在一般人感到不舒服的情況下，這個杏仁核的低活動性卻會創造出舒適感（Shirtcliff et al., 2009）。

同理心和道德發展涉及將自己投射到他人的情境，所以為了要查明神經生物歷程，我們必須考慮到第一個人的情緒回應，是如何與第三個人的情緒反應互相連結。Decety 與 Jackson（2004）將同理心描述為與他人情緒狀態同在，而又能夠維持自我的能力。

 ## 道德發展在達成改變上的角色

遊戲治療是一個對發展具有敏感度的兒童工作取向（Landreth, 2002），因為兒童沒有認知能力把擔憂化為言語，所以他們是把他們的問題玩出來。言語是具體事物的抽象符號，而發展仍然在前運思期、運思期或具體發展階段的兒童，還沒有能力表現出認知的躍進。當兒童犯錯時會出現的狀況是：成人會問兒童「為什麼」他們會這樣做，然後當兒童回答「我不知道」時成人會感到挫折。兒童的確不知道如何用抽象的言語表達「為什麼」他們會這樣做。

為了促進兒童的發展，我們必須先與他們所在的狀態接觸；想要試著與兒童「討論」事情，是要求他們記得抽象的概念。雖然在家中或學校發生的特定事件不會在遊戲室裡「再次發生」，但所引發的相似情緒或反應的情況卻會。遊戲室是兒童世界的縮影（Landreth, 2002），憤怒的兒童在遊戲室裡會是憤怒的，悲傷的兒童在遊戲室裡會是悲傷的。所以治療師幾乎不用也不必擔心需要與兒童「討論」到底發生了什麼。這在發展上是不合理的（Piaget, 1965）。

一旦兒童達到其發展階段，學習隨之發生。我們從來不會考慮將學齡前兒童放在小學程度的教室裡，因為很明顯的反應是「他們根本無法學習」；道德學習同樣也是如此。當與兒童的道德發展工作時，就必須考慮

到認知發展（Kohlberg, 2008; Piaget, 1965）。

Piaget 與 Kohlberg 都描述過，道德發展的產生需要互動和關係。Kohlberg 倡導道德教育，其中包含由催化者帶領，聚焦在了解不同看法的討論；以及鼓勵人們表達自己的看法和觀點，以便其他人能夠了解他們。Bandura 從社會模式描述了道德發展，他相信兒童從示範、互動和行動中學習（Kristjánsson, 2004）；個人需要透過互動來發展道德指南。

🐦 個別遊戲治療技術

在遊戲治療中，兒童和治療師之間的關係是最重要的（Landreth, 2002）。治療師使用遊戲和玩具讓兒童表達他們的觀點，並使用反映來深化他們對動機和內在對話的了解。當兒童在遊戲而治療師反映出兒童的情緒時，他們就在建立情緒的詞彙。情緒是藉由身體表達的；當治療師給予這些情緒名稱時，就像指著一輛卡車並且為它命名。最終，兒童就能夠自己來做這件事。

這些同理心反應也讓兒童知道，有人了解他們的感覺是什麼。Landreth（2002）提到：「你無法給出你所沒有的。」如果兒童從未經驗過同理心，他們如何能夠開始了解他人呢？遊戲治療提供此經驗給兒童。如果兒童沒有被了解，他們會以行動的方式強迫成人注意他們，努力得到成人的理解。如果他們從未了解可能會發生些什麼情況，他們的行為可能會逐漸升高至一個點，變得一心想為被了解而奮戰，也就絕不會有機會看見別人的觀點。或者相信自己不值得被了解，所以他們擁有的意見和感受都沒有價值。一般而言，這個信念就會變成認為情感是不需要的，以及其他人的觀點都是不重要的。透過遊戲治療，兒童被了解，並且學習被了解是一個重要的建構。

因為兒童的認知發展之故，可能無法以語言解釋他們做選擇的理由（Landreth, 2002），但是語言卻是 Kohlberg（2008）的道德教育所要求

的。不會做出道德評判的遊戲室環境，可以讓兒童透過遊戲而非口語的形式，安全地探索他們的情緒和觀點。另外，此環境也讓他們可以嘗試對情境做出不同的行為和反應。

在遊戲治療中，兒童學習自我控制、自我引導、負責任、尊重自己和他人、遇到問題時使用創造力，以及接受自己和自己的感受。當這些界限被跨越時，遊戲治療師會示範何謂適當的互動、界限和狀態。兒童可能無法意識到他們已經侵犯到別人，或者可能只是聽到對方用攻擊或憤怒的語調表達這些過失，而不知所以然的引發戰鬥或逃離反應。藉由用平靜、不以道德批判的方式設立適當的限制，兒童才有機會對限制做出回應，並且對於他們的行為做出更利社會的決定。兒童學會想一想自己的行為，並且練習在遊戲室裡行動。

團體遊戲治療技術

在團體遊戲治療或團體活動治療中，必須考慮團體的組成。Ginott（1961, 1975）描述了兒童對融入團體的渴望；在團體中，這可以從兒童為了被喜歡而修正他們的行為上看到，這在形成團體時是一個重要的概念。遊戲治療團體中有兩個攻擊性很強或聚焦於自我的兒童，這團體裡的任何人就不可能從中得到益處，也不會樂在其中。理想上，團體是異質性的，可以讓每個兒童向他人學習並了解他人的觀點。所以，學習他人的觀點可能是在團體遊戲治療和團體活動治療中自然而然發生的。當遊戲室或活動室有其他兒童在場時，治療師的工作是向團體反映出所有成員的想法和感受。聽見他人的想法，兒童能夠處理和理解別人在想什麼，這在某種程度上是要藉由治療師來催化，而大多是與同儕的示範有關，也是在團體遊戲治療中自然會發生的收穫。當兒童聽到可能有另一種觀點時，這給他一些東西去思考，並促進了道德的發展（Kurtz & Eisenberg, 1983）。

在團體中自然產生的衝突提供了引導式問題解決的機會。當衝突發

生時，遊戲治療師要先承認有衝突才能促進問題的解決；如此能讓兒童了解他們正在互相對抗，試著做相同的事情卻相互妨礙，因而注意到衝突實際上是存在的。第二，遊戲治療師可以鼓勵兒童發想，是否有能夠完成每個兒童目標的方法。透過大聲說出如何解決衝突的思考歷程，啟動了如何達到目標的思考歷程。最後，治療師會反映每個兒童所選擇的情況處理方法；如果問題化解了，會以「哇，你為彼此想出了如何去做自己想要的事情的方法」的形式鼓勵；如果衝突沒有化解，治療師就再重新開始此歷程。這個歷程提供了對問題解決的示範和同理心。

對賽遊戲

Piaget（1965）提到，藉由與其他兒童互動，能夠協商關係、規則和遊戲。在這些協商中，就促進了道德發展。透過與另一個或一群兒童一起工作，可以學會哪一種回饋才是可以被接受的（Kamii & DeVries, 1980）。如同 Ginott（1961, 1975）所建議，當團體形成之後，兒童常常會修正他們的行為來配合其他人的行為。透過有組織的對賽遊戲，想要融入和想要讓樂趣持續的自然結果，會幫助修正行為和想法。

當兒童剛開始玩對賽遊戲時，會難以遵守規則。他們會編造自己的規則並修正現存的規則來滿足個人的、自我中心的需求。他們的第一個「玩伴」或照顧者會容忍這個行為；然而，隨著兒童的成長這會變得較不令人滿意，對賽遊戲變成兒童學習遵守所協商規則的機會。當兒童不遵守這些規則時，他們會看見傷感情、悲傷、憤怒、友誼無法持續的後果（Ewing, 1997; Kamii & DeVries, 1980）；是這些後果的第一手經驗而非外在規則的約束，幫助了兒童的發展。

親子關係治療

儘管道德發展就生物學的角度來看會自然形成，而作為治療師的我們

也可以催化發展，但家長仍然對他們孩子的發展有著很大的影響。近來對同理心和道德發展的研究，已經注意到依戀和親子關係互動型態的影響力（Eisenberg & Morris, 2001; Spinrad et al., 1999; Valiente et al., 2004）。親職風格，包括溫暖和可靠的依戀，與兒童的利社會行為有高度的相關（Hyde, Shaw, & Mollanen, 2010; Spinrad et al., 1999）。Eisenberg 與 McNally（1993）對小學生的研究發現，用正向方式鼓勵孩子的家長，他們的孩子會比較有能力採取他人觀點（Farrant, Devine, Maybery, & Fletcher, 2012）。當兒童暴露在情緒之下時，他們比較不會害怕表達自己的情緒，也能夠同理他人的情緒；不過，當情緒是用負向或過度情緒化的方式表達時，就會抑制兒童發展出同情和情緒表達的能力（Valiente et al., 2004）。此外，使用懲罰或不給予愛和接納的親職風格，與較低的利社會行為有高相關（Eisenberg & Morris, 2001）。

親子關係治療（CPRT）是教導家長使用兒童中心遊戲治療技巧與他們的孩子互動的歷程。具體來說，會要求家長每週與他們的孩子進行30分鐘的遊戲會談（Bratton, Landreth, Kellam, & Blackard, 2006）。透過訓練，家長學習如何反應兒童的情緒面、如何用兒童的遊戲語言說話、設立非反應性限制，以及接納孩子和自己。這個遊戲治療模式提出讚美與鼓勵的重要性，希望家長的親職風格可以有更多的正向性和較少的對抗性。

當家長開始接受 CPRT 時，常會對自己和孩子感到挫折。他們的行為常常反映出他們的挫折，家長可能會迴避孩子，或表現出並非他們本意的行為。理想上 CPRT 是在團體心理教育的環境中進行，家長可學習到他們並不孤單。他們不但可以從治療師那裡得到同理，也可以同理彼此。帶著自己對同理心了解的新發現，家長就能夠提供同理心給他們的孩子。他們學習到不帶批判地接納自己和接納孩子；藉此，也學習到如何教導孩子一種情緒的語言，並且對兒童的行為採取不同且更正向的回應，在本質上學習如何回應，而不是情緒化反應。接著，兒童就有機會在無須恐懼的情況下發展出道德。

遊戲治療和道德發展的研究

遊戲／活動治療在道德發展上的影響缺少實驗研究，這可能有幾個原因，其中一個是量化測量道德發展的困難度。「確定爭議測驗」（Defining Issues Test, DIT）是設計來測量道德發展的，但實施在幼兒或閱讀程度低的青少年身上會是個挑戰。另一個挑戰是因為道德推理是流動的，在研究期間要量化統計道德發展是否有顯著的改變就會很困難。

然而，Paone 等人（2008）論述了處境危難的高一學生在談話治療和團體活動治療的比較。在此研究中，61 位學生被分派到實驗組（團體活動治療）和比較組（談話治療）。他們與學生工作的時間共 10 週，每次50 分鐘。學生一開始先做一次 DIT，10 週結束後再做一次 DIT。在兩種介入之後，研究者發現，與比較組的學生相較，參與團體活動治療的學生在 DIT 的「規範基模量尺」（Norms Schema Scale）上有顯著的提升。此外，也發現有中到大的效應值。根據 Paone 等人（2008）的研究，在改善處境危難青少年的道德發展上，團體活動治療是合乎發展的方式。

臨床花絮

通常從情境中觀察和了解，最能明白某種型態的治療如何運作。以下的案例，藉由描述使用不同形式的遊戲治療互動，可以洞察道德發展的歷程（並非特定案例，且為了保密已經更改了名字）。

個別治療

Jason 是一位父母親正在辦理離婚手續的兒童，他的媽媽說離婚過程沒有暴力，但 Jason 有幾次目睹父母之間激烈的爭吵；他變得對父母有攻擊性，他爸爸解決他這種舉動的方法是打他和吼他，他媽媽則是以大罵和哭泣來解決。Jason 來接受遊戲治療且充滿了憤怒；剛開始他的遊戲是探

索性的，似乎對治療師的反映，甚至只是跟他一起待在遊戲室裡，都會感到憤怒。在被接納和尊重的對待時，他感到極為不舒服，畢竟這對他來說是陌生的。隨著會談的進展，Jason 會很堅定的命令治療師做某些事情，當治療師不受指揮時他會變得很生氣。儘管已經設限，他仍然常常對治療師丟玩具和射飛鏢槍。治療師持續反映案主無助和憤怒的感受；在某次會談時，當治療師做了一個反映之後，Jason 看著單面鏡中的自己並且大吼：「閉嘴，賤人。」治療師平靜地反映他的感受。在下一次會談，兒童坐在治療師面前的地板上，並且透過用玩具丟治療師來回應。治療師再一次平靜地回應，在了解 Jason 憤怒的同時也設限了，玩具不是用來丟的，並且提供兒童兩種選擇。玩具真的打到治療師的頭了！當治療師並沒有生氣時，Jason 就不必去捍衛和辯解自己的行為；他立即開始道歉，這是他未曾在遊戲室裡做過的事。藉由明白犯了錯以及表達情緒也不會被攻擊，他開始有機會去想一想他的行為會如何影響到另一個人。從這次會談開始，Jason 的行為和舉止改變了，他變得與治療師更加合作，會將她納入遊戲而不是將她看成是房間內的其他物品。他的遊戲變得有關係性；有一次他用飛鏢槍指著治療師並說：「我知道不能對著人射，那會痛。我選擇射天花板。」他不但開始將限制內化，而且開始思考他的行動可能會帶給另一個人的感受。Jason 的媽媽回報說，他在家的行為變得比較沒有攻擊性；因為情況得到了緩解，使得媽媽回應他的能力也不同了。藉由這兩種改變，Jason 和他的媽媽可以發展出更堅實的關係。現在他會用更能夠被接受的方式在家裡表達他的感受，他的媽媽也不再怕他，也能夠傾聽和同理他。在這個案例中，Jason 藉由與遊戲治療師建立關係的方式體驗遊戲治療，並能夠接受同理和了解。他不必為自己的行動做出防衛，也因此就有能力選擇採取不同的行動。

🌳 團體遊戲治療／團體活動治療

有一個由三位國小高年級女生組成的團體，被轉介到學校裡的團

體活動治療；其中一個女孩極度害羞（Donna），一個是衝動與好動（Susan），還有一個是發展遲緩（Laura）。Donna 雖然害羞，在同年齡的團體中算是受歡迎的，但常常在不恰當的時候說出心裡話。Susan 想要融入團體但在社交方面是笨拙的，所以很敬佩 Donna。另一個小女孩 Laura 也想要融入團體，但是有困難。在團體的過程中，當 Laura 的行為變得很難處理時，女孩們會排除她然後兩個人繼續一起玩。Laura 的遊戲比較傾向不成熟，而且另外兩個女孩對此的容忍力很低。在一次團體的點心時間，女孩們坐在一起吃她們裝飾完成的餅乾，Laura 吃得滿臉都是糖霜，另外兩個女孩試著不要過分無禮，什麼也沒說，但她們的表情已經大聲地說出心裡話。治療師反映說她們看起來一副覺得很噁心的樣子，她們同意了，說 Laura 身上到處是食物。Laura 回應：「我有嗎？」另外兩個女孩說有，並且告訴她在哪裡。Laura 趕緊擦擦臉，並且問女孩們她是不是臉上常會有食物，她們肯定了她的話。接著，Laura 問是不是那就是人們午餐時不想跟她坐在一起的原因，女孩們證實了這個想法。Laura 看起來相當震驚。治療師反映出 Laura 有多麼傷心，特別是因為她完全不知情；其他女孩連忙告訴她不用擔憂，從現在起她們會讓她知道。從那次會談開始，Donna 和 Susan 對 Laura 很誠實，並且試著給她友善的回饋。當團體即將要結束時，女孩們被問到她們最喜愛團體的什麼部分。Donna 回應，更加認識平常不會有機會去認識的人是她最喜歡的部分。Susan 回應，她很高興學到人們會有不同的想法。Laura 則回應，現在午餐時她有朋友可以坐在一起。團體內的行為已經類化到教室和學校餐廳；因為 Donna 和 Susan 學到 Laura 會如何感受和理解，她的行為並不是要冒犯，她們願意幫助她。Donna 和 Susan 在學校餐廳和下課時間接納了 Laura，其他的孩子也是如此。

🌳 親子關係治療

Tracy 很沮喪，她總是想要扮演一個好家長，但很快地發現事情並

不如她所想。她的七歲兒子 Tom，總是顯得憤怒。他對她大吼，對他的老師大吼，也對著其他孩子大吼。Tracy 讀過幾本親職教養的書籍，也在 Tom 的學校參加過幾次一天的工作坊。Tracy 兩年前失去她的丈夫，也就是 Tom 的父親時，她認為還過得去，但是 Tom 開始上學之後，他的行為就變得很難控制。Tracy 感覺自己是失敗的家長，她做了所有她曾經發誓絕不會做的事：對她的兒子大吼、威脅要處罰他，為了讓自己休息一下就讓他看好幾個小時的電視。在第一次的 CPRT 團體中，Tracy 哭了。她承認，她想要孩子和討厭當父母、憎恨孩子的比例是一樣多的。當她聽到其他團體成員也同意他們也掙扎於要喜歡自己的孩子時，她睜大了眼睛。知道她不是唯一一個有這樣想法的人，她感到非常訝異。緊接著下一週，她說單單只是這個啟發，就能夠讓她用不同的方式與孩子互動。隨著團體繼續的進行，她從團體中得到更多的支持和同理。有一次，另一位家長竟然對 Tracy 表示欽佩，因為 Tracy 有勇氣說出在孩子的父親死後，她不認為自己有能力生存下去。再次，Tracy 大感詫異。經過 10 週的時間之後，Tracy 開始在家中與她的孩子進行遊戲會談。她每週想起來都很驚訝，自己跟 Tom 玩得有多麼快樂。她開始回想起她為何想要一個孩子！隨著幾週的進展，Tracy 愈來愈喜歡與 Tom 在一起。她說當她在遊戲時間之外感到心煩時，他會過來坐在她旁邊，依偎著她或按摩她的背，並且說：「沒事的，媽咪。」因為 Tracy 從團體接收到同理心，使她有能力改變對 Tom 行為的反應；當 Tom 從媽媽那裡獲得同理心，他也能夠以同理心回報之。在訓練結束前，Tracy 表示，每次 Tom 做了她不喜歡的事情，她再也不會威脅他了；她已經學到用不同方式回應的技巧，因為她愛她的孩子和自己。

應用

藉由促進兒童的道德發展，某些診斷類別和一般性的行為問題就可以

獲得幫助。舉例來說，有注意力缺陷過動症的兒童，常常掙扎在如何處理他人的感覺。他們的衝動性阻礙了與其他兒童有良好連結的能力，而且他們常在要維持關係時面臨挑戰。自閉症診斷的其中一個特徵是難以同理他人，透過重複的互動和回饋，在自閉症光譜上的兒童能夠學習到預料和了解他人。藉由正向互動，有認知遲緩的兒童也能學習到同理心且與其他兒童有所連結。行為規範障礙症和之後的反社會人格疾患的特性，也是缺乏同理心和想要操縱他人的行為，透過重複的互動，可以修正這些特徵。

　　藉由道德理解和發展，更能夠減低霸凌行為和一般性的行為問題。在學校不遵守規則的兒童，在外部強加的規則中掙扎並對這些規則缺少體認。 霸凌者常常以霸凌來滿足自己的需求，例如在社交上提升自己，或是能讓自己感覺更好，或是因為他們不在乎，或是沒有意識到他們的行為帶給其他兒童的感覺。進一步提升道德發展，就能夠幫助這兩種類型的兒童選擇修正他們的行為，從外控到內控；因為他們學習到，透過更好的互動，他們對自己的感覺會更好，並且會與同儕發展出更有意義的關係。

　　根據理論家們的說法，道德發展是一個自然現象，透過互動、神經生物的發展和直接教導，隨著兒童成熟而發生。然而，萬一道德發展看起來並沒有發生時你該做些什麼？遊戲治療提供兒童道德發展上的必要元素。

❖ 參考書目

American Psychiatric Association. (2000). *Diagnostic and statistical manual of mental disorders* (4th ed., text rev.). Washington, DC: Author.

Barriga, A. Q., Sullivan-Cosetti, M., & Gibbs, J. C. (2009). Moral cognitive correlates of empathy in juvenile delinquents. *Criminal Behaviour & Mental Health*, *19*(4), 253–264. doi: 10.1002/cbm.740

Bratton, S., Landreth, G., Kellam, T., & Blackard, S. (2006). *Child parent relationship therapy (CPRT) treatment manual: A 10-session filial therapy model for training parents.* New York, NY: Routledge.

Decety, J., & Jackson, P. L. (2004). The functional architecture of human empathy. *Behavioral and Cognitive Neuroscience*, *2*(2), 71–100.

Eisenberg, N. (2000). Emotion, regulation, and moral development. *Annual Review of Psychology*, *51*(1), 665.

Eisenberg, N., & Fabes, R. (1998). Prosocial development. In N. Eisenberg (Ed.) and W. Damon

(Series Ed.), *Handbook of child psychology: Vol. 3. Social, emotional, and personality development* (5th ed., pp. 701–778). New York, NY: Wiley.

Eisenberg, N., & McNally, S. (1993). Socialization and mothers' and adolescents' empathy-related characteristics. *Journal of Research on Adolescence, 3*(2), 171–191.

Eisenberg, N., & Morris, A. (2001). The origins and social significance of empathy-related responding. A review of empathy and moral development: Implications for caring and justice by M. L. Hoffman. *Social Justice Research, 14*(1), 95–120.

Ewing, M. (1997). *Promoting social and moral development through sports.* Unpublished manuscript, U.S. Youth Soccer Parents Resource Library, Frisco, TX.

Farrant, B. M., Devine, T. J., Maybery, M. T., & Fletcher, J. (2012). Empathy, perspective taking and prosocial behaviour: The importance of parenting practices. *Infant & Child Development, 21*(2), 175–188. doi: 10.1002/icd.740.

Gilligan, C. (1982). *In a different voice: Psychological theory and women's development.* Cambridge, MA: Harvard University Press.

Ginott, H. (1961). *Group psychotherapy with children: The theory and practice of play therapy.* New York, NY: McGraw-Hill.

Ginott, H. (1975). Group play therapy with children. In G. Gazda (Ed.), *Basic approaches to group psychotherapy and group counseling* (2nd ed., pp. 327–341). Springfield, IL: Thomas.

Hyde, L. W., Shaw, D. S., & Moilanen, K. L. (2010). Developmental precursors of moral disengagement and the role of moral disengagement in the development of antisocial behavior. *Journal of Abnormal Child Psychology, 38*(2), 197–209. doi: 10.1007/s10802–009–9358–5.

Kamii, C., & DeVries, R. (1980). *Group games in early education: Implications of Piaget's theory.* Washington, DC: National Association for the Education of Young Children.

Kohlberg, L. (2008). The development of children's orientations toward a moral order. *Human Development (0018716X), 51*(1), 8–20. doi: 10.1159/000112530.

Kristjánsson, K. (2004). Empathy, sympathy, justice and the child. *Journal of Moral Education, 33*(3), 291–305. doi: 10.1080010305724042000733064.

Kurtz, C., & Eisenberg, N. (1983). Role-taking, empathy, and resistance to deviation in children. *Journal of Genetic Psychology, 142*(1), 85.

Landreth, G. (2002). *Play therapy: The art of the relationship* (2nd ed.). New York, NY: Routledge.

Paone, T. R., Packman, J., Maddox, C., & Rothman, T. (2008). A school-based group activity therapy intervention with at-risk high school students as it relates to their moral reasoning. *International Journal of Play Therapy, 17*(20), 122–137. doi: 10.1037/a0012582.

Piaget, J. (1965). *The moral judgment of the child.* New York, NY: Free Press.

Shirtcliff, E. A., Vitacco, M. J., Graf, A. R., Gostisha, A. J., Merz, J. L., & Zahn-Waxler, C. (2009). Neurobiology of empathy and callousness: Implications for the development of antisocial behavior. *Behavioral Sciences & the Law, 27*(2), 137–171. doi: 10.1002/bsl.862.

Spinrad, T. L., & Losoya, S. H., Eisenberg, N., Fabes, R. A., Shepard, S. A., Cumberland, A., . . . Murphy, B. C. (1999). The relations of parental affect and encouragement to children's moral behavior. *Journal of Moral Education, 28*(3), 323.

Valiente, C., Eisenberg, N., Fabes, R. A., Shepard, S. A., Cumberland, A., & Losoya, S. H. (2004). Prediction of children's empathy-related responding from their effortful control and parents' expressivity. *Developmental Psychology, 40*(6), 911–926. doi: 10.1037/0012–1649.40.6.911.

Zhou, Q., Eisenberg, N., Losoya, S. H., Fabes, R. A., Reiser, M., Guthrie, . . . Shepard, S. A. (2002). The relations of parental warmth and positive expressiveness to children's empathy-related responding and social functioning: A longitudinal study. *Child Development, 73*(3), 893–915.

Chapter 19　加速心理發展

★ Siobhán Prendiville

 導論

　　在加速兒童心理發展方面，遊戲的力量是顯著的，遊戲提供練習和發展眾多技巧的機會，包含認知的、語言的、社會的和情緒的（Drewes & Schaefer, 2010; Lindon, 2001; Moyles, 2005）。遊戲被認為是兒童發展上因果關係的媒介，它能夠帶領兒童的發展程度更接近或進入正常範圍內（Bluiett, 2009; Daunhauer, Coster, & Cermak, 2010; Russ, 2007）。因此，對於在發展上任何層面有遲緩或中斷的兒童（例如，整體發展遲緩，語言、認知或社會情緒發展上的特定遲緩，依戀疾患，自閉症類群障礙症，注意力缺陷過動症，以及創傷和忽略），遊戲是更為重要的。童年期創傷，不管是廣泛的、慢性的或有時限的，都會導致兒童在情緒、行為、認知、身體功能方面顯著、持續的遲緩（Perry, 2001; Perry, Pollard, Blakley, & Baker, 1995）。

加速心理發展的重要性

　　作為遊戲治療師，我們不僅對評估與衡鑑兒童目前的發展程度感興趣，我們更要將目標放在催化（有時還要加速）他們的發展，帶領發展更接近或進入正常的範圍內。

🐦 實證支持

上個世紀以來已經建立起一個強大的研究基礎，支持兒童遊戲在社會、情緒、語言和認知發展上的益處（Fantuzzo & McWayne, 2002; Hoffman & Russ, 2012）。

🌳 遊戲與社會／情緒發展

遊戲與社會技巧和社會能力的發展可以經由眾多方式產生關係。Fantuzzo 與 McWayne（2002）調查了同儕遊戲互動與學校準備度之間的關係。他們發現，遊戲能力與教室內的利社會行為有顯著的相關。遊戲也被發現能夠培養特定的社交技巧，例如合作和開啟對話、社會覺察和創造性問題解決的發展（Zigler, Singer, & Bishop-Josef, 2006）。在回顧了社會能力有困難兒童的介入之後，Manz 與 McWayne（2004）的結論是，結合遊戲和以遊戲為基礎取向的介入，在改變同儕遊戲的互動方面最有效。

兒童遊戲在促進和催化正向情緒發展的重要性也已為大家所接受。遊戲已經被發現能夠催化情緒調節的發展（Elias & Berk, 2002; Fantuzzo, Sekino, & Cohen, 2004; Hoffman & Russ, 2012）、描述個人所擁有的情緒和了解他人情緒的能力（Russ, 1999），以及整體情緒能力（Lindsey & Colwell, 2003）。

🌳 遊戲與讀寫能力／語言發展

一系列研究顯示，兒童遊戲和讀寫能力以及語言發展之間有顯著的關係。Fantuzzo 等人（2004）表示，遊戲培養接收詞彙的技巧，同時Newland、Roggman、Pituch 與 Hart（2008）也發現，在遊戲中顯而易見的共享注意力技巧，支持了協調的、互惠的、語言豐富的互動，培養了

嬰兒的語言發展。同樣地，Zigler、Singer 與 Bishop-Josef（2006）以及 Neuman 與 Roskos（1997）強調遊戲在兒童基礎的讀寫能力技巧發展方面的因果關係角色。Saracho（2002）探究能夠讓兒童探索書寫語言的使用範圍的遊戲能力。Roskos 與 Christie（2004）進行了 20 份有關遊戲和讀寫能力發展之間關係調查的重要性分析。他們總結，有三個關鍵領域似乎促進了遊戲和讀寫能力發展之間的關係：(1) 遊戲能夠提供促進讀寫能力、技巧、策略之環境；(2) 遊戲可視為是一種語言的經驗，讓兒童能夠建立口語和書寫形式溝通之間的關係；以及 (3) 遊戲能夠提供教導和學習讀寫能力的機會。

遊戲與認知發展

已經有相當數量的研究報告指出，遊戲可以培養幼兒的創造性思考和問題解決能力。Hoffman 與 Russ（2012）、Moore 與 Russ（2008）、Singer 與 Lythcott（2004），以及 Kaugars 與 Russ（2009）的文獻指出，遊戲和好玩（playfulness）與兒童的創意有顯著的相關。研究發現指出，遊戲在一系列涉及創造力之認知、情緒、人格歷程的發展上是重要的；亦即，發散性思考、洞察能力、轉換能力、帶有情感的幻想、表達情感和經驗情緒的能力、主動演練，以及使用個人的意識和組織心理結構。這些歷程已經在遊戲中被發現，在遊戲中被表達，並且透過遊戲來發展（Russ, 1999），這一系列歷程的發展，尤其是抽象和發散性思考，反過來也培養了問題解決的能力（Russ, 1993, 1999）。

Dansky（1980）和 Pellegrini（1992）指出，彈性是遊戲和問題解決之間的中介連結。遊戲提供兒童以結構的或非結構的方式玩各種媒材的機會，諸如此類以不尋常和非常規的方式和各種物件一起玩，會刺激發展出關於這些物件的想法，並且能夠促進兒童探索和發展可以如何使用它們的想法，以及發展出與舊物件之間的新連結。此外，兒童遊戲的象徵面向可以促進從具體到抽象思考的移動，以及培養發現創造性解決的能力

（Russ, 2003; Russ & Fiorelli, 2010）。兒童參與多種活動，採取多種角色，表達出多種計畫、主題和故事情節時，假扮遊戲催化了這個重要的想法轉移。

在 1992 年，Fisher 分析了 46 份關於遊戲對兒童發展之影響的已出版研究；這些研究中有一半與遊戲和認知發展有關，另外四分之一與遊戲和語言發展有關，最後四分之一則與遊戲和社會情緒發展有關。Fisher 總結，這些具有說服力的證據指出兒童的遊戲，特別是社會戲劇遊戲，會提升認知、語言、社會和情緒／情感領域的表現。最近的研究（Bluiett, 2009; Daunhauer et al., 2010; Lindsey & Colwell, 2003）也陸續發現，遊戲對兒童心理、語言、認知和情緒發展都有正向的影響。Bluiett（2009）研究學齡前兒童的社會戲劇遊戲，發現諸如此類的遊戲會幫助語言的習得，因為它提供兒童安全的情境，讓兒童得以試驗和語言元素相結合的不同使用方式。 Daunhauer 等人（2010）探究認知功能和遊戲行為之間的關係，發現遊戲行為能力發展得較好，與在認知功能測驗上表現較好之間有強烈的相關。

🌳 遊戲與大腦發展

神經科學出現之後，支持並強化了遊戲在培育哺乳類和兒童大腦發展上扮演重要角色的結論。神經科學家 Panksepp（1998, 2003）也發現，遊戲會促進大腦的成長；尤其他的研究比較了額葉皮質受損的老鼠，與那些沒有受損的老鼠的表現後指出，遊戲透過刺激背外側前額葉皮質的成長，降低了老鼠的衝動性。Panksepp（1998）的老鼠遊戲研究也發現證據指出，遊戲會促進杏仁核的神經生長，而杏仁核是一個支持社會和情緒功能的大腦區域。其他研究哺乳類遊戲的神經科學研究者（Brown, 2009; Pellis & Pellis, 2009）所做的結論是，動物大腦的最佳發展有賴於生命早期的健康遊戲經驗。幼小動物的遊戲似乎刺激了小腦的成長、大腦前額葉和額葉皮質的發展，以及鼓勵杏仁核的神經生長。類似的大腦成長，也透

過遊戲在幼童情緒歷程、社會行為發展（例如自我調節、輪流和互惠、動作控制、均衡、平衡、肌肉張力）、認知歷程（例如注意力）、語言歷程和執行功能（例如自我控制）方面產生影響。

同樣地，我們現在知道兒童的大腦是以「活動依存」（activity-dependent）的方式組織和改變，經驗和環境都明顯的影響和指引了神經發展歷程，尤其是童年早期（Perry, 2002; Schore, 2001）。理想的經驗和獲得有刺激的環境通常會帶來健康、彈性與多元能力的發展，而不利的經驗和不適當的環境，例如不當對待、忽略、創傷和感覺剝奪，則會破壞典型的神經發展形式（Perry, 2009; Schore, 2001）；此類的經驗和環境會對大腦的功能、適當的行為發展，以及認知與情緒能力的發展造成顯著的損害（Perry, 2002）。Brown（2009）和 Jennings（2011）提到，母親與她尚未出生孩子的遊戲，「在（嬰兒的）大腦發展上有深遠的影響」（Jennings, 2011, p. 33）。

Perry 與 Pollard（1997）檢驗了受忽略兒童各方面的神經發展，他們提出早期童年忽略的特徵是，低程度的感覺輸入導致大腦皮質的發育不良。他們的研究區分出遭遇整體忽略和遭遇混亂忽略的兒童。整體忽略的分類是多於一個領域以上的感覺遭到剝奪，舉例來說，極微量的接觸、語言和社會互動。身體、情緒、社會或認知忽略則形成混亂忽略（Perry & Pollard, 1997）。此外，再加上是否經驗到產前藥物暴露的特定類別，將兒童劃分成四個組別——整體忽略、整體忽略有產前藥物暴露，混亂忽略，與混亂忽略有產前藥物暴露——檢驗他們成長的各種測量值，包括身高、體重、額葉—枕葉周長（一種被認為是合理大腦尺寸的頭部尺寸測量）（Perry, 2002）；接著這些結果會在各組之間，以及和標準常模之間做比較。再者，盡可能的進行核磁共振造影（MRI）和電腦斷層掃描（CT），並且再次與標準常模比較。最引人矚目的研究結果是，整體忽略兒童的額葉—枕葉周長與常模之間的戲劇性差異，因而顯示這些兒童大腦的不正常發展。追蹤整體忽略兒童離開受忽略環境，並且被安置在寄養

照顧後的發展,最顯著的結果是大腦的某些功能和尺寸大小出現了復原。這個發現支持 Perry 的主張(2009),在正向經驗和有刺激的環境之下,大腦功能會有所改善。

Perry(2006)發展了一個臨床取向的神經順序模式治療(Neurosequential Model of Therapies, NMT),幫助遭受不當對待兒童的大腦功能改善。這個屬於神經生物知識的取向,聚焦在衡鑑和辨識大腦內已經受到不當對待不利影響的系統和區域;接著焦點就轉移到挑選和依序安排合乎其發展的治療、教育和滋養活動給個別兒童,例如遊戲活動。以依照順序的方式應用這些所提供的介入和經驗,目標在於複製神經發展。Barefield、Dobson、Gaskill 與 Perry(2012)發表了兩份研究,調查 NMT 對學齡前兒童的效果;結果指出,介入成功地改善社會—情緒發展和行為,而且這些收穫明顯地維持了 12 個月以上。

加速心理發展在達成改變上的角色

Vygotsky(1967)強調遊戲的重要性,是能夠讓兒童進入最高程度的發展功能;他認為兒童可以獨立掌握的工作,和他們要在成人或技巧更高兒童的引導或協助下才能掌握的工作,兩者有明顯的差異,他將後者稱為「近端發展區」(zone of proximal development, ZPD)。由更高階遊戲夥伴所提供的協助(鷹架作用),能夠幫助兒童進階到下一個更高的發展程度。

遊戲讓兒童在活動中投入全部的興趣和注意力;同時,因為遊戲是如此令人樂在其中和愉悅,兒童就有內在動機可以堅持在學習活動上。當你從做中學,就更容易理解和留住知識與技巧。Vygotsky(1978)提出,兒童在遊戲中所表現的功能比在其他生活行為或活動中還要好,「兒童在遊戲中總是表現得超過他的平均年齡,高於他的日常行為;在遊戲中他就好像比自己高了一個頭」(p. 96)。

Piaget 相信，兒童假扮遊戲的象徵面向讓它在兒童認知發展上是如此的重要（Pulaski, 1981）。對 Piaget 來說，遊戲中的象徵使用讓兒童能夠從依賴具體物向心理表徵移動。透過這種方法，假扮遊戲「在具體經驗和抽象想法之間」催化了發展（Pulaski, 1976, p. 28）。同樣地，將使用之物件假裝成別的東西的能力，被認為是構成發散性問題解決、創造性思考和假扮遊戲之間連結的基礎（Stagnitti, 2009b）。Piaget 視遊戲為同化，一種兒童將新知識結合到他們原有知識的歷程，因此他不認為兒童在假扮遊戲期間會創造出新知識（Piaget, 1962）。相對來說，Vygotsky（1967）提出，假扮遊戲在兒童發展上是主導兒童學習的重要因素，透過假想，一件事能象徵另一件事。他認為，此象徵思考的能力形成了語言發展的基礎。

讀寫能力發展指的是圍繞著語言接收和語言表達的發展，早期以學校為基礎的閱讀、書寫和敘說能力的讀寫能力發展，以及包含在故事基模內的敘說能力、建構和心理表徵。根據 Stagnitti 指出：「當兒童與其他人在遊戲中假扮的時候，他們藉著反映遊戲邏輯順序動作所開展的敘述，表現出場景中的角色。」（2009a, p. 66）這種創作遊戲故事的做法提升了讀寫能力的發展。

🕊 策略與技巧

遊戲治療師在使用加速兒童心理發展的遊戲力量時，會運用一系列的臨床取向。

🌳 治療師╱兒童的互動遊戲

遊戲中的成功對於兒童的整體發展非常關鍵（Stagnitti, 1998）；在發展遲緩兒童的案例中，治療師可能會運用互動遊戲來培養和發展遊戲技巧，並且讓他們的發展更進階。造成發展遲緩的原因可能是自閉症類群障

礙症或語言疾患、遊戲剝奪、兒童虐待／忽略或童年創傷等困難所致。

在互動遊戲會談中，治療師透過參與以及和兒童有所連結、展示媒材可以如何使用、示範遊戲技巧、鷹架作用、帶領兒童到遊戲空間，以及表現得好玩等方式，達到讓兒童的遊戲更加豐富的目標；互動遊戲的目的是將兒童帶到下一個更高的發展層次。互動遊戲會談意味著治療師與兒童在同一時間、同一事件上有共享的注意力（Greenspan & Wieder, 1998, 2006）。剛開始的時候也許很簡短。治療師的主要角色是讓會談變得有趣，以及把啟動兒童參與和堅持學習任務的目標變成是好玩的。治療師必須調適到兒童的感覺舒適區（反應性程度），以合宜但不過度的強度和兒童接觸。與兒童出現連結之後，治療師可以透過遊戲開始催化雙向的互動。

Stagnitti（1998）發展了一個以遊戲為基礎的具體方案——學習玩遊戲（Learn to Play），目的在培養及發展兒童自發的、獨立的想像遊戲技巧，帶領他們的遊戲技巧更接近或進入到正常範圍內。方案是動態且互動的，而且可以讓遊戲治療師、職能治療師和教師等專業人士使用。方案採用情境主義取向，因而鼓勵家庭支持遊戲的介入。一般來說兒童的家長會加入會談中，並鼓勵他們支持實施以遊戲為基礎的活動，目的是在家庭環境中增加孩子的遊戲行為庫。

成功實施本方案的關鍵是治療師對兒童假扮遊戲發展的明確了解（Stagnitti, 2009b）。在與兒童開始遊戲會談之前，治療師必須透過衡鑑，先建立兒童目前假扮遊戲的發展程度。發展衡鑑，例如「象徵性和想像力遊戲發展檢核表」（Symbolic and Imaginative Play Development Checklist, SIP-DC）（Stagnitti, 1998），可以搭配由家長或教師評定的遊戲檢核表使用。本方案概要的描述下列範圍內的假扮遊戲技巧發展：前想像遊戲（preimaginative play）、遊戲劇本（play scripts）、遊戲行動的順序（sequence of play action）、物件替代（object substitution）、社會互動、角色扮演，以及玩偶／泰迪熊遊戲。此外，它提供了讓兒童在上述

各方面的遊戲能力得以發展的遊戲活動。這些活動可以和 SIP-DC 交叉使用，讓治療師能夠選擇適合個別兒童遊戲程度的遊戲活動。除了在遊戲會談運用類似的活動之外，還設計了讓家長可以在家中和孩子使用的遊戲活動（Stagnitti, 1998）。

　　本方案可以在治療師與兒童的個別會談，治療師、家長和兒童三方，或成人兒童比例為 1：1 的小團體情境實施。剛開始的時候，治療師會採用指導取向，隨著兒童獨立遊戲技巧的浮現和發展，逐漸朝著較少指導性的互動前進。治療師可能需要根據兒童會談時的參與程度，來調整遊戲的發展程度和選擇遊戲媒材。透過重複的鷹架作用和遊戲行為的示範，加上對參加、模仿和參與遊戲的溫和鼓勵，一般而言，兒童就會開始啟動某些遊戲行動。當兒童開始帶領遊戲之後，治療師的指導性互動會變得比較少，而是透過反映來鼓勵和增強兒童的遊戲行為。當兒童的遊戲技巧發展得更好時，治療師會繼續跟隨兒童的帶領，而且為了擴展這些技巧，治療師開始在兒童的遊戲中加入問題。在此階段，治療師使用提問，鼓勵兒童進一步在遊戲中發展出敘說。在實施本方案的期間，治療師仍需要與兒童同步，並且隨時準備好改變遊戲媒材、降低遊戲的程度，或者是挑戰兒童的遊戲，以此回應兒童（Stagnitti, 2009b）。

互動式對賽遊戲

　　Carter（2001）強調「設計自閉症兒童的遊戲介入時，要加入讓兒童有選擇權」的重要性。他的研究結果指出，在遊戲情境中進行語言介入時，結合選擇權和對賽遊戲，能夠在社會功能、學習和回應性方面創造出有意義的改變，同時也減低了破壞性行為。

同儕互動遊戲

　　研究指出，納入同儕互動遊戲在針對社會發展的介入中是一個重要元素（Oden & Asher, 1977; Wolfberg, 2004）。

　　整合性遊戲團體　Wolfberg（1999, 2003, 2004）建議，當自閉症類群障礙症兒童的遊戲介入加入同儕遊戲時，才會出現最理想的遊戲發展，而非單單依賴成人的強制教學。根據 Wolfberg 與 Schuler（1993）的研究，若沒有納入同儕分享、改變、擴展、討論、協商遊戲慣例，則兒童的遊戲將會是死板和沒有想像力的。整合性遊戲團體模式（Integrated Play Group Model）（Wolfberg & Schuler, 1993）的設計是在遊戲中藉由自閉症兒童的同儕／手足的支持，以推進他們的社會互動溝通、遊戲、想像能力（Wolfberg, 1999）。整合性遊戲團體讓新手遊戲者（有 ASD 的兒童）和專家遊戲者（他們正常發展的同儕／手足），在合宜、支持性的環境中，有成人遊戲指導者的督導下定期一起玩遊戲。成人是「引導式參與」（guided participation）（Rogoff, 1990）而不是直接教導。在引導式參與中，成人會監控遊戲的開始、鷹架互動，並且提供社會溝通和遊戲的引導（Wolfberg, 2004; Wolfberg & Schuler, 1999）。這個整合的同儕團體模式帶來遊戲行為的進展，並且會類化到其他環境，以及伴隨著語言的收穫。進一步的研究（Lantz, Nelson, & Loftin, 2004; Yang, Wolfberg, Wu, & Hwu, 2003）不斷強調，互動遊戲團體模式對於遊戲和社會技巧發展不佳之兒童的遊戲介入效能。

　　社交技巧遊戲團體　Oden 與 Asher（1977）強調，在目標是增加兒童社會能力的遊戲介入中，同時加入成人的支持和同儕遊戲的重要性。當與社交孤立的兒童工作時，他們運用了示範、角色扮演、口語解釋。研究結果顯示，兒童在四週的社交技巧訓練之後社會能力增加了，且在一年的追蹤中明顯持續有進展。訓練策略的三個主要元素是：有合宜社交技巧的成人直接、個別和口語指導，有機會透過同儕遊戲練習這些技巧，以及與成人在遊戲之後一起回顧。

神經順序模式治療

遊戲治療師可以使用 Perry（2006）的「神經順序模式治療」（NMT）來加速兒童的發展。它是一個聚焦於衡鑑、人員配置和介入之多維、具有神經生物學知識、跨領域的取向。NMT 能夠在治療性、教育性和照護性的環境中實施（Perry, 2006）；它需要跨領域的 NMT 人員，由有兒童發展、神經生物和臨床創傷學經驗與知識的資深臨床工作者帶領（Perry, 2009）。透過周詳的衡鑑歷程，針對包括兒童的發展歷史、目前的關係健康、由特定大腦中介的功能在目前的優勢和脆弱性、兒童的感覺整合、自我調節、關係性、認知性的能力等等範圍，都要被仔細地檢查和探勘（Perry, 2006）。接著再由相關專業人員選擇、排序並實施合宜的、修補的活動和體驗，兼具治療性、教育性和豐富化，以啟動和提供有組織的神經輸入給失去中介功能的大腦區域（Perry, 2009）。

與處在危機中的兒童工作時，NMT 認同採用社會取向介入的重要性（Bronfenbrenner, 1979）。兒童生活中諸如主要照顧者、教師等重要成人的主動承諾和參與，以學習和傳遞介入中的元素是本取向的核心（Perry, 2006）。本取向的另一個主要特點是，所提供的治療經驗是豐富的、一致的、可預測的、滋養的、關係的和安全的，且是合乎發展的和相關的，重複的和模式化的，節奏的、酬賞的和尊重的，例如遊戲（Perry, 2006）。NMT 的基礎是以複製大腦階層發展的方式，並配合兒童神經發展的程度，有順序地安排介入、活動、經驗（Perry, 2006）。適用於 NMT 介入之以遊戲為基礎的經驗和活動，包括搖擺和按摩等體覺活動、唱歌、節奏運動、擊鼓、感覺遊戲、治療性接觸、動作和舒緩活動、說故事和創造性藝術（Perry, 2006）。當關鍵性的大腦底層功能和關係技巧有所提升之後，就能夠實施認知行為或心理動力治療取向的處理（Perry, 2009）。

臨床應用與花絮

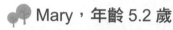 Mary，年齡 5.2 歲

　　Mary 被她的養父母轉介到遊戲治療，當時她在家庭和學校都經驗到一些難題。她是早產兒，人生的前兩個月都待在東歐國家的某間醫院。她從醫院轉移到孤兒院之後，在二歲時被領養，並且來到愛爾蘭與她的養父母生活。Mary 在發展上有明顯的遲緩，包括注意力技巧不佳、非典型動作的活動程度、社會互動非常不良、情緒調節困難，以及語言表達和接收上的遲緩。在 Mary 正式就學的第一年，入學之後，學校就察覺到 Mary 的功能大約落後她實際年齡 18 到 20 個月，而且她在讀寫能力和數學工作的表現上顯著遲緩。她的老師評估她有許多方面的功能明顯低於班級平均：聽力理解、口語表達、語音意識、閱讀、書寫表達、理解和回憶數學知識、使用數學程序、推理、問題解決、探索和溝通。

　　在剛開始的遊戲治療會談是非指導性的，主要的目標放在能夠促進治療關係的發展。依照 NMT（Perry, 2006）模式，要在 Mary 家中實施某些神經戲劇遊戲（neurodramatic play）（Jennings, 2011）的技巧時，也需要由 Mary 的家長做引導的工作：好玩的互動策略、建立平靜的就寢時間，以及以情緒敏感的方式處理她的困難行為。

　　隨著遊戲治療會談的進展，互動遊戲技巧會同時搭配包括感覺遊戲和節奏動作在內的神經深度剖面圖（neutron depth profiling, NDP）技巧一起運作。這些技巧透過共享的情感經驗和身體接觸的體驗以及相互調節，讓 Mary 能夠致力於關係提升的遊戲。隨著 Mary 繼續她的遊戲治療會談，感覺和混亂遊戲變得愈來愈重要，占據主導地位的是玩沙子、水、黏液、顏料、黏土，甚至是食物。Mary 開始透過觸摸、嗅聞、品嚐、觀看、聆聽、移動來體驗這個世界。本章作者跟隨她的帶領，也開始引進一

些設計用來刺激感官的對賽遊戲和遊戲活動。在遊戲時說出並觸摸身體的某部位、參與身體打擊樂、體驗對賽遊戲，以及玩感覺袋（feely bags）和身體乳液，這些在 Mary 的遊戲會談和在家的遊戲中變得經常發生。她辨識喜歡／不喜歡感受的新興能力，顯示她已經形成自我感覺和自我認同的發展。打鬧遊戲、鬥劍、活動身體的遊戲也來到 Mary 治療舞臺的中心。隨著 Mary 遊戲發展階段的移動，遊戲的「彷彿」（as if）象徵層級開始浮現。她曾在感覺遊戲層級探索過的沙子，變成我們可能會受困於其中的「爛泥巴」。我們原本用來製造接觸的圍巾藉由音樂運動遊戲，變成我們假扮遊戲場景中的新道具。玩偶、手偶、泰迪熊開始擔綱角色，Mary 和治療師也是。經由示範和鷹架作用、反映、提問，以及再加上序列、角色、問題，支持和培育了 Mary 的假扮遊戲。Mary 照著自己的假扮遊戲所做的向前思考和編織連貫敘說的能力也都隨著時間推移發展良好。

在一年的遊戲治療之後，Mary 在行為和發展上出現明顯的改變。她再也不會出現原本呈現的高度攻擊行為。Mary 的老師報告她在遊戲技巧、社交技巧、獨立從事任務和工作的能力，以及一般的行為能力都有顯著的進步。Mary 成功地發展了一些友誼關係，並且經常受邀參加生日派對和遊戲約會。她對其他兒童展現出適當的同理心，當她要趕去幫忙某位在學校跌倒或傷害到自己的兒童時，會親切地稱她的老師為「醫生」。雖然依然展現出高活動力，但她現在已經能夠參與學校賦予的工作持續一段時間，並且可以花更長的時間參與同儕的遊戲。她的睡眠困難已經緩解，而且在上床睡覺之前，她有 10 分鐘的正向床邊時間提醒她該睡覺了——一個故事、一個擁抱和一個道晚安的親吻。Mary 也在語言表達和接收上有了顯著的進步，並且在所有課程領域中都有成功的經驗，尤其是學校內的口語、閱讀和書寫發展。此時，她的老師報告，Mary 在所有課程領域的技巧都增強了，而且原本有困難的領域，現在都達到了班級的程度。尤其老師提到，長期觀察和以班級為基礎的衡鑑指出，Mary 現在對數字和

其他數學概念展現出扎實的理解，而且她在語音意識和理解上有顯著的進步。他報告，Mary 經常使用她對字母、聲音和單字的知識來閱讀，書寫一般簡單的文字，並盡可能嘗試更複雜的文字。

🌳 Tom，年齡 5.3 歲

Tom 是由他的家長轉介來遊戲治療，因為他們擔憂他的社交能力。那時 Tom 正面臨第一年正式學校生活上的適應困難。Tom 的老師報告，他與同儕沒有社交互動或遊戲，而且通常是一個人進行獨自或平行遊戲。Tom 也遇到一些學校學業方面的困難，尤其是與語言和讀寫能力發展有關的部分。Tom 的老師報告，他在口語表達和閱讀領域的功能位於班級程度之下。她報告，Tom 在語言接收發展、語言和字體概念、使用口語的能力和信心、閱讀策略和技巧上有明顯的困難。

在初談歷程中，Tom 很清楚地已經發展出很好的前想像遊戲技巧，但是在參與假扮遊戲時有困難，可是假扮遊戲是大多數學校同儕會從事的活動。由家長和教師完成的假扮遊戲檢核表已經證實，Tom 在所有領域的幻想遊戲技巧都低於他的年齡所預期的常模。因為 Tom 遊戲治療的目標是豐富和發展他的遊戲技巧，因此選擇了互動遊戲治療方案。同時，還決定把 Tom 的家長和老師納入這個互動遊戲介入中；鼓勵和支持家長以「學習玩遊戲」（Stagnitti, 1998）裡面的遊戲為指引，在家中複製出來與 Tom 一起玩。同時鼓勵和支持他的班級老師在教室內設立一個角色扮演區，在遊戲中成為他的楷模，為 Tom 的遊戲行為搭鷹架，並且溫和地鼓勵他參與同儕的團體遊戲。

本章作者在 Tom 的個別治療會談中，會依據他目前假扮遊戲發展的程度以及所要培養的某些特定技巧，謹慎地選擇所要引進的遊戲媒材和主題。接著用好玩的方式向 Tom 介紹遊戲活動，透過治療師自身的遊戲力來幫助他參與，用聲音語調和姿勢來鼓勵他運用遊戲媒材。在此階段，治療師也進行具體遊戲行為的重複鷹架作用和示範，例如在遊戲中加入有

邏輯的順序，以及使用非結構的物件來「假裝」它們是別的東西。隨著 Tom 遊戲技巧的發展，治療師的角色開始轉換成遊戲中的夥伴，同時引進遊戲點子、邏輯的順序、音效、新角色、媒材，以及待解決的問題和可能的解決方法。

　　與 Tom 工作四個月後，他的遊戲技巧明顯發展得更成熟。他現在能夠自發和獨立地參與一系列的假扮遊戲行為；參與同儕的團體假扮遊戲和享受一般的遊戲約會。除了改善遊戲行為和社會情緒能力之外，他的家長和老師也都提到他在學業表現有顯著的進展，尤其是語言和讀寫能力發展與問題解決能力。Tom 的老師報告，先前提到的各個領域再也沒有困難了，他現在能夠認得和遵守簡單的命令、採用適當的語言和非語言行為來確保及維持夥伴的注意力、使用和詮釋聲音語調來表達各種情緒、使用語言表現一般的社會功能和開啟並維持對話、建立常見字彙的視覺詞彙、發展出一些字母聲音關係的覺察能力，以及參與閱讀的分享活動。所有具體的課程目標（NCCA, 1999）都達到他的班級程度。此外，現在的他在參與遊戲時，已經展現出合乎其年齡的創造性問題解決能力，並且可以解決以口語呈現的數學問題。

❖ 參考書目

Barefield, S., Dobson, C., Gaskill, R., & Perry, B. D. (2012). Neurosequential model of therapeutics in a therapeutic preschool: Implications for work with children with complex neuropsychiatric problems. *International Journal of Play Therapy*, 21, 30–44.

Bluiett, T. E. (2009). *Sociodramatic play and the potentials of early language development of preschool children*. (Unpublished doctoral dissertation.) University of Alabama, Tuscaloosa, AL.

Bronfenbrenner, U. (1979). *The ecology of human development: Experiments by nature and design*. Cambridge, MA: Harvard University Press.

Brown, S. (2009). *Play, how it shapes the brain, opens the imagination and invigorates the soul*. London, England: Penguin Books.

Carter, C. M. (2001). Using choice with game play to increase language skills and interactive behaviors in children with autism. *Journal of Positive Behavior Interventions*, 3, 131–151.

Dansky, J. (1980). Make-believe: A mediator of the relationship between play and associative fluency. *Child Development*, 51, 576–579.

Daunhauer, L., Coster, W., & Cermak, S. (2010). Play and cognition among young children reared in an institution. *Physical and Occupational Therapy in Pediatrics*, 30(2), 83–97.

Drewes, A. A., & Schaefer, C. E. (Eds.). (2010) *School-based play therapy* (2nd ed.). Hoboken, NJ: Wiley.

Elias, C. L., & Berk, L. E. (2002). Self-regulation in young children: Is there a role for socio-dramatic play? *Early Childhood Research Quarterly, 17,* 1–17.

Fantuzzo, J. S., & McWayne, C. (2002). The relationship between peer-play interactions in the family context and dimensions of school readiness for low-income preschool children. *Journal of Educational Psychology, 94*(1), 79–87.

Fantuzzo, J. S., Sekino, C., & Cohen, H. L. (2004). An examination of the contributions of interactive peer play to salient classroom competencies for urban head start children. *Psychology in the Schools, 41,* 323–336.

Fisher, E. P. (1992). The impact of play on development: A meta-analysis. *Play & Culture, 5*(2), 159–181.

Greenspan, S. I., & Wieder, S. (1998). *The child with special needs: Encouraging intellectual and emotional growth.* Cambridge, MA: Da Capo Press.

Greenspan, S. I., & Wieder, S. (2006). *Engaging autism: Using the floortime approach to help children relate, communicate, and think.* Cambridge, MA: Da Capo Press.

Hoffman, J., & Russ, S. (2012). Pretend play, creativity, and emotion regulation in children. *Psychology of Aesthetics, Creativity, and the Arts, 6*(2), 175–184.

Jennings, S. (2011). *Healthy attachments and neuro-dramatic-play.* London, England: Kingsley.

Kaugars, A., & Russ, S. (2009). Assessing preschool children's play: Preliminary validation of the affect on play scale-preschool version. *Early Education and Development, 20*(5), 733–755.

Lantz, J. F., Nelson, J. M., & Loftin, R. L. (2004). Guiding children with autism in play: Applying the integrated play group model in school settings. *Exceptional children, 37,* 8–14.

Lindon, J. (2001). *Understanding children's play.* Cheltenham, England: Nelson Thornes.

Lindsey, E., & Colwell, M. J. (2003). Preschoolers emotional competency: Links to pretend and physical play. *Child Study Journal, 33,* 39–52.

Manz, P. H., & McWayne, C. M. (2004). Early interventions to improve peer relations/social competence of low-income children. In R. E. Tremblay, R. G. Barr, & R. DeV. Peters (Eds.), *Encyclopedia on early childhood development.* Montreal, Canada: Centre of Excellence for Early Childhood Development. Available at http://www.child-encyclopedia.com/documents/Manz-McWayneANGxp.pdf

Moore, M., & Russ, S. (2008). Follow-up of a pretend play intervention: Effects on play, creativity and emotional processes in children. *Creativity Research Journal, 20,* 427–436.

Moyles, J. (Ed.). (2005). *The excellence of play* (2nd ed.). New York, NY: Open University Press.

NCCA. (1999). Primary School Curriculum Dublin: Government of Ireland Publications.

Neuman, S. B., & Roskos, K. (1997). Literacy knowledge in practice: Contexts of participation for young writers and readers. *Reading Research Quarterly, 32,* 10–32.

Newland, L. A., Roggman, L., Pituch, K., & Hart, A. (2008). Play and attention: Social foundations of early language. *International Journal of Psychology: A Biopsychosocial Approach, 2,* 29–54.

Oden, S., & Asher, S. R. (1977). Coaching children in social skills for friendship making. *Child Development, 48,* 495–506.

Panksepp, J. (1998). *Affective neuroscience: The foundations of human and animal emotions.* New York, NY: Oxford University Press

Panksepp, J. (2003). At the interface of the affective, behavioral, and cognitive neurosciences: Decoding the emotional feelings of the brain. *Brain and Cognition, 52,* 4–14.

Pellegrini, A. D. (1992). Rough and tumble play and social problem solving flexibility. *Creativity Research Journal, 5,* 13–26.

Pellis, S. M., & Pellis, V. C. (2009). *The playful brain: Venturing to the limits of neuroscience.* Oxford, England: Oneworld Press.

Perry, B. D. (2001). The neurodevelopmental impact of violence in childhood. In D. Schetky & E. Benedek (Eds.), *Textbook of child and adolescent forensic psychiatry* (pp. 221–238). Washington, DC: American Psychiatric Press.

Perry, B. D. (2002). Childhood experience and the expression of genetic potential: What childhood neglect tells us about nature and nurture. *Brain Mind, 3,* 79–100.

Perry, B. D. (2006). Applying principles of neurodevelopment to clinical work with maltreated and traumatized children. In N. Webb (Ed.), *Working with traumatized youth in child welfare* (pp. 27–52). New York, NY: Guilford Press.

Perry, B. D. (2009). Examining child maltreatment through a neurodevelopmental lens: Clinical application of the neurosequential model of therapeutics. *Journal of Loss and Trauma, 14,* 240–255.

Perry, B. D., & Pollard, R. A. (1997). *Altered brain development following global neglect in early childhood.* Society for Neuroscience, Proceedings from Annual Meeting, New Orleans.

Perry, B., Pollard, R., Blakeley, T., Baker, W., & Vigiliante, D. (1995). Childhood trauma, the neurobiology of adaptation and use-dependent development of the brain: How "states" becomes "traits." *Infant Mental Health Journal, 16*(4), 271–291.

Piaget, J. (1962). *Play, dreams and imitation in childhood.* New York, NY: Norton.

Pulaski, M. A. (1976). Play symbolism in cognitive development. In C. E. Schaefer (Ed.), *Therapeutic use of child's play* (pp. 27–41). New York, NY: Aronson.

Pulaski, M. (1981). The rich rewards of make-believe. In R. Storm (Ed.), *Growing through play: Readings for parents and teachers.* Monterey, CA: Brooks/Cole.

Rogoff, B. (1990). *Apprenticeship in thinking.* New York, NY: Oxford University Press.

Roskos, K., & Christie, J. (2004). Examining the play-literacy interface: A critical review and future directions. In E. F. Zigler, D. G. Singer, & S. J. Bishop-Josef (Eds.), *Children's play: The roots of reading* (pp. 95–124). Washington, DC: Zero to Three Press.

Russ, S. W. (1993). *Affect and creativity: The role of affect and play in the creative process.* Hillsdale, NJ: Erlbaum.

Russ, S. W. (Ed.). (1999). *Affect, creative experience, and psychological adjustment.* Philadelphia, PA: Brunner/Mazel.

Russ, S. W. (2003). Play and creativity: Developmental issues. *Scandinavian Journal of Educational Research, 47,* 291–303.

Russ, S. (2007). Pretend play: A resource for children who are coping with stress and managing anxiety. *NYS Psychologist, XIX*(5), 13–17.

Russ, S. W., & Fiorelli, J. (2010) Developmental approaches to creativity. In J. Kaufman & R. Sternberg (Eds.), *The Cambridge Handbook of Creativity* (pp. 233–249). New York, NY: Cambridge University Press.

Saracho, O. N. (2002). Teachers' roles in promoting literacy in the context of play. *Early Child Development and Care, 172*(1), 23–34.

Schore, A. N. (2001). The effects of early relational trauma on right brain development, affect regulation, and infant mental health. *Infant Mental Health Journal, 22,* 201–269.

Singer, J. L., & Lythcott, M. A. (2004). Fostering school achievement and creativity through sociodramatic play in the classroom. In E. F. Zigler, D. G. Singer, & S. J. Bishop-Josef (Eds.), *Children's play: The roots of reading* (pp. 77–93). Washington, DC: Zero to Three Press.

Stagnitti, K. (1998). *Learn to play. A program to develop a child's imaginative play skills*. Melbourne, Australia: Co-ordinates.

Stagnitti, K. (2009a). Pretend play assessment. In K. Stagnitti, & R. Cooper (Eds.), *Play as therapy* (pp. 87–101). London, England: Kingsley.

Stagnitti, K. (2009b). Play intervention—The learn to play program. In K. Stagnitti & R. Cooper (Eds.), *Play as therapy* (pp. 176–186). London, England: Kingsley.

Vygotsky, L. S. (1967). Play and its role in the mental development of the child. *Soviet Psychology, 17*, 66–72.

Vygotsky, L. S. (1978). *Mind in society*. Cambridge, MA: Harvard University Press.

Wolfberg, P. J. (1999). *Play and imagination in children with autism*. New York, NY: Teachers College Press, Columbia University.

Wolfberg, P. J. (2003). *Peer play and the autism spectrum: The art of guiding children's socialization and imagination* (IPG field manual). Shawnee Mission, KS: Autism Asperger.

Wolfberg, P. J. (2004). Guiding children on the autism spectrum in peer play: Translating theory and research into effective and meaningful practice. *Journal of Developmental and Learning Disabilities, 8*, 7–25.

Wolfberg, P. J., & Schuler, A. L. (1993). Integrated play groups: A model for promoting the social and cognitive dimensions of play in children with autism. *Journal of Autism and Developmental Disorders, 23*(3), 467–489.

Yang, T., Wolfberg, P. J., Wu, S., & Hwu, P. (2003). Supporting children on the autism spectrum in peer play at home and school: Piloting the integrated play groups model in Taiwan. *Autism: The International Journal of Research and Practice, 7*, 437–453.

Zigler, E. F., Singer, D. G., & Bishop-Josef, S. J. (Eds.). (2004). *Children's play: The roots of reading*. Washington, DC: Zero to Three Press.

Chapter 20

自我調節

★ Marcie Yeager、Daniel Yeager

導論

在 1960 年代晚期，Walter Mischel 和一群研究團隊在史丹佛大學（Stanford University）進行了一系列的實驗〔現在普遍稱之為**棉花糖測驗**（marshmallow test）〕，讓我們對學齡前兒童的自身行動與意圖能否一致的能力有深刻的理解。研究者想要回答幾個問題：(1) 面臨一個強大的刺激，兒童能夠有意圖地控制他們反應的能力有多好？ (2) 什麼樣的心理歷程能夠產生有意圖、有目的的反應？

實驗的設計〔稱之為**延宕滿足典範**（delay of gratification para-digm）〕很簡單：研究者讓每位兒童依序坐在小房間裡空無一物的桌子前，並且用食物招待這位兒童（兒童的選擇有棉花糖、餅乾或椒鹽脆餅）。研究者告訴兒童，如果能等一會兒再吃請他們的食物，就可以得到兩份食物，而不是只有在桌上的那一份。然後研究者就離開房間。

儘管有些兒童幾乎迫不及待，立即選擇了當成酬賞的一份食物，然而大多數的兒童表現出想要贏得兩份食物的**意圖**。他們想要延宕立即的滿足，期待獲得一個長期但更喜歡的結果。不過當研究者離開，讓兒童單獨

---

* 本章的部分內容是改編自作者的著作：《執行功能與兒童發展》（*Executive Function and Child Development*）（Norton 出版，2013）。

跟招待的食物在一起時，只有一些兒童（*自我調節強*的兒童）能夠調節他們的行為，維持等待以獲得兩份食物的意圖；其他兒童（*自我調節弱*的兒童）用帶給自身立即愉悅的方式回應——他們吃掉了面前的食物——但是那並沒有為他們贏得較喜歡的兩份食物（Mischel, Shoda, & Rodriguez, 1989）。

在刺激和回應之間的「空間」裡發生了什麼？

史丹佛研究者的其中一個目標，是定義出讓人們延宕滿足的**心理歷程**（mental processes）。讓兒童單獨留在房間，是為了要觀察在**刺激**（提供一份或兩份食物）和兒童最終**回應**（吃一份或兩份食物的行動）之間的空間裡的兒童行動。自我調節強的兒童和自我調節弱的兒童在使用此時間空間（space of time）方面有何不同？

研究者（可以從另一個房間觀察兒童）提到，自我調節弱的兒童通常會直視著食物：他們的注意力似乎聚焦在立即感知到的場域狀態（也許包括，預期他們要吃的食物所帶來的內在激發）。相反地，自我調節強的兒童通常會移開他們的眼睛，或用其他的活動讓自己轉移注意（Mischel et al., 1989）。自我調節強的兒童似乎使用了心理策略來調整他們的注意力和激發，讓自己的行動和意圖可以一致。

策略中特別值得一提的是兒童「指揮自己」（directed toward themselves）的那些策略。所處的環境（沒有成人在場，兒童單獨留在房間）排除了學齡前兒童通常可能會用來得到想要東西的許多策略。我們可以很容易想像在家中相似的情況，兒童可能會乞求較短的等待時間、協商更好的條件（「如果我等待，我可以有三份食物而不是兩份嗎？」）、抱怨、發脾氣，或者在家長背後偷吃；其中的每一種方法都是**向外求取**（outward）。但是自我調節強的兒童做的是**轉向內在**（inward）：在刺激和回應之間的「空間」中，他們為自己的想法、情緒和行為負起責任，而不是試圖影響他人或影響當下的環境；他們發現了**自我調節的力量**。

自我調節的力量

　　自我調節的研究聚焦在神經科學稱為大腦的**執行功能**上面。執行功能（executive function, EF）指的是**組織和命令**行為的**心理歷程**，它讓我們指揮自身的行動，在一段時間內朝向一個目標（Barkley, 1997），見表20.1。執行功能涉及的心理歷程如下：

- **回應抑制**：抑制干擾我們意圖或目標的行動〔根據 Barkley（1997），包括了抑制個人的強勢（初始的、本能的）回應；一旦初始回應被抑制，就能延宕初始反應出現的時間；以及如果某個進行中的回應不合乎個人的最佳利益時，可以中斷此回應〕。
- **工作記憶／內化語言**：當我們試著要做些事情時（例如，了解和解決問題或執行任務），在心中保留某些訊息；使用自我導向語言來監控和引導我們的行動。
- **認知彈性**：產出解決問題或達成目標的替代方法。

這三個主要的執行功能讓自我調節活動得以出現，例如：

- **自我監控**：「工作記憶」是用來檢查個人的認知和行動，以確保它們與個人的意圖一致。
- **焦點轉移**：「回應抑制」和「認知彈性」是用來中斷個人正在進行的回應，目的是將注意力轉移到可能達成目標的重要情況。

表 20.1 ▪ 執行功能的定義和執行功能的神經學基礎

執行功能的定義

- 執行功能的定義是適當地維持問題解決心向的能力，以達成未來的目標（Welsh & Pennington, 1988）。

- 執行功能是那些讓我們表現自己和指揮自己，以完成自我控制、目標導向行為和未來結果最大化的行動（Barkley, 1997）。

- 執行功能是適應性的目標導向行為，讓個體能夠壓制傾向於自動化或既定的想法和回應（Garon, Bryson, & Smith, 2008）。

- 執行功能包括了目標形成、規畫、執行目標導向計畫、有效表現等能力（Jurado & Roselli, 2007）。

- 執行功能是為了達成目標，而與自我和個人資源管理有關的一組歷程。它是一個以神經學為基礎之技巧的總稱，涉及心理控制和自我調節（Cooper-Kahn & Dietzel, 2008）。

- 執行功能是涵蓋前額葉皮質目標導向功能的一個總稱，包括事先規畫能力、反思表現，以及必要時改變表現（Best, Miller, & Jones, 2009）。

執行功能的神經學基礎

根據哈佛大學兒童發展中心，科學家對大腦如何中介這些心理歷程已經有很大的進展。他們的研究回顧指出，雖然前額葉是主要參與的大腦區域，但前扣帶迴、頂葉皮質和海馬迴也在其中扮演了角色。因為迴路和系統出現且建立了連結，我們在兒童行為中所見到的──從嬰兒到青春期晚期的執行功能逐漸改善──與這些前額葉大腦區域的生理發展有緊密的相對應關聯（Center on the Developing Child, 2011）。雖然對於額葉皮質的具體發展改變，如何與兒童執行功能的具體改變發生關聯的所知相對甚少，但已經有愈來愈多的研究在處理這個議題（Zelazo & Paus, 2010）。

執行功能促使目標導向（意圖的）行為的發生

　　作為執行功能如何讓有意圖、目標導向的行為發生的例子，讓我們回到棉花糖測驗（它已經促使了許多正式和非正式的複製研究）並且想像一個四歲的兒童 Sophie 嘗試要延宕滿足並贏得兩份，而不是一份她最愛的食物（餅乾）。一旦研究者離開留她單獨一人在房間，坐在桌子前而餅乾就在眼前時，Sophie 的口水流出來了，但她克制住不立刻去吃食物（**回應抑制**）。Sophie 渴望地看著食物，但提醒自己她的意圖，大聲對自己說：「我要等待，而且我要得到兩份。」（**工作記憶／內化語言**）她在空無一物的房間裡張望，尋找等待時可以做的一些事；找不到任何東西，她唱了「小小蜘蛛兒」（The Itsy Bitsy Spider）（**認知彈性**）。她看了研究者離開時的門一眼，也許是希望他會再進來並且給她第二份食物；但門還是關著，Sophie 把這首歌唱了第二遍，這次加上手的動作表演出來。在幾首其他歌曲，以及幾次望向關上的門後，Sophie 離開她的椅子，並且開始探索這個房間，尋找其他可以做的事情（**認知彈性**）。找不到任何可以做的事情，她回到桌子前的座位，拿起餅乾聞了一下。她舔了一下嘴唇，但接著突然把食物放下（**自我監控**）大聲地對自己說：「不行，要等待。」（**回應抑制**）「他回來的時候，我會得到兩份餅乾。」（**工作記憶／內化語言**）接著她把頭靠在桌子上閉起眼睛，並且哼歌給自己聽（**焦點轉移、認知彈性**）。她繼續哼著歌，跟著旋律擺動她的腿，並且開始編造自己的歌曲。當研究者回來時，她抬起頭微笑。「我做到了，我有等待！」她宣布。她高興地收下第二份餅乾，並且兩份都吃掉。

　　Sophie（自我調節強的兒童）能夠**有意圖**地行動，因為她的行動是由她的內在想法指揮，而非立即感知的場域。但是讓 Sophie 能夠成功的是，在回應抑制所創造的暫停中，她使用了自我引導的心理策略來進一步

強化她的回應抑制，因而增強了她達成贏得兩份餅乾這目標的機會。

賦能的體驗：在自我調節中強調「自我」

我們可以推測，在史丹佛實驗中如果一位成人跟四歲兒童一起留在房間裡，鼓勵或只是監控兒童，則有更多自我調節弱者可能會有辦法延宕他們的回應，並且等待較大的酬賞。在這種情況下，這個兒童的外在行為可能與自我調節強者的外在行為看起來相似，但兒童經由他人的影響而控制他的行為是另外一回事。自我調節在本質上是一個完全不同的經驗——而且是讓自己感到有能力的經驗——學習藉由控制自己的心理資源，個人能夠影響事情的結果。

在棉花糖測驗中，主要受到外在因子影響的後果相對比較少：兒童得到的是一份棉花糖或一份餅乾而不是兩份時，實驗就結束了。但是，當這些兒童在發展中一天天有所進展時，又會如何回應他們生活中的情況，後果又會是什麼呢？長遠來看，運用這些自我導向心理策略的能力，帶來了什麼不同嗎？自我調節的力量影響多少個人的人生品質呢？

實證支持：研究顯示了什麼

幾年後，Mischel、Shoda 與 Rodriguez（1989）追蹤了這些學齡前兒童的青少年中後期。他們的發現指出，自我調節強的學齡前兒童，會發展成認知和社會方面很能幹的青少年，達成較高的學業表現，而且對挫折和壓力的因應較佳（Mischel et al., 1989）。

這些發現最近已經由 Terrie Moffitt 與 Avsholom Caspi（Moffitt et al., 2011）所帶領的長期研究計畫加以證實了。他們的研究追蹤兒童從出生到 32 歲，並發現兒童在學齡前（年齡三到五歲）的自我調節能力，對成年時的健康、教育成就、經濟福利和犯罪紀錄是一個強而有力的預測

（Moffitt et al., 2011）。此外，這些結果似乎可以特定地和兒童的自我調節分數連結，並且獨立於其他變項之外，例如社會階層。研究的另一部分包括了 500 對異卵雙胞胎的樣本，顯示即使兒童有相同的父母和家庭生活，五歲時的自我調節分數較低，可以預測十二歲時兒童在學校的表現會不佳，並且出現反社會行為的可能性更大。他們提到，即使控制手足之間的 IQ 差異，研究的發現還是持續維持顯著（Moffitt et al., 2011）。

鼓舞人心的是，Moffitt 與 Caspi 的研究也指出，童年期自我調節的改善（improvement）會帶來較佳的成人期結果（Moffitt et al., 2011）。研究並沒有指出帶來參與者自我調節改善的因子；不過，他們的確有提到，即使是自我調節分數的小改善，依然會帶來較佳的結果。他們總結，了解自我調節中的「關鍵成分」，應該要成為未來研究的優先事項。

什麼因子導致了自我調節的改善？

如同前面提到，史丹佛棉花糖測驗的其中一個目標，是辨識出讓自我調節產生的心理策略。在一份較少被宣揚的研究中，研究者給自我調節弱的兒童第二次獲得兩份食物的機會。然而，把他們再次單獨留在房間之前，研究者會先教導兒童在第二回合可以使用的一些「心理妙計」。研究者教導這些兒童的策略是，在刺激和回應之間的暫停期間「讓想法不同」（think differently）（認知彈性）。舉例來說，他們建議選擇棉花糖的兒童，把棉花糖想成是蓬鬆的雲；選擇椒鹽脆餅的，要把它們想成是棕色小木頭。他們也教導兒童將注意力轉換到別的事情，例如，想一想其他食物所散發出的不同滋味：教導選擇棉花糖的兒童想一想又鹹又脆的椒鹽脆餅，反之亦然。實際上，研究者教導兒童使用他們的「想法」作為心理工具，讓他們能夠有彈性地轉換注意力，遠離食物的誘惑；據推測，這個轉換會幫助調節他們的激發程度，保持平靜，並且達成他們所欲的目標。

這些策略的確可以帶來不同程度的成功。在第二回合的實驗中，接受這些心理策略教導的衝動性兒童，確實能夠在調節反應方面做得更

好，有一些甚至表現得和本性是自我調節強的兒童一樣好（Mischel et al., 1989）。至少在該特定任務、特定時間裡，學習可用在刺激和回應間之空間的心理策略，為本性上較衝動的兒童製造了更公平競爭的環境。

更新的一份研究指出，特定種類的自我導向語言會促進回應抑制。研究者已經發現，當兒童使用「如果……則……」（if-then）或「當……則……」（when-then）的公式來表示他們的意圖（而不是簡單地說出他們的意圖是什麼），在執行一項任務時，比較能夠抑制不想要的行為。一項以電腦為基礎的任務，要求兒童在看見某個特定圖片時要按下某個按鍵，但如果該圖片伴隨一個聲音，則要避免按下按鍵。教導某些兒童對自己說「有聲音的圖片我不要按按鍵」──一個簡單、直接的意圖聲明。其他兒童則被教導使用「如果……則……」公式，對自己說「如果我聽到聲音，則我就不要按下按鍵」。這個自我導向語言上的差別，在兒童隨後的行動上造成很大的不同；使用公式的兒童表現得明顯比使用簡單的自我意圖聲明的兒童來得更好（Gawrilow, 2011）。「如果……則……」公式似乎已經提供了兒童能夠保留在工作記憶中，和在表現時可參照的具體自我導向指引，即在**刺激**（聽到聲音）和**回應**（避免按下按鍵）之間的「空間」產生。

先前的研究顯示出各自獨立的任務可以改善自我調節，但是整體的自我調節能力能夠被改善嗎？由 Bodrova 與 Leong（2007）發展的「心智工具」（Tools of the Mind）課程，是一個特地為了促進幼童執行功能發展的學齡前課程。在此工具取向中，兒童玩類似「老師說」和「紅綠燈」（Red Light-Green Light）的遊戲，以促進工作記憶和回應抑制。兒童也參與許多戲劇遊戲，但是他們戲劇遊戲中的轉折，和在一般學齡前環境能找到的相較之下非常不一樣；開始假扮遊戲之前，兒童要大聲說出他們想做什麼的計畫，緊接著執行那個計畫。所以當他們在進行遊戲的主題時，會刻意動用到他們的**工作記憶／內化語言和自我監控**（Bodrova & Leong, 2007）。2007 年 Adele Diamond 和同事們在研究中發現，心智工

具課程可以用最少的花費，由普通班老師在普通班的教室中實施，改善
學齡前兒童的執行功能（Diamond, Barnett, Thomas, & Munro, 2007）。
在一篇 2011 年的文章中，Diamond 與 Lee 根據近來的研究，回顧其他有
可能幫助兒童發展特定和一般執行功能能力的方案和活動。這些方案包括
以電腦為基礎的方案，改善了工作記憶；運動方案和武術（跆拳道），
改善一般執行功能；以及類似心智工具取向的教室課程（Diamond & Lee,
2011）。

　　這些各式各樣的研究建議，當我們刻意地引導兒童如何調節他們的想
法、情緒和行為時，我們就賦予他們表現出意圖與目標一致的能力。一份
由哈佛大學兒童發展中心發表的研究，回顧了當前的研究並且做出結論，
設計用來培育兒童自我調節的證據基礎是夠強的，值得為初階的課程付出
更多的努力（Center on the Developing Child, 2011）。

發展的觀點：自我調節如何被內化

　　兒童如何學習讓他們的行動臣服於想法，並取得在當前環境中獨立行
動的選擇權呢？這種行動臣服於想法的從屬關係是執行功能的精髓，所以
了解此從屬關係如何在兒童發展中發生，是讓我們了解可以如何強化執行
功能的基礎。

執行功能發展遵循的普遍模式：外在到內在

　　Barkley 從理論上說明了發展所遵循的普遍模式：執行功能源自
於外在、較公開的行為，最初的功能是「想要感受和控制外在世界」
（Barkley, 1997, p. 209）。久而久之，這些行為會轉向自我，成為一種告
知和控制個人本身行為的手段，而且在過程中，行為會失去它們向外的、
公開可觀察到的表現樣態，可說是已經內化了（internalized）（Barkley,
1997）。

幾十年前，俄羅斯心理學家 Lev Vygotsky 和同時代的法國心理學家 Jean Piaget 做了相似的觀察。Vygotsky 的理論是，這些大腦的功能〔他稱為**較高心理功能**（higher mental functions）〕開始於共享活動，接著被個體所占用並且轉化成內在使用，指引兒童朝向想法、情緒和行為更有效的自我調節（Vygotsky, 1978）。

如果我們觀察語言，從原初的共享活動轉化成語言**工作記憶**的內在使用過程，可以看見此原則的例子。語言的本質是社會性的；幼兒的生活中，說話的存在剛開始是和他人溝通的手段，開始於他人對嬰兒的指導語言。

> Chloe 的家長在他們要去做日常活動時對著她說話，為各種物件命名並描述各種行動。他們也使用語言來指揮 Chloe 的行為：「不可以，Chloe，不要拉狗的尾巴。」「讓我們幫你戴上帽子，Chloe，然後我們可以去商店。」

用類似的方式，Chloe 學習使用語言來分享她對他人的知覺，並且也試著影響他人的行為和事件的過程。

> 「不去！」Chloe 告訴她的媽媽，摘下她的帽子，希望能影響媽媽而不要帶她去商店。

在上述的例子裡，語言以**外在的形式**存在，並且用在個體之間以進行溝通。根據 Vygotsky 的說法，在大約兩歲左右，兒童開始用其他的方式使用語言。他們將社會語言（對著他人說話）朝內轉向自我。這個自我導向的語言變成了**工作記憶**，讓兒童在心中保存訊息，得以計畫、監控和指引自身活動的能力（Vygotsky, 1978）。

> Chloe 靠近家裡的狗，狗發出輕微的咆哮。「不拉尾巴，」Chloe 出聲對自己說。「友善一點。」她伸出手撫摸這隻狗，狗

放鬆了，而且讓 Chloe 撫摸牠。

Chloe 之前在直接給她的指示中聽過這些字彙，但是現在她在指揮自己的行動。藉由訊息的內在表徵形式讓她的行為得到控制，而對外在調節的需求就會減少。工作記憶／自我導向語言讓 Chloe 比較不衝動，並給她計畫的策略，而不是自發性的行動。

自我導向語言不僅可以促進兒童有效的操控物件和環境，它也提供調節兒童知覺、情緒和行為的手段。

> 當 Chloe 打翻牛奶時，她的哥哥對著她大吼，而她也馬上噴出眼淚。她的媽媽介入說：「沒關係，親愛的，我們拿塊抹布擦乾淨。」她拿了兩條抹布並且給 Chloe 一條。「你可以幫忙，Chloe。我們把牛奶清理乾淨。」Chloe 停止哭泣並且用抹布擦地板。「看吧，Chloe，」她的媽媽說，「沒關係，我們讓一切更好了。現在沒關係了。」Chloe 微笑並且重複：「沒關係。」

在這個共享互動中，Chloe 的媽媽使用語言幫助改變她對情況的知覺，因此轉換了她的情緒。在意外打翻牛奶的一週後，Chloe 又一次打翻了牛奶；她一開始看起來很苦惱，但接著她重複前次經驗中媽媽安撫她的語言，出聲對自己說：「沒關係，Chloe，擦乾淨。不用哭。」她拿了一條毛巾，她的情感從苦惱變成快樂。自我導向語言幫助開啟最初刺激和個人回應之間的內在「空間」，讓兒童能夠取得不存在於當下視覺領域的訊息（Vygotsky, 1978）。

使用語言自我導向和自我緩解，幼兒剛開始彷彿是在對別人說話般地對自己大聲說話。研究者 Laura Berk（1994）研究「私語」（private speech），發現它占了學齡前兒童口語的 20% 到 60%。隨著兒童對行為更加地掌握，私語就會變得簡化並且不容易聽見（Berk, 1994）。兒童開始「思考字彙」而不是把字彙說出來。共享語言變成私語，再變成內化語

言，或語言工作記憶。

🌳 發展的內在層面和外在層面之間的動態關係

Barkley 認為理論上，這個朝向內化和更佳自我控制的移動主要是本能的：他說「自我調節的能力不是用教的，而是從兒童自我調節（執行功能）的神經能力逐漸成熟，以及與刺激、鼓勵和重視行為互動之社會環境，互動之後所浮現的結果」（Barkley, 1997, p. 227）。Barkley 強調，自我調節發展是前額葉皮質成熟的結果。社會環境雖然對執行功能的逐漸開展很重要，「但無法說明它們的存在」（Barkley, 1997, p. 234）。

Vygotsky 確實同意朝向自我調節是與生俱來的趨力之概念，但是 Vygotsky 同時也將注意力轉向逐漸發生此開展所在的社會情境。Vygotsky 對我們認識執行功能發展的最重要貢獻之一，是他著重發展內在和外在層面的動態關係。Vygotsky 相信，較高的心理功能有部分是「社會塑造和文化決定的」，而且如果提供給兒童的心理工具改變了，兒童的心理結構也會隨之改變（Vygotsky, 1978, p. 126）。現代神經心理學的研究證實了 Vygotsky 的理論，展現出大腦的發展有顯著的可塑性。「此神經可塑性也會讓執行功能的技巧，容易因為遺傳和環境的破壞而有所損害，但也呈現出主動促進這些技巧成功發展的可能性」（Center on the Developing Child at Harvard University, 2011, p. 8）。

🦫 近端發展區

Vygotsky 理論的一個重要面向，是對*發展*和*學習*之間關係的了解（Vygotsky, 1978）。他不相信學習會導致發展（如同行為理論所主張的可能性），也不相信學習必須在發展之後（如同一般發展階段理論所主張的可能性）。Vygotsky 的理論最基本的特徵是，發展和學習歷程之間有落差，而這個順序導致了他稱之為「*近端發展區*」（ZPD）的出現。

根據 Vygotsky（1978）的研究，任何新能力的發展會發生在近端發展區的範圍內。

有許許多多的技巧是在兒童的發展準備度之外；在此同時兒童也確實能夠自行表現出某些技巧——兒童的「獨立表現程度」（Level of Independent Performance）。（棉花糖測驗的設計讓研究者能夠評估兒童自我調節的獨立表現程度；能夠等待兩份食物的兒童——沒有成人在場——已經達到能夠獨立管理自身的想法、情緒和行動的自我調節成熟程度。）

但是，也有些技巧是兒童需要在協助或外在支持之下才能表現出來的。這是「協助下表現程度」（Level of Assisted Performance），或近端（意思是接近或靠近）發展區（研究者在棉花糖研究後教導衝動性較高兒童某些「心理妙計」，每位兒童後續的行動顯示出在協助下表現程度的訊息）。我們認為這些協助下的行為，有**潛力**成為兒童獨立表現程度的某部分「浮現中」能力。

Vygotsky 相信，適當組織的學習會**帶領**發展，其方式是「它會喚醒各種只在兒童與環境中的他人互動時才運作的內在發展歷程」（Vygotsky, 1978, p. 90）。舉例來說，兩歲的 Chloe 試著穿上自己的襪子，但是只能將它們拉到腳跟，接著她光著腳跟走來走去，而襪子在腳趾頭上面擺動。她坐下來並試著將它們再往上拉，但沒有成功。她的媽媽觀察她的困境，並且使用語言引進讓過程變得更容易的策略。

「Chloe 你看，襪子有腳趾和腳跟。這裡是襪子的腳趾」，她的媽媽一邊把襪子捲起來一邊說，同時讓腳趾頭更靠近一點。「先把你的腳趾穿進襪子的腳趾裡」，Chloe 把她的腳趾穿進襪子的腳趾。接著她的媽媽將襪子拉到腳跟。「這裡是襪子的腳跟，你的腳跟穿進這裡」，她的媽媽把襪子往上拉到幾乎快蓋住 Chloe 的腳跟。「現在把你的襪子拉上來，Chloe」，Chloe 把襪

子拉到正確的位置並且微笑。

Chloe 可能無法了解所有媽媽說的話，但下次 Chloe 穿襪子遇到困難時，媽媽說：「記得，腳趾頭先。」這個共享語言支持了 Chloe 的工作記憶，並且提醒她有一個穿上襪子的策略。Chloe 能夠停下（**回應抑制**）非生產性的困境，並且思考（**工作記憶**）替代的方法（**認知彈性**）。剛開始的時候，她依然需要協助以開啟歷程。每次她的媽媽要提供示範或協助時，就以簡化的形式重複這些話。最終，Chloe 能夠只靠語言的協助就能處理任務：「Chloe 記得：腳趾，腳踝，拉」，到了最後她使用相同的語言來指引自己的行為。

我們在這個案例中看到的是學習如何帶領發展。透過試驗和錯誤，Chloe 最終仍有可能搞懂如何自己穿上襪子。但是，透過與母親分享此活動，她也學到有計畫的，而不是不由自主的行動。她的媽媽向她展示了活動可以區分成兩部分：(1) 透過語言弄清楚如何解決問題；以及 (2) 透過行動執行解決。「在時間延緩之下，與內在動機和意圖有關的複雜心理歷程替代了直接操作，刺激了自身的發展和實現」（Vygotsky, 1978, p. 26）。

以從外在移動到內在來說，兒童的近端發展區是能力依然以外在、共享的形式存在的地方。一旦兒童達到獨立表現程度—— Chloe 學到穿上襪子的策略——行為可說是已經內化了，她就再也不需要該行為的**外在支持**了。

🐎 「未來的兒童」

因為能力依然以外化的形式存在於近端發展區，所以能讓我們窺見 Vygotsky 所稱之「未來的兒童」。Chloe 穿上襪子的企圖，讓她媽媽隱約了解 Chloe 會朝何處發展。Chloe 的媽媽並沒有自行決定現在是 Chloe 學

習穿上自己襪子的時機,然後實施一個課程計畫;相反地,她是回應出現在 Chloe 近端發展區的歷程。Chloe 的行為顯示出她正要朝何處去,而她的媽媽直覺地支持 Chloe 朝向未來能力的動作,她是在和未來的兒童互動。

根據 Vygotsky 的研究,在近端發展區的範圍內,他人有機會與未來的兒童互動,回應還未成熟但有潛力很快就會成熟的技巧和功能。而且他相信,有一個童年期活動特別適合讓我們觀察到未來的兒童,且與未來的兒童互動。這個活動就是**遊戲**。

遊戲在自我調節發展上的角色

Barkley 假設,**認知彈性**〔他稱之為**重建**(reconstitution)〕的執行功能起源於外在的、可觀察的行為,像是遊戲。學步兒從玩具體的物件開始,可以是玩具或是日常生活的物件。他們拿起這些玩具/物件,並且運用所有感官探索它們的特性。他們操弄物件,並且經常將它們拆開,然後用新的方式使用它們。

這種明顯的具體物件遊戲到學齡前的時候,會轉換成角色扮演,他們會模仿成人,玩房屋、商店或醫生的遊戲。在此假扮遊戲中,具體物件依然重要,但它們會變成內在想像的主題和兒童所扮演角色的後盾。

> 在兩歲多時,Chloe 玩她的娃娃,模仿家長的照顧舉動:在嬰兒車裡推它或試著幫娃娃換衣服。這一天,Chloe 在玩娃娃時,她觀察到父親講完一通電話,然後將電話放在咖啡桌上。Chloe 走向她的積木盒,拿起一個積木,並且放在耳邊。她的父親發現了,並且對 Chloe 微笑。他拿起自己的電話並放在耳邊:「哈囉!Chloe。」他說:「是你嗎,Chloe?」她點頭。

Chloe 主動使用了積木,那與她先前的遊戲完全不同。她「假裝」

（as if）積木就是電話。她的行為是刻意嘗試要解決問題的：她想要模仿父親的動作，但沒有可用的玩具電話。她解決問題的方向是讓注意力轉向內在，而不是將注意力轉到外在感知最明顯的環境方面（舉例來說，試著使用父親的電話）（Bodrova & Leong, 2007, p. 20）。她的行為再也不是僅透過立即感知領域所控制，她表現出的是與**內在想法**的一致性。

　　「你在做什麼，Chloe ？」她的父親繼續說，「你在照顧你的寶寶嗎？」Chloe 說「是的」，依然把積木放在耳邊。「你的寶寶喜歡聽故事嗎？」Chloe 再次點頭。「你要不要把寶寶帶來這邊，我唸個故事給你們兩個聽。」她的父親提議，並依然對著他的電話說話。Chloe 拿著娃娃到爸爸那邊，依然握著積木。「你想要把你的電話放在桌上，就在我的電話旁邊嗎？」Chloe 把她的積木放在桌上並且依偎著父親聽故事。

　　當 Chloe 的父親觀察到她使用積木的新方法，他窺見了「未來的兒童」，然後邀請 Chloe 在稍高一點的程度裡遊戲，她能夠跟隨他的帶領，並且透過參與對話，假裝對話是在電話裡發生的方式來回應。雖然 Chloe 的父親可能把他與 Chloe 的互動看作「只是遊戲」，但 Chloe 在這天已經往發展方面跨出了一大步，而且不必經過多久時間，這類型的遊戲——用內在表徵的想法遊戲——就會變成她日常生活的一部分。

　　在幼兒園接下來的一年，一天當中有許多時間 Chloe 都投身在假扮遊戲裡。Chloe 和她的同學現在更適應與想法「玩遊戲」。在假扮遊戲中，玩具體的物件依然重要，但多半被當作內在想像的主題和兒童所扮演角色的後盾。儘管如此，遊戲依然會和外在真實有所連結；學齡前兒童的遊戲有很多是模仿他們在日常生活中所觀察到的外在真實。

　　然而，不久之後，遊戲會更加內化成日常主題的扮演，且有更多的角色會變成抽象的幻想遊戲（海盜、太空船、士兵）。較大的兒童可能會滿足於較少或沒有具體物件道具的遊戲：他們有認知彈性足以「假裝」自

已有劍、太空艙、槍和軍隊口糧。他們的活動清楚地集中在內在想法，而不是外在的、具體的物件。他們可能會花許多小時，或甚至許多天與特定想像主題有關的想法「玩遊戲」；想法占據了這類遊戲的舞臺中心。根據 Barkley（1997）的研究，遊戲的成熟形式已經完全內化成內隱分析和統整想法的能力（**重建**或**認知彈性**），包括了行為後果的內隱模擬。換句話說，隨著我們的成熟，在選擇行動之前，我們會和想法與可能性「玩遊戲」；這個認知彈性讓我們能夠在日常生活中出現高程度的自我調節。

　　儘管認知彈性是幻想遊戲很大的一部分，與同儕一起的假扮遊戲在其他執行功能方面也有強烈的需求。為了和同儕一起參與共同的假扮遊戲，在遊戲開始之前，兒童會先與彼此談話以規畫要採取何種遊戲的形式，以及每個兒童要扮演哪種角色。他們使用工作記憶來維持心中的計畫，監控自身的行為留在角色中，抑制不遵照計畫的行為，並且同時也得隨著想像情況的開展來焦點轉移。雖然他們的想像遊戲對不經意的觀察者可能顯得自發和自由，事實上任何遊戲形式的想像情況都包含了行為的規則（Vygotsky, 1978, p. 94）。他們的自我調節已經高於一般處理其他日常活動的程度。根據 Vygotsky 的研究，遊戲本身是一個創造近端發展區的學習情況。「遊戲中兒童總是表現得超越他的平均年齡、高過他的日常行為；在遊戲中他就好像比自己高一個頭」（Vygotsky, 1978, p. 102）。

　　這個由遊戲培養的自我調節發展，在較大兒童的傳統童年期遊戲中甚至更為明顯，例如「紅綠燈」。諸如此類的遊戲（請見表 20.2）成為共享活動，為新興的功能提供了外在支持。

　　　一個星期六中午，五歲的 Chloe 跟父親一起去哥哥的球賽。她對看球賽沒有很大的興趣，因此她很不安分也愛發牢騷。當父親的朋友帶著他的兩個女兒——八歲的 Sasha 和九歲的 Rita 抵達時，Chloe 和父親都鬆了一口氣。兩個大女孩邀請 Chloe 一起玩，並且招集了其他兒童玩「紅綠燈」遊戲。

表 20.2 ▪ 傳統童年遊戲和執行功能

許多傳統的童年遊戲連接到工作記憶和回應抑制的執行功能。有些研究者將工作記憶和抑制控制視為形成執行功能的核心，且幾乎是不可分割的建構。

遊戲	所需的執行功能
媽媽，我可以嗎？（Mother, May I？）	1. 回應抑制（抑制優勢的回應） 自然（優勢）回應是向前進的回應。（「像巨人般大步走。」）遊戲者必須抑制此反應直到給予適當的語言線索（「是的，你可以。」） 2. 工作記憶 遊戲者必須在採取任何動作之前記得問：「媽媽，我可以嗎？」遊戲者也必須持續更新工作記憶，接到「不，你不可以」的線索時，要拋棄所有的指示；在接到「是，你可以」的線索之前，要保留和回應所得到的指示。
紅綠燈（Red Light-Green Light）	1. 回應抑制（中斷進行中的回應） 得到「綠燈」語言線索時，遊戲者啟動一個回應（前進）。得到「紅燈」線索時，他們必須立即並完全停止進行中的行動。
雕像（Statues）	1. 回應抑制（中斷進行中的回應） 經過一段時間繞著領導人的自由活動後，遊戲者必須完全停止進行中的回應（變成一個「雕像」）。 2. 回應抑制（保護延遲時間） 接著遊戲者必須再抑制所有的動作（包括說話）一段時間；每位遊戲者必須要等到被觸碰的線索出現之後（意思是雕像被打開了），才能重新啟動回應。如果觸碰的線索再次出現（雕像被關閉），則又要抑制所有回應。當他們處於關閉位置時，必須忽略其他所有的刺激，包括帶領者的評論、其他雕像的動作，以及內在的不舒服，像是癢、肌肉疲勞。

表 20.2 ▪ 傳統童年遊戲和執行功能（續）

遊戲	所需的執行功能
冰凍鬼抓人 （Freeze Tag）	1. 回應抑制（中斷進行中的回應） 被觸碰的線索出現時（被當鬼的遊戲者碰到），遊戲者必須停止所有的動作，並且持續抑制所有動作直到他們得到另一個觸碰的線索（被其他遊戲者碰到）。
老師說 （Simon Says）	1. 工作記憶 遊戲者必須記得只能回應前面有加上「老師說」的線索的指示。他們必須拋棄在工作記憶中的所有其他指示，並保留和只對加上適當線索的指示做出回應。 2. 回應抑制（抑制優勢的反應） 遊戲者必須抑制回應各種命令的自然傾向（「跳上跳下」、「伸出舌頭」），並且在命令前面加上正確語言線索時才回應（「老師說伸出舌頭」）。帶領者會刻意試著設陷阱讓遊戲者做出太快的回應。

　　諸如「紅綠燈」此類的遊戲中，監控和調節變成遊戲的主要目的。這個遊戲在假想方面是最小化的：沒有真的紅燈，孩子不必有道具。遊戲的外在陷阱不再是重要的，重要的是遊戲者的內在能力；這是所有從外在到內在運動都會有的一部分。

　　身為團體中年齡最小的兒童，當 Chloe 無法夠快地停止她的動作，或者「在行動中暫停」時，她無法維持姿勢不動，Chloe 常會被送回起點線。但她堅持在活動中改善她的表現，而且比起看哥哥的球賽或在露天看臺畫著色圖，她更喜歡玩這個遊戲。

　　跟父親在露天看臺上看球賽時，Chloe 有著典型五歲兒童的自我調節程度：她不安分、多話，而且在露天看臺上到處爬。片刻之後，在對賽

遊戲的情境中，我們看見了更高度的行為控制。就好像我們看見了兩個不同的女孩：Chloe 在遊戲情境中改善表現的渴望，讓我們能見到未來的 Chloe。行為的監控是遊戲中的一部分，位在 Chloe 近端發展區之中，而且最終會被 Chloe 內化，然後在各種非遊戲情況，她將能夠指揮行為的自我監控。

衡鑑與處遇的策略：保持在該區中

兒童在自我調節能力的發展上有很大的個別差異，這在學校的環境中格外明顯，因為學校結構對兒童在學業、行為和社會方面的執行功能要求比較高。

有些兒童，像是 Chloe，已經充分準備好達到這些進入學校的要求，但是並非所有兒童都像 Chloe 般幸運。因為有各種的原因會造成兒童執行功能發展的遲緩。基於遺傳的情況，例如注意力缺陷過動症（ADHD）、自閉症類群障礙症、學習障礙、焦慮症，都被認為與執行功能發展的遲緩和中斷有關聯。環境因素，例如忽略和創傷，也會中斷執行功能的發展。根據哈佛大學兒童發展中心的研究，「因為有毒壓力對發展中大腦結構的破壞性影響」，這些逆境會損害執行功能的發展（Center on the Developing Child, 2011, p. 7）。

有任何上述情況的兒童，在他們發展上的某個時間點，有可能被心理健康專業人員注意到。有關執行功能發展和近端發展區的知識，會幫助治療師適當地回應這些兒童的需求。尤其，Vygotsky 有關學習和發展之間動態關係的理論，可以指引：(1) 衡鑑歷程，和 (2) 治療介入，幫助治療師創造出真正對發展有敏感度的治療計畫。

衡鑑

傳統的自我調節能力衡鑑是用靜態的語句描述兒童的表現（兒童的**獨立表現程度**），並將所衡鑑的兒童與符合行為期望的同儕進行比較。舉例來說，一份學齡前兒童的衡鑑可能會提到，兒童的學業技巧在軌道上，但行為上落後他們的同儕，因為他們經常會打或推其他兒童。這個衡鑑是以非黑即白的語句，描述什麼是兒童能獨立做的和什麼是不能獨立做的；它忽略了**協助下表現程度**的行為範圍。

因為衡鑑的目的是指引未來的介入，了解兒童**協助下表現程度**，實際上比**獨立表現程度**更加重要（Vygotsky, 1978）。回想一下，在棉花糖研究中，當衝動的兒童——他們的**實際發展程度**未達到所需要的自我調節——被教導各種心理策略後，他們的表現改變了。實際上，研究者便能夠觀察他們在協助下可以表現的程度，或者**潛在發展程度**。了解某個兒童對不同協助形式會如何回應，可以幫助我們擬定支持可能發展和導致未來發展的介入規畫。

因此，動態衡鑑聚焦於發生在近端發展區內，經由協助之後可能會表現的能力。動態衡鑑主動地尋找能夠支持執行功能出現的脈絡，並且讓我們一窺未來的兒童。動態衡鑑的目標是探查什麼種類的共享活動（學習活動），可以讓我們連接到兒童目前的程度，並且讓他們移動到下一個發展程度。為了做到這一點：

- 動態衡鑑超越兒童獨立功能程度的靜態描述，而且可以**完整探索兒童的協助下表現程度**。
- 動態衡鑑跨越所呈現問題的脈絡，並且為了探索兒童的全方位潛能，會在**多元脈絡下思考目標行為**。所問的問題是：兒童在什麼脈絡下能夠表現出所希望的行為？
- 動態衡鑑包括與「遊戲」有關的脈絡。如 Vygotsky 所說，遊戲特

別適合提供我們「未來的兒童」的觀點。在遊戲脈絡下所提供的兒童相關潛能資訊，可能是用其他方式無法取得的。因此，觀察遊戲中的兒童是幼兒動態衡鑑的必要部分。

- 動態衡鑑尋找部分已發展的或新興的行為，而不單單只是聚焦於完全發展的（目標）行為。因為近端發展區的流動本質，在正確的外在支持下，兒童總會展現出目標能力的某些面向。動態衡鑑認定自我調節是一個漸進的歷程，發展可能是以很小的順序發生。

- 動態衡鑑創造可能顯露出更高功能程度的新脈絡（共享活動）。探索兒童可能會表現出期望行為的脈絡，能夠產出在其他脈絡下何種外在支持可能對兒童有幫助的重要資訊。

治療

Vygotsky 有關學習和發展之間動態關係的理論，幫助成人（治療師、教育者、其他專業人員、家長）創造出真正在發展上有敏感度的自我調節之發展性介入。注意，有一點很重要：要能區分出 Vygotsky 理論的前提，和其他被接受、但不立基於此動態概念的一般理論的前提。請見表 20.3。

立基於兒童近端發展區的治療介入會使用像是定序（sequencing）或鷹架作用（參見表 20.4）的概念，來支持和滋養在各種脈絡下浮現的執行功能。

- 定序意指從於近端發展區發現的部分行為開始，以小步驟移動，並且擴展開來。舉例來說，如果兒童有焦點轉移（依靠工作記憶、回應抑制和認知彈性的執行功能）的困難，剛開始治療師可能只針對回應抑制工作，等到兒童展現對這些行為的某種精熟之後，才會再增加額外的要求。另外一種定序的方式，是從挑戰度最低的脈絡開始，並且朝更有挑戰的脈絡緩慢移動。定序的目標是從呈現問題的脈絡中，逐漸地朝所期望行為的完整表現移動。

表 20.3 ▪ 學習和發展之間的關係：基本前提

學習帶來發展

　　Vygotsky 的理論強調，學習儘管與發展不同，但在正確的情況下會導致發展。近端發展區概念提供辨識出培養發展最佳情況的架構。透過將注意力聚焦於已經出現在兒童近端發展區的自我調節能力，成人的參與會提供支持，且滋養兒童浮現中的執行功能，並且幫助兒童沿著更有能力和自我調節的發展路徑移動。

學習就是發展

　　相對地，如果成人是依照**學習就是發展**的基本前提工作，他們所擬定的介入計畫是教導、練習和增強所期望的技巧／表現。如果所針對的能力位在兒童的近端發展區之內，介入可能會產生好的結果。然而，如果所針對的能力不在兒童的近端發展區之內，兒童的自我調節能力將不會有所發展。儘管有些行為改變可能發生（特別在兒童得到立即正向或負向增強的脈絡下），但是除非是自我調節的能力已經發展出來，行為才會轉移到其他脈絡。這通常會導致參與的成人感到挫折，因為會認為兒童在某個脈絡有此行為，表示發展已經發生了，所以應該能夠在其他脈絡也有相同的行為。當兒童沒有表現得如預期時，這可能導致不當地使用懲罰。

發展必須在學習之前

　　另一方面，如果成人以**發展成熟必須先於學習**的基本前提工作，他們（理想上）會為發展上與同儕不一致的兒童提供調適（accommodation）。舉例來說，自我調節能力弱的兒童可能曾被安排坐在教師辦公桌旁邊，以便老師可以就近監控和指引他的行為。

　　調適理論上是永遠留在原地，一直到兒童的成熟度追上同儕程度為止。當調適無法產生所期望的結果時，下一步可能是更嚴重的措施，例如將兒童從教室裡帶走，而不是提供能夠培育發展的學習經驗。哈佛兒童發展中心對諸如此類的誤解，所導致被逐出教室或藥物治療的不恰當使用，而非對浮現中的執行功能提供在發展上具有敏感度的支持，表達了深切的關心（Center on the Developing Child, 2011）。

表 20.4 ▪ 表現點介入和鷹架作用

表現點

　　Barkley 強調，當所呈現的問題是以某種特定脈絡為中心時（舉例來說，在學校環境缺乏自我調節），最有益的介入是在自然情境當中，「期望行為會在該處發生」的表現點（Barkley, 1997, p. 338）。

鷹架作用

　　是在表現點對特定行為所提供的暫時支持方式。藉著鷹架作用，任務不會變得更簡單，但會調整外在支持。剛開始的時候，給予兒童充分的外在支持，讓他們能夠表現出所期望的行為。鷹架作用可能是人對人的，但也可能是以外在「中介者」的形式支持兒童表現出目標行為，或者是兩者結合。一般認為外在支持是暫時的，會逐漸地移除並引導至獨立表現（Bodrova & Leong, 2007）。

- **鷹架作用**意指提供表現出完整行為的充分支持（而非只是定序），當學習者變得更有技巧時再逐漸撤走支持。Chloe 的媽媽在幫助 Chloe 穿襪子時提供了鷹架作用：穿襪子的任務沒有改變，會隨著時間改變的是她所提供的外在支持程度。在設計「表現點」（point of performance）介入時，對於鷹架作用的深刻理解尤其重要。

🌳 臨床花絮：Amanda

　　我們呈現一個案例（Amanda）來展現遊戲的療癒力量，特別是，遊戲如何支持自我調節能力的發展。這個自我調節能力的發展，讓 Amanda 能夠完全地參與學齡前教室，享受教室內的全部活動和同儕友誼。在這個案例中，我們會展示：

- 以**執行功能**的概念對兒童所呈現的問題提出理解的架構。
- 兒童自我調節能力的**動態衡鑑**會揭露出兒童的近端發展區。
- 從動態衡鑑所得到的資訊可以用來規畫發展上合適的介入。

在此案例中可以看見好幾位專業人員都會提供介入來幫助 Amanda：Blum 老師，學年開始時為 Amanda 的老師，她使用傳統的方法衡鑑和介入；LeBlanc 老師，她在 10 月接手這個班級，並且引進更為動態的衡鑑與介入歷程；以及治療師／諮詢師，他使用在發展歷程上的知識（尤其是對於執行功能和近端發展區）幫助 LeBlanc 老師微調她的衡鑑和介入，以達到最大結果。

以執行功能的概念對兒童所呈現的問題提出理解的架構　四歲的 Amanda 第一年進到結構式的學齡前方案。Amanda 有焦點轉移的執行功能困難。請見表 20.5。

表 20.5 ▪ 焦點轉移

成熟的自我調節需要焦點轉移的能力，意思是個人必須改變他（她）的觀點和行動以回應事件的變化或新的資訊。它需要：(1) 自我監控（使用工作記憶裁定個人進行中的回應是否合乎情況）；(2) 如果不合適，中斷進行中的回應；(3) 認知和行為的彈性（思考然後選擇替代的感知或行為方式）。

對於有焦點轉移困難的兒童，會對教室所期望的行為感到惱怒。在學校，會期望兒童做出多重轉換：根據來自教師的訊號，兒童被期待要中斷進行中的活動（他們可能很享受這個活動），並且切換到一個新活動。他們也被期望能夠彈性地思考——能夠有超越自我利益的觀點，能夠從另一個兒童和（或）從教室規則的觀點來看待情況，以及能夠表現得與多數的觀點一致。在學齡前教室，兒童依然在學習適應這些行為的期望。他們不曾被期望能夠獨立地監控自己的行為；當兒童受困於放棄自我利益的內在挑戰時，學齡前教師經常會用規則提醒兒童，並且給予情緒支持和鼓勵。無論如何，因為有來自教師的支持，學齡前兒童被期望能夠根據要求，中斷不合適的回應，並且讓他們的行動與教室的期望一致。

她很容易因為同學的行為而感到苦惱;會打擾到她的行為常常都只是一些小事,例如站得太靠近她、坐在她認為是「自己」的椅子上、畫圖的用色亂七八糟,或是唱歌太大聲。她的回應是企圖命令其他孩子的行為,如果命令遇到抗拒,她就會用言語或身體攻擊來反應。接著,當教師或助理介入時,Amanda 通常會逐漸升高攻擊行為,達到高峰時就會情緒「崩潰」。當她做得到時,Amanda 會讓自己孤立於其他兒童之外,她喜歡獨自進行活動。當教師的指示意味著她要停止全神貫注的活動時,她也經常會抗拒。

有鑑於 Amanda 很難達到教室的期望,Blum 老師一開始是以傳統的介入回應:提醒、重新定向(redirection)、讚美和獎賞,還有對特別不適當的行為給予暫停。教學助理(Dartez 小姐)常常跟隨在 Amanda 身邊,試著預防問題行為的出現;她也會在 Amanda 情緒崩潰之後安撫她。

當這些介入的結果無法帶來改善時,Blum 老師打電話給 Amanda 的家長要求見面。她告訴他們,他們的女兒在學齡前的各種學習技巧都還算上軌道,但是在遵守教室規則的能力方面落後班上的同學。Blum 老師找出了兩個需要改善的行為:(1) 管理好自己的手;(2) 遵守教師的指示。

這是衡鑑兒童行為成熟度的一種傳統方式——用檢核表和語言描述兒童有能力與沒有能力的部分。它聚焦在可觀察的行為,以及所期望的**獨立表現程度**。

Amanda 的爸媽很驚訝,他們在家中沒有這些問題,但也很想要幫忙。Blum 老師告訴他們,她會給家人一份「每日行為報告卡」,在卡片中呈現兩項個別期望的行為,對此 Amanda 會得到笑臉或是哭臉。Blum 老師要求他們當 Amanda 獲得笑臉時要

讚美她，並且提醒她遵守規則的重要性。Blum 老師告誡他們，
如果 Amanda 得到哭臉，不要在家中懲罰她。

這個介入的基本前提是，只需要適當的激勵，Amanda 就能夠符合教
室所期望的行為。這個前提的依據可能是 Amanda 的學業進展，以及在家
中沒有出現問題；他們可能相信，因為她在某些方面是成熟的，所以她的
自我調節能力也應該會是成熟的。

在大多數的日子裡 Amanda 都是帶著哭臉回家，她的爸媽會
問她發生什麼事，但沒有懲罰她。偶爾她會帶一個笑臉回家，他
們會讚美她，甚至給她特殊的優待。不過卡片上呈現的常常還是
哭臉，當他們試著與她討論那天過得如何時，Amanda 會開始抱
怨或哭泣。

儘管沒有進展，介入仍然持續著：每天都會帶著報告卡回家，然後家
長和 Amanda 一起回顧。

10 月時，Blum 老師申請了延長產假，由 LeBlanc 老師接手
這個班級。LeBlanc 老師決定自己衡鑑 Amanda 的自我控制，她
打電話告訴 Amanda 的媽媽，在她更認識 Amanda 之前，不會再
繼續給每日報告卡了。Amanda 的媽媽表示鬆了一口氣，每日報
告卡造成她和丈夫之間的問題，他會對 Amanda 沒有進步感到生
氣，並且認為他們應該要懲罰 Amanda 持續不當的行為。

雖然 Blum 老師已經提醒家長不要使用每日報告卡作為在家中懲罰
Amanda 在校行為的依據，但基本前提——Amanda 只是需要被激勵——
鑑於他們已經盡全力激勵她的事實，反而造成家長將她的行為看成是故意
違規。當 LeBlanc 老師決定要衡鑑 Amanda 的自我控制時，她明顯地在前
題假設上做了改變：第一步是以基本執行功能的相關能力來思考所呈現的

問題行為，而非只是以可觀察的行為。（之後，諮詢師／治療師將會幫助 LeBlanc 老師更精確地以**焦點轉移**來定義這些能力。）

兒童自我調節能力的動態衡鑑會揭露出兒童的近端發展區　除了重新框架目標行為之外，LeBlanc 老師也擴展了衡鑑的觀點。她創造一個新的和好玩的脈絡來觀察 Amanda 的自我調節能力。

> LeBlanc 老師引進一個新活動給她的學生們：「停停走走遊戲」（Stop and Go）。兒童先是圍成一圈，LeBlanc 老師放音樂，然後兒童在所站的位置跟著音樂自由地擺動身體。當 LeBlanc 老師說：「停！」並且拿出一個亮紅色的停止標誌，兒童要「冰凍」（freeze）在當時的姿勢。當他們冰凍時，LeBlanc 老師會在他們之間走動，並且評論所有有趣的「雕像」。兒童維持冰凍直到 LeBlanc 老師說：「走！」並且將停止標誌放回她背後原來看不到的位置。兒童繼續他們的運動一分鐘以上之後，當音樂停止時，停止標誌被放到一邊，然後兒童坐下來聽故事。

「停停走走遊戲」創造一個脈絡，LeBlanc 老師可以在當中評估 Amanda 自我控制的其中一個面向：**回應抑制**。

> LeBlanc 老師注意到，在遊戲的脈絡裡，Amanda 能夠——甚至是渴望——表現出良好的自我控制。在她教導這個班級的前兩週，LeBlanc 老師也觀察到，Amanda 非常能夠遵守指示，但只有在附近沒有其他兒童時。當其他兒童在附近時，Amanda 會相當注意他們的行為。LeBlanc 老師也注意到，Amanda 似乎很崇拜班上一個女孩—— Celia：她從來都不會對著 Celia「發號施令」。

除了此新遊戲之外，Amanda 對 LeBlanc 老師和 Blum 老師的行為表

現並沒有任何不同，不適當行為與適當行為的每日比例是相同的。然而，LeBlanc 老師在各種脈絡中評估 Amanda 的行為，而且她觀察到 Amanda 的自我調節程度會依據當時所處的脈絡而變化。LeBlanc 老師的衡鑑是**動態衡鑑**，藉由在各種脈絡所注意到的 Amanda 行為，讓大家留意到幾種可能對引發和支持所期望行為能夠有幫助的介入。隔天，LeBlanc 老師有一個機會讓 Amanda 參與和 Celia 一起玩的各種遊戲。

　　在主題時間，Celia 和其他兩個孩子——Annalise 和 Drew 決定要玩「房屋」（house）。LeBlanc 老師注意到 Amanda 正在看他們的遊戲，她問 Amanda 是否想要跟他們玩房屋遊戲，Amanda 點頭，於是 LeBlanc 老師帶 Amanda 進到家事中心，然後退到旁邊觀察兒童如何分配角色：Emma 是媽媽，Drew 是爸爸，Celia 是大姊。Amanda 表示她想要當嬰兒。

　　Celia 指示 Amanda 坐在地板上，並且給她一個「吸杯」。Amanda 假裝用杯子喝，同時其他兒童在桌上擺盤子，並且假裝在爐子上烹調食物。當 Amanda 對餐點提出建議時，Celia 說嬰兒應該只用嬰兒語說話。Amanda 不僅服從這個指示，她還持續坐在地板上。Celia 輕拍她的頭，並且說「好寶寶」。Amanda 微笑，並且用嬰兒語回應，然後兒童繼續他們的遊戲。

　　當 LeBlanc 老師回頭檢視時，她感到驚訝，通常對其他兒童很霸道的 Amanda，不僅要求扮演一個依賴的角色，還能夠配合團體的期望超過 10 分鐘以上。

LeBlanc 老師持續在各種不同的脈絡中蒐集資訊，結果對 Amanda 調節自己行為的能力有了深入且細緻的理解。她與學校主任分享這個資訊，主任安排 LeBlanc 老師使用學校心理健康諮詢師的服務，心理健康諮詢師是一個接受過訓練的遊戲治療師。

　　在 10 月底，治療師與主任會面，並且得知了 Amanda 的行為史和先前的介入。他在教室裡觀察了 Amanda 一小時，包括「停停走走遊戲」。他短暫地與 LeBlanc 老師會面，為了能夠在略微不同的脈絡中觀察 Amanda 的回應，他建議在遊戲上做一些改變。

　　治療師建議的改變是，在給出提示之前先說出兒童的名字，將「停」的提示一次只指向一位兒童，只有被點到的兒童會「冰凍」，其他兒童則繼續跟著音樂移動。在持續「冰凍」的期間裡，LeBlanc 老師會走到兒童旁邊，並且小聲地讚賞他（她）在提示下停住的能力，並且先問這位兒童一個簡短的問題之後再解凍（透過說「走」以及將停止標誌放回她背後原來的位置）。

治療師幫助 LeBlanc 老師微調她的動態衡鑑，甚至可以蒐集到更多有關執行功能能力的資訊。LeBlanc 老師原先的「停停走走遊戲」（所有兒童的回應都很好）提供了一個衡鑑 Amanda 中斷進行中回應之能力的脈絡。在新脈絡──一次只有一位兒童要抑制他（她）的回應──需要更高程度的自我調節。被點到的兒童不僅需要抑制行為，還必須：(1) 在分心（其他兒童持續活動）的過程中讓冰凍的時間得以繼續；以及 (2) 暫時將他（她）的注意力從音樂和其他兒童的動作轉移到與教師的對話。Amanda 在新脈絡的表現顯現她在教室內某種特定困難的訊息：將她的注意力從其他兒童的行為上移開，並且聚焦於正在和教師說的話。

　　11 月底，治療師再次與 LeBlanc 老師會面，她說 Amanda 已經能夠在遊戲脈絡裡中斷她的回應，並且轉移她的注意力──即使其他兒童繼續他們的活動。

　　由於學校暫停程序的改變，另一個改變也已經在教室內發生了。每一間學齡前教室現在有一張「放鬆」椅：一張適合兒童大小的搖椅。在搖椅旁邊是一個裝了泰迪熊的箱子、一本能夠觸

摸和感覺的書、一條柔軟的毯子，以及兒童可用來自我舒緩的其他物件。當 Amanda 情緒變得很困擾而且需要舒緩時，助理會帶她到放鬆椅。Amanda 已經能夠使用這個資源讓自己冷靜，不需要太多與助理之間的直接互動。

放鬆椅提供了關於 Amanda 近端發展區的額外資訊，顯示出她能使用不同類型的外在支持；這是將過去人對人之間的鷹架作用，轉變成使用中介者來代替的調動方式〔中介者是外在措施，可以幫助兒童獨立表現出原本需要在更多的成人監督下才能表現的行為（Bodrova & Leong, 2007）〕。

從動態衡鑑所得到的資訊可以用來規畫發展上合適的介入 有了 LeBlanc 老師蒐集到的所有資訊，相較於前一位老師所做的，LeBlanc 老師和治療師對 Amanda 的困難與她的需求，有了更深入細緻的認識。請見表 20.6。

雖然由 LeBlanc 老師進行的衡鑑做了部分的改變，而且的確是有所幫助；但看到 Amanda 在這些不同的脈絡所表現出的自我調節，就因而認定她會自發地將這些技巧遷移到問題脈絡，則是不正確的。從動態評估中蒐集訊息是必要的，並且可以將它用在「表現點」來架構外在支持。

LeBlanc 老師和治療師會面，並設定一個他們想要在 Amanda 行為上見到改變的介入目標，他們決定將目標放在 Amanda 對其他兒童的言語和肢體攻擊，這通常是在其他學生做一些會干擾她的事情時發生。治療師建議所設立的目標，要聚焦於改變其問題行為的基礎心理歷程。他們一起設定了一個目標：在對其他兒童的行為感到困擾的情況下，Amanda 要改善她的**焦點轉移**能力（請見表 20.5）。

表 20.6 ▪ 動態衡鑑：Amanda 的近端發展區

- 比起一般教室活動，Amanda 在假扮遊戲期間表現出更佳的自我調節程度。
- 當 Amanda 沒有因為其他兒童的行為而分心時，她在日常活動中更能夠遵守教師的指示。
- 藉由「停停走走遊戲」所提供的外在支持，Amanda 不僅能中斷進行中的回應，即使在有多重事務分散注意力（音樂、其他兒童的活動）的時候，她還能讓冰凍的時間繼續，並且將焦點轉移到她的教師在說什麼。
- 當 Amanda 真的在日常活動中情緒激動時，她能夠藉由結合助理教師支持和中介者支持，恢復自己的情緒平衡。

Amanda 已經知道，告訴其他兒童要做什麼並且試圖以肢體干涉他人的行為，她就是「違反了規定」。教室內的其他兒童不是已經內化這個規則，就是在教師提醒要這麼做之後，能轉移他們的焦點來服從這個規則。然而，Amanda 既沒有內化規則，也不能按照提醒來焦點轉移。比起提供提醒，她需要更多的外在支持。這個目標可幫助成人規畫所要提供的外在支持介入。

他們討論了 Amanda 在「停停走走遊戲」脈絡裡，中斷進行中的回應並將她的注意力轉移到教師身上的能力。治療師建議，LeBlanc 老師把遊戲中的提示拿來用在「表現點」上。當教室內有問題時，LeBlanc 老師會提示 Amanda「停」，然後使用那個回應延遲（當 Amanda「冰凍」時）來跟她說話，並提醒她規則是什麼和遵守規則的重要性。

設計表現點介入意指在準確的時間點提供**鷹架作用**，並且放置在會發生問題行為的地方。治療師假設，透過以遊戲為基礎之「冰凍」回應（Amanda 進行中行為的中斷和延遲）所提供的外在支持，會在教室活動時創造出一個「空間」，在其中 LeBlanc 老師可以讓 Amanda 參與簡短的

對話，以幫助她將想法轉移到教室規則的重要性。治療師也建議將介入定序。

治療師建議剛開始的時候，LeBlanc 老師只在事件發生的早期階段而且能掌握 Amanda 時才使用這個介入：當她在言語上干擾其他兒童時。唯有在那個程度中經驗到成功，他們才可能將此介入應用在她以肢體攻擊其他兒童的情況。

接下來的兩個月，LeBlanc 老師在這個介入上經驗到顯著的成功。

當 LeBlanc 老師（或她的助理）觀察到 Amanda 干擾其他的兒童時，會給她「停」的提示。在 Amanda 冰凍後，教師先與她建立好的眼神接觸，接著溫和地提醒 Amanda 教室的規則，以及 Amanda 也不會想要有人以這種方式對待自己。藉由這個支持，Amanda 能夠重新定向她的行為。

經過許多次的重複後，LeBlanc 老師已經能夠縮減所提供的鷹架作用，她再也不需要詳細說明；取而代之的是，她會說「Amanda，停」、「記得規則」和「走」。Amanda 現在已經不需要任何額外的外在支持就能夠轉移她的焦點。

然而，在與治療師的下一次會面時，LeBlanc 老師報告 Amanda 有一個新的問題。

LeBlanc 老師告訴治療師，Amanda 現在常常會到教師這邊「閒聊」其他兒童的輕微罪行。舉例來說，在早晨學校開始的短短時間內，Amanda 抱怨了 Lucy 唱歌太大聲，還有 Drew 和 Owen 躲在桌子底下。

儘管對成人來說 Amanda 所反映的行為是輕微的，但可能那就是始終會困擾 Amanda 的行為類型。在過去，當被其他兒童傷腦筋的行為挑戰

時，Amanda 會孤立自己或嘗試命令其他兒童。對她來說，關於不打擾其他兒童的教室規則是不存在的，且是強加上去的，而非於內在指引她的。然而，現在她似乎能夠記得規則（**工作記憶**），並且也能夠避免告訴其他兒童該做什麼（**回應抑制**）。這兩個功能已經變成是**內化的**：她能夠為自己創造出空間來思考替代的反應。然而，她依然有認知彈性上的困難——用不同的方式思考情境——所以她來找老師幫忙管理她的情緒。

　　治療師建議，教師藉著歡迎 Amanda 來閒聊，當作幫助她更有彈性地思考其他兒童和他們行為的機會。他建議與她討論發生什麼事，而不是斥責她的閒聊。如果 Lucy 唱歌太大聲，Amanda 需要移動多遠才能讓聲音不會太大聲？如果 Drew 和 Owen 躲在桌子下，他們在躲著誰？那是在玩遊戲嗎？那是 Amanda 會想要跟他們一起玩的遊戲嗎？治療師建議，透過與教師對話，Amanda 可能會改善事情令她困擾時的彈性思考能力。

　　根據 Bodrova 與 Leong（2007）的研究，「兒童透過共享學習如何使用心理歷程，或者透過與他人互動來使用它」，而且只有在此共享經驗之後，「兒童才能夠內化和獨立地使用心理歷程」（Bodrova & Leong, 2007, p. 11）。在這個案例裡，Amanda 似乎在尋找這個共享經驗來幫助她更有彈性地思考事情。

　　剛進入第二學期時，LeBlanc 老師向治療師報告，Amanda 能夠確實遵守教室規則。她也和其他兒童參與了各種類型的遊戲；她依然會來老師這裡討論她從其他兒童身上察覺到的問題行為，但她從來沒有使用肢體攻擊，而且她與其他學生之間的意見不合，都是在同年齡團體裡很正常的那些事情。

摘要

當 Amanda 剛開始上幼兒園時，她在調適學校生活的要求方面有困難。在教室裡，學生被期望能夠**焦點轉移**：中斷進行中的活動，並且轉移到與教室時間表一致的新活動。他們也被期待能夠彈性地思考──從他人的觀點和（或）從教室規則的觀點來看待情況──進而能夠依照較大的觀點彈性行動。這些要求，讓 Amanda 的自我調節能力無法負荷，讓她不是孤立自我於他人之外，就是表現出霸道，有時候則用具攻擊性的行為來因應。

剛開始設立用來幫助 Amanda 改善表現的介入並沒有成功，或許還讓事情變得更糟，因為它讓教師、家長和 Amanda 自己都感到無助與挫折。Amanda 很幸運，當新教師接手班級時，她帶來了一個新的觀點。後續的介入成功幫助了 Amanda 的自我調節能力發展。帶來成功的因子包括：(1) 用基礎自我調節能力的面向框架 Amanda 的問題行為；(2) 使用遊戲顯露 Amanda 潛在自我調節能力的程度；(3) 設計以遊戲為基礎的介入來支持和強化她浮現中的能力。

❖ 參考書目

Barkley, R. (1997). *ADHD and the nature of self control*. New York, NY: Guilford Press.

Berk, L. E. (1994). Why children talk to themselves. *Scientific American*, 78–83.

Best, J. R., Miller, P. H., & Jones, L. I., (2009). Executive functions after age 5: Changes and correlates. *Developmental Review*, 29(3), 180–200. doi: 10.1016/j.dr.2009.05.002. http://www.ncbi.nlm.nih.gov/pmc/articles/PMC2792574/pdf/nihms144836.pdf

Bodrova, E., & Leong, D. J. (2007). *Tools of the mind: The Vygotskian approach to early childhood education*. Upper Saddle River, NJ: Pearson.

Center on the Developing Child at Harvard University. (2011). *Building the brain's "Air Traffic Control" system: How early experiences shape the development of executive function: Working Paper No. 11*. Retrieved from www.developingchild.harvard.edu

Cooper-Kahn, J., & Dietzel, L. (2008). *Late, lost, and unprepared: A parent's guide to helping children with executive functioning*. Bethesda, MD: Woodbine House.

Diamond, A., Barnett, W. S., Thomas, J., & Munro, S. (2007). Preschool program improves cognitive control. *Science, 318*(5855), 1387–1388.

Diamond, A., & Lee, K. (2011). Interventions shown to aid executive function in children 4 to 12 years old. *Science, 333*, 959–964. Available at www.sciencemag.org

Garon, N., Bryson, S. E., & Smith, I. M. (2008). Executive function in preschoolers: A review using an integrative framework. *Psychological Bulletin, 134*(1), 31–60.

Gawrilow, C., Gollwitzer, P.M., & Oettingen, G. (2011). Self-regulation in children with ADHD: How if–then plans improve executive functions and delay of gratification in children with ADHD. *ADHD Report, December, 19*(6), 4–8.

Jurado, M. B., & Rosselli, M. (2007). The elusive nature of executive functions: A review of our current understanding. *Neuropsychology Review, 17*, 213–233. Available at http://acdl.crpp .nie.edu.sg/documents/jurado%20rosselli%202007.pdf

Mischel, W., Shoda, Y., & Rodriguez, M. L. (1989). Delay of gratification in children. *Science, 244*, 933–938.

Moffitt, T. E., Arseneault, L., Belsky, D., Dickson, N., Hancox, R., Harrington, H. L., . . . Caspi, A. (2011). A gradient of childhood self-control predicts health, wealth, and public safety. *Proceedings of the National Academy of Sciences, USA, 108*, 2693–2698. http://www.ncbi.nlm .nih.gov/pubmed/21262822

Vygotsky, L. S. (1978). *Mind in society: The development of higher psychological processes.* Cambridge, MA: Harvard University Press.

Welsh, M. C., & Pennington, B. F. (1988). Assessing frontal lobe functioning in children: Views from developmental psychology. *Developmental Neuropsychology, 4*, 199–230.

Zelazo, P. D., & Paus, T. (2010). Developmental social neuroscience: An introduction. *Social Neuroscience, 5*, 417–421.

Chapter 21

自尊

★ Diane Frey

導論

「認識你自己」是古希臘的箴言。人們對自我、自我概念和自尊的興趣一直在整個歷史上持續著。莎士比亞曾說：「你必須對自己忠實；就像有了白晝才有黑夜一樣，對自己忠實，才不會對別人欺詐。」時間更近一點，Gloria Steinem（1993）提到：「我開始明白自尊並非一切，只是沒有什麼是沒有它的。」

一個多世紀以前，在美國的第一本心理學教科書裡，William James（1890）介紹了**自尊**這個主題，將它定義為個人用來稱呼自己的所有總和：身體自我、心理特質、感覺、家庭、重要他人、財產、興趣和職業。

如果歷史是現象的一個顯著性指標，自尊就會是一個重要的因子。自尊除了在歷史上的顯著性之外，另一個自尊活力的指標是其主題廣度。一份 2012 年春季在 Google 上的搜尋顯示，有超過 58,300 份文章、章節和書籍聚焦在作為人類行為關鍵因子的自尊上面。在 2012 年春季，用自尊和遊戲治療在 Google 上搜尋，得到總共 7,320 筆結果；每次更新時這些數字都有大幅地成長，證實自尊在社會科學中是一個根本和基礎的概念。Rodewalt 與 Tragakis（2003, p. 66）表示，連同性別及負向感情，自尊是「人格和社會心理學研究的三大共變數」之一。

自尊的描述

回顧自尊的歷史文獻，**自我**、**自我概念**和**自尊**常常會交互使用，然而，它們之間有著顯著的區別。

周哈里窗（Johari Window）（圖 21.1；Luft, 1969）明確地將自我描述成由自己已知和不知的自我，還有為他人已知和不知的自我等面向所組成。

	自己已知	自己不知
他人已知	I. 公開	III. 盲目
他人不知	II. 隱藏	IV. 未知

圖 21.1 ▪ 周哈里窗

公開區域（圖 21.1 區域 I）代表個體和他人已知的自我所有面向，包括了人類行為的基本元素：想法和行為。這個自我的區域提供了許多成長的潛力，因為個體的自我覺察愈多，就會有愈多的能量能夠導引到滋養、維持或改變自我的面向。個體也能夠從他人的回饋中獲益，因為他人也知曉這個區域。

區域 II（圖 21.1）代表自己知曉但是對他人隱藏的想法、感覺和行為，稱為**私人區域**。因為個體有處在當下的自我覺察，所以這個區域容許改變發生。當在關係中發展出信任和接納時，區域 II 就會變小。

區域 III（圖 21.1）是盲目區，代表那些個體自己不知道，但他人知曉的想法、感覺和行為。如果個體對他人的回饋是開放的，這個區域對於改變也是開放的。

區域 IV（圖 21.1）是未知區，代表沒有人知道的個人想法、感受和

行為。這個區域可能包括被壓抑的想法、感覺和行為，以及這個人未知的未來行為。因此在典型的人際關係情況下，不太可能出現改變。

　　一般來說這四個區域的大小會不相同。當健康的人們發生互動時，區域 I 會增加，因而造成其他象限的改變。周哈里窗（圖 21.1）代表自我（self）；區域 I 和區域 II 代表自我概念（self-concept）——關於自己，個體對自己有哪些認識。自我接納（self-acceptance）是個人對自我概念的舒適程度。

　　自尊是評價性的術語，意指個人對於自我概念正向、中性、負向和（或）模稜兩可的判斷。自尊不是自愛（self-love），而是個人對自我概念的評價。

　　自尊有兩個相關的元素：感覺個人有能力過生活（competent to live）和感覺個人活得很有價值（worthy of living）。有能力是將與個人現實存在有關的想法、感受和行為都包含在內的信心；活得很有價值意思是肯定自己和有自重、自珍的感覺。

　　對自我概念的一般性衡鑑被認為是整體的自尊，它是自我概念的整體評分。**自我估計**（self-estimate）這個術語意指個體對於某個特性的自我概念會如何評分。個人可能有較低的整體自尊，但會承認有某個自我估計的正向特質，不過這個正向特質通常不被自己所重視。舉例來說，個人可能整體上認為自己的自尊是低的或負向的，但是卻承認自己是一個體貼的人。另一方面，個人可能有整體的高自尊，但卻承認自己不太會原諒別人。自我估計所指的是個人對那些想法、感受和行為的評價，而那都是自我概念的一部分。圖 21.2 和 21.3 分別呈現出高自尊個體的自我估計和低自尊個體的自我估計。

　　遊戲治療的目標之一是幫助個體將自己看成是多面向的、有許多自我估計，而不是用一般的整體自尊將自己評分為全部正向或全部負向（兩者都是不切實際的評價）。

　　自尊影響人類所有的面向——認知、情感和行為。Samuel Johnson

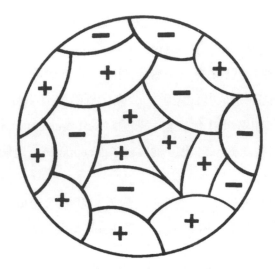

圖 21.2 ▪ 高自尊個體的自我估計評量

資料來源：*Practical Technique for Enhancing Self-Esteem*, by D. Frey and J. Carlock, 1991, Bristol, PA: Accelerated Development. Reprinted with permission of Taylor & Francis.

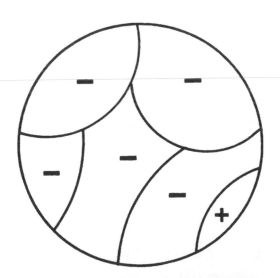

圖 21.3 ▪ 低自尊個體的自我估計評量

資料來源：*Practical Technique for Enhancing Self-Esteem*, by D. Frey and J. Carlock, 1991, Bristol, PA: Accelerated Development. Reprinted with permission of Taylor & Francis.

是這麼說的：「自信是重大承諾的第一要務。」Ralph Waldo Emerson 斷定，「在我們背後的及在我們面前的，相較於在我們內心的，都是芝麻小事」。自尊的重要性在於此一事實：沒有任何人的思考、感覺和行動會跳脫自尊的影響。自尊是人類的基本需求，Abraham Maslow 把自尊納入需求階層模式中。根據 Maslow 的說法，無法滿足自尊的需求，個體就無法獲得自我實現。自尊是一個重要的結果，它和心理福祉關係密切，同時它也已經被連結到學習成就上。 Eric Fromm 已經領悟到，對他人的愛和對自己的愛並非是互斥的；愛自己的態度也會在所有能夠愛別人的人身上發現到。自尊本質上是一個非常廣泛的特性，影響著個人生活的每一個面向。

此外，《精神疾病診斷與統計手冊第五版》（*Diagnostic and Statistical Manual of Mental Disorders*, DSM-5）已經認定低自尊是 24 種心理疾病的診斷指標或相關特徵；至少有 15% 的美國人符合了精神疾病的診斷準則；自尊也和其他較不嚴重的心理健康有關。因此，自尊具有相當重要的社會意義。因為某種程度來上來說，這些個體會透過家庭和友誼而與其他人連結在一起，自尊可能直接或間接地碰觸到每個人的生活。

🐦 實證支持

碩博士論文是人們對自尊研究持續感興趣的指標之一，在 1960 年到 2008 年之間有超過 14,000 篇碩博士論文研究，是以自尊作為主要的研究主題；其中有將近四分之一（24.9%）發表於 2000 年到 2008 年之間。研究的結論並非完全一致，因此，關於自尊研究是有一些爭議存在的；並非所有研究者都支持自尊的提升會得到有益健康的效果。另一方面，學者一直呼籲要有更精確的測量，才能為改善自尊的努力做辯護。自尊的測量是一個複雜的歷程，首先就是自尊的定義。儘管如圖 21.2 和 21.3 所示，普遍都接受自尊是多面向的，但許多衡鑑工具並無法反映出這個概念化的結

果。有些測驗測量的是整體自尊，有些則是測量特定的自我估計。自尊不是一個穩定的特質，會隨著生命的過程不斷改變；這在衡鑑方面是必須處理的重要事情。自尊有性別差異，在男孩身上，經常會出現內在自尊或自我讚許（self-approval）；而女孩則更常表現出外在自尊或他人讚許（approval by others）。由於一些與年齡有關的發展議題（語言技巧、認知發展、注意力廣度、記憶、應試技巧），要設計測驗給幼童是困難的。自尊研究一直有方法論方面的問題，不只是依賴個體自陳報告的外顯自尊會產生問題，在測量內隱自尊——自尊的潛意識議題上也同樣如此。此外，自尊的構念和其他相關的構念也有重疊。

最後的關鍵問題是，自尊是否真的能改變。自尊的最新研究趨勢之一是與遺傳之間的關係（genetic links）研究。Neiss、Stevenson 與 Sedikides（2003）在此議題上做了文獻回顧並且做出總結，在手足之間自尊程度的變異數方面，遺傳影響占了 30% 到 40%。共享環境因子，例如，遊戲、學校、同儕、工作占了其餘變異數的最大部分。生物基礎似乎帶來了一定的先天傾向，例如，能量程度、氣質、身體、社會、認知能力。在一份雙胞胎的自尊研究中，Neiss、Sedikides 與 Stevenson（2006, p. 261）總結，「在程度和穩定性方面，個人所經驗的獨特環境有最大的影響，而不是那些手足之間的經驗」。因此，雖然不可忽略遺傳的先天傾向，但自尊基本上還是環境的函數。

雖然有關自尊的測量一直有些爭議，自尊介入「在諸如行為、自陳人格功能和學業表現等其他功能領域的改變方面，至少與其他類型的介入是一樣的」（Haney & Durlak, 1998, p. 429；引自 Trzesniewski et al., 2006）。

與自尊有關的結果研究可以分成五個領域：(1) 社會支持；(2) 認知行為策略；(3) 個別和團體策略；(4) 體適能策略；(5) 其他策略。

自尊回應了社會支持的經驗。靈長類動物的研究顯示，神經傳導物質血清素的波動有助於自尊的程度。最佳的支持結果是，正向的社會回

饋會減少血清素不足的現象（Sylwester, 1997）。Kuehner 與 Buerger（2005）發現，自尊和社會支持是對生活品質最有貢獻的特質。

認知行為介入是自尊最普遍的治療取向，而且證實非常有效（Guindon, 2010）。已經發現認知行為取向能改善整體和學業的自尊，也可以減少憂鬱。

個別、家庭和團體介入已經被發現能改善自尊。個別諮商是自尊提升的治療選項。當家庭的功能不彰，以及親職教養失能的議題與自尊有關時，可以在家族治療中處理之。團體諮商對自尊提升也是一個有效的治療（Guindon, 2010）。

體適能策略能夠改善身體自尊（Guindon, 2010）。儘管男孩的整體自尊程度比較高，但運動參與對男孩和女孩的身體自尊都有強烈的影響（Guindon, 2010）。

已經發現能夠有效提升自尊的其他策略還有現實治療、焦點解決治療、敘事治療、創造性藝術和遊戲治療（Guindon, 2010）。在沙盤團體治療中，青少女的自尊也會有所提升（Shen & Armstrong, 2008）。

Mruk（2006）指出達成自尊提升之有效自尊方案的八個共同面向：

1. 接納和關懷：治療師提供無條件正向尊重以發展出投契的關係，並且建立治療同盟。

2. 一致性的正向回饋：隨著時間的推移，治療師以微量的真誠回饋來回應。

3. 認知重建：治療師幫助兒童將理性或實際的回應替換到情境中；此過程會產生新的感覺、思考和行為。

4. 自然的自尊時刻：教導兒童在每天的生活中，增加對自尊角色的覺察，並且在當下做出改變。有意識地提高技巧會協助兒童改變。

5. 自我肯定訓練（賦能）：價值感在提升自尊上是必要的。自我肯定訓練是建立在人們有價值和權利的想法之上。

6. 示範：治療師和案主的重要他人示範適當的自尊程度，並且協助兒童
   向榜樣學習其能力和價值。

7. 問題解決技巧：教導兒童如何解決問題，增加他們的成功機會和能
   力，因而提升自尊。

8. 練習的機會：提升自尊需要時間，沒有快速的解決或者容易的修復。
   時間和練習在提升自尊方面是關鍵元素。必須捨棄舊的感覺、想法和
   行為模式，而以新的、更有幫助的模式取而代之。

　　綜上所述，接納和正向回饋是被他人重視或認為有價值的形式，是自
尊提升的必要元素。示範和問題解決會提升能力，是另一些自尊提升的必
要元素。認知重建、自我肯定訓練和合理自尊時刻，都需要價值和能力兩
者。最後，練習在自尊的提升上是必要的。

🐢 自尊在達成改變上的角色

　　沒有人生下來就有對自己的預設評價，遺傳最多只是間接的影響自
我評估。兒童從早年開始發展自尊，兒童的自尊中有很大一部分是透過
遊戲習得。如同 Russell Meares（1994）提到，「遊戲的場域在很大程
度上，是自我感的誕生之處」（p. 49）。遊戲治療師創造出一個讓兒
童能夠自由表達自我的環境，並接納兒童目前的樣貌。這個接納展現給
兒童的是他們是有價值的人，是有關自尊提升的關鍵因子。自由遊戲容
許真實的表達，治療師提供接納、同理、一致（congruence）、不間斷
的關注、真誠，而設限只會用在讓遊戲治療不脫離現實世界的情況下。
在這樣的環境中，兒童感到安全，而且他們的感覺被接納。比起非人本
─指導式（nonhumanistic-directive）取向，這些在兒童中心遊戲治療
（CCPT）形式（人本取向）中找得到的特性，被發現能產生較大的治療
效果（Bratton, Ray, Rhine, & Jones, 2005）。很顯然，這些遊戲治療的心

理特性對自尊提升是必要的（其他遊戲治療理論可能會認為，這些條件是必要的，但不是充分的）。這些條件讓兒童感覺被治療師所接納，且最終使兒童擁有了自我接納。無條件的自我接納是自尊提升的關鍵成分。

遊戲治療不僅促進先前在 Mruk（2006）模式中所討論過的接納，遊戲治療還將一致的（consistent）、正向的回饋考慮在內（Mruk 2006 模式之面向二）。在幼年時兒童就意識到他們的身體特徵、身體活動和動作技能，他們不會將自己與他人做比較，因為他們是自我中心取向的。幼兒的自尊不會受到與他人比較的影響。到了六歲左右，自我中心逐漸減少，兒童更意識到他人對自我的評價。在此年齡，鏡中（looking-glass）或自我反映（self-reflected）的評價變得更明顯。重要他人是一面定義一部分自我的社會鏡子。Cooley（1902）適當地說明了這個概念：「每一個人對他人都是一面鏡子，反映出對方表現過的事情。」

遊戲治療讓治療師能夠在安全、關懷、接納的環境中提供兒童一致的、正向的回饋。Vonk（in Kernis, 2006）提到：「他人的正向尊重……是真實自尊改變的『入口』。」隨著時間進展，遊戲治療師會藉由在評論兒童的想法、感覺和（或）行為時，給予兒童真實的、具體的、正向的微量回饋而提升其自尊。遊戲治療中的對賽遊戲、沙盤、玩偶、拼圖、繪畫、魔術、沙遊物件、娃娃，提供豐富的機會讓此類回饋得以出現。

與鼓勵提升自尊的正向回饋有關的是，兒童發展出內在自尊的重要性，因為自我評價是從他（她）的實際行為或能力中產生。內在自尊無法由他人提供給兒童，而是從兒童發展出的行為能力和技巧中習得。有內在自尊的兒童不依賴他人對自我的評價，而且也不需要不斷的讚美；他們的動機來自於內在。隨著年齡增長，除了思考他人的回饋以外，兒童需要以個人的自我評價作為自尊的基礎。

雖然針對自尊的遊戲治療介入在剛開始時，治療師給予真誠正向的回饋是必需的；但也必須進展到讓兒童在其中有給予自己正向回饋的機會，例如在他們的自我對話或評論中能有諸如「自己做了傑出的樂高創作」、

「自己在沙盤中創造了有趣的城鎮」，或「自己用黏土做了有創意的物體」等等。

　　正向回饋應該也要有建設性批評的元素。Frey 與 Carlock（1989）建議正向回饋與建設性批判的比例是 5:1，意思是個人每得到或給自己一個批評時，應該也要出現五個正向的回饋。沒有人是完美的，只聚焦在正向想法、感覺和行為是不切實際的，並且會導致錯誤的自我感。這也會使個人不去面對劣勢（weakness）以致無法從中改善或找出因應策略，亦無法處理兒童的自我苛責。 玩偶、填充動物、娃娃、裝扮遊戲讓治療師和兒童能夠以不帶有威脅性的方式象徵性地溝通，所以遊戲治療在處理正向回饋和建設性批評比例方面非常有效。

　　如同在 Mruk（2006）的介入提到過的，「示範」（modeling）是一個自尊提升的重要面向。低自尊的兒童通常很少有機會模仿一個有能力和有價值的個體；遊戲治療為遊戲治療師提供了許多「從實作中示範」（showing by doing）的參與機會。臨床工作者透過幻想遊戲、偶戲、沙遊物件、娃娃遊戲、視頻遊戲治療（video play therapy）、角色扮演、對賽遊戲，可以示範如何處理衝突和困難的情況。藉由親子遊戲治療可以教導低自尊兒童的家長如何有效的介入。在學習複雜的技巧時，示範會是一個可以優先選擇的形式。在遊戲治療中，兒童可以模仿治療師和家長為他們示範的內容。比起說了些什麼（像是傳統談話治療），示範了什麼更為重要；示範為健康的自尊架設了舞臺。遊戲治療師強調學習的動覺、視覺和聽覺面向，讓它成為經由示範傳送自尊提升的理想管道。

　　透過遊戲治療協助兒童學習問題解決的技巧，是另一個提升自尊的重要面向。自主支持（autonomy support）是人際環境中有助於導向自尊的一個面向；這個支持類型提供兒童在行為方面的選擇，以鼓勵兒童自己解決問題。當兒童自行解決了問題，他們贏得了掌控感和源自內在的賦能感。當兒童體驗到他們的成功行動是來自於自己的感覺，就會發展出健康的有能力感。

在一份遊戲治療對處在危機中的四、五、六年級學生自尊影響的研究裡，Post（1999）總結，遊戲治療避免了自尊和內控性的下降；而兒童中心遊戲治療是此研究運用的遊戲治療取向。

在遊戲治療中顯而易見的是接納，鼓勵兒童主動，並為自己做決定。兒童自行創造出玩偶秀、幻想故事、沙盤世界、劍與槍的劇本、角色扮演；在安全的環境中提供他們機會，做出與他們的問題解決技巧有關的現實檢測。

遊戲治療提供許多練習的機會。Mruk（2006）強調練習的重要性；在遊戲治療中，兒童有機會測試新的行為，例如認知重建、自然的自尊時刻和自我肯定訓練。這些行為可以一再被重複和精緻化。在傳統的談話治療中，這樣的重複常會遭到抗拒，常見的是例如「我已經學過那個」和「我們不要再討論一次」等陳述。而在遊戲治療中，練習通常是愉快的經驗。

兒童藉由四個歷程發展自尊：觀察他人、被人觀察、得到回饋、給出回饋。在遊戲治療中，治療師會藉由這些歷程指認出兒童的感覺，證實它們，並且將它們表達出來以回饋給兒童，進而幫助兒童得到對行為的洞察。這類自我洞察和自尊之間有著很強的關係（Brandt & Vonk, 2006）。已經有相當數量的研究顯示，清楚的自我概念與正向自尊之間有密切的相關（Campbell et al., 1976）。

綜合以上所述，可以透過 D. W. Winnicott（1994, p. 136）的這段語錄來理解遊戲會如何提升自尊：

> 玩遊戲時，而且只在玩遊戲時，小孩才有創造力，也才能展現整個人格；並且也只有在有創造力的情況下，個人才能發現自我。

🐦 策略與技巧

Virginia Satir（1989）提到：「不管過去的學習經驗是什麼，學習珍惜自己，有高自尊、有高自信是可以發生在任何人身上。」相對於遊戲治療，Haim Ginott（1994, p. 33）提到：「比起透過語言，透過操作玩具，兒童更能夠適當地表現出他對自己、重要的人和生活事件的感覺。」

接下來的技巧結合了接納、同理、一致（congruence）、真誠，以及治療師提供兒童不間斷關注等條件的主題。如前所述，這些治療中的特性被發現會產生較大的治療效果（Bratton et al., 2005）。這些條件在兒童中心遊戲治療中是必要且充分的，而在其他遊戲治療理論中則是必要，但不是充分的。因為關係到提升自尊，這些由治療師所提供之條件的重要性不可能不被過分強調。除了這些治療師—兒童關係的品質之外，特定為了提升自尊的眾多遊戲治療技巧也可能被使用。這些技巧幫助兒童達成能力感和價值感。以下提升自尊的遊戲治療技巧與先前回顧的 Mruk（2006）模式是一致的。它們適用於廣泛的年齡層；這些技巧都可以在個別或團體遊戲治療中使用。

由於自尊的簡要定義是個人對自我概念的評價，且因為自我覺察對發展自尊是必要的，提升自尊的第一步，就是幫助兒童獲得有關自我的洞察和知識。可以在個別或團體遊戲治療中，一起玩所謂「我喜歡我的鄰居」（I Like My Neighbor Who）（Frey & Fitzharris, 1998）的技巧。首先要準備與人數相同數量的椅子，然後再拿掉其中一張。沒有椅子坐而必須站著的人會說某個特別的特徵，像是「我喜歡我棕色眼睛的鄰居」，每一個有棕色眼睛的人就必須移動到另一張椅子。沒有椅子坐的人再說出另一個特徵，像是「我喜歡我戴眼鏡的鄰居」，每一個戴眼鏡的人就必須移動到另一張椅子。互動會一直持續到遊戲治療師喊停為止，並帶領參加者進行有關他們學到彼此之間有多麼相似和多麼不同的討論歷程。特徵的本質可

以根據個別兒童或團體的年齡，透過治療師的示範來調整。[1]

「在袋子裡」（In the Bag）是另一個建立認同或自我概念的技巧。要求兒童想像他（她）即將永遠不會在這附近出現（也許是搬家等等），要求兒童將一件代表自己的物件放進袋子裡，這些物件會作為他們是誰的提示。在歷程中要討論兒童選擇了何種物件、圖片、繪畫，以及它對自己的意義。如果在團體遊戲治療中玩，在最初的分享之後，治療師可以要求兒童選擇其他參與者的名字，接著兒童再放另一件他認為可以代表被提名人的物件到袋子裡，如此可以幫助個體看到別人如何看待他們。

在「神秘訊息」（Mystery Messages）（Frey & Fitzharris, 1998）中，邀請兒童用白色蠟筆在白色紙上面，寫下或畫下某些關於自己的獨特事情。接著可以用「20個問題」（20 Questions）[2]的形式詢問畫了些什麼（如果在團體中玩，勝利者就是第一個正確猜中的人）。想要讓圖畫顯現時，只要用水彩顏料塗在蠟筆畫過的地方，圖畫就會顯現出來。

在「我是誰？」（Who Am I?）（Frey & Fitzharris, 1998）的技巧中，兒童的學習也與自我相關。告訴兒童你會運用魔法來更加認識他（她），即使是矇住眼睛，只要選一次就能夠從帽子裡拿出一張上面有他（她）名字的紙片。在兒童面前將一張圖畫紙撕成九等分的大小[3]，將中間那片給兒童。請兒童在中間紙片寫下自己的名字。邀請兒童在剩下的其他八張紙片上完成以下的內容：(1) 我最喜歡的活動是……；(2) 我是 ；(3) 我喜歡……；(4) 當……時，我最快樂；(5) 沒有人知道我會……；(6) 當……時，我把問題處理得最好；(7) 我希望……；(8) 我最自豪的成就。請兒童將九張紙片全部放到帽子裡；治療師戴上頭巾或眼罩

---

[1]　譯註：類似「大風吹」的玩法，但是當「鬼」的人只能「吹」與身體特徵有關的內容。

[2]　譯註：類似是非題猜謎遊戲，出題者先選擇好答案，參加者可以自由提問，但出題者的答覆只會有是或否，第一個透過線索歸納出答案的參加者就獲勝。

[3]　譯註：井字的九宮格。

並且宣布，就算蒙上眼睛，還是會找到上面有兒童姓名的那張正確紙片。翻找紙片（你之所以能夠分辨哪一張紙片有兒童的姓名在上面，是因為它是用撕的，紙張的四個邊都會是粗糙的，其餘八片則至少有一邊是平整的）。接下來，請兒童一次拿出一張剩餘的紙片，並且回答寫在上面的陳述，再一一處理這些陳述的內容。

　　介紹幾世紀以來，為何會以旗幟作為某人的象徵和稱號的概念（如鳶尾花象徵法國皇室）。請兒童製作一面「自尊旗幟」（Self-Esteem Banner）（Frey & Carlock, 1991）；給兒童上面畫有各種不同形狀（正方形、三角形、長方形）區塊的旗幟（你可以根據兒童的年齡更動旗幟上區塊的數量）。請兒童在他所選的旗幟上面任何一區寫下或畫下大家都認識的「我」；在另一區上面寫下或畫下幾乎沒有人知道的「我」；再於另一區寫下或畫下想要變成的「我」；再於另外一區上面畫下或寫下你實際上是如何──「真實」的自我；再於另一區寫下或畫下幻想的自我，舉例來說，你想要有什麼樣的超能力；再於另外一區上面寫下或畫下，如果今天會死，你想要告訴自己什麼。和兒童一起討論哪一種自我最容易和最難完成。（這個技巧涉及先前圖 21.1 中所提到，認為自尊的概念是多面向的周哈里窗的概念。）

　　「投擲硬幣」（Flick of Coin）（Frey & Fitzharris, 1998）可以促進關於自我的知識。將小圓鬆餅烤盤[4]放在桌上排成兩排。選擇代表個人所認同的不同面向的貼紙，例如事實（外表、家庭、年級等等），喜歡／不喜歡（食物、顏色、香味、電視節目），信念（信仰、藥物、酒精），夢想（錢、名聲）和天分（歌唱、運動、藝術、表演）；將貼紙分別貼在鬆餅烤盤的每一個格子上。用一張紙寫出每張貼紙代表的是什麼。在海報板的左邊放上每一張使用在烤盤格子內的貼紙；在每一張放上去的貼紙的右邊，寫下所表示的是自我的哪個面向。將鬆餅烤盤放在地板上，海報板放

---

[4]　譯註：烤鬆餅用的模子，一個烤盤上可能有 6 到 24 個放置小圓鬆餅的格子。

在一旁；給兒童與烤盤格子數量一樣多的銅板。要求兒童站在離鬆餅烤盤
60 到 90 公分（配合兒童年齡和體型來調整）的距離。請兒童將銅板丟擲
或用手指彈到烤盤的格子中。每一次成功命中時，就要求兒童辨識出該烤
盤格子內所指定的自我面向。舉例來說，如果銅板掉在代表天分的烤盤格
子裡，兒童就討論他們所擁有的天分；目的是幫助兒童辨識出自己的不同
面向。給兒童代幣作為會談的紀念品。將貼紙貼在硬幣的每一面來代表成
功的投擲，並且提醒兒童學到有關自我的哪些內容。

　　協助兒童覺察到自己與他人相似與相異的地方，「下雪吧」（Let It
Snow）（Frey & Fitzharris, 1998）這個活動會是有幫助的介入。請兒童
用紙做雪花；製作時將紙由上而下對摺成一半，接著再對摺一次。沿著邊
緣將摺好的紙剪出各種形狀（如貝殼型、鋸齒狀），將紙打開就會顯現出
雪花，再用亮粉噴膠裝飾雪花。在過程中可以討論雪花看起來是如何相
似，但在很多方面卻又不同；也在過程中討論兒童們似乎很相似，但是卻
也獨特和特別。邀請兒童說出他們與他人之間的共同性，但也同時要說出
獨特和特別的部分。在團體遊戲會談中，以上述的方式完成此活動，然後
在每片雪花的背面，請每個兒童象徵性地用某個特定的圖示（如菱形、圓
形、正方形、三角形）代表自我。接著治療師蒐集所有的雪花，將它們往
上拋，同時所有人都大喊：「下雪吧！」當雪花落到地板上時，就要求團
體成員選一個不是自己的雪花。團體成員一個接一個試著猜猜這是誰創作
的雪花。

　　「瓶中信」（Message in a Bottle）（Frey & Fitzharris, 1998）幫助
兒童辨識出他們的興趣和能力。會談之前，先在不同的紙張上寫下 15 到
20 則自尊訊息。範例的訊息像是「說出一個你自豪的天分……」、「我
擅長……」、「我最棒的記憶是……」。將每一個訊息捲起來，並且用橡
皮筋綁好。將訊息放入一個透明的果汁瓶（要確定標籤已經移除），蓋緊
瓶蓋。將瓶子用「保齡球瓶的排列方式」（10 pin fashion）放在遊戲室地
板上：最後一排四瓶，下一排三瓶，再下一排兩瓶，第一排一瓶。排列將

會組成一個倒金字塔形。跟兒童說你們要玩自尊保齡球；兒童在「球道」
（走道）上用網球試著把 10 支球瓶撞倒。每撞倒一個球瓶，兒童就要回
答球瓶中的訊息。遊戲完成之後，詢問兒童學到有關自我的哪些新訊息，
以及他們的哪些能力被認可。這個活動也可以用「保齡球隊」的方式在團
體遊戲治療中進行。

所有這些遊戲治療技巧的目標，是幫助兒童得到更多的自我知識以從
中發現他們的自我概念。這些介入也幫助兒童獲得自我接納，這是遊戲治
療幫助改善自尊的主要方式。接納也是先前討論過的 Mruk（2006）模式
的第一個面向。

提升自尊的第二步是協助兒童評估他們的自我概念；一種變形的「語
言乒乓球」能夠幫助這個目標的達成。治療師告訴兒童他們要玩乒乓球遊
戲，治療師以正向的自我陳述（與兒童的擔憂有關）開始遊戲，接著兒童
也回應一個正向的自我陳述。遊戲像乒乓球比賽一般，持續在兩人間來來
回回。這個技巧讓治療師能夠示範正向的自我陳述，並且給予兒童產出正
向自我陳述的經驗。

「浮出水面」（Float to the Top）是一個幫助兒童了解正向自我陳述
力量的技巧。在會談之前，治療師將幾滴食用色素和鹽巴混在一起做成
「魔粉」（magic dust）。讓混合物乾燥約一個半小時；等乾了之後再放
進一個包裝盒或容器內。在會談的過程治療師告訴兒童，他們可以讓雞蛋
浮出到水面上。將雞蛋放進一個玻璃杯中，並且裝滿半杯水；雞蛋會立刻
沉到底部。治療師告訴兒童，他們一定是沒有想到正向陳述。拿出魔粉
（亦即鹽巴）並且倒入許多到玻璃杯中，當鹽巴沉到底部時雞蛋就會上升
到水面並且浮起來。在將魔粉倒進玻璃杯的時候，治療師必須做一些與兒
童的自尊擔憂有關的正向自我陳述。舉例來說，如果兒童因為自己不是運
動健將而對自己感到失望，治療師可能會說：「我也許不是運動健將，但
是我對藝術真的很擅長。」治療師必須要與兒童在歷程中討論，他們可以
如何透過做出正向自我陳述讓自己向上提升（像雞蛋一樣）。

　　兒童可以使用玩偶演出表現低自尊和高自尊特性的短劇（Frey,
2009）。類似「比手畫腳遊戲」（charade），治療師（或團體遊戲治療
中的其他兒童）可以猜猜演出的是什麼特質。在幾段玩偶角色扮演之後，
緊接著討論可以如何改善玩偶的低自尊。兒童也可以選擇代表自己的自尊
特性並且用玩偶演出來；表 21.1 呈現一些高自尊和低自尊的指標。

表 21.1 ▪ 高自尊和低自尊指標

高自尊	低自尊
安全	不安全
自信	膽怯
渴望學習	不確定的自我
給他人正向回饋	輕蔑他人
合作	說大話
不害怕新經驗	害怕新經驗
自我肯定	攻擊
很容易交到朋友	很難交到朋友

　　在處理他人對自己的負向回饋方面感到有困難的兒童，「刷掉它」
（Brush It Off）（Frey & Fitzharris, 1998）是一個有幫助的技巧。讓兒童
在你的手掌心放　個五分錢硬幣，再給兒童一個板刷來刷掉你手上的五分
錢；指定兒童必須使用正常的刷洗方式而且只能用有刷毛的那一端來刷。
當兒童發現不可能從你手上刷掉五分錢時，就可以討論有時候要「刷掉」
他人的負向評論有多麼困難。與兒童討論透過改變個人的想法來改變此情
況的方式；請兒童選擇代表自己和對手的玩偶，重新上演引發痛苦的情
況，這次由治療師扮演兒童的角色，而兒童則扮演對手。治療師透過「我
訊息」（I statement）（即「我不喜歡你說的那些」）和直接措辭（direct
phrases）（即「那會傷了我的感情」）的使用，向兒童示範自我肯定和
正向。強調這個取向如何可以幫助兒童刷掉對手的訊息。將玩偶的角色交

換之後，再次演出此情況。

「自尊賓果」（Self-Esteem Bingo）是一個可以適用在不同年齡兒童的有效技巧。典型的賓果卡片有 25 格。在每一格中治療師可以放進諸如「說出你自豪自己會做的一些事」、「說出一個你貶低自己的方式」、「說出你喜歡自己的一件事」等句子。將字母 E、S、T、EE、M[5] 橫放在賓果卡片的最上面。在不同字母下面的欄位標上不同的數字，1 到 15 是 E，16 到 30 是 S，31 到 45 是 T，依此類推。再製作上面有英文字母和數字的 75 張方格卡片，舉例來說 S20 或 T40。當兒童在賓果卡片上有了那個號碼時，他們就回應格子上的陳述並且得到一片餅乾。治療師可以很容易的同時參與和叫號碼，所以也讓治療師能夠示範適當的自尊想法、感覺和行為。自尊賓果的實例請見《提升自尊的實用技巧》（*Practical Techniques for Enhancing Self-Esteem*）（Frey & Carlock, 1991）。

「自尊籤餅」（Self-Esteem Fortune Cookies）是幫助兒童檢驗不同自尊面向的另一個方式。治療師可以烘焙籤餅並且在籤餅內放入各種自尊籤言，例如：「不論你認為自己可以或不可以，你都是對的」（Henry Ford）、「對於大多數人來說，他們認定自己有多快樂，就會有多快樂」（Mark Twain）。治療師和兒童輪流打開籤餅，並且討論裡面的訊息是適合或不適合他們。

搭配裝扮服飾、沙盤、偶戲、藝術、填充動物的閱讀治療也會對提升自尊有所幫助。Virginia Waters 針對自尊的動力性，以理情治療（Rational Emotive Therapy, RET）的理論觀點，編寫了一系列四本書（1980a, 1980b, 1980c, 1980d）並附有家長手冊。在《比目魚佛雷迪》（*Freddie the Flounder*）中，主題是自我接納。佛雷迪學習接納自己是一隻有好行為和壞行為、容易犯錯的魚；學習挑戰他的認知扭曲和不精確的自我評價。在《路德維希學習如何發光》（*Ludwig Learns to Light*）中，

---

[5]　譯註：拼起來就是自尊（esteem）。

路德維希是一隻在學習正向自我陳述價值的螢火蟲。《柯妮莉雅紅雀學習如何應對》（*Cornelia Cardinal Learns to Cope*）是一個關於正向自我談話價值的兒童故事。在《法夏、妲夏和莎夏三隻松鼠》（*Fasha, Dasha, and Sasha Squirrel*）中，每隻松鼠都在學習想法如何影響感覺。透過各種遊戲治療的形式，兒童能夠表現出這些故事或畫出它們。在自尊的主題上，也還有許多其他閱讀治療的資源可以取得。兒童還能夠書寫或畫出與自己的自尊議題有關的書。

「井字遊戲」（tic-tac-toe）是另一個可以被用來提升自尊的遊戲治療技巧。治療師可以發展一個有效和無效因應技巧的井字遊戲板來提升自尊；兒童在九宮格中放×是代表無效的因應技巧，在九宮格中放○則是代表有效的策略。九宮格中的內容例子可以是「告訴自己正向的自我談話」或「接納他人所說與你有關的所有事情」。

在 Mruk（2006）的模式中已經提到問題解決技巧在自尊上的重要性。許多遊戲治療的技巧在發展問題解決技巧時會有幫助。治療師伸出右手拿一杯水，並且挑戰兒童能否讓他（她）喝不到水。然後治療師要求兒童用雙手握住治療師的右手臂，抓住手臂不放，讓治療師無法拿起杯子喝水。接著治療師伸出自己的左手，拿起右手的杯子喝水。此技巧的討論歷程著重在問題其實不是無法解決，而是被看成無法解決。此活動也可以用來討論他人如何試著讓別人氣餒失望的歷程，但只要兒童能夠使用有效的因應技巧，他人就無法如願。

另一個幫助兒童發展因應技巧的遊戲治療技術會使用到擀麵棍、餅乾、紙、蠟筆或鉛筆。治療師與兒童討論他們有什麼自尊方面的擔憂；然後要求兒童在餅乾上寫下每一個擔憂（可能的例子是：「我總是相信別人所說與我有關的事」、「我對自己很失望」）。和兒童討論他們的優勢，並且列在一張紙上。用紙將擀麵棍包起來並且用膠帶固定住；放一片餅乾在桌上，並且請兒童複習擀麵棍上的優勢。討論這些優勢加在一起時如何能強過自尊的擔憂；用擀麵棍擀過餅乾，將餅乾壓碎。這個方法也可以用

在其他兒童所定義的自尊餅乾上。留下一些餅乾並且要求兒童用吹的方式將餅乾吹掉；這是可以做到的，但是不如優勢滾棒來得容易。討論兒童如何能啟動優勢來克服自尊擔憂。

另一個用來協助與自尊有關的問題解決遊戲治療技巧，是使用馬鈴薯和吸管。請兒童將一根吸管插進馬鈴薯裡面；在幾次嘗試之後，兒童還是不可能成功完成此項任務。然後治療師將吸管的一端折起來並將另一端推進馬鈴薯裡面，因為封閉吸管的一端會壓縮吸管內的空氣，吸管就能夠順利插進馬鈴薯裡面。治療師可以與兒童討論，當兒童認為問題無法解決時，透過與他人互動，兒童能夠克服這些障礙達到高自尊。尋求他人的投入和回饋是一個好策略。

這個遊戲治療技巧可以使用在所有年齡的兒童團體遊戲治療中；治療師在團體中間放一個糖果盤或水果盤。除了一個成員之外，所有的團體成員都用紙條指示要「慢慢地吃糖果／水果，並且表現出非常好吃的樣子」。給團體內其中一位成員的指示紙條上寫著：「在任何情況下都不要吃或拿糖果。」要求所有人對指示內容保密；持續這個狀態 5 分鐘。討論成為拒絕吃的那個人的感覺；每一個人對拒絕的那個人的感覺如何？成為團體內唯一表現出某個行為的人的感覺會是如何？討論兒童是否承受過要表現出某個行為的同儕壓力，個體可以如何真實做自己？（這個技巧對感覺自己常常被迫表現出會令他們後悔，且造成自我厭惡的問題行為的青少年特別有幫助。）

在「兩人晚餐」（Dinner for Two）（Frey & Fitzharris, 1998）中，請兒童假裝邀請一位他們感到難以相處的人來晚餐。請兒童詳細說明為何這個人對他們來說是造成困擾的。兒童從治療師所提供的蒐集品中選擇餐具、餐巾、餐墊、玻璃杯和刀具。由治療師扮演「客人」，角色扮演晚餐當中可能會發生什麼事。對兒童的自我肯定行為、掌控感受、直接發聲等給予正向回饋。此活動也可以用與一位智者共進晚餐來進行，像是梅林巫師（Merlin）或兒童景仰的人；兒童與這位智者討論要如何成為他們想要

成為的人（真實自我）。如果對兒童和情況都合適，幻想角色扮演最後可以享用點心作結。

「自尊電郵」（E-steem Mail）（Frey & Fitzharris, 1998）可以幫助兒童使用正向想法來改變心情。畫下一個電腦螢幕並製作一份工作表；在會談中要求兒童創作給自我的電子郵件訊息。訊息必須是正向的，例如「幹得好！」「你做到了！」「你是好人！」請兒童大聲地讀出訊息，並且要和兒童討論這些陳述的內容。將訊息放在兒童已經寫好要給自己的信封中。在使用本技巧的幾週之後，將信封中的訊息寄給寫下訊息的兒童；和兒童討論收到信的反應。在過程中要討論個人如何有能力透過正向想法改變情緒。

治療師也可以用市面上買得到且與自尊有關的圖板遊戲（board game）。其中一種此類型的遊戲是「探索我的自尊」（Exploring My Self-Esteem）（Loeffler, 1998），適合五到十二歲的兒童，且可以使用在個別或團體遊戲治療中。許多聚焦在自尊的遊戲治療牌卡遊戲（card game），治療師可以事先篩選以處理兒童的自尊問題。因為家長在兒童自尊發展上非常關鍵，因此親子遊戲治療也是一個好的介入。

自由遊戲對提升自尊有很大的價值。參與自由遊戲時，兒童可以感受到正向和掌控。在幻想遊戲中，他們可以是公主或超級英雄。在沙盤中，兒童可以創造自己的世界，並在其中掌控角色的想法、感覺和行為。在自由遊戲中的槍劍遊戲，以及醫生、消防隊員、龍、女巫或精靈的角色扮演也都會有幫助。在自由遊戲中，兒童可以透過用黏土或「培樂多」創造物體、建造塔樓、解決謎題以及創造有各種玩具人物的世界，獲得能力感和掌控感。

臨床應用與花絮

以自尊為焦點的遊戲治療可以幫助所有的兒童。在憂鬱症中發現到低

自尊的情況，低自尊並且與注意力缺陷過動症、學習障礙、畏懼症，以及
兒童發展遲緩、習得無助、過度依賴、無家可歸、低學業成就、飲食障礙
症、虐待歷史有關。有證據顯示，自尊是行為的預測因子，而且也是各種
臨床狀況的中介者和指標（Shirk, Byrwell, & Harter, 2003）。

　　在以下的案例研究中，會討論幾個提升自尊的遊戲治療技巧。很重
要且需要注意的是，本章之前所回顧的催化遊戲治療的必要條件（即：接
納、同理、一致、不中斷的關注和真誠）是這些介入的基礎。

　　介入的順序本質也很重要。在兒童真正了解自我概念的想法之前，治
療師不能要求兒童列出 10 個自我的正向面向。有效的歷程順序安排首先
是自我知識，接著是自我接納，然後是自我滋養，最後才是自我成長。

　　七歲的 Carol 在寫了以下的字條（圖 21.4）[6] 給媽媽之後被轉介到治

圖 21.4 ▪ 給媽媽的字條

6　譯註：字條內容中譯：親愛的媽媽，我真的很不想這麼說，但我需要一個可以說
　　話的人。有時候我感覺自己想去死。我很抱歉。再見。

療中。她是一位單親媽媽唯一的小孩。

　　事情是在 Carol 二年級快要結束前發生的，Carol 不只是有自殺意念，還有執行的計畫。她無法說出任何一個與自我有關的正向陳述。在建立投契關係之後，遊戲治療師引進「我喜歡我的鄰居」的技巧，此技巧先前在本章中已經討論過。遊戲治療師也引進「自尊旗幟」和「自尊籤餅」。接著又使用了「合頁房屋」（The Hinged House）技巧（Frey & Fitzharris, 1998）。在會談之前，治療師切割馬尼拉文件夾的帶子，用文件夾做了一間房屋，並且讓它像一個倒過來的 V 字型，從而創造出屋頂。文件夾完成時必須類似一個在左側有「合頁」的房屋（裁切圖看起來像是一張有房屋形狀的賀卡）。請兒童在房屋的正面畫上代表那是她的房屋的圖畫。在房屋的裡面，請她畫下家裡的房間和曾經在裡面發生過的事情。在房屋的背面，請她畫出後院、庭院或房屋的「秘密」。完成後，讓兒童討論她的「合頁房屋」，以及她喜歡和不喜歡的房屋部分。其中發現了媽媽很少花時間與 Carol 在一起；媽媽晚上多半時間是在自己的臥房裡。媽媽非常重視職涯，所以大都在房間的電腦前工作。Carol 做了許多嘗試，希望讓媽媽陪她玩或者獲得更多關注。她寫字條給媽媽並且從媽媽的臥房或書房門縫滑進去。字條顯示的內容是：「跟我玩」、「我需要關注」、「讀書給我聽」、「說故事給我聽」；所有的內容都被在上了鎖的門後面的媽媽所忽視。媽媽帶了一大堆字條（大約有 30 張）到會談中，並且詢問這些字條是否與女兒的擔憂有關。媽媽顯然是愛 Carol 的，但是作為單親家長，以及有一份很吃力的工作，她已經不堪負荷了。從兒童的遊戲治療中發現，Carol 的自我貶低與媽媽對女兒和自己的完美主義，以及媽媽對 Carol 過高且不切實際的期待有關。對媽媽採用了親子遊戲治療，此外還鼓勵媽媽用先前在本章討論過的 5:1 比例方式給女兒正向回饋。媽媽過去完全沒有給過 Carol 正向回饋，因此鼓勵她寫下正向的字條給兒童，因為兒童似乎喜歡寫字條。不僅對兒童使用「力量遊戲」（The Power Play）技巧，還用了「兩人晚餐」技巧，其中是由治療師扮演晚餐

派對中受邀當客人的媽媽角色。我們也發現就算父親只住在兩英里之外，卻對 Carol 毫不關心。

　　將閱讀治療與遊戲治療搭配，可以設計出一個處理完美主義的技巧。《小錯誤大發明：40 個發明的小故事》（*Mistakes That Worked*）（Jones, 1991）這本書可以幫助治療師輔助 Carol 的認知架構。此書回顧許多一開始出錯但現在變成廣受歡迎的日常用品（舉例來說，「409」清潔劑的名字，來自在製造出成功的產品之前，已經實驗失敗了 409 次）。書中提到的許多短篇故事，會以服飾裝扮或玩偶遊戲的方式演出來。媽媽也被鼓勵要讀這本書，Carol 和她媽媽還演出了三齣和產品有關的玩偶劇。

　　請 Carol 將生命中最快樂的 10 件事畫在一張圖畫裡；然後問她每一個事件到底有多完美。舉例來說，當 Carol 列出參加朋友精心準備的生日派對時，就會問她派對到底有多完美。每一個事件幾乎都會有一點不完美，在生日派對這件事上，便是媽媽遲了 20 分鐘才帶她到派對。在評估每個事件是完美或不完美之後，Carol 開始打破完美主義等同於快樂的迷思。Carol 自己所畫的快樂時光和不完美，讓治療師得以藉此重新框架這個錯誤想法。於此同時，也要求 Carol 的媽媽以相同的發生歷程和相同的技巧，列出 10 件她最快樂的事情。

　　Mruk（2006）模式中的所有元素都被結合到這個案例中（有很多前面已經討論過），包括剛剛回顧過的認知重建，還有自然的自尊時刻與練習的機會。邀請 Carol 以尋寶遊戲的方式，來記住母親在這一週告訴過她的許多正向事情，並且向治療師報告。之後，要求 Carol 以 5:1 的比例告訴自己一些正向的事情。整個治療過程中，治療師亦給予 Carol 5:1 比例的正向回饋和建設性批評。

　　Carol 的媽媽開始每天晚上跟她一起玩，給她正向回饋，並且重新架構與完美主義有關的想法。建議媽媽參考一本兒童發展的書籍，書中列出了在不同階段，可以對兒童有所期待的適當行為。

　　Carol 也學習如何使用「頭腦裡的圖片」讓自己的自尊得到休息。邀請她回憶一段對自己感覺非常好的時刻；那是在幼兒園，當老師告訴她，她畫的圖畫有多漂亮的時候。請 Carol 想像當時發生了什麼事，以及聽到了什麼；請她將注意力集中在當時的感覺上。聚焦於此約兩分鐘之後，請 Carol 將那個事件畫成一張圖。治療師與 Carol 分享，當她在某一天過得特別糟糕時，可以閉上眼睛並且回憶這個畫面，給自己一個「自尊小憩」時間。

　　接著，引進「未來家園」（Home of the Future）（Frey & Fitzharris, 1998）遊戲治療技巧給 Carol。在這個技巧中，邀請 Carol 使用樂高、得寶積木（Duplo blocks）、木製積木、林肯積木（Lincoln Logs）等等，建構她未來的「夢想」家園。還有一些諸如人物、汽車、溜滑梯、盪鞦韆、樹木、灌木叢、花朵等沙遊物件可以使用。完成家園後，詢問 Carol 未來的家和目前的家有何不同。她未來的家園可以讓她和媽媽正向地互動、遊戲和玩樂。在 Carol 畫完一張家園的圖之後，告訴她她的圖畫可以是更美好未來的正向催化劑。Carol 也帶著圖畫和媽媽一起討論。

　　在這個活動後不久，Carol 帶了圖 21.5 所示的字條給治療師。

　　我們相信她心中的那道裂痕（圖 21.5）代表的是對自己的感覺，而縫合的針線代表的是遊戲治療在提升自尊時的治療面向。

　　邀請 Carol 進行「自尊電郵」活動，且在大約一個月之後，治療師將「電郵」寄給 Carol。

　　這個走向極端完美主義的案例可以引用麥可‧喬丹（Michael Jordan）的話來總結：

　　　　在我職業籃球生涯中，有超過 9,000 球沒有投進，輸了將近 300 場球賽。有 26 次，我被託付執行最後一擊的致勝球，而我卻失手了，我的生命中充滿了一次又一次的失敗，也因為如此我才能成功。

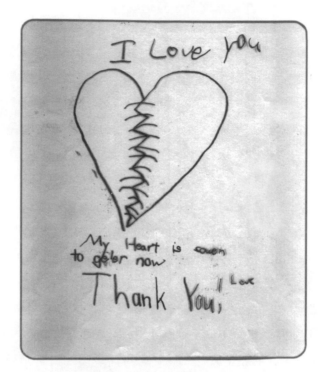

圖 21.5 ▪ 另一張給媽媽的字條

Carol 和媽媽領悟到，沒有人是完美的，而且每一個人都能從錯誤中學習。Carol 的媽媽也學到給女兒正向回饋與關注的價值，遊戲治療在催化這個結果和提升自尊方面的確是很好的工具。

九歲的 Jake 被家長轉介來諮商，家長對兒子的表現「感到失望」。他們提到，所有對他的要求都跟他成績優異和擅長運動的弟弟一樣。他們告訴治療師，Jake 拒絕這麼做。當 Jake 進到遊戲室時，他被紙、筆、蠟筆、麥克筆所吸引。他的第一張圖畫如圖 21.6。

在看完這張圖畫，並且發現 Jake 喜歡畫圖之後，治療師邀請他再畫一張不同性別的圖。圖 21.7 是他的作品。

接著再請 Jake 畫一張他自己的圖畫（圖 21.8）。

圖 21.9 是 Jake 畫的家庭圖畫。

圖 21.6 ▪ Jake 的圖畫

圖 21.7 ▪ Jake 畫他的媽媽

圖 21.8 ▪ Jake 畫他自己

　　治療師邀請 Jake 討論他的圖畫。他解釋，圖 21.7 是他的母親。在圖 21.8 中，Jake 解釋，他拿著美國國旗並且對蘇聯國旗比中指。他在圖畫中的過度裝飾最有可能是基於不足感的過度補償。Jake 的父親是一位軍官且經常因臨時任務離家，如圖 21.9 所描繪。在圖畫中 Jake 談到他的父

圖 21.9 ▪ Jake 畫他的家庭

親因為臨時任務要離開家，當他刺殺他的弟弟時，他的母親就站在那裡。
他接著自發地決定把弟弟畫成他腳邊的一個小圖案。過大的自我描繪和把
弟弟重畫得非常小，似乎反映出不足感的過度補償（圖 21.9）。

　　Jake 的弟弟在學校的成績都是 A，而且各項運動也都很擅長。雖然
Jake 有藝術的天分，但他是學習障礙者且沒有運動天分。此案例似乎可
以反映出所謂的「適配」（goodness of fit）概念；Jake 的父母對於所謂
好兒子的價值與信念和 Jake 的能力很不相同，因此導致了 Jake 在家庭中
的「不適配」（poor fit）和低自尊。

　　當向 Jake 的父母提到他的藝術天分時，他們相當貶低它的價值。
Jake 從父母身上得到非常負向的回饋，他也很常跟弟弟吵架。

　　邀請 Jake 參與「我喜歡我的鄰居」和「自尊旗幟」活動。在「下雪
吧」治療技巧中，Jake 開始領悟到，雖然人們是有差異的，不過差異不
會讓人變得比較「差勁」。在「合頁房屋」技巧中，Jake 透露出在房屋
內的很多衝突，以及父母對弟弟的偏愛。透過家庭玩偶劇活動，這個家庭

開始對家庭動力有所洞察。

先前回顧過的「刷掉它」技巧，被用在與 Jake 的工作上。他也參與一個稱為「蓋上蓋子」（Put a Lid on It!）（Frey & Fitzharris, 1998）的活動，此活動幫助兒童駁斥他們的內在批評。在會談前，治療師裝飾一個罐子，並將可以拼出「蓋上蓋子」（Put a Lid on It）的黏性字母放在罐子外。在會談中，邀請 Jake 寫出內在批評的文字或短語。例如像是「我好蠢」、「失敗者」、「我做不到」、「我一無是處」。然後，將每一個陳述放進一個背後有魔鬼氈貼紙的小型自製信封內。然後將這些信封放在罐子的背面，並且與罐子背面的魔鬼氈帶子黏合。請 Jake 角色扮演他對自己說這些事情的時刻。然後，請 Jake 將陳述放到容器裡面並且蓋上蓋子。要求 Jake 大聲說出「蓋上蓋子」。在針對所有的內在批評陳述持續進行此活動之後，要求 Jake 在會談之外想到這些陳述時，記得要告訴自己蓋上蓋子。會談以邀請 Jake 說出關於自己的堅定陳述作結，例如：「我可以做到！」連同此技巧，Jake 也體驗了「浮出水面」活動，以更細緻地做出正向自我陳述。

Jake 還玩了「自尊籤餅」遊戲。他得到的其中一個陳述是，「當生活給你一袋釘子，就用釘子蓋個東西」。他開始領悟到，不必接受這些來自父母的負面陳述。同時要求他的父母落實執行先前在本章提到過的 5:1 比例。要求寫出達到該比例的字條給 Jake，並且帶到會談中，作為一種確保家長完成此任務的方式。

接著將知名的俄羅斯娃娃呈現給 Jake 看，作為一種幫助他了解人們並非「全都是壞的」或「全都是好的」的方式，如同圖 21.1 和 21.2 所反映。治療師和 Jake 花了一些時間發展許多關於自我面向的故事（透過俄羅斯娃娃來代表），以及在各種情況下自我估計會做些什麼。[7]

引入「投擲硬幣」和「瓶中信」，幫助 Jake 發展出更正確的自我概

---

[7] 譯註：可參閱《遊戲治療 101 — II》，頁 289（張老師文化，2007）。

念和自尊。同時要求他的父母持續進行有關 Jake 想法、感覺和行為的正向字條。治療師也持續進行這個 5:1 的比例。

同時與 Jake 討論「力量遊戲」，幫助他聚焦在他的優勢，並且使用想法中斷來讓自己更有能力感。Jake 創作了這個句子：「我是一個好人」，可以在活動和每天生活當中使用。

「我可以」（I Can）（Frey & Fitzharris, 1998）是發展用來幫助個體使用問題解決技巧克服挫敗的遊戲治療活動。治療師清洗、風乾並裝飾空的錫罐。將代表問題解決主題的未完成訊息寫在單張紙片上。「**我可以**」的粗體字則會寫在每張紙上。例如，「當有人嘲笑我時，**我可以 ＿＿＿＿**」和「當我考試成績不理想時，**我可以 ＿＿＿＿**」。這種形式的訊息分別被放在六個錫罐裡。罐子用金字塔形堆疊起來——三個在底部，兩個在中間，一個在最上面。治療師給 Jake 幾個泡棉球，並且要求他站在離罐子 90 到 150 公分之處。請他用球丟罐子，試著把罐子打倒。當罐子被打倒時，要求 Jake 大聲讀出罐子裡的訊息，並且以自己的正向解決辦法來回應。治療師也在遊戲中與 Jake 輪流玩，因此提供了正向角色的示範。

邀請 Jake 的家庭一起參與「帽子裡有什麼」（What's in a Hat）（Frey & Fitzharris, 1998）活動。在這個活動中，目標是了解他人如何透過回饋幫助個人形塑自尊。給予所有家庭成員各一頂帽子。治療師在會談前用下列訊息製作說明卡：

1. 我所有的想法都是愚蠢的。
2. 請我給建議。
3. 忽視我。
4. 不管我說什麼都要同意。

每個家庭成員的帽子上都會貼上其中一則訊息。每個人都不知道在自己帽子上的訊息是什麼。在此特定的案例中，訊息 4 貼在 Jake 的帽子

上，訊息 3 貼在媽媽的帽子上，訊息 2 貼在爸爸的帽子上，訊息 1 貼在弟弟的帽子上。要求所有家庭成員在房間裡走動並且討論「我最喜歡的電影」這個主題。指示每一個家庭成員要遵守其他家庭成員帽子上的指示。10 分鐘之後要求家庭成員脫下帽子，並且討論他們的感受。要求他們討論萬一在日常生活中真的發生這個情況該怎麼辦。接著，要求所有家庭成員為自己的帽子做一個可以顯示出他們想要如何被他人回應的標誌。他們拿掉舊的訊息，並且在帽子上貼上新的訊息。以「我們的家庭假期該做什麼？」的主題重複此體驗；接著治療師在歷程中討論此活動。這個遊戲治療技巧的主要目標，是幫助 Jake 家庭裡的其他成員了解，當 Jake 主要得到的都是負向回饋時，Jake 的感覺會是如何。

接近治療的尾聲時，Jake 參與了「我是勝利者！」（I'm a Winner!）技巧（Frey & Fitzharris, 1998）。 治療師帶了一些緞帶、獎牌和獎盃到會談中。請 Jake 選擇其中一個獎項，並且假裝他因為特別的能力或天分而得到這個獎。接著邀請他發表一段簡短的得獎感言，並要求感言中要包含：「我是勝利者因為……」（正向肯定）的句子。Jake 選擇他的藝術天分作為焦點。並且要求他的家長要告訴 Jake，他們為何會認為他是一個勝利者。

最後邀請 Jake 進行「未來家園」的遊戲治療（此技巧於先前案例研究中討論過）。他的未來家園聚焦在家庭成員之間的互動，像是更正向、更聚焦在個別成員的個別優勢，以及更重視個人的個別性。緊接著展開如何讓此繼續發生的討論。然後 Jake 創作了他的「自尊電郵」，當中包括了正向自我陳述，例如「不論任何人說什麼，我依然是一個好人。我很不錯」。

家庭內的每個成員似乎終於領悟到愛因斯坦（Albert Einstein）所說：

> 每一個人都是天才。但如果你用爬樹的能力來評斷一條魚，
> 那條魚會一輩子都相信自己是笨蛋。

結論

　　提升自尊的歷程似乎就像是《綠野仙蹤》（*Wizard of Oz*）的故事。正向特質時常是埋藏在個體裡面，需要其他人來活化這些特質。遊戲治療是一個幫助個體探索他們內在「魔法師」（wizard）的有效形式。亦如同 Charles Schaefer（2010）所說：

> 使用遊戲促進人們在各年齡層的心理發展和福祉，有著淵遠流長和普世共通的傳統，而當代的遊戲治療專業就是根源於此。

❖ 參考書目

Brandt, A. C., & Vonk, R. (2006). Who do you think you are? On the link between self-knowledge and self-esteem. In M. Kernis (Ed.), *Self-esteem: Issues and answers* (pp. 224–229). New York, NY: Psychology Press.

Bratton, S. C., Ray, D., Rhine, T., & Jones, L. (2005). The efficacy of play therapy with children: A meta-analytic review of treatment outcomes. *Professional Psychology: Research and Practice, 36*, 376–390.

Campbell, J. D., Trapnell, P. D., Heine, S. J., Katz, I. M., Lavallee, L. F., & Lehman, D. (1976). Self-concept clarity: Measurement, personality correlates, and cultural boundaries. *Journal of Personality and Social Psychology, 70*, 141–156.

Cooley, C. H. (1902). *Human nature and the social order*. New York, NY: Scribner.

Einstein, A. Retrieved February 13, 2013 from http://www.quoteworld.info/perspective.html

Emerson, R. W. Retrieved February 13, 2013 from http://quoteinvestigator.com/2011/01/11/what-lies-within/

Frey, D. (2009). In Drewes A. (Ed.), *Blending play therapy with cognitive behavioral therapy*. Hoboken, NJ: Wiley.

Frey, D., & Carlock, J. (1989). *Enhancing self-esteem*. Bristol, PA: Accelerated Development.

Frey, D., & Carlock, J. (1991). *Practical technique for enhancing self-esteem*. Bristol, PA: Accelerated Development.

Frey, D., & Fitzharris, T. (1998). *From human being to human becoming*. Dayton, OH: Mandala.

Ginott, H. (1994). The nature of play: Quotation. In C. E. Schaefer & H. Kaduson (Eds.), *The quotable play therapist* (p. 33). Northvale, NJ: Aronson.

Guindon, M. (2010). *Self-esteem across the lifespan*. New York, NY: Routledge.

James, W. (1890). *Principles of psychology*. New York, NY: Holt.

Johnson, S. Retrieved February 13, 2013 from www.brainyquote.com/quotes/authors/s/samuel_johnson.htm

Jones, C. (1991). *Mistakes that worked*. New York, NY: Doubleday.

Jordan, M. Retrieved February 13, 2013 from http://www.quotedb.com/quotes/2194

Kuehner, C., & Buerger, C. (2005). Determinants of subjective quality of life in depressed patients: The role of self-esteem response styles, and social support. *Journal of Affective Disorders, 86*, 205–213.

Loeffler, A. (1998). *Exploring my self-esteem*. Torrance, CA: Western Psychological Services.

Luft, J. (1969). *Of human interaction*. Palo Alto, CA: National Press.

Meares, R. (1994). In C. Schaefer & H. Kaduson (Eds.), *The Quotable Play Therapist* (p. 49). Northvale, NJ: Aronson.

Mruk, K. C. (2006). *Self-esteem — research, theory, and practice: Toward a positive psychology of self-esteem* (3rd ed.). New York, NY: Springer.

Neiss, M. B., Sedikides, C., & Stevenson, J. (2006). Genetic influences on level and stability of self-esteem. *Self and Identity, 5*, 247–266.

Neiss, M. B., Stevenson, J., & Sedikides, C. (2003). The genetic basis of optimal self-esteem. *Psychological Inquiry, 14*(1), 63–65.

Post, P. (1999). Impact of child-centered play therapy on the self-esteem, locus of control, and anxiety of at-risk 4th, 5th, and 6th grade students. *International Journal of Play Therapy, 8*, 1–18.

Rodewalt, F., & Tragakis, M. W. (2003). Self-esteem and self-regulation: Toward optimal studies of self-esteem. *Psychological Inquiry, 14*(1), 66–70.

Satir, V. (1989). Preface. In D. Frey & C. Carlock (Eds.), *Enhancing self-esteem* (p. vi). Bristol, PA: Accelerated Development.

Schaefer, C. E. (2010). Personal communication.

Shakespeare, W. Hamlet, Act 1, Scene 3. Retrieved February 13, 2013 from complete Moby Shakespeare, www.william-shakespeare.info/william-shakespeare-quotes.htm

Shen, Y., & Armstrong, S. A. (2008). Impact of group sandtray therapy on the self-esteem of young adolescent girls. *Journal for Specialists in Group Work, 33*, 118–137.

Shirk, S., Burwell, R., & Harter, S. (2003). Strategies to modify low self-esteem in adolescents. In M. Reinecke, F. Dattilio, & A. Freeman (Eds.), *Cognitive therapy with children and adolescents* (pp. 189–213). New York, NY: Guilford Press.

Steinem, G. (1993). www.yummy-quotes.com/gloria-steinem-quotes.html

Sylwester, R. (1997). (Educational leadership). *The neurobiology of self-esteem and aggression 1997, 54*(5), 75–79,

Trzesniewski, K. H., Donnellan, M. B., Moffit, T. E., Robins, R. W., Poulton, R., & Caspi, A. (2006). Low self-esteem during adolescence predicts poor health, criminal behavior, and limited economic prospects during adulthood. *Developmental Psychology, 42*(2), 381–390.

Vonk, R. (2006). Improving self-esteem. In M. Kernis (Ed.), *Self-esteem issues and answers*. New York, NY: Psychology Press.

Waters, V. (1980a). *Cornelia cardinal learns to cope*. New York, NY: Institute for Rational Living.

Waters, V. (1980b). *Freddie flounder*. New York, NY: Institute for Rational Living.

Waters, V. (1980c). *Fasha, dasha, sasha squirrel*. New York. NY: Institute for Rational Living.

Waters, V. (1980d). *Ludwig learns to light*. New York, NY: Institute for Rational Living.

Winnicott, D. W. (1994). In C. E. Schaefer & H. Kaduson (Eds.), *The Quotable Play Therapist* (p. 136). Northvale, NJ: Aronson.

Notes

國家圖書館出版品預行編目（CIP）資料

遊戲的療癒力量：20 個核心的改變機制／ Charles E.
Schaefer, Athena A. Drewes 主編；羅訓哲譯 .
-- 初版 . -- 新北市：心理, 2018.05
面；　公分 . --（心理治療系列；22164）
譯自：The therapeutic powers of play: 20 core
agents of change, 2nd ed.
ISBN 978-986-191-825-9（平裝）

1. 遊戲治療 2. 心理治療

178.8　　　　　　　　　　　　　107005388

心理治療系列 22164

遊戲的療癒力量：20 個核心的改變機制

主　編　者：Charles E. Schaefer、Athena A. Drewes
總　校　閱：梁培勇
譯　　　者：羅訓哲
執 行 編 輯：林汝穎
總　編　輯：林敬堯
發　行　人：洪有義
出　版　者：心理出版社股份有限公司
地　　　址：231 新北市新店區光明街 288 號 7 樓
電　　　話：(02) 29150566
傳　　　真：(02) 29152928
郵撥帳號：19293172 心理出版社股份有限公司
網　　　址：http://www.psy.com.tw
電子信箱：psychoco@ms15.hinet.net
駐美代表：Lisa Wu（lisawu99@optonline.net）
排　版　者：龍虎電腦排版股份有限公司
印　刷　者：龍虎電腦排版股份有限公司
初版一刷：2018 年 5 月
初版二刷：2020 年 1 月
Ｉ Ｓ Ｂ Ｎ：978-986-191-825-9
定　　　價：新台幣 500 元